Essener Beiträge zur empirischen Wirtschaftsforschung

Hendrik Schröder • Volker Clausen
Andreas Behr (Hrsg.)

Essener Beiträge zur empirischen Wirtschaftsforschung

Festschrift für Prof. Dr. Walter Assenmacher

Springer Gabler

RESEARCH

Herausgeber
Hendrik Schröder
Volker Clausen

Andreas Behr

Springer Gabler
ISBN 978-3-8349-3095-8
ISBN 978-3-8349-3635-6 (eBook)
DOI 10.1007/978-3-8349-3635-6

Die Deutsche Nationalbibliothek verzeichnet diese Publikation in der Deutschen Nationalbibliografie; detaillierte bibliografische Daten sind im Internet über http://dnb.d-nb.de abrufbar.

Einbandentwurf: KünkelLopka Medienentwicklung, Heidelberg

Gedruckt auf säurefreiem und chlorfrei gebleichtem Papier

Springer Gabler ist eine Marke von Springer DE.
Springer DE ist Teil der Fachverlagsgruppe Springer Science+Business Media
www.springer-gabler.de

Professor Dr. Walter Assenmacher

Vorwort

Eine Festschrift ist ein *liber amicorum*, eine Gabe der Freunde an eine zu ehrende Person. Die Freunde würdigen mit ihren Beiträgen das akademische Schaffen und ihre kollegiale Verbundenheit. Diese gute alte akademische Tradition ist in den letzten Jahren eine zunehmend seltener geübte Praxis. Denn seit geraumer Zeit zählen in der akademischen Vita nur noch referierte Artikel, die in Zeitschriften mit hoher Reputation erscheinen. Festschriften und ihre Artikel tauchen nach unserer Kenntnis in keinem Ranking auf. Umso mehr freut es uns, dass viele Kollegen und Weggefährten des zu Ehrenden sich die Zeit genommen haben, um an diesem Werk mitzuwirken.

Mit dieser Festschrift würdigen wir, die *amici*, unseren Kollegen Professor Dr. Walter Assenmacher und sein akademisches Wirken über die letzten 40 Jahre, vor allem an der Fakultät für Wirtschaftswissenschaften der Universität Duisburg-Essen. Während zu Beginn seiner Tätigkeit die Ökonometrie und die empirische Wirtschaftsforschung an vielen deutschen Universitäten noch Spezialgebiete waren und eher ein Nischendasein geführt haben, sind sie mittlerweile an vielen Universitäten in Forschung und Lehre deutlich aufgewertet worden. Seit dem Jahr 2000 setzt – beginnend mit der Einführung des Bachelor-Studiengangs in Volkswirtschaftslehre – auch die Fakultät für Wirtschaftswissenschaften einen immer stärkeren Akzent auf die empirische Wirtschaftsforschung. Mittlerweile sind Veranstaltungen zur Ökonometrie im Pflichtkanon zahlreicher Studiengänge verankert.

Diese Festschrift vermittelt einen Eindruck von der Anwendungsbreite der empirischen Wirtschaftsforschung in Essen. Alle Autorinnen und Autoren arbeiten an der Fakultät für Wirtschaftswissenschaften am Campus Essen der Universität Duisburg-Essen oder haben einen Teil ihres akademischen Werdegangs in Essen absolviert. Die Inhalte reichen von methodischen Beiträgen zu den Eigenschaften bestimmter Schätzmethoden über Beiträge zur Konjunkturforschung, zur empirischen Kapitalmarktforschung und zur Marketingforschung bis hin zu der Frage, inwieweit Juristen, die nach einem gängigen Vorurteil nicht rechnen (können), bisweilen in der Rechtsprechung auch die Statistik bemühen. Dieses breite Spektrum unterstreicht die Anwendungsvielfalt empirischer Forschung in den Wirtschaftswissenschaften.

Walter Assenmachers akademischer Werdegang ist durch seine Essener Zeit maßgeblich geprägt. Nach dem Abitur im Jahre 1965 am Städtischen Gymnasium in Mülheim an der Ruhr studierte er Volkswirtschaftslehre an den Universitäten München und Heidelberg. Im Jahr 1975 wurde er an der Universität Dortmund mit einer Untersuchung zur Theorie der Kapitalkosten und Investitionen für Aktiengesellschaften unter Unsicherheit promoviert. Nach Tätigkeiten als wissenschaftlicher Assistent an den Universitäten Dortmund und Essen sowie als Akademischer Oberrat für Ökonometrie und Volkswirtschaftstheorie in Essen erhielt er 1992 den Ruf auf den Lehrstuhl für Ökonometrie an der Europa-Universität Frankfurt an der Oder. Seit 1993 ist er Professor für Statistik und Ökonometrie an der Universität GH Essen, die seit 2003 Teil der Universität Duisburg-Essen ist.

Die Forschungsschwerpunkte von Walter Assenmacher liegen in der ökonometrischen Quantifizierung dynamischer ökonomischer Systeme, in der makroökonomischen Zeitreihenanalyse sowie in der wissenschaftstheoretischen Fundierung der empirischen Wirtschaftsforschung. Der nachfolgende Auszug aus seinem Schriftenverzeichnis dokumentiert seine zentralen Veröffentlichungen in diesen Forschungsgebieten. Sein tatsächlicher Wirkungsgrad an der Fakultät geht jedoch weit über diese Bereiche hinaus. Ökonometrische Methoden werden mittlerweile in den unterschiedlichsten Arbeitsgebieten eingesetzt, wobei Walter Assenmacher für methodische Fragen immer ein offenes Ohr hatte und beratend zur Seite stand. Die vorliegende Festschrift dokumentiert dies eindrücklich. Einige Beiträge dieser Festschrift knüpfen an seine früheren Buch- oder Zeitschriftenveröffentlichungen an, andere gehen in verwandten Disziplinen wie etwa der Betriebswirtschaftslehre auch weit darüber hinaus.

Walter Assenmacher hat in seiner akademischen Laufbahn der Qualität seiner Lehre sehr viel Aufmerksamkeit gewidmet. Er hat insgesamt vier Lehrbücher veröffentlicht: zur deskriptiven Statistik, zur induktiven Statistik, eine Einführung in die Ökonometrie und ein Lehrbuch zur Konjunkturtheorie. Seine „Einführung in die Ökonometrie" ist derzeit in der 8. Auflage erhältlich und zählt zu den Standardwerken der ökonometrischen Ausbildung in Deutschland. Zahlreiche weitere, eher didaktisch orientierte Beiträge unterstreichen seine Kompetenzen als Hochschullehrer. In seiner nunmehr etwa 40jährigen Tätigkeit am Campus Essen hat er unzählige Studierende mit den Grundlagen und Anwendungen der Statistik und empirischen Wirtschaftsforschung vertraut gemacht.

Ein weiteres Anliegen Walter Assenmachers liegt im Transfer wissenschaftlicher Methoden in die unternehmerische Praxis. Auch hier kommen moderne und fortgeschrittene Methoden der Ökonometrie zum Einsatz. So verwendet ein großes Energieversorgungsunternehmen seit vielen Jahren ein von ihm entwickeltes Modell zur Prognose der Energielastverteilung. Weitere Projekte beschäftigen sich mit dem Anwendungspotenzial neuerer hedonischer Preisindices bei der Bewertung von Immobilien. In diese Kategorie fällt auch sein langjähriges Wirken im Herausgebergremium der UNIKATE-Hefte, dem Journal der Universität Duisburg-Essen für den Transfer wissenschaftlicher Methoden und Ergebnisse in die Öffentlichkeit. Im Jahr 2007 war er verantwortlicher Herausgeber des Themenheftes zur „Empirischen Wirtschaftsforschung" an der hiesigen Fakultät.

Walter Assenmacher ist begeisterter Fußballer und ein leidenschaftlicher Anhänger von Borussia Dortmund, ein Sachverhalt, der speziell bei den großen Ruhr-Derbys bisweilen zu „Friktionen" innerhalb des Kollegenkreises führt. Er ist auf dem Feld ein Spieler, der sich in der Offensive besonders wohl fühlt und besonders gern Abschlüsse erzielt. Vor allem ist er aber auch ein Mannschaftsspieler, eine Eigenschaft, die auch für sein Wirken innerhalb der Fakultät gilt. Er hatte an der Fakultät zahlreiche Funktionen inne, unter anderem als langjähriger Vorsitzender des Prüfungsausschusses und des Promotionsausschusses. Von 2006 bis 2008 war er geschäftsführender Gründungsdirektor des Institutes für Betriebs- und Volkswirtschaft (IBES) am Campus Essen der Universität Duisburg-Essen. Der Zusammenhalt im Kollegenkreis wird in Essen groß geschrieben.

Die Arbeit an der Universität und im Kollegenkreis hat ihm daher immer ausgesprochen viel Freude bereitet und Freunde, eben *amici*, geschaffen. Das war auch der Grund dafür, dass er seinen Ruhestand noch um zwei Jahre hinausgeschoben hat.

Unser Dank als Herausgeber dieser Festschrift richtet sich zunächst an alle Autorinnen und Autoren, die Beiträge geliefert und ihren Anteil am Gelingen dieses *liber amicorum* haben. Unser spezieller Dank gilt Frau M.A. Sabine Lauderbach, die mit viel Umsicht, Geduld und Geschick für das Layout gesorgt hat. In diesem Zusammenhang danken wir auch dem Gabler-Verlag für die sehr professionelle Unterstützung. Zu guter Letzt danken wir der Gesellschaft für Konsumforschung in Nürnberg (GfK) und insbesondere Herrn Professor Wübbenhorst, einem Alumnus der Fakultät, für die finanzielle Unterstützung bei der Drucklegung dieser Festschrift.

Walter Assenmacher ist ein großer Anhänger der „Rolling Stones". Ein Liedtitel aus dem Jahr 1972, „Tumbling Dice", dem Jahr seines Dienstantritts in Essen und der Gründung der Universität-GH Essen, findet sich im Vorwort seines Lehrbuches zur induktiven Statistik. Die Rolling Stones liefern uns auch das Motto für die kommende Zeit: „Ein rollender Stein setzt kein Moos an". In diesem Sinne hoffen wir, dass Walter Assenmacher auch weiterhin so aktiv und der Fakultät verbunden bleibt und wie bisher noch viele Steine ins Rollen bringt.

Essen, im November 2011

Hendrik Schröder
Volker Clausen
Andreas Behr

Lebenslauf
Prof. Dr. Walter Assenmacher

Nach dem Abitur am Städtischen Gymnasium in Mülheim/Ruhr Studium der Volkswirtschaftslehre an den Universitäten München und Heidelberg. Abschluss: Diplom Volkswirt, Universität Heidelberg. Promotion (Dr. rer. pol.) an der Universität Dortmund. An den Universitäten Dortmund und Essen sowie an der Europa-Universität Viadrina in Frankfurt/Oder Vorlesungen zur Wirtschaftstheorie, Wirtschaftsmathematik, Statistik und Ökonometrie. Seit 1993 Professor für Statistik und Ökonometrie an der Universität Duisburg-Essen, Campus Essen.

Gründungsgemiumsmitglied der Fakultät für Statistik an der Universität Dortmund (1972). Gründungsmitglied der European Economic Association (1985). Von 2006 bis 2008 geschäftsführender Direktor des Institute of Business and Economic Studies (IBES) an der Universität Duisburg-Essen.

Inhaltsverzeichnis

Autorenverzeichnis

Andreas Behr, Prof. Dr.
Jahrgang 1967, studierte Volks- und Betriebswirtschaftslehre in Frankfurt und Southampton, promovierte 1998 und habilitierte sich im Jahr 2003 an der Universität Frankfurt. Seit 2009 ist er Inhaber des Lehrstuhls für Statistik an der Universität Duisburg-Essen.

Ansgar Belke, Prof. Dr.
promovierte 1995 und habilitierte sich im Jahr 2000 an der Ruhr Universität Bochum. Er war Inhaber des Lehrstuhls für Volkswirtschaftslehre, insbesondere Außenwirtschaft, an der Universität Stuttgart-Hohenheim (C4) und ordentlicher Hochschulprofessor für Volkswirtschaftslehre, insbesondere Makroökonomie, angewandte Ökonomie und Wirtschaftspolitik, an der Hauptuniversität Wien. Momentan ist er Inhaber des Lehrstuhls (W3) für Makroökonomie an der Universität Duisburg-Essen und Forschungsdirektor Internationale Makroökonomie am Deutschen Institut für Wirtschaftsforschung (DIW), Berlin.

Volker Clausen, Prof. Dr.
Jahrgang 1963, studierte von 1983 bis 1986 Volkswirtschaftslehre an der Christian-Albrechts-Universität zu Kiel, von 1986 bis 1988 an der London School of Economics and Political Science. Als Wissenschaftlicher Mitarbeiter am Lehrstuhl für Geld und Währung von Univ.-Prof. Dr. Manfred Willms wurde er 1992 promoviert. Er habilitierte sich 1999 für das Fach Volkswirtschaftslehre. Nach akademischen Stationen an der Universität Bonn und der Kelley School of Business, Indiana University, Bloomington, ist er seit 2001 Inhaber des Lehrstuhls für Volkswirtschaftslehre, insbesondere Internationale Wirtschaftsbeziehungen, an der Universität Essen, seit 2003 Universität Duisburg-Essen.

Robert Czudaj, M.A. Econ.
Jahrgang 1982, studierte von 2003 bis 2009 Volkswirtschaftslehre an der Universität Duisburg-Essen und der Griffith University, Brisbane. Seit 2009 ist er wissenschaftlicher Mitarbeiter am Lehrstuhl für Statistik und Ökonometrie von Univ.-Prof. Dr. Walter Assenmacher. Dort promoviert er seit 2009 für das Fach Volkswirtschaftslehre.

Anastasia Diel, M.Sc.
Jahrgang 1983, studierte von 2005 bis 2011 Volkswirtschaftslehre an der Universität Duisburg-Essen. Seit 2011 ist sie wissenschaftliche Mitarbeiterin am Lehrstuhl für Statistik von Univ.-Prof. Dr. Andreas Behr.

Roland Döhrn, Prof. Dr.
Jahrgang 1954, Studium der Volkswirtschaftslehre an der Johannes-Gutenberg-Universität Mainz. 1988 Promotion zum Dr. rer. oec. an der Ruhr-Universität Bochum. Seit 2010 Honorarprofessor an der Universität Duisburg-Essen. Mitarbeiter beim Rheinisch-Westfälischen Institut für Wirtschaftsforschung in Essen seit 1978. Dort seit 1988 Leiter der Forschungs-

gruppe Internationale Wirtschaftsbeziehungen, seit 2002 Leiter des Kompetenzbereichs „Wachstum und Konjunktur" und damit Verantwortlicher für die Konjunkturprognosen des Instituts sowie dessen Vertreter bei der Gemeinschaftsdiagnose.

Rainer Elschen, Prof. Dr.
Jahrgang 1951, studierte von 1972 bis 1976 Betriebswirtschaftslehre an der Ruhr-Universität Bochum, von 1976 bis 1987 war er wissenschaftlicher Mitarbeiter am Lehrstuhl für Unternehmensbesteuerung bei Univ.-Prof. Dr. Dr. h.c. mult. Dieter Schneider. Dort promovierte er 1981 und habilitierte sich 1987 für das Fach Betriebswirtschaftslehre. Nach Lehrstuhlvertretungen in Köln und Trier und einem Ruf nach Bremen hatte er Universitätsprofessuren in Duisburg, Aachen, Halle-Wittenberg und Wuppertal inne, ehe er 1998 den Ruf auf den Lehrstuhl für Finanzwirtschaft und Banken an der heutigen Universität Duisburg-Essen annahm.

Andreas Fritz, Dipl.-Volkswirt
Jahrgang 1980, studierte Volkswirtschaftslehre an der Europa-Universität Viadrina Frankfurt (Oder) und Betriebswirtschaftslehre an der Berufsakademie Berlin. Seit 2007 ist Andreas Fritz wissenschaftlicher Mitarbeiter am Lehrstuhl für Energiewirtschaft von Prof. Dr. Christoph Weber an der Universität Duisburg-Essen.

Rafael Gralla, Dipl.-Volkswirt
Jahrgang 1981, studierte von 2002 bis 2007 Volkswirtschaftslehre an der Universität Dortmund und der University of Strathclyde, Glasgow. Seit 2007 ist er als wissenschaftlicher Mitarbeiter am Lehrstuhl für Volkswirtschaftslehre (Wirtschaftspolitik) der Technischen Universität Dortmund tätig.

Wolfgang Hamann, Prof. Dr.
Jahrgang 1956, studierte von 1976 bis 1981 Rechtswissenschaften an der Westfälischen Wilhelms-Universität Münster; anschließend absolvierte er den juristischen Vorbereitungsdienst, den er 1985 mit dem Zweiten Juristischen Staatsexamen abschloss; von 1986 bis 2000 war er als Richter in der Arbeitsgerichtsbarkeit in Nordrhein-Westfalen tätig und wurde von 1992 bis 1994 als Richter im Hochschuldienst an die Westfälischen Wilhelms-Universität Münster abgeordnet. Während dieser Zeit promovierte er am Lehrstuhl von Prof. Dr. Peter Schüren zum Dr. iur. Seit dem 1. April 2000 ist Wolfgang Hamann Inhaber des Lehrstuhls für Wirtschaftsprivat- und Arbeitsrecht an der Universität Duisburg-Essen.

Andreas Knoedl, Dr.
Erwarb an der Uni Hohenheim Jahr 2005 seinen Abschluss als Diplom-Ökonom und promovierte dort im Jahr 2011 zum Dr. rer. oec. Er unterrichtet als Gymnasiallehrer in Ravensburg.

Kornelius Kraft, Prof. Dr.
Jahrgang 1955, Studium der Volkswirtschaftslehre an der Universität Heidelberg, Abschluss 1979, Promotion zum Dr. rer. pol. an der Universität Kassel 1984, Habilitation in Volkswirtschaftslehre an der Universität Kassel 1989. Wissenschaftlicher Mitarbeiter am Wissenschaftszentrum Berlin (WZB) 1980-1986, wissenschaftlicher Mitarbeiter an der Uni-

versität Kassel 1986-1992. Ordentlicher Professor für Mikroökonomie und Empirische Wirtschaftsforschung an der Universität Fribourg (CH) 1992-1993, Professor für Wirtschaftspolitik an der Universität Essen 1993-2003, seit 2003 Professor für Wirtschaftspolitik an der Technischen Universität Dortmund. Forschungsschwerpunkte sind die Arbeits- sowie Industrieökonomik und die Empirische Wirtschaftsforschung.

Nicolas Krämer, Dr.
Jahrgang 1974, studierte von 1998 bis 2002 Wirtschaftswissenschaften an der Universität Essen, anschließend war er Wissenschaftlicher Mitarbeiter am Lehrstuhl für Unternehmensrechnung & Controlling von Univ.-Prof. Dr. Ludwig Mochty, wo er 2008 promovierte. Von 2002 bis 2009 war er für KPMG und BearingPoint tätig (diverse Projektleitungen, u.a. bei der GfK), die ersten vier Jahre parallel zur Tätigkeit als Wissenschaftlicher Mitarbeiter. Von 2002 bis 2010 war er Vorstand des Alumni WiWi Essen e.V., seit 2010 ist er Mitglied des Beirats des Ehemaligenclubs. Seit 2009 leitet Nicolas Krämer den Finanzbereich der Kaiserswerther Diakonie. Zudem ist er Lehrbeauftragter der FOM Hochschule für Oekonomie & Management, Essen.

Ludwig Mochty, Prof. Dr.
Jahrgang 1953, studierte von 1972 bis 1976 Mathematik an der Technischen Universität Wien, absolvierte ein Postgraduate Studium in Betriebswirtschaftslehre und Operations Research am Institut für Höhere Studien (IHS) Wien und in Wirtschaftsinformatik an der Universität Wien. Ab 1979 war er Wissenschaftlicher Mitarbeiter von Prof. Dr. Jörg Baetge und Prof. Dr. Erich Loitlsberger am Institut für Betriebswirtschaftslehre der Universität Wien. Er promovierte 1986 in Technischer Mathematik und habilitierte sich 1992 für das Fach Betriebswirtschaftslehre. Neben seiner akademischen Tätigkeit war Ludwig Mochty ab 1983 Mitarbeiter von Ernst & Young Wien. Seit 1994 ist er Inhaber des Lehrstuhls für Wirtschaftsprüfung, Unternehmensrechnung und Controlling an der Universität Duisburg-Essen.

Magdalene Morawietz, Dipl.-Mathematikerin.
Jahrgang 1982, erwarb 2010 ihren Abschluss in Mathematik mit dem Nebenfach Wirtschaftswissenschaften an der Ruhr-Universität Bochum. Seit 2011 ist sie wissenschaftliche Mitarbeiterin am Lehrstuhl für Statistik von Univ.-Prof. Dr. Andreas Behr, Universität Duisburg-Essen.

Werner Nienhüser, Prof. Dr.
Jahrgang 1953, studierte nach einer kaufmännischen Ausbildung Betriebswirtschaftslehre an der Universität-GH Paderborn und an der Universität Mannheim, 1988 Promotion und 1994 Habilitation an der Universität Paderborn. 1994 – 1995 Professor für Management an der Universität Konstanz, seit 1995 Inhaber des Lehrstuhls für Betriebswirtschaftslehre, insbesondere Arbeit, Personal und Organisation, an der Universität Duisburg-Essen. Hauptarbeitsgebiete: Empirische Forschung vor allem in den Feldern Arbeitsbeziehungen/Employment Relations, Mitbestimmung, Arbeitskräftestrategien, "atypische" Beschäftigung, Macht und Personal/Organisation. Auch die Theoriefundierung der Organisations- und Personalforschung ist ein Forschungsgebiet von Werner Nienhüser.

Eva Plinta, Dipl.-Kauffrau
Jahrgang 1979, studierte von 1999 bis 2004 Betriebswirtschaftslehre an der Universität Duisburg-Essen, Campus Essen. In der Zeit von 2005 bis 2011 war sie wissenschaftliche Mitarbeiterin am Lehrstuhl für Statistik und Ökonometrie von Prof. Dr. Walter Assenmacher an der Universität Duisburg-Essen, Campus Essen. Seit September 2011 arbeitet Eva Plinta als Absatzportfoliomanagerin bei der RheinEnergie AG in Köln.

Andreas Rödl, Dr.
Jahrgang 1973, studierte von 1993 bis 2000 Wirtschaftswissenschaften an der Universität Essen, von 2000 bis 2006 war er wissenschaftlicher Mitarbeiter am Lehrstuhl für Marketing und Handel von Univ.-Prof. Dr. Hendrik Schröder. Dort promovierte er, mit Unterstützung der GfK, 2009 über das Thema Kundenbewertung im Lebensmitteleinzelhandel. Von 2003 bis 2006 hat er als Geschäftsführer des Forschungszentrums für Category Management Unternehmen der Konsumgüterbranche beraten. Von 2002 bis 2009 war er Vorstand des Alumni WiWi Essen e.V., seit 2010 ist er Mitglied des Beirats des Ehemaligenclubs. Seit 2007 ist Andreas Rödl für die adidas AG in Herzogenaurach tätig und leitet dort den Bereich Business Development im globalen Vertrieb.

Ute Schmiel, Prof. Dr.
1997 Abschluss Diplom-Kauffrau. 2001 Promotion zum Dr. rer. oec. an der Gerhard-Mercator Universität Duisburg. 2005 Habilitation an der Universität Duisburg-Essen, Campus Duisburg.2005-2008 Universitätsprofessorin für Allgemeine Betriebswirtschaftslehre, insbes. Steuerlehre/Prüfungswesen an der Technischen Universität Ilmenau. Seit 2008 Inhaberin des Lehrstuhls für Unternehmensbesteuerung an der Universität Duisburg-Essen, Campus Essen. Forschungsschwerpunkte sind die ökonomische Analyse ausgewählter Fragen der Unternehmensbesteuerung, methodologische Probleme der Betriebswirtschaftlichen Steuerlehre sowie ausgewählte Fragen der Wirtschafts- und Unternehmensethik.

Hendrik Schröder, Prof. Dr.
Jahrgang 1959, studierte von 1980 bis 1985 Betriebswirtschaftslehre an der Westfälischen Wilhelms-Universität Münster, von 1985 bis 1995 war er Wissenschaftlicher Mitarbeiter am Lehrstuhl für Distribution und Handel von Univ.-Prof. Dr. Dieter Ahlert. Dort promovierte er 1988 und habilitierte sich 1995 für das Fach Betriebswirtschaftslehre. Seit 1996 ist Hendrik Schröder Inhaber des Lehrstuhls für Betriebswirtschaftslehre, insbesondere Marketing und Handel, an der Universität Duisburg-Essen und Leiter des Forschungszentrums für Category Management in Essen.

Hannah Schürenberg-Frosch, M.A. Econ.
Jahrgang 1980, kam nach einem Studium in International Business an der Universität Paderborn von 2002 bis 2005 zum Masterstudium der Volkswirtschaftslehre an die Universität Duisburg-Essen, wo sie unter anderem bei Prof. Dr. Walter Assenmacher studierte und als wissenschaftliche Hilfskraft tätig war. Nach einem Forschungspraktikum am Kieler Institut für Weltwirtschaft und dem erfolgreichen Masterabschluss ist sie seit 2007 Promotionsstudentin und wissenschaftliche Mitarbeiterin am Lehrstuhl für Volkswirtschaftslehre, insbesondere Internationale Wirtschaftsbeziehungen von Prof. Dr. Volker Clausen.

Katja Theune, M.A. Econ.
Jahrgang 1983, studierte von 2003 bis 2009 Volkswirtschaftslehre an der Universität Duisburg-Essen. Seit 2009 ist sie wissenschaftliche Mitarbeiterin am Lehrstuhl für Statistik von Univ.-Prof. Dr. Andreas Behr. Dort promoviert sie seit 2009 für das Fach Volkswirtschaftslehre.

Wolfgang Völl, Dr.
Jahrgang 1977, studierte von 1998 bis 2002 Wirtschaftswissenschaften an der Universität Duisburg-Essen, von 2003 bis 2008 war er wissenschaftlicher Mitarbeiter am Lehrstuhl für Wirtschaftsprüfung, Unternehmensrechnung und Controlling von Univ.-Prof. Dr. Ludwig Mochty. Dort promovierte er 2009 über analytische und simulative Ansätze des Projektcontrollings. Von 2009 bis 2010 war er Vorstand des Alumni WiWi Essen e.V., seit 2010 ist er Mitglied des Beirats des Ehemaligenclubs. Seit 2008 ist Wolfgang Völl Business Advisor bei der BearingPoint GmbH in Düsseldorf im Bereich Business Strategy & Transformation.

Christoph Weber, Prof. Dr.
Jahrgang 1964, ist seit 2004 Inhaber des Lehrstuhls für Energiewirtschaft an der Universität Duisburg-Essen. Er hat Maschinenbau an der Universität Stuttgart studiert und im Jahr 1999 im Fach Wirtschaftswissenschaften an der Universität Hohenheim promoviert. Im Rahmen seiner Habilitation im Jahr 2004 und in vielen Forschungsarbeiten hat er sich mit Methoden zur Entscheidungsunterstützung in der Energiewirtschaft unter besonderer Berücksichtigung der relevanten Unsicherheiten beschäftigt. Schwerpunkte seiner Forschung sind dabei Energie- und Risikomanagement, Investitionen im liberalisierten Energiemarkt, kosteneffiziente Integration erneuerbarer Energien, funktionsfähiger Wettbewerb sowie Energieeffizienz und Energienachfrage.

Return Distributions and Bootstrap Goodness-of-fit Tests

Andreas Behr, Anastasia Diel, Magdalene Morawietz und Katja Theune

1 Introduction

It is seen as a "stylised fact" that marginal distributions of stock returns have thick tails, are skewed and leptocurtic (see for example Campbell et al. 1997, Eijgenhuijsen and Buckley 1999, Cont 2001 and Behr and Poetter 2007). Therefore, the simple normal distribution is inappropriate to describe empirical return distributions. In response to these "stylised fact" several flexible parametric distributions of returns have been proposed in the literature. The generalised hyperbolic distribution has obtained a fair amount of interest. This five parameter family includes skew leptocurtic densities with thicker tails than the normal while still having moments of all orders (Barndorff-Nielsen 1977, Eberlein and Keller 1995 and Kchler et al. 1999). However, the routine application of the generalised hyperbolic distribution is hampered by the non-existence of a closed form for the distribution function and rather slow simulation methods.

An easy to handle alternative are mixtures of Gaussian normal distributions. Kon (1984) examined daily returns from 30 different stocks and estimated mixtures of Gaussian distributions with two up to four components. Mixture models can be seen as a useful way of generalising a given family of distributions (see for example Badrinath and Chatterjee 1988, Peiro 1994 and Aparacio and Estrada 2001). While there is no closed form for the distribution function of Gaussian mixtures, it can easily be approximated using well known formulae implemented in many well tested software routines. Simulation from Gaussian mixtures is also easy and fast and estimation can conveniently be carried out using the EM algorithm (McLachlan and Krishnan 1997). Nowadays several software packages, e.g. the R programming environment, have EM-based routines implemented.

Another flexible alternative to the normal is the generalised logF distribution allowing for skew leptocurtic densities with slightly thicker tails than the normal. In contrast to the generalised hyperbolic distribution there exist very efficient simulation algorithms. To our knowledge the generalised logF distribution has been applied very rarely in the finance context, the exception being Brown, Spears and Levy (2002) and Behr and Poetter (2007).

In this paper we focus on the question on how to assess the fit of several proposed distributions. As a starting point we consider the Kolmogorov-Smirnov statistic, that is the maximum absolute difference between observed and estimated points of the distribution function. A shortcoming is at first sight that only a single point of the complete probability distribution is taken into account. But as the distribution function is the integrated density function and because the estimated as well as the estimated parametric distributions integrate to 1 the measure can be regarded as a comprehensive measure of the fit.

Our empirical investigation focuses on the monthly returns from the S&P 500 stock index. This data set has been examined extensively in the literature and dates back to 1871 thus enabling to study the stability of the distribution over time.

The aim of our analysis is threefold. First, we present evidence of the non-normality of monthly returns. Secondly, we briefly present the generalised hyperbolic distribution, the mixed Gaussian and the generalised logF model. Thirdly, we approximate the distribution of the Kolmogorov-Smirnov statistic under different hypotheses using simulation techniques.

The paper is structured as follows. In Section 2, we present the distributions, their properties and the estimating methodology. In Section 3, we discuss the proposed bootstrap goodness-of-fit test. In Section 4, we provide descriptive evidence, estimation results and the results of the bootstrap goodness-of-fit tests. Section 5 concludes.

2 Flexible parametric return distributions

Throughout the paper, we denote the monthly return by x_t , calculated as the monthly difference of the logarithm of the price index X :

$$x_t = \log(X_t) - \log(X_{t-1})$$

2.1 The generalised hyperbolic distribution

The hyperbolic distribution has been used by geomorphologists to model the shape of dunes of windblown sand (Barndorff-Nielsen 1977). Due to its flexibility the hyperbolic model was found to provide a good model for the distribution of asset returns (Eberlein and Keller 1995 and Kchler et al. 1999) and has been applied for value at risk modeling (e.g. Bauer 2000).

The generalised hyperbolic distribution is described by five parameters $(\lambda,\alpha,\beta,\delta,\mu) =: \Psi$. Its probability density function is given by:

$$f_{GH}(x;\Psi) = \kappa\left\{\delta^2 + (x-\mu)^2\right\}^{\frac{1}{2}\left(\lambda-\frac{1}{2}\right)} K_{\lambda-\frac{1}{2}}\left(\alpha\sqrt{\delta^2 + (x-\mu)^2}\right) e^{\beta(x-\mu)}$$

with $0 \leq |\beta| < \alpha$, $\delta > 0$, where

$$\kappa = \frac{\left(\alpha^2 - \beta^2\right)^{\frac{\lambda}{2}}}{\sqrt{2\pi}\,\alpha^{\lambda-\frac{1}{2}} K_\lambda\left(\delta\sqrt{\alpha^2 - \beta^2}\right)}$$

The function $K_\lambda(t)$ is the modified Bessel function of the third kind with index λ, also known as the MacDonald function. It is defined as

$$K_\lambda(t)=\frac{1}{2}\int_0^\infty x^{\lambda-1}e^{-\frac{1}{2}t\left(x+x^{-1}\right)}dx,\ t>0$$

The distribution function has no closed form expression and is generally found from numerically integrating the density. The density is unimodal, the distribution is infinitely divisible and moments of all order exist. The form of the density can accommodate all of the stylised facts about distributions of returns, allowing for leptocurtic, platycurtic, left and right skewed distributions.

The generalised hyperbolic distribution can be simulated as a normal variance-mean mixture where the mixing distribution is the generalised inverse Gaussian distribution with any λ. However, this presupposes the ability to generate random variates from the generalised inverse Gaussian distribution, which is in itself rather slow.

The maximum likelihood estimation is obtained through numerical optimisation of the log-likelihood function

$$\log L(\Psi)=\log\kappa+\frac{\lambda-\frac{1}{2}}{2}\sum_{t=1}^{T}\log\left(\delta^2+(x_t-\mu)^2\right)$$
$$+\sum_{t=1}^{T}\log K_{\lambda-\frac{1}{2}}\left(\alpha\sqrt{\delta^2+(x_t-\mu)^2}\right)+\sum_{t=1}^{T}\beta(x_t-\mu)$$

2.2 The Gaussian mixture model and the EM algorithm

Gaussian mixture models are generally regarded as being able to adequately model return distributions, as shown by Kon (1984). Because directly maximising the likelihood of mixture models is numerically and practically unattractive since it involves the logarithm of sums of normal densities we use the Expectation Maximisation (EM) algorithm. This algorithm was popularised by Dempster et al. (1977) in the context of missing data. The EM-algorithm is treated extensively by McLachlan and Krishnan (1997), details on mixture models are discussed by Everitt and Hand (1981).

We consider g component densities, assumed to be univariate normal densities $\phi(x;\mu_i,\sigma_i^2)$ with unknown means $\mu_1,\ldots,\mu_g$ and unknown variances $\sigma_1^2,\ldots,\sigma_g^2$. We denote the density for component i by $\phi(x;\theta_i)$, where $\theta_i=(\mu_i,\sigma_i^2)'$ and $\theta=(\mu_1,\ldots,\mu_g,\sigma_1^2,\ldots,\sigma_g^2)$. The vector Ψ containing all unknown parameters includes, beside θ, the unknown probabilities $\pi_1,\ldots,\pi_{g-1}$ for the g components, because we have the constraint

$$\pi_g = 1 - \Sigma_{i=1}^{g-1} \pi_i \ .$$

The density is given by

$$f_{GM}(x;\Psi) = \sum_{i=1}^{g} \pi_i \phi(x;\mu_i,\sigma_i^2)$$

This is an unimodal density under some constraints on the variances and the distances between the means (see Block et al. 2005). The log-likelihood is given by

$$\log L(\Psi) = \sum_{t=1}^{T} \log\left\{\sum_{i=1}^{g} \pi_i \phi(x_t,\theta_i)\right\}$$

The log-likelihood of this model can be maximised by artificially introducing a vector $z = (z_1',\ldots,z_T')'$. Each z_t is a g -dimensional 0-1 vector indicating which component i generated the observed x_t. The complete data log-likelihood, assuming z observed, is

$$\log L(\Psi) = \sum_{i=1}^{g}\sum_{t=1}^{T} z_{it} \log(\phi(x_t,\theta_i)) \propto -\frac{1}{2}\sum_{i=1}^{g}\sum_{t=1}^{T} z_{it}\left\{\log\sigma_i^2 + \frac{(x_t-\mu_i)^2}{\sigma_i^2}\right\}$$

Estimation (the EM-algorithm) proceeds iteratively. At the $(k+1)^{th}$ iteration, first (the E -step) the conditional expectation of Z_{it} , given the observed data x and the estimates of $\Psi^{(k)}$ from the kth iteration are computed:

$$\mathrm{E}_{\Psi^{(k)}}(Z_{it}\,|\,x_t) =: z_{it}^{(k)} = \pi_i^{(k)} \frac{\phi(x_t;\theta_i^{(k)})}{f_{GM}(x_t;\Psi^{(k)})}$$

The M -step in the $(k+1)^{th}$ iteration consists in replacing z_{it} with the current estimate $z_{it}^{(k)}$ so as to obtain an updated estimated probability for component i by

$$\pi_i^{(k+1)} = \frac{1}{T}\sum_{t=1}^{T} z_{it}^{(k)}, \quad \mu_i^{(k+1)} = \frac{\Sigma_{t=1}^{T} z_{it}^{(k)} x_t}{\Sigma_{t=1}^{T} z_{it}^{(k)}}, \quad \sigma_i^{2(k+1)} = \frac{\Sigma_{t=1}^{T} z_{it}^{(k)}\left(x_t - \mu_i^{(k+1)}\right)^2}{\Sigma_{t=1}^{T} z_{it}^{(k)}}$$

While the EM-algorithm does not provide an automatic way to compute the information matrix, the special structure of Gaussian mixtures allows for a straightforward calculation of variances.

2.3 The generalised logF distribution

The density of the generalised logF distribution with parameters $\Psi = (a,b,\mu,\sigma)$ is given by

$$f_{LF}(x;\Psi) = \frac{a^a b^b}{B(a,b)} e^{a\frac{x-\mu}{\sigma}} \left(b + a e^{\frac{x-\mu}{\sigma}}\right)^{-(a+b)}, \quad a,b>0$$

making use of the beta function

$$B(a,b) = B(b,a) = \frac{\Gamma(a)\Gamma(b)}{\Gamma(a+b)}$$

The logF distribution has a remarkable flexibility, incorporating a number of well-known distributions as special cases. These include the Weibull-, Log-normal-, Log-logistic-, and Gamma-distributions. Being a simple transform of the well-known F -distribution, formulae for the approximation of the distribution function as well as algorithms for the computation of moments, quantiles, and other quantities of interest are readily available. Moreover, the density is always unimodal and moments of all order exist. Further properties have been described by Wu et al. (2000).

3 Goodness-of-fit test

3.1 The Kolmogorov-Smirnov test statistic

For assesing the fit descriptively as well for the formal hypothesis testing we apply the Kolmogorov-Smirnov test statistic which is defined as the maximum absolute difference between the fitted parametrical return distribution $F^{\hat{\Psi}}$ and the empirical cumulated density function (ECDF) $\hat{F}(x)$

$$d = \max_{x} \left| \hat{F}(x) - F^{\hat{\Psi}}(x) \right|$$

3.2 Goodness-of-fit test with estimated parameters

Frequently applied tests formal test of the normality hypothesis are the Shapiro-Wilk, Jarque-Bera and Lilliefors test. The classical Kolmogorov-Smirnov test statistic assumes a specified distribution to be tested against. Generalisations allowing for estimated parameters have been proposed only for a limited number of parametric families including the normal (see Dallal and Wilkinson 1986 for the Lilliefors-test) and some analytical results on generalisations to arbitrary smooth families are available (Shorack and Wellner 1986, chapter 5.5). Because the distributions fitted to obtained samples provide a superior fit compared to the true distribution the data have been generated with, the distribution of the test statistic with fitted parameters exhibits less dispersion and the distribution for the case of a priori known parameters will be misleading. One possible way to overcome this problem is the use of approximative distributions of the test statistic obtained through simulation. But one has to rembember that return data will almost certainly contain a dependence structure that is not taken into account in the simulations assuming independent generation of realisations. Therefore, the obtained approximations to the null distribution of the test statistics should be considered with care and in consequence, the formal test results should not be taken literally.

3.2.1 The parametric bootstrap

We first introduce some notation. We denote the random variable of interest as Y. A sample of the random variables $Y_1,...,Y_n$ with size n is denoted by $y_1,...,y_n$. The probability density function (PDF) is denoted by $f(y)$ and the cumulative distribution function (CDF) by $F(y)$. The statistic $T=T(Y_1,...,Y_n)$ has the realisation $t=t(y_1,...,y_n)$ for the obtained sample. B with $b=1,...,B$ is the number of bootstrap realisations with bootstrap samples $\{y_1^*,...,y_n^*\}_b$ and the corresponding statistics $t_b^*=t_b^*(y_1^*,...,y_n^*)$ for bootstrap sample with index b.

$I\{A\}$ is an indicator function, taking the value 1, if A is true and the value 0 if A is false. Closely related is the Heaviside function

$$H(u)=\begin{cases}0, u<0\\ 1, u\geq 0\end{cases}$$

The number of elements in the set A we denote by $\#\{A\}$. As we focus on the parametric bootstrap, we rely on the assumption of a parametric distribution and generate bootstrap samples using this specific parametric distribution.[1]

To assess the statistic $t(y_1,...,y_n)$ obtained from the original sample we would like to use $F(T)$. In general this distribution is unknown and even the CDF of Y often is not known. Based on the sample we can obtain the empirical cumulated density function (ECDF) which we denote by $\hat{F}(y)$

$$\hat{F}(y)=\frac{\#\{y_j\leq y\}}{n}=\frac{1}{n}\sum_{j=1}^{n}H(y-y_j)$$

Note that for each sample with size n of ordered returns the values of the ECDF are fixed at $1/n, 2/n,...,n/n$. Without any parametric assumptions the ECDF is our fitted model. Based on a parametric assumption, we estimate the parameter vector Ψ that specifies the parametric distribution denoted by $F^{\Psi}(y)$. Having obtained an estimate of Ψ denoted by $\hat{\Psi}$,

[1] Bootstrap goodness-of-fit tests are e.g. discussed in D`Agostino/Stephens (1986), Stute et al. (1993) and Famoye (2000).

we obtain an estimated parametric CDF denoted by $F^{\hat{\Psi}}(y)$.

Many interesting statistics θ are functions of the CDF $F(y)$, that is $\theta = t(F)$, where $T = t(\cdot)$ is the estimation function. E.g. the mean

$$t(F) = \int y f(y) dy = \int y dF(y)$$

and the variance

$$t(F) = \int (y-\mu)^2 dF(y) = \int y^2 dF(y) - \{\int y dF(y)\}^2$$

If $F(Y)$ is unknown, the estimation function $T = t(\cdot)$ relies on $\hat{F}(y)$. E.g. we estimate the expected value $\mu = \int y dF(y)$ using the arithmetic mean $\bar{y}$:.

$$\bar{y} = \int y d\hat{F}(y) = \int y d\left(\frac{1}{n}\sum_{j=1}^{n} H(y-y_j)\right)$$
$$= \frac{1}{n}\sum_{j=1}^{n} \int y dH(y-y_j) = \frac{1}{n}\sum_{j=1}^{n} y_j$$

where $H(y-y_j)$ jumps at y_j from the value 0 towards 1

$$\int y dH(y-y_j) = y_j$$

To assess the fit of the estimated parametric CDF $F^{\hat{\Psi}}$ we make use of the Kolmogorov-Smirnov distance D which also relies on the ECDF $\hat{F}$:

$$D = \max\left(\left|F^{\hat{\Psi}} - \hat{F}\right|\right)$$

For the sample $y_1,...,y_n$ we obtain the estimated parameter vector $\hat{\Psi}$, the estimated parametric CDF $F^{\hat{\Psi}}(y)$ and the realised distance d.

To test the hypothesis that the data $y_1,...,y_n$ could have been obtained as a realisation from the parametric distribution F^{Ψ} we want to assess the realisation d with respect to the distribution of D denoted as $F(d)$ under the distribution F^{Ψ}. As the parameter values of F^{Ψ} are unknown, we have to resort to the estimated parametric function $F^{\hat{\Psi}}$. As even for the estimated distribution $F^{\hat{\Psi}}$ based on the estimated $\hat{\Psi}$ the distribution $\hat{F}(d)$ is not known, we approximate this distribution by the bootstrap distribution $\hat{F}^*(d^*)$. Here d^* denotes the test statistic obtained for the bootstrap sample $y_1^*,...,y_n^*$ generated using the estimated parametric distribution $\hat{F}^{\Psi}$. The bootstrap distribution $\hat{F}^*(d^*)$ is obtained as the ECDF of the B bootstrap realisation d_b^* $(b=1,...,B)$. Based on this approximation $\hat{F}^*(d^*)$ of the distribution $\hat{F}(d)$ we can obtain critical values of the statistic D as empirical quantiles of the bootstrap distribution $\hat{F}^*(d^*)$. Alternatively, we can obtain $p-$values for the test of the hypothesis that the sample $y_1,...,y_n$ has been generated using the parametric distribution $F^{\hat{\Psi}}$ as

$$\frac{\#\{d_b^* > d\}}{B} = \frac{1}{B}\sum_{b=1}^{B} I\{d_b^* > d\}$$

3.2.2 The simulation setup

Goodness-of-fit tests are classified in parametric and non-parametric tests and are applicable on univariate and multivariate data. In case of this paper, testing the null hypothesis requires a distribution-free procedure for a univariate data. Goodness-of-fit tests measure the conformity of a random sample; therefore, the sample data can be discrete or continuous, with a theoretical probability distribution function, e.g. the goodness-of-fit consists in testing the null hypothesis

$$H_0 \; : \; F(x) = F^{\Psi}(x)$$

against the alternative hypothesis

$$H_1 \; : \; F(x) \neq F^{\Psi}(x).$$

In all the tests mentioned below, the null hypothesis is rejected when the test statistic exceeds a critical value. In this application the null hypothesis states that the stock returns have been generated using the parametric distribution under consideration $F^{\Psi}(x)$ specified by the estimated parameter vector $\hat{\Psi}$.

In the following we will describe in detail the procedure for obtaining approximative distributions of the Kolmogorov-Smirnov statistic under the null hypothesis. This procedure is carried out for all the discussed flexible parametric return distributions, that is for the Generalised Hyperbolic, the Normal Mixture and the LogF distribution.

1. Estimate the parameter $\hat{\Psi}$ of the distribution indexed by for the monthly S&P 500 return data for the time span 01/1871 -06/2011 with $\mathrm{n} = 1686$ observations. To this fitted parametric distribution we refer in the following with $F^{\hat{\Psi}}(x)$.
2. Generate $B = 10000$ (with index $b{=}1$ to $B = 10000$) times a bootstrap sample x_b^* of size $n = 1686$ from the parametric distribution $F^{\hat{\Psi}}(x)$.
3. Estimate the parameter $\hat{\Psi}_b^*$ of the distribution for the generated data x_b^*.
4. Calculate the Kolmogorov-Smirnov test statistic d_b^*

$$d_b^* = \max_{x_b^*}\left|\hat{F}(x_b^*) - F^{\hat{\Psi}^*}(x_b^*)\right|$$

5. Approximate the distribution of the Kolmogorov-Smirnov test statistic $\hat{F}(d)$ under the null hypothesis H_0: $F(x) = F^{\Psi}(x)$ using the emprical cumulated density function $\hat{F}^*(d^*)$ based on the $B = 10000$ realisations of d_b^*.

Based on the approximated distributions of the test statistic under the null hypothesis approximate $p-$ values can be obtained for the test statistic d calculated for the observed return distributions of the S&P500 stock index returns (1871-2011) for the specific parametric model under consideration as

$$p = 1 - \hat{F}^*(d) = \frac{1}{B} \sum_{b=1}^{B} I\{d_b^* > d\}$$

4 The distribution of S&P500 monthly rate of return 1871-2011

In this section we first provide some descriptive evidence and then give results of the estimation and the goodness-of-fit test.

4.1 Descriptive Evidence

We first provide descriptive evidence on the distribution of the S&P 500 monthly returns and model the distribution by means of Gaussian mixture, the generalised logF and the generalised hyperbolic distribution.

Figure 4.1 displays the time series of the S&P 500 stock index in logarithmic scale for the time span 01/1871 – 06/2011.

Figure 4.2 shows the time series of monthly returns. The time series displays the well-documented high volatility around 1930 including the decline of 30.8% in November 1929 and the greatest increase of 40.7% in August 1932.

Figure 4.3 contains a histogram using bins of equal size as well as a kernel density estimation using a normal kernel. The empirical return distribution is skewed to the left and reveals substantial kurtosis.

Figure 4.4 contains the empirical distribution displayed using a histogram and the fitted parametric return models. The best fitting normal distribution ($\hat{\mu}=0.0034$, $\hat{\sigma}=0.0411$) cannot capture these features and consequently exhibits a very poor fit throughout the range of the data: at the center of the data the frequencies are substantially underestimated, at a medium range from the center frequencies are overestimated, especially so on the left, while in the tails, once again mainly on the left, frequencies are once again underestimated. Compared to the normal density, the estimated densities of the other three models provide a much superior fit.

Figure 4.1 Logarithmic S&P 500 stock index 1871 – 2011

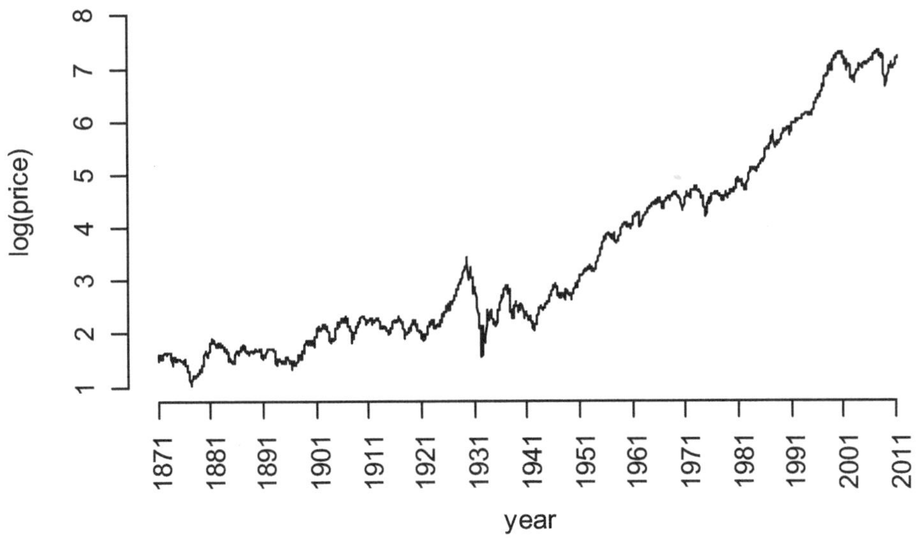

Figure 4.2 S&P 500 stock index, monthly returns 1871 - 2011

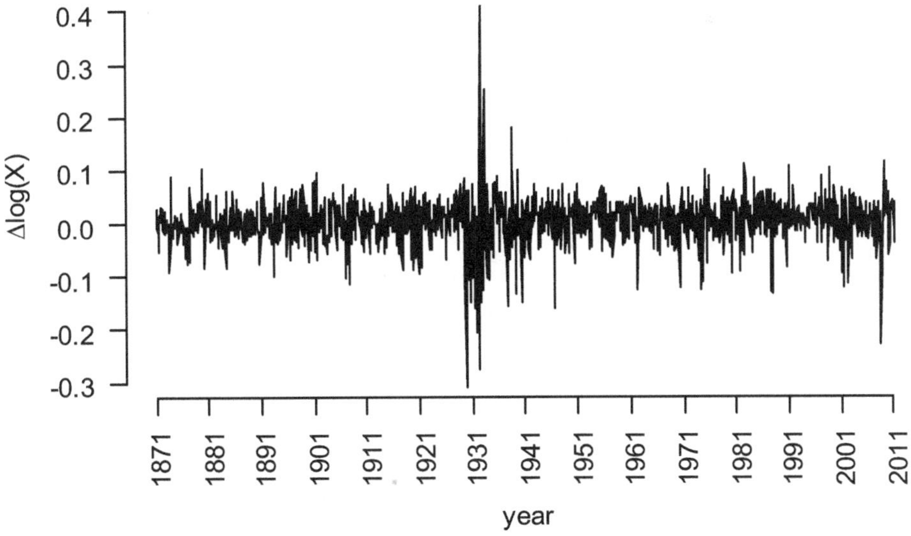

4.2 The fit of the flexible models

The three alternative models were fitted using the Maximum Likelihood estimators of their parameters.[2] The estimated parameter vector for the generalised hyperbolic distribution is

$$\hat{\alpha} = 6.9797,\quad \hat{\beta} = -6.4224,\quad \hat{\delta} = 0.0572,\quad \hat{\mu} = 0.0129,\quad \hat{\lambda} = -2.0813$$

Figure 4.3 Histogram and kernel density estimation of monthly returns

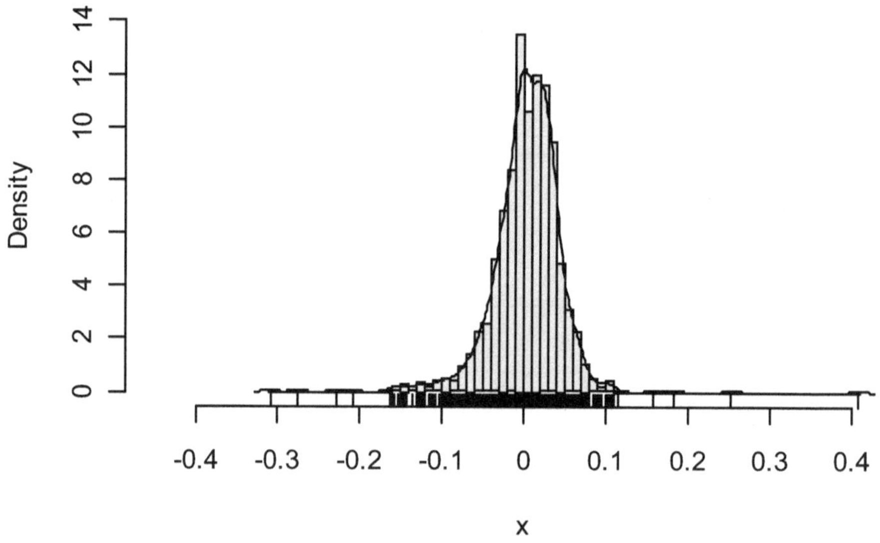

The estimation results for the two component Gaussian mixture model are

$$f_{GM}\left(x;\, \hat{\pi}_1, \hat{\pi}_2, \hat{\mu}_1, \hat{\mu}_2, \hat{\sigma}_1^2, \hat{\sigma}_2^2\right) = 0.9090 \cdot \phi\left(x;\, 0.0069, 0.0299^2\right) + 0.0910 \cdot \phi\left(x;\, -0.0315, 0.0083^2\right)$$

For the generalised logF distribution we obtain

$$\hat{\mu} = 0.0108,\quad \hat{\sigma} = 0.0119,\quad \hat{a} = 0.4066,\quad \hat{b} = 0.6220$$

---

[2] We also estimated Gaussian models with three and four components. Using more than two comp nents led to only negligible fit improvements. Therefore we restrict the number of components throughout to two.

The two component mixture as well as the generalised logF and the generalised hyperbolic distributions lead to only minor differences between the empirical and estimated distributions. This is supported by a comparison of the Kolmogorov metric based on the maximal absolute difference of the empirical and estimated cumulative distribution function which we denote by d

Table 4.1 gives the distance measure for the three estimated models. We find that the three flexible alternatives are doing about equally well in modeling the return distribution. The two component Gaussian mixture has the smallest maximal absolute difference between empirical and estimated distribution. The generalised logF has a slightly larger absolute differences between empirical and estimated distribution compared to the mixture and the generalised hyperbolic distribution. Based on this fit measures, the simple normal is again seen to be inadequate for modeling the return distribution.

Table 4.1 Fit measure for estimated models

	d
Normal	0.0716
Gen. hyperbolic	0.0200
Gaussian mixture	0.0190
Gen. logF	0.0205

Figure 4.5 shows the estimated densities on a log-linear scale. Additionally, the logarithms of the scaled relative frequencies in bins of constant width 0.1 are depicted. The figure makes evident the quadratic tail of the Gaussian mixture on the log-linear scale. The generalised logF as well as the generalised hyperbolic distributions both have exponential tails corresponding to linear tails on the log-linear scale. Note that the outermost two bins on both sides contain at most 2 observations so that the empirical support for a detailed analysis of tail behaviour is rather scarce.

Figure 4.6 contains the three simulated distributions for the generalised hyperbolic, the Gaussian mixture and the logf distribution.

To test the hypothesis that the data have been generated using a parametric distribution, we derive p -values for the three flexible distributions discussed. p -values are calculated based on the approximate distributions obtained through the bootstrap method explained in detail above. We find for the two component Gaussian mixture a p -value of 0.083, for the generalised hyperbolic the p -value is 0.047 and for the logF distribution we find 0.020.

Therefore, despite their flexibility and the sufficient fit, the null hypothesis has to be rejected for the generalised hyperbolic and the logF distribution according to the formal test procedure at the usual 5% level.

Figure 4.4 Histogram and estimated parametric densities of monthly returns

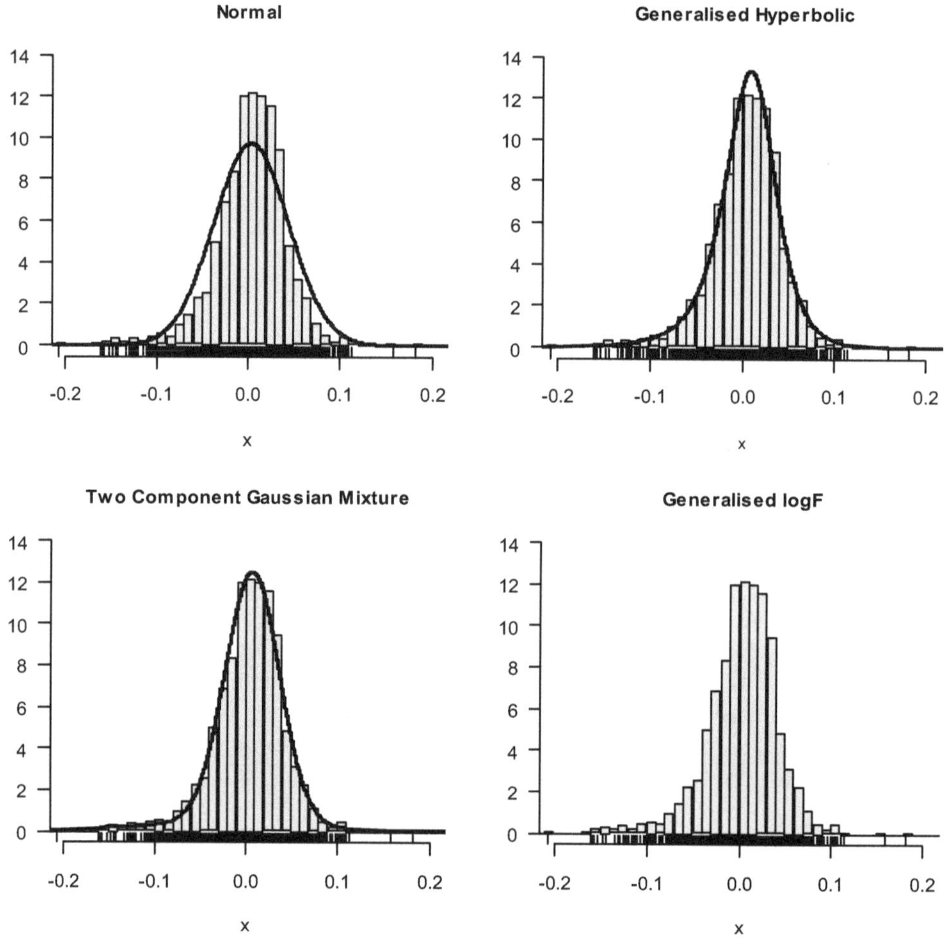

Figure 4.5 Tail behaviour of the distributions

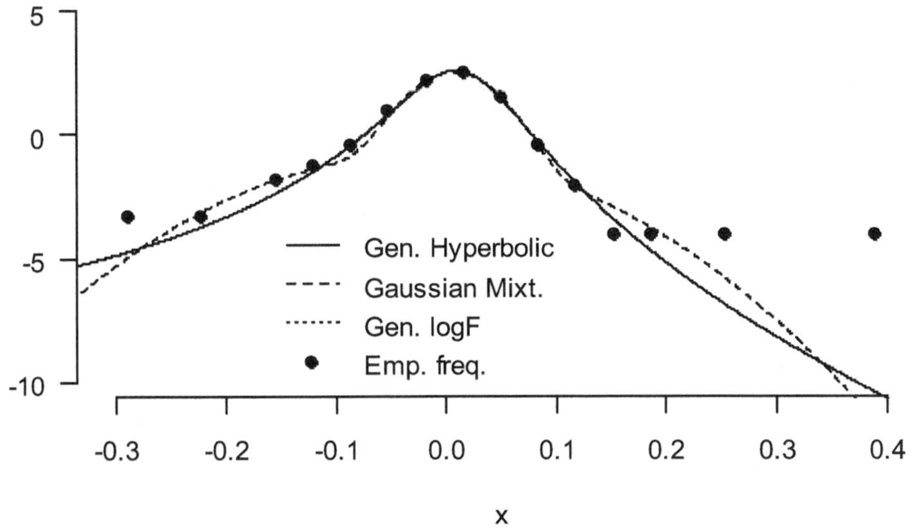

Figure 4.6 Distribution of the test-statistic

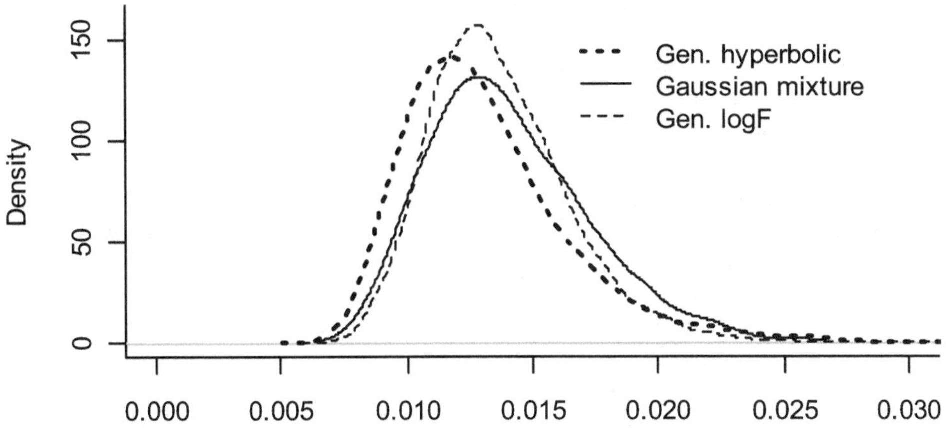

5 Conclusions

In this analysis we examined three flexible distributions, the generalised hyperbolic, the Gaussian mixture and the generalised logF. Since it is well known that the normal model, which still dominates the empirical finance literature has several severe shortcomings, more flexible distributions seem promising. The empirical evidence showed that the marginal distribution of monthly S&P 500 stock index returns for the very long time frame of 1871-2011 can be adequately described either by a generalised hyperbolic, a mixture of two Gaussian normal distributions or the generalised logF distribution.

From a practitioner's point of view, our findings suggest the use of either Gaussian mixtures or the logF distribution in day to day work for medium term time horizons. The generalised hyperbolic distribution does not offer such a superior fit for medium term data as to out-weight the numerical difficulties we experienced. The bootstrap-goodness-of-fit test discussed allows to test formally hypothesis even in the case the distribution of the test statistic cannot be obtained analytically. According to the results of the applied bootstrap goodness-of-fit tests, the null hypothesis can only be retained for the two component Gaussian mixture distribution.

Literatur

Aparacio, F., Estrada, J. (2001): Empirical distributions of stock returns: European security markets, in: European Journal of Finance, Nr. 7, S. 1-21.

Badrinath, S.-G., Chatterjee, S. (1988): On Measuring Skewness and Elongation in Common Stock Return Distributions: The Case of the Market Index, Journal of Business, 61, S: 451-472.

Barndorff-Nielsen, O. (1977): Exponentially decreasing distributions for the logarithm of particle size, Proc. Roy. Soc. Lond., A353, S. 401-419.

Bauer, C. (2000): Value at risk using hyperbolic distributions, in: Journal of Economics and Business, Nr. 52,S. 455-467.

Block, H.-W., Li, Y., Savits, T.-H. (2005): Mixtures of normal distributions: Modality and failure rate, in: Statistics and Probability Letters, Nr 74, S. 253-264.

Brown, B.-W., Spears, F.-M., Levy, L.-B. (2002): The logF: A Distribution for All Seasons, in: Computational Statistics, Nr. 17, S. 47-58.

Campbell, J.-Y., Lo, A.-W., MacKinlay, A.-C. (1997): Econometrics of Financial Markets, Princeton.

Cont, R. (2001): Empirical properties of asset returns: stylized facts and statistical issues, in: Quantitative Finance, S: 223-236.

D`Agostino, R.-B., Stephens, M.-A. (1986): Goodness-of-fit techniques, New York.

Dallal, G.-E., Wilkinson, L. (1986): An analytic approximation to the distribution of Lilliefors' test for normality, in: The American Statistician, Nr. 40, S. 294-296.

Dempster, A.-P., Laird, N.-M., Rubin, D.-B. (1977): Maximum likelihood from incomplete data via the EM algorithm, in: Journal of the Royal Statistical Society, Bnd. 39, S. 1-38.

Eberlein, E., Keller, U. (1995): Hyperbolic distributions in finance, in: Bernoulli, Nr. 1, S. 281-299.

Eijgenhuijsen, H., Buckley, A. (1999): An overview of returns in Europe, in: European Journal of Finance, Nr. 5, S. 276-297.

Everitt, B.-S., Hand, D.-J. (1981): Finite Mixture Distributions, London.

Famoye, F. (2000): Goodness-of-fit tests for generalized logarithmic series distribution, Computational Statistics & Data Analysis, Nr. 33, S. 59-67.

Küchler, U., Neumann, K., Sørensen, M., Streller, A. (1999): Stock returns and hyperbolic distributions, in: Mathematical and Computer Modelling, Nr. 29, S.1-15.

Kon, S. (1984), Models for stock returns-a comparison, in: Journal of Finance, Nr. 39, 147-165.

McLachlan, G.-J., Krishnan, T. (1997): The EM Algorithm and Extensions, New York.

Peiro, A. (1994): The distribution of stock returns: international evidence, in Applied Financial Economics, Nr. 4, S. 431-439.

Shorack, G.-R., Wellner, J.-A. (1986): Empirical Processes with Applications to Statistics, Wiley, New York.

Stute, W., Manteiga, W.-G., Quindimil, M.-P. (1993): Bootstrap based goodness-of-fit tests, in Metrika, Nr. 40, S. 243-256.

Wu, J.-W., Hung, W.-L., Lee, H.-M. (2000): Some moments and limit behaviors of the generalized logistic distribution with applications, in: Proceedings of the National Science Council Republic of China (Series A), Nr. 24

Zur Konvergenz von Konjunkturzyklen im Euro-Raum

Roland Döhrn

1 Einleitung

In einer Währungsunion können von einer einheitlichen Geldpolitik recht unterschiedliche konjunkturelle Wirkungen ausgehen, je nachdem, wie groß die gesamtwirtschaftliche Kapazitätsauslastung in ihren einzelnen Mitgliedstaaten ist. Da die Politik sich letztlich am Durchschnitt des gesamten Währungsraums orientiert, kann sie sich für ein Gebiet mit hoher Kapazitätsauslastung innerhalb der Währungsunion als zu lax erweisen, während sie in einem Gebiet mit unterausgelasteten Kapazitäten womöglich zu restriktiv wirkt.[1] Solche Unterschiede stellen dann kein Problem war, wenn Produktionsfaktoren hinreichend mobil sind, um auf Auslastungsunterschiede zu reagieren. Allerdings dürften, im Gegensatz zur Mobilität des Finanzkapitals, die der Arbeitskräfte und erst recht die des Sachkapitals eingeschränkt sein. Für diesen Fall aber argumentiert die Theorie Optimaler Währungsräume, sei eine hohe Synchronität konjunktureller Schwankungen hilfreich. Ein Mangel an konjunktureller Konvergenz würde es einer gemeinsamen europäischen Geldpolitik hingegen unnötig schwer machen, da sich die Produktionsfaktoren an konjunkturelle Disparitäten nicht anpassen.[2]

Vor diesem Hintergrund findet die Frage nach einem gemeinsamen europäischen Konjunkturzyklus seit Einführung der Währungsunion erhöhte Aufmerksamkeit.[3] Methodisch stellen sich in diesem Zusammenhang zwei Fragen. Erstens: Wie soll konjunkturelle Konvergenz gemessen werden? Mit diesem Aspekt setzt sich die Literatur recht ausführlich auseinander, und es existieren zahlreiche Vorschläge, wie dabei vorzugehen ist. Zweitens: Wie viel Konvergenz ist zu erwarten bzw. welches Maß an Konvergenz ist normal? Mit diesem Punkt setzt sich die Literatur weitaus weniger auseinander. Diese zweite Frage steht im Mittelpunkt des vorliegenden Beitrags.

Um diese zu beantworten, wird hier die Stärke des Zusammenhangs zwischen den Konjunkturzyklen der Länder der Währungsunion mit der in anderen Währungsräumen verglichen. Als Referenz werden dazu zum einen die deutschen Länder, zum anderen die Staaten der USA gewählt. Allerdings bringt dieses Vorgehen einige statistische Probleme mit sich. So liegen Angaben für das Bruttoinlandsprodukt – und damit den umfassendsten Konjunkturindikator – sowohl für die deutschen Länder als auch für die US-Staaten nur auf Jahresbasis vor. Als Alternative wurden in einigen Analysen Angaben zur Industrieproduktion verwendet, die in der Regel auf monatlicher Basis vorliegen.[4] Jedoch spielt die Industrie, gerade wenn man die regionale Ebene betrachtet, vielfach nicht mehr die entscheidende Rolle für die wirtschaftliche Entwicklung. Von daher werden hier – obwohl aus konjunktureller Perspektive unbefriedigend – die Rechnungen auf Basis von Jahresdaten durchgeführt.

---

1 Vgl. Mundell (1961).
2 Vgl. Artis/Krolzig/Toro (2004), S. 1.
3 Einen Überblick geben de Haan/Inklaar/Jong-A-Pin (2008).
4 Vgl. Schirwitz/Seiler/Wohlrabe (2009).

2 Zur Messung konjunktureller Konvergenz

Zur Messung des Zusammenhangs zwischen konjunkturellen Schwankungen findet man in der Literatur unterschiedliche Ansätze, die jeweils verschiedene Dimensionen des Phänomens abbilden. Eine dieser Dimensionen ist die Ko-Variation der Konjunkturen; die einfachste Variante, diesen Aspekt zu beschreiben, ist die Berechnung von Korrelationskoeffizienten.[5] Ein zweiter Aspekt sind die Unterschiede in der Amplitude konjunktureller Ausschläge zwischen den Ländern, die zumeist an der Streuung der Zuwachsraten in den einzelnen Mitgliedsländern zu einem jeweiligen Zeitpunkt gemessen wird.[6] Ein dritter Aspekt ist die Kohärenz der Konjunkturphasen, also ob sich einzelne Länder zum gleichen Zeitpunkt in einer Rezession oder in einem Boom befinden.[7] Komplexere Ansätze greifen diese Gedanken in unterschiedlicher Form auf und entwickeln sie weiter. So wird z.B. mit Hilfe von Faktormodellen versucht, globale und regionale Faktoren zu identifizieren und darauf aufbauend die Konjunkturschwankungen in Komponenten zu zerlegen.[8] Econmomidu und Kool (2007) präsentieren ein auf Streuungen basierendes erweitertes Asymmetriemaß. Eine andere Weiterentwicklung findet man bei Crowley (2008), der sich der Frage mit Hilfe der Clusteranalyse nähert.

Der vorliegende Beitrag verwendet einen einfachen, die verschiedenen Dimensionen konjunktureller Konvergenz integrierenden Ansatz. Die Wahl der Methode ist dabei allerdings auch durch dadurch bestimmt, dass die die Analyse auf Angaben zum umfassendsten Konjunkturindikator, dem Bruttoinlandsprodukt, basiert und diese auf regionaler Ebene nur in Form von Jahresdaten vorliegen.

Die Methode greift einen Gedanken auf, der bei der Evaluation von Prognosen verbreitet ist. Ausgangspunkt ist dabei die Überlegung, dass man die Veränderungsrate des Bruttoinlandsprodukts (BIP) in einer übergeordneten regionalen Einheit $dY_{i,t}$ (i steht hier für Euro-Raum, Deutschland oder USA, t ist der Zeitindex) – zumindest ex post – verwenden kann, um die Zunahme des BIP in einer Teilregion $dy_{i,r,t}$ (r steht für die einzelnen Euro-Länder, die deutschen Länder bzw. für die US-Staaten) zu prognostizieren[9]. Davon ausgehend kann man den bei der Prognoseevaluation gebräuchlichen Theil'schen Ungleichheitskoeffizienten berechnen, der sich in dieser Anwendung berechnet als:

$$U_{i,r} = \frac{\sqrt{\frac{1}{T}\sum_t (dy_{i,r,t} - dY_{i,t})^2}}{\sqrt{\frac{1}{T}\sum_t (dY_{i,t} - M_i)^2}}.$$

5 Vgl. Montoya/de Haan (2007).

6 Vgl. Bonn (2007).

7 Vgl. Artis/Krolzig/Toro (2004).

8 Vgl. Kose/Otrok/Prasad (2008).

9 Großbuchstaben stehen im Folgenden stets für die Gesamtregion und Kleinbuchstaben für die Teilregionen. M_i steht für die mittlere Veränderungsrate von Y_i im Beobachtungszeitraum.

Im Zähler steht die Wurzel aus dem mittleren quadratischen Fehler, der entsteht, wenn man die Veränderung des regionalen BIP, wie beschrieben, mit der des übergeordneten Raums fortschreibt; im Nenner steht die Streuung der Zuwachsraten des BIP in dem übergeordneten Gebiet. Dieses Maß weist als Indikator des Ausmaßes des konjunkturellen Gleichlaufs gegenüber dem Korrelationskoeffizienten den großen Vorteil auf, dass es auch Unterschiede in den Niveaus der Variablen berücksichtigt, während es bei der Korrelationsrechnung allein auf die Kovariation ankommt. Die Skalierung ist allerding invers: Ein Wert von Null indiziert, dass die Veränderung des BIP in der Teilregion völlig mit der in der übergeordneten Region übereinstimmt. Nach oben ist der Wertebereich von U allerdings offen. Ein wichtiger Richtwert ist ein U von Eins. Wird er überschritten, dann ist die Streuung der Differenzen in den Veränderungsraten zwischen Teil- und übergeordneter Region größer als die Streuung der Veränderungsraten der übergeordneten Region.

Ein weiterer Vorteil des hier vorgestellten Untersuchungsansatzes ist, dass man in einem zweiten Schritt, analog zur Komponentenzerlegung des Theil'schen Ungleichheitskoeffizienten, die zyklischen Unterschiede zwischen Teil- und Gesamtregion in drei Kategorien einteilen kann:

Erstens den Mittelwertfehler, der angibt, wie weit die Differenzen Ausdruck eines unterschiedlichen Wachstumstrends sind. Um die Notation zu verkürzen, wird die mittlere Veränderungsrate des BIP der Gesamtregion i im Beobachtungszeitraum mit M_i, und der entsprechende Mittelwert in einer dazugehörenden Teilregion r mit $m_{i,r}$, bezeichnet. Davon ausgehend ergibt sich der Mitteilwertfehler UM als

$$UM_{i,r} = \frac{(m_{i,r} - M_i)^2}{\frac{1}{T}\Sigma_t(\Delta y_{i,r} - \Delta Y_i)^2}$$

Nimmt UM den Wert Eins an, so sind Unterschiede im Trendwachstum die einzige Ursache für die Differenzen in den Zuwachsraten des BIP in den beiden Regionen.

Zweitens gibt der Varianzfehler UV an, wie sich die konjunkturelle Zyklik zwischen Teil- und Gesamtregion unterscheidet. Sind S_i bzw. $s_{i,r}$ die Standardabweichungen der Veränderungsraten des BIP in der Gesamtregion i bzw. in der jeweiligen Teilregion r, so ergibt sich UV als:

$$UV_{i,r} = \frac{(s_{i,rY} - S_i)^2}{\frac{1}{T}\Sigma_t(\Delta y_{i,r} - \Delta Y_i)^2}$$

Weist UV den Wert Eins auf, wachsen Teil und Gesamtregion im Schnitt mit der gleichen Rate und auch der zeitliche Ablauf der Schwankungen ist völlig deckungsgleich, jedoch sind die Amplituden der Schwankungen in einer der Regionen ausgeprägter.

Drittens bleibt der Kovarianzfehler UC, der alle anderen Quellen von Unterschieden erfasst, also die irreguläre Komponente abbildet. Er ist definiert als

$$UC_{i,r} = \frac{2(1 - r_{i,r}) * S_i * s_{i,r}}{\frac{1}{T}\Sigma_t(\Delta y_{i,r} - \Delta Y_i)^2}$$

Dabei ist $r_{i,r}$ der Korrelationskoeffizient zwischen der Veränderungsraten des BIP in der Gesamtregion und in den dazu gehörenden Teilregionen. UM, UV und UC ergänzen sich definitionsgemäß zu Eins. Daher muss UC stets im Kontext mit U interpretiert werden: Während ein hoher Beitrag der irregulären Komponente bei niedrigem U geradezu den Idealfall repräsentiert, spricht er bei hohem U dafür, dass die konjunkturelle Zyklik der Teilregion sich völlig von der der Gesamtregion unterscheidet.

3 Datenbasis

Da – wie erwähnt – Angaben zum BIP sowohl für die deutschen Länder als auch für die US-Staaten nur jährlich vorliegen, stützt sich die nachstehende Analyse auf Jahreswerte. Für den Euro-Raum werden die Jahre ab Bildung der Währungsunion, also der Zeitraum 1999 bis 2010, analysiert. Dabei wird die zuletzt gültige Abgrenzung mit 17 Mitgliedern betrachtet. Die Daten stammen von Eurostat. Für Deutschland werden Angaben des Arbeitskreises Volkswirtschaftliche Gesamtrechnungen der Länder, für die USA des Bureau for Economic Analysis verwendet. Auch hier wurde, um Vergleichbarkeit zu wahren, jeweils der Zeitraum 1999 bis 2010 analysiert. Das BIP für die USA, den Euro-Raum insgesamt und Deutschland ergibt sich als Summe des BIP in den einzelnen Regionen.

Tabelle 3.1 gibt einen Eindruck von der Größe der betrachteten Regionen. Sie zeigt, dass die Spannweite, innerhalb derer die Teilregionen der drei Wirtschaftsräume hinsichtlich ihrer Größe (gemessen am Bruttoinlandsprodukt), angesiedelt sind, sich hinreichend überlappt, um einen sinnvollen Vergleich zu erlauben. Kalifornien, z.B. stand 2005 in etwa gleichauf mit Italien, der drittgrößten Volkswirtschaft des Euro-Raums. Nordrhein-Westfalen, das deutsche Land mit dem höchsten BIP, hätte sich unter den Staaten des Euro-Raums auf Rang 6 knapp hinter den Niederlanden, und unter den US-Staaten auf Rang 5 fast gleichauf mit Florida eingereiht. Auch am Ende der Rangfolge ist das Bild gemischt. Bremen, das gemessen am BIP kleinste deutsche Bundesland, lässt immerhin drei Mitgliedstaaten des Euro-Raums und vier US-Staaten hinter sich.

Es darf allerdings nicht übersehen werden, dass die Kürze des Untersuchungszeitraums die Aussagekraft der Analyse beeinträchtigt, zumal in ihn der markante weltweite Konjunktureinbruch im Zuge der Wirtschafts- und Finanzkrise 2008/09 fällt, der alle Konvergenzmaße wesentlich beeinflusst.

Tabelle 3.1 Bruttoinlandsprodukt in den betrachteten Regionen, 2005, in Mrd. €

Euro-Raum	BIP	USA	BIP	Deutschland	BIP
Deutschland	2790				
Frankreich	2137				
Italien	1778	California	1692		
Spanien	1131	Texas	971		
		New York	962		
Niederlande	639	Florida	680	Nordrhein-Westfalen	607
		Illinois	570		
		Pennsylvania	482	Bayern	497
		Ohio	445		
		New Jersey	430	Baden-Württemberg	401
Belgien	377	Michigan	375		
		Georgia	363		
		Virginia	357		
		North Carolina	355		
		Massachusetts	323		
Österreich	303	Washington	279		
		Maryland	248	Hessen	252
Griechenland	242	Indiana	240	Niedersachsen	240
		Minnesota	238		
		Tennessee	225		
		Arizona	223		
		Wisconsin	219		
		Colorado	217		
		Missouri	217		
Irland	202	Louisiana	197		
Finnland	196	Connecticut	197		
Portugal	191	Alabama	151		
		Oregon	143		
		South Carolina	142		
		Kentucky	139		

		Oklahoma	121	Rheinland-Pfalz	121
		Iowa	120		
		Nevada	115		
		Kansas	105	Sachsen	107
		Utah	91	Hamburg	100
		Arkansas	88	Berlin	99
		District of Columbia	83	Schleswig-Holstein	84
		Mississippi	82		
		Nebraska	73		
		New Mexico	68	Brandenburg	61
		Hawaii	57	Sachsen-Anhalt	59
		Delaware	55	Thüringen	56
		New Hampshire	54		
		West Virginia	52		
Slowakei	48	Idaho	49		
		Maine	46		
		Rhode Island	44	Mecklenburg-Vorp.	40
Luxemburg	38	Alaska	38	Saarland	35
Slowenien	36	South Dakota	32	Bremen	31
		Montana	30		
		Wyoming	26		
		North Dakota	25		
Zypern	17	Vermont	23		
Estland	14				
Malta	6				

Quelle: Eigene Berechnungen nach Angaben von Eurostat, des Arbeitskreises Volkswirtschaftliche Gesamtrechnungen der Länder und des Bureau for Economic Analyses

4 Analyseergebnisse

4.1 Streuungen der Veränderungsraten

Bevor auf die beschriebenen Kennziffern eingegangen wird, sollen die Streuungen der Veränderungsraten in den drei betrachteten Regionen in den Blick genommen werden. Dabei zeigt sich über den gesamten Untersuchungszeitraum durchgängig, dass die Streuungen zwischen den Mitgliedern des Euro-Raums und zwischen den US-Staaten annähernd gleich sind. Ein Trend ist dabei nicht zu erkennen. Die Diskrepanzen scheinen sich in beiden Regionen am Anfang von Rezessionsphasen zu vergrößern, was sowohl 2000 als auch 2009 zu erkennen ist (**Abbildung 4.1**). Zwischen den deutschen Ländern hingegen variieren die Zuwachsraten des BIP weniger stark. Zwar kann im Rahmen dieser Arbeit den Ursachen hierfür nicht vertieft nachgegangen werden, eine wesentliche Rolle dürften aber eine insgesamt gesehen wohl ähnlichere Wirtschaftsstruktur, der im Vergleich zum Euro-Raum und den USA stärkere Einfluss des Zentralstaates auf die Länder und schließlich der ausgeprägtere Finanzausgleich zwischen den Ländern spielen.

Abbildung 4.1 Streuung der Zuwachsraten des realen BIP zwischen Regionen

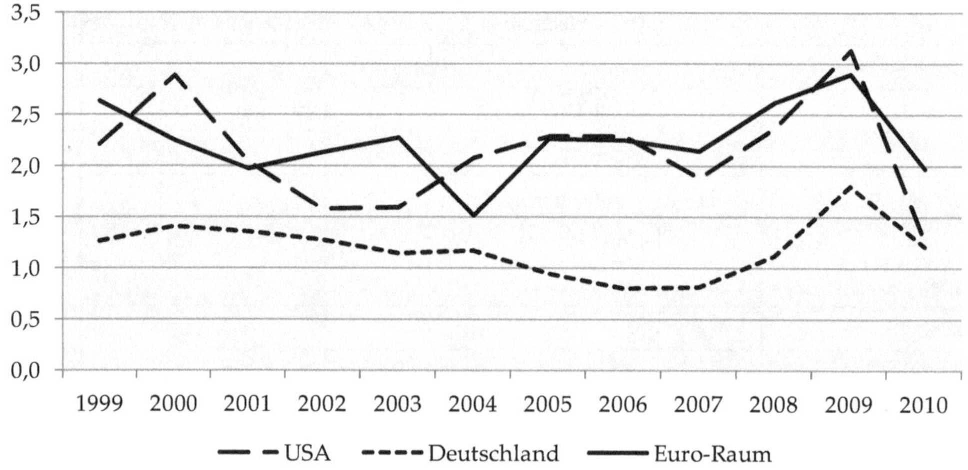

Quelle: Eigene Berechnungen

4.2 Konjunktureller Gleichlauf

Ein detailliertes Bild davon, welche Länder zu den Divergenzen in den Zuwächsen des BIP beitragen, liefert das oben beschriebene Maß des konjunkturellen Gleichlaufs U. In **Abbildung 4.2** ist es gegen die wirtschaftliche Bedeutung der betrachteten Regionen abgetragen, gemessen am Bruttoinlandsprodukt 2005 in Mrd. US-Dollar.

Abbildung 4.2 Maß des konjunkturellen Gleichlaufs U und BIP

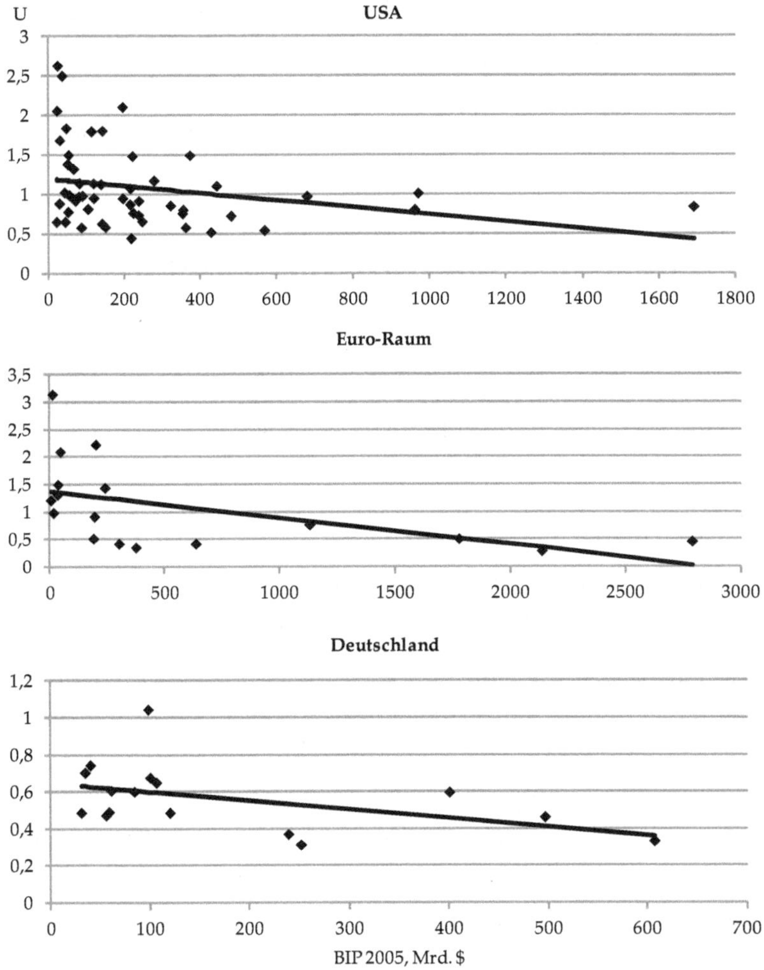

Quelle: Eigene Berechnungen

Generell zeigt sich dabei, dass große Regionen ein deutlich höheres Maß an konjunkturellem Gleichlauf, also einen geringeren Wert für U, aufweisen als kleine Regionen. Dies ist wenig überraschend, weil erstens große Staaten die konjunkturelle Entwicklung des gesamten Wirtschaftsgebiets stärker prägen als kleinere, und weil zweitens ihre Wirtschaft in der Regel eine breitere Sektorenstruktur aufweist, die der des gesamten Gebiets ähnlicher ist, wodurch sie weniger anfällig, z.B. für branchenspezifische Schocks, sind.

Allerdings zeigen sich dabei auch Unterschiede: In den USA ist die Korrelation zwischen U und BIP weniger stark ausgeprägt, was daran liegt, dass es auch zahlreiche kleine Staaten gibt, deren BIP synchron mit dem der US-Wirtschaft schwankt, während andere zum Teil sehr deutlich abweichende Konjunkturen aufweisen. Dies gilt für den Euro-Raum nicht in gleichem Maße. Von seinen kleinen Mitgliedsstaaten weißt nur Zypern ein U knapp unter Eins auf. Am Vergleich der deutschen Länder fällt auf, dass im betrachteten Zeitraum mit einer Ausnahme – Berlin – die gesamtdeutsche Konjunktur stets Erklärungsgehalt für die regionale BIP-Entwicklung hat, U also stets unter Eins liegt, und zwar zumeist recht deutlich.

4.3 Komponenten der Unterschiede in der Zyklik

Welche Komponenten haben aber zu den Abweichungen zwischen der regionalen und der gesamtwirtschaftlichen konjunkturellen Zyklik beigetragen? Dieser Frage in der vollen Breite der betrachteten Regionen nachzugehen, fehlt hier der Raum. Daher sollen die Unterschiede an Hand der – gemessen am BIP 2005 – jeweils fünf größten und fünf kleinsten Regionen herausgearbeitet werden[10].

Bei den großen Regionen fällt auf, dass der Euro-Raum hinsichtlich der konjunkturellen Zyklik seiner Mitglieder deutlich homogener ist als die USA. Das Divergenzmaß U ist im Allgemeinen deutlich kleiner (**Tabelle 4.1**). Insbesondere Deutschland und Frankreich weisen einen hohen konjunkturellen Gleichlauf mit dem Euro-Raum insgesamt auf, wobei die ohnehin geringe Abweichung in Frankreich im Wesentlichen auf eine abweichende – im vorliegenden Fall kleinere – Amplitude der Schwankungen zurückzuführen ist. Natürlich ist der im Vergleich zu den USA höhere Gleichlauf auch darauf zurückzuführen, dass der Anteil der beiden großen EU-Länder am BIP des Euro-Raums mit 27 bzw. 21 % größer ist als der der großen US-Staaten im BIP der USA – Kalifornien kommt auf rund 13, Texas auf knapp 8 %. Texas hat aber – wohl auch aufgrund der hohen Bedeutung der Ölindustrie – eine „eigene" Konjunktur, was abzulesen ist an dem Zusammentreffen von hohen Werten von U und von UC.

In Europa sind die Werte für Italien und Spanien insofern auffällig, als sie bei immer noch recht hohem Gleichlauf hohe Beiträge des Mittelwertfehlers, also ein vom Euro-Raum abweichendes Trendwachstum aufweisen. Spanien wuchs seit Einführung des Euro zumin-

[10] Die Ergebnisse für alle Regionen stehen auf Anfrage zur Verfügung.

dest bis zum Platzen der Immobilienblase 2008 stets stärker, Italien hingegen stets schwächer als der Euro-Raum. In den USA ist in dieser Hinsicht die Situation in Illinois vergleichbar. Sein BIP spiegelt den US-Konjunkturzyklus ziemlich gut wider, das Trendwachstum in dieser klassischen Industrieregion war aber deutlich schwächer als in den USA insgesamt, weshalb rund die Hälfte der Divergenz der Zuwachsraten auf den Mittelwertfehler zurückzuführen ist.

Innerhalb Deutschlands sind, wie aus **Abbildung 4.1** bereits ersichtlich, die konjunkturellen Unterschiede nochmals deutlich geringer. Den höchsten Wert weist der Divergenzindex U für Baden-Württemberg auf, dessen Konjunktur größere Ausschläge nach oben und unten aufweist. Unterschiedliche Wachstumstrends steuern einen erhöhten Anteil zu den Abweichungen in Nordrhein-Westfalen (etwas unterdurchschnittliches Expansionstempo) und Bayern (überdurchschnittliches Expansionstempo) bei, das aber bei insgesamt eher geringen Abweichungen.

Tabelle 4.1 Komponenten zyklischer Divergenzen in großen Teilregionen

Region	BIP[1]	U	UM	UV	UC
			USA		
California	1692	0,83	0,16	0,81	0,23
Texas	971	1,00	0,12	0,01	0,86
New York	962	0,79	0,03	0,19	0,78
Florida	680	0,96	0,07	0,44	0,48
Illinois	570	0,53	0,68	0,03	0,29
			Euro-Raum		
Deutschland	2790	0,44	0,14	0,04	0,82
Frankreich	2137	0,27	0,00	0,41	0,58
Italien	1778	0,49	0,75	0,02	0,23
Spanien	1131	0,75	0,50	0,06	0,44
Niederlande	639	0,40	0,18	0,07	0,75
			Deutschland		
Nordrhein-Westfalen	607	0,33	0,25	0,05	0,75
Bayern	497	0,46	0,30	0,09	0,52
Baden-Württemberg	401	0,59	0,01	0,79	0,20
Hessen	252	0,31	0,02	0,01	0,97
Niedersachsen	240	0,37	0,06	0,01	0,93

Quelle: Eigene Berechnungen. Zu den ausgewiesenen Koeffizienten siehe Text – [1]In Mrd. US-Dollar.

Betrachtet man die – gemessen am BIP – kleinen Teilregionen, so unterscheiden sich in den US-Staaten und in den Ländern des Euro-Raums die Zuwachsraten des BIP zumeist recht deutlich von denen in den USA bzw. im Euro-Raum insgesamt, wenn auch in drei Fällen (Montana und Vermont bzw. Zypern) U kleiner als Eins ist (**Tabelle 4.2**). Allerdings stehen dahinter im Euro-Raum zumeist hohe Beiträge von UM und damit unterschiedliche Wachstumstrends, während die US-Staaten oft völlig abweichenden Konjunkturmustern folgen, abzulesen an hohen UC-Werten.

Tabelle 4.2 Komponenten zyklischer Divergenzen in kleinen Teilregionen

Region	BIP[1]	U	UM	UV	UC
	USA				
South Dakota	32	1,68	0,24	0,03	0,72
Montana	30	0,88	0,00	0,00	1,00
Wyoming	26	2,62	0,16	0,08	0,75
North Dakota	25	2,05	0,16	0,03	0,81
Vermont	23	0,64	0,00	0,05	0,95
	Euro-Raum				
Luxemburg	38	1,49	0,70	0,17	0,13
Slowenien	36	1,30	0,37	0,42	0,21
Zypern	17	0,97	0,74	0,00	0,26
Estland	14	3,13	0,20	0,66	0,14
Malta	6	1,20	0,09	0,09	0,82
	Deutschland				
Sachsen-Anhalt	59	0,49	0,17	0,03	0,80
Thüringen	56	0,47	0,03	0,03	0,94
Mecklenburg-Vorpommern	40	0,74	0,01	0,14	0,84
Saarland	35	0,70	0,00	0,45	0,55
Bremen	31	0,48	0,03	0,06	0,90

Quelle: Eigene Berechnungen. Zu den ausgewiesenen Koeffizienten siehe Text – [1]In Mrd. US-Dollar.

Auch hier unterscheidet sich die Situation in Deutschland deutlich. U liegt hier in allen Fällen unter 1, und die vorhandenen Abweichungen resultieren überwiegend aus der irregulären Komponente UC. Lediglich für Sachsen-Anhalt ergibt sich ein erhöhter Wert von UM (die Zunahmen des BIP war hier im Durchschnitt schwächer), und für das Saarland ein auffällig hoher Wert für UV.

5 Folgerungen

Große Unterschiede in der konjunkturellen Entwicklung zwischen den verschiedenen Ländern einer Währungsunion stellen die gemeinsame Geldpolitik vor große Herausforderungen. Im Euro-Raum sind die Divergenzen im Wirtschaftswachstum zwischen den einzelnen Ländern nach wie vor hoch, und sie haben sich seit der Einführung der gemeinsamen Währung, gemessen an der Streuung der Zuwachsraten des BIP, nicht verringert. Die vorliegende Arbeit fragt, ob die Unterschiede „zu" groß sind, oder ob sie in der Spannweite dessen liegen, was nach allen Erfahrungen bezüglich Wachstumsunterschieden innerhalb von Wirtschaftsräumen zu erwarten ist.

Dabei zeigt sich, dass die konjunkturellen Divergenzen im Euro-Raum im Vergleich zu den USA keineswegs ungewöhnlich groß sind. Im Gegenteil scheint dort die konjunkturelle Entwicklung in den großen Staaten wie Kalifornien oder Texas deutlich vom US-Konjunkturzyklus abzuweichen. Die Funktionsfähigkeit der „Währungsunion" USA hat dies allem Anschein nach nicht behindert. Allerdings gibt es in den USA im Gegensatz zum Euro-Raum eine zentrale Finanzpolitik, bei allerdings auch strengeren Schuldenregeln für die Staaten und einem Finanzausgleich zwischen den Staaten als Rückversicherung.[11] Zudem ist die Mobilität, insbesondere die des Produktionsfaktors Arbeit, wohl größer als in Europa.

Als zweite Referenzgröße für die konjunkturellen Unterschiede im Euro-Raum werden konjunkturellen Divergenzen innerhalb Deutschlands herangezogen. Hier zeigt sich, dass die Abweichungen des Konjunkturmusters der Bundesländer von der deutschen Konjunktur deutlich geringer waren als die Divergenzen im Euro-Raum. Angesichts der hierzulande noch stärk als in den USA ausgeprägten Transfers zwischen den Ländern, sei es über den Bundesetat, sei es über den Länderfinanzausgleich, ist dies aber nicht überraschend.

Literatur

Artis, M., Krolzig, H.-J., Toro, J. (2004): The European Business Cycle, in: Oxford Economic Papers, Nr. 56, S. 1-44.

Bonn, U. (2007): Theorie optimaler Währungsräume und ökonomische Konvergenz, in: B. Graue et al. (Hrsg.): International – europäisch – regional, Schriftenreihe Oldenburger Forschungsnetz Wirtschaft – Recht – Bildung, Band 4. S. 227-246.

Crowley, P. M. (2008): One Market, Several Crises? Evaluation of European business cycle using model-based cluster analysis, Discussion Paper Nr. 3, Bank of Finland.

De Haan, J.; Inklaar, R.; Jong-A-Pin, R. (2008): Will business cycles in the Euro area converge? A critical survey of empirical literature, in: Journal of Economic Surveys, Nr. 22, S. 234-272.

11 Vgl. Eichengreen (1990).

Economidu, C., Cool, C. (2007): European Economic Integration and (A)symmetry of Macroecominc Fluctuations, Discussion paper Nr. 24, Tjalling C. Koopmans Research Institute, Utrecht.

Eichengreen, B. (1990): One Money for Europe? Lessons from the US Currency Union, Working Paper, University of California, Berkeley, S. 90-132.

Kose, M.-A., Otrok, C., Prasad, E. S. (2008): Global Business Cycles: Convergence or Decoupling, IMF Working Paper WP08/143.

Montoya, L.-A., Haan, J. de (2007): Regional Business Cycles Synchronization in Europe?, in: Bruges European Economic Research papers 11.

Mundell, R. A. (1961): A Theory of Optimal Currency Areas, in: American Economic Review, Nr. 51, S. 657-665.

Schirwitz, B., Seiler, C., Wohlrabe, K. (2009): Regionale Konjunkturzyklen in Deutschland – Teil III: Konvergenz. ifo Schnelldienst. Jg. 62, Nr. 15, S. 23-32.

Unterschiedliche nationale Konsumfunktionen als Quelle konjunktureller Asymmetrien in Europa?

Volker Clausen und Hannah Schürenberg-Frosch

1 Einleitung

In allen Ländern der Eurozone stellt der private Verbrauch die bei weitem wichtigste Komponente der gesamtwirtschaftlichen Nachfrage dar. Dem privaten Konsumverhalten kommt deshalb bei der Analyse und Prognose der konjunkturellen Entwicklung eine besondere Bedeutung zu. Asymmetrien im Konsumverhalten über die Mitgliedsländer hinweg können dafür verantwortlich sein, dass sich symmetrische Impulse, wie etwa durch die gemeinsame Geldpolitik der Europäischen Zentralbank (EZB), in den einzelnen Mitgliedsländern unterschiedlich auswirken. Unterschiedliche konjunkturelle Ausgangslagen in den einzelnen Mitgliedsländern erschweren dann die Durchführung der Geldpolitik der EZB, weil der gemeinsame Kurs der Geldpolitik nicht mehr notwendigerweise zur konjunkturellen Situation in den einzelnen Mitgliedsländern passt.

Vor diesem Hintergrund wird in diesem Beitrag das makroökonomische Konsumverhalten in den Mitgliedsländern der Eurozone ökonometrisch untersucht. Assenmacher hat die Bedeutung dieser Fragestellung bereits bei der Schaffung der Europäischen Währungsunion (EWU) erkannt und im Rahmen einer länderübergreifenden ökonometrischen Untersuchung versucht, Gemeinsamkeiten und Unterschiede im privaten Konsumverhalten der Mitgliedsländer der Eurozone zu identifizieren. Als Datenbasis kamen dementsprechend nur solche Daten infrage, die zeitlich *vor* der Einführung der Gemeinschaftswährung erhoben wurden. Ferner lagen ihm keine aggregierten Zahlen für die Eurozone vor. In seiner ökonometrischen Studie kommt er zu dem Ergebnis, dass zwischen den einzelnen Mitgliedsländern nennenswerte Unterschiede in den durchschnittlichen und marginalen Konsumquoten bestehen.

Über zehn Jahre nach Bildung der EWU kann diese Frage erneut untersucht werden. In der Zwischenzeit hat sich die Datenbasis deutlich verbessert. Neben konsistent erhobenen länderspezifischen Daten liegen auch Daten für die Eurozone im Aggregat vor. Ferner haben sich auch in Bezug auf die verwendete ökonometrische Methodik neuere Entwicklungen in der Zeitreihenökonometrie ergeben, die hier Anwendung finden. Der nachfolgende Beitrag untersucht also mit besseren Daten und neueren ökonometrischen Methoden eine ältere Frage. Hat sich – in den Worten von Assenmacher – in der Zwischenzeit ein „Eurokonsument" herausgebildet? Anders ausgedrückt, ist es über die erste Phase der EWU zu einer Angleichung des aggregierten Konsumverhaltens über die Mitgliedsländer gekommen? Ferner stellt sich die Frage, ob die länderspezifischen Konsumfunktionen eine identische Konsumquote aufweisen und damit zu einer europäischen Konsumfunktion aggregierbar sind. Über zehn Jahre nach der Bildung der EWU ist es möglich, diese Fragen zu beantworten.[1] Daneben kann untersucht werden, inwieweit es im Zusammenhang mit der jüngeren Finanz- und Wirtschaftskrise zu Veränderungen im Konsumverhalten in der

---

1 Die Bedeutung einzelner Warengruppen innerhalb des privaten Konsums ist nicht Gegenstand der vorliegenden Untersuchung. Hinweise auf diesbezügliche Unterschiede ergeben sich aus den unterschiedlichen Gewichten einzelner Warengruppen in den einzelnen Mitgliedsländern in der Berechnung des harmonisierten Konsumgüterpreisindex.

Eurozone gekommen ist. Der bisherige empirische Befund für die einzelnen Länder der Eurozone fällt ausgesprochen knapp aus. Empirische Untersuchungen konzentrieren sich in der Regel auf die für den Euroraum *aggregierte* Konsumfunktion. Untersuchungen widmen sich überwiegend der Frage, ob und inwieweit Änderungen im Finanz- und Immobilienvermögen Einfluss auf das Konsumverhalten in den einzelnen Mitgliedsländern haben.[2] Die Frage, inwieweit länderspezifische Konsumfunktionen zu unterschiedlichen konjunkturellen Entwicklungen innerhalb der Eurozone beitragen können, hat bisher kaum Beachtung gefunden. Dabei ist dieses Szenario eines innerhalb der Eurozone unterschiedlichen Konsumverhaltens mit deutlichen Unterschieden zwischen Deutschland und dem Rest der Eurozone keineswegs unrealistisch. So stellt der Sachverständigenrat zur Begutachtung der gesamtwirtschaftlichen Entwicklung (SVR) im Jahresgutachten 2008/09 deutliche Unterschiede zwischen Deutschland und dem verbleibenden Länderkreis der Eurozone fest.

Abbildung 1.1 Entwicklung von BIP und Konsum in Deutschland und im Euroraum

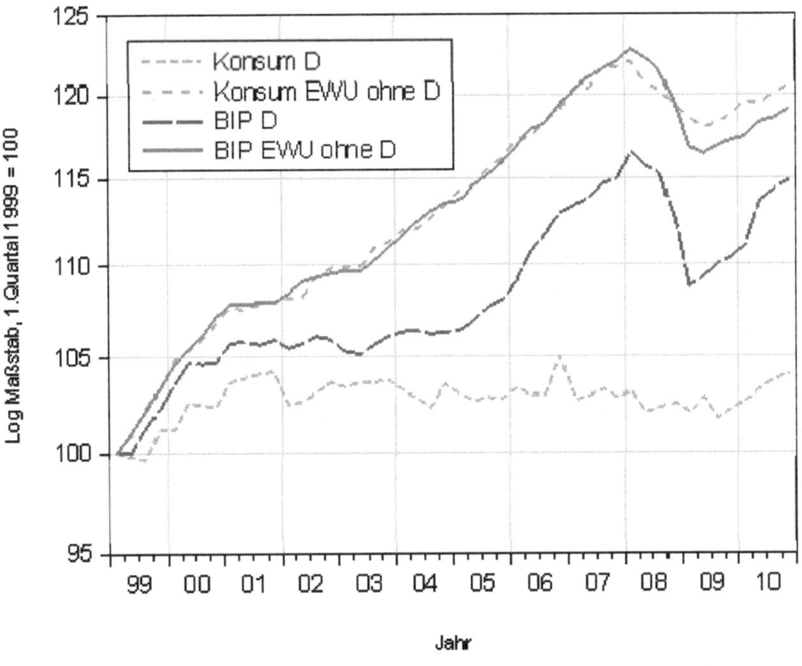

Quelle: Eigene Darstellung, eigene Berechnung. Datengrundlage: IFS

[2] Vgl. Skudelny (2009) und Sousa (2010). Dreger/Reimers (2011) untersuchen mit panelökonometrischen Methoden die Eigenschaften des europäischen Konsumverhaltens, wobei sie zwischen gemeinsamen und länderspezifischen Faktoren unterscheiden. Sie beziehen in ihre Analyse allerdings auch Länder mit ein, die nicht zur Eurozone gehören, so dass die Ergebnisse nur beschränkt vergleichbar sind.

In **Abbildung 1.1** sind die entsprechenden Entwicklungen für den Konsum und das reale Bruttoinlandsprodukt dargestellt. Deutlich sichtbar sind die unterschiedlichen Wachstumsdynamiken innerhalb der Eurozone. Im direkten Vergleich ist Deutschland seit Beginn der Währungsunion spürbar schwächer gewachsen. In Deutschland koppelt sich der private Konsum spätestens Mitte der letzten Dekade immer deutlicher vom Bruttoinlandsprodukt ab. Diese ausgeprägte Konsumzurückhaltung in Deutschland hat sicherlich zur Wachstumsschwäche beigetragen. Demgegenüber bewegen sich der private Konsum und das Bruttoinlandsprodukt im verbleibenden Teil der Eurozone im Verlauf der Dekade weitgehend parallel. Auch das Verhalten im Zusammenhang mit der Wirtschafts- und Finanzkrise fällt sehr unterschiedlich aus. Der wirtschaftliche Einbruch 2009 war in Deutschland im Vergleich zur verbleibenden Eurozone relativ stärker, blieb aber im Großen und Ganzen ohne nennenswerte Auswirkungen auf den privaten Konsum. Demgegenüber zeigt der Rest der Eurozone parallel zum Wachstumseinbruch auch einen spürbaren Rückgang des Konsums, der allerdings unterproportional ausfällt. Insgesamt bestehen damit auf den ersten Blick auch in jüngerer Zeit deutliche Unterschiede zwischen beiden großen Wirtschaftsräumen.

In **Abbildung 1.2** wird die Analyse weiter disaggregiert und die durchschnittliche jährliche Wachstumsrate des realen Bruttoinlandsprodukts der einzelnen Mitgliedsländer für den Zeitraum vor dem Ausbruch der Finanzkrise (1999-2008) näher untersucht. Hierbei ist zunächst festzustellen, dass es zwischen den einzelnen Mitgliedsländern innerhalb der Eurozone recht starke Unterschiede in den Wachstumsdynamiken gibt. Die entsprechenden Wachstumsraten der Mitgliedsländer sind der Höhe nach absteigend sortiert. Das Wachstum Deutschlands fällt im Vergleich zum Euroraum deutlich unterdurchschnittlich aus. Nur Italien hatte im betrachteten Zeitraum ein noch schwächeres Wachstum zu verzeichnen. Am anderen Ende des Spektrums haben Länder wie Irland und Griechenland ein ausgesprochen dynamisches Wachstum verzeichnen können.

Mit Hilfe der sogenannten Lundberg-Komponenten[3] lässt sich dieses Wachstum in die Beiträge der einzelnen Nachfragekomponenten zerlegen. Die rechnerischen Wachstumsbeiträge des privaten Konsums und die der sonstigen zusammengefassten Nachfragekomponenten Investitionen, staatlicher Konsum und Außenbeitrag sind in **Abbildung 1.2** getrennt ausgewiesen. Hierbei sind nennenswerte Unterschiede in der relativen Bedeutung der Wachstumsbeiträge festzustellen. Während das Wachstum in Deutschland nur zu einem kleinen Teil vom privaten Konsum getragen wird und im Wesentlichen auf den anderen Nachfragekomponenten beruht, verhält es sich in anderen Mitgliedsländern umgekehrt. In den Ländern Portugal und Frankreich war der spezifische Wachstumsbeitrag des privaten Konsums sogar höher als die reale Wachstumsrate. Daraus folgt ein per saldo negativer Wachstumsbeitrag der anderen Nachfragekomponenten. Im direkten Vergleich der Zusammensetzung des durchschnittlichen Wirtschaftswachstums in Deutschland und der Eurozone wird die unterschiedliche Bedeutung des privaten Konsums klar herausgestellt.

---

[3] Vgl. Lundberg (1968).

Diese deskriptiven Analysen legen die Schlussfolgerung nahe, dass das private Konsumverhalten bei der Analyse der Wachstumsprozesse in der Eurozone vertieft untersucht werden sollte.

Abbildung 1.2 Durchschnittliche Wachstumsrate des realen BIP und Wachstumskomponenten 1999-2008

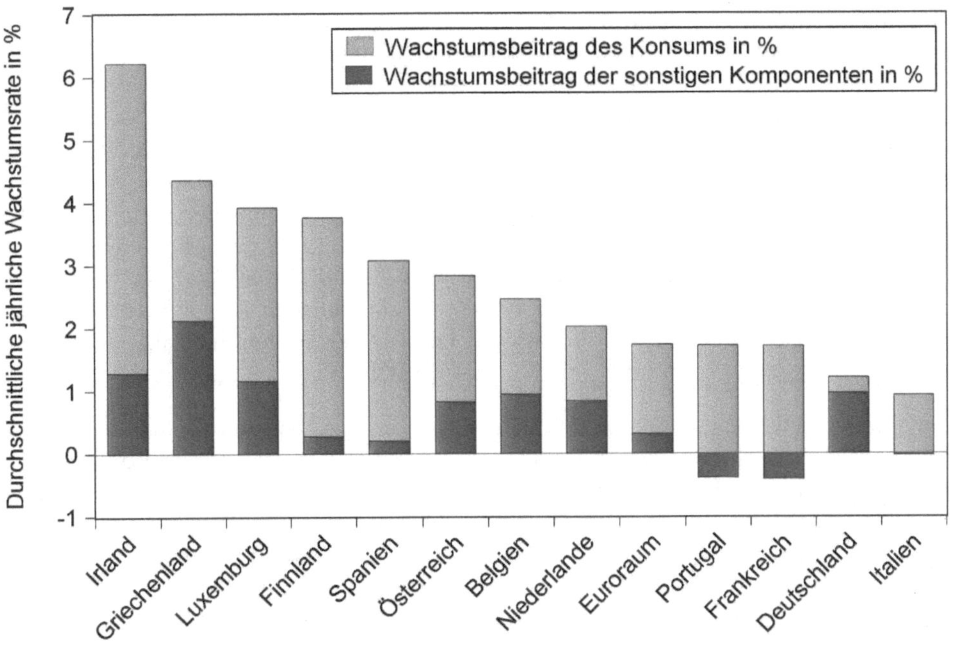

Quelle: Eigene Darstellung, eigene Berechnung. Datengrundlage: IFS

Der folgende Beitrag stellt die Analyse dieser länderspezifischen Unterschiede im Konsumverhalten in den Mittelpunkt der Betrachtung und schließt somit eine Lücke in der europäischen Konjunkturforschung. Der Beitrag gliedert sich wie folgt: Im folgenden Abschnitt wird im Rahmen eines einfachen Modells einer Währungsunion am Beispiel der Wirkungen der gemeinsamen Geldpolitik der EZB illustriert, wie länderspezifische Konsumfunktionen zu unterschiedlichen konjunkturellen Verläufen innerhalb einer Währungsunion führen können. Im dritten Abschnitt wird eine eigene ökonometrische Analyse für die Eurozone und die einzelnen Mitgliedsländer vorgestellt. Der letzte Abschnitt beinhaltet eine Zusammenfassung und einen Ausblick.

2 Zur makroökonomischen Bedeutung heterogener Konsumfunktionen

Im Rahmen eines Modells einer Währungsunion lassen sich die spezifischen Auswirkungen länderspezifischer Konsumfunktionen veranschaulichen. Das Modell lehnt sich an die Formulierung bei Wohltmann an und unterstellt, dass die *einzige* Asymmetrie zwischen den Mitgliedsländern der Währungsunion in der marginalen Konsumquote in den privaten Konsumfunktionen liegt.[4] Es wird vereinfachend davon ausgegangen, dass die Währungsunion lediglich aus zwei Mitgliedsländern besteht - Deutschland und die Gruppe der verbleibenden Mitgliedsländer der Eurozone, wobei Deutschland eine vergleichsweise geringe marginale Konsumquote aufweist.[5] Diese Währungsunion unterhält flexible Wechselkurse gegenüber dem Rest der Welt. Sie wird der Einfachheit halber im Kontext der Weltwirtschaft als „klein" angesehen, so dass mögliche Rückwirkungen aus der Weltwirtschaft auf die Währungsunion nicht weiter betrachtet werden. Zwischen den Mitgliedsländern der Währungsunion wie auch zwischen der Währungsunion und dem Rest der Welt herrscht vollkommene Kapitalmobilität, so dass von einem einheitlichen Zins auf den Weltfinanzmärkten ausgegangen wird. Das Preisniveau wird in der kurzen Frist als gegeben angenommen.

Im Rahmen dieses Modells lässt sich zeigen, wie die gemeinsame Geldpolitik der EZB wirkt. Die Diskussion im Rahmen eines konkreten Modells veranschaulicht die spezifische Rolle asymmetrischer Konsumfunktionen. Graphisch lässt sich das Drei-Länder Modell in einer Abbildung kompakt darstellen, wobei die Achsenbezeichnungen das Einkommen (das Bruttoinlandsprodukt) in den beiden Ländern der Währungsunion wieder geben, Y^D für Deutschland und Y^E für den Rest der Eurozone. Die jeweiligen IS-Kurven IS^D und IS^E beschreiben die Gleichgewichte auf den Gütermärkten in den beiden Mitgliedsländern der Währungsunion. Die LM-Kurve stellt die Gleichgewichtskurve für den gemeinsamen europäischen Geldmarkt dar.

Eine expansive Geldpolitik der EZB, ausgelöst beispielsweise durch den Ankauf von Staatsanleihen, führt zu einem Anstieg der Geldmenge und einer Tendenz zur Zinssenkung

[4] Einen kompakten Überblick zu möglichen makroökonomischen Asymmetrien innerhalb Europas und den damit verbundenen Auswirkungen enthält Clausen (2001) und (2002). Clausen und Wohltmann (2005) untersuchen die spezifischen Auswirkungen einer asymmetrischen Zinstransmission innerhalb Europas, verwenden dabei allerdings ein dynamisches Modell einer Währungsunion mit Lohn-Preis-Dynamik und rationalen Erwartungen. Die Analyse der Implikationen makroökonomischer Asymmetrien ist auch keineswegs auf die Wirkungen der gemeinsamen Geldpolitik beschränkt. Clausen und Wohltmann (2005) untersuchen die Auswirkungen symmetrischer Ölpreisschocks bei unterschiedlichen Verhältnissen auf der Angebotsseite innerhalb einer Währungsunion.

[5] Im Modell werden zur Illustration Deutschland und der Rest der Eurozone unterschieden. Denkbar wäre auch eine Unterscheidung zwischen dem Norden und dem Süden der Eurozone. In der Tat liegt die zusammengefasste durchschnittliche Konsumquote der südeuropäischen Länder Portugal, Italien, Spanien und Griechenland deutlich oberhalb des Durchschnitts der Eurozone; der Wert für die nördlichen Länder liegt dementsprechend darunter.

in Europa. Die damit einhergehende Schwächung des Euro auf den Devisenmärkten stimuliert die weltweite Nachfrage nach europäischen Exporten und sorgt für einen Anstieg der Nachfrage auf den europäischen Gütermärkten. Die entsprechenden IS-Kurven, die das Gütermarktgleichgewicht beschreiben, verlagern sich jeweils in Richtung einer Einkommenserhöhung in beiden Ländern. Das Ausmaß der Verschiebung der IS-Kurven hängt dabei von der Höhe des Multiplikators und damit von der Höhe der länderspezifischen Konsumneigungen ab. Eine höhere Konsumquote führt dazu, dass sich Einkommensänderungen in Folgerunden in einer stärkeren Erhöhung der Nachfrage niederschlagen. Die Stärke des Multiplikatoreffekts steigt folglich mit der Höhe der marginalen Konsumquote.

Abbildung 2.1 Geldpolitik in einer Währungsunion

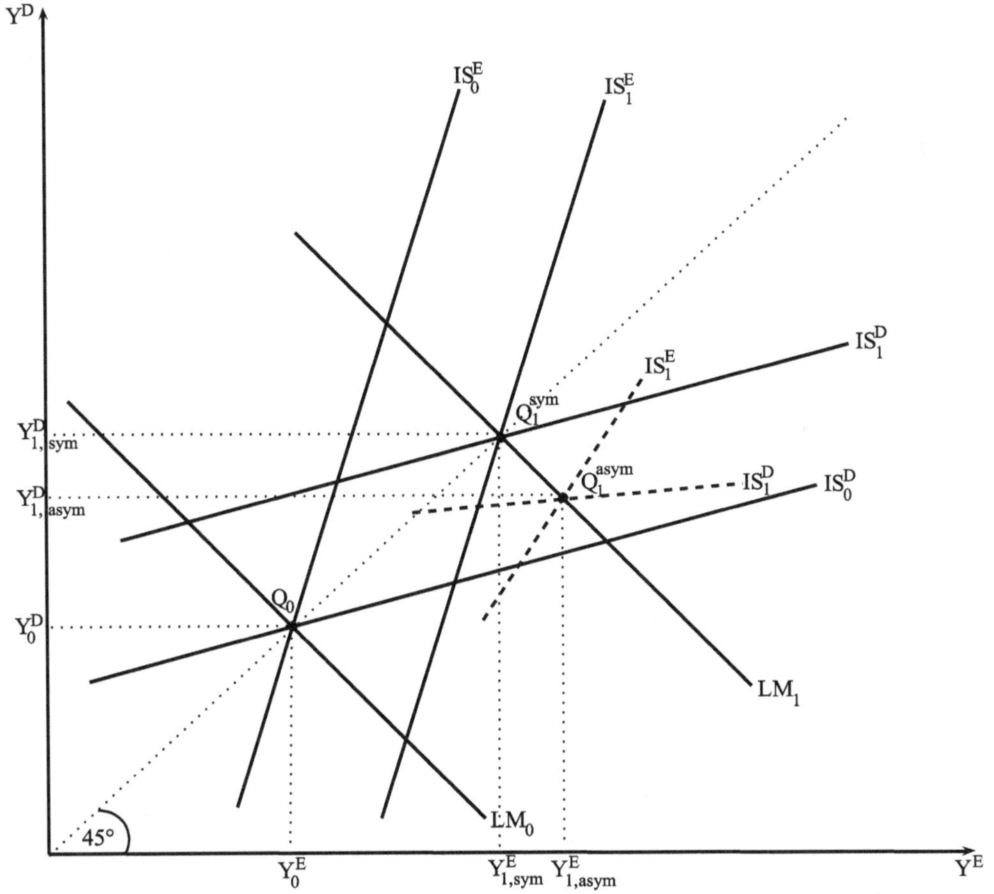

In **Abbildung 2.1** wird dieser Effekt dargestellt. Das Ausgangsgleichgewicht liegt im Punkt Q_0 im Schnittpunkt der drei Gleichgewichtskurven für die Gütermärkte in beiden Ländern

(IS^E und IS^D) und für den gemeinsamen europäischen Geldmarkt (LM). Durch den symmetrischen Aufbau des Modells ist das Niveau der Einkommen in beiden Ländern in der Ausgangslage Q_0 identisch. Die Erhöhung der Geldmenge in Europa führt zu einer Verlagerung der Geldmarktgleichgewichtskurve nach rechts von LM_0 auf LM_1. Die einsetzende Abwertung des Euro führt zu einer Erhöhung der Nachfrage nach europäischen Exporten und einer Verlagerung der IS-Kurven nach oben bzw. rechts. Im Punkt Q_1^{sym} stellt sich das neue Gleichgewicht ein, welches wiederum auf der Winkelhalbierenden liegt. Im Fall symmetrischer Konsumquoten kommt es durch die expansive Geldpolitik zu einem gleichmäßigen Anstieg der Einkommen in den Mitgliedsländern der Eurozone. Das Wirtschaftswachstum in den einzelnen Mitgliedsländern ist dementsprechend identisch mit dem der gesamten Eurozone. Ein Konjunkturgefälle tritt innerhalb der Währungsunion nicht auf.

Im Fall unterschiedlicher marginaler Konsumquoten ist der Effekt in denjenigem Land stärker, welches die höhere Konsumquote und damit den stärkeren Multiplikatoreffekt aufweist. Deutschland hat im Vergleich zu den Partnerländern annahmegemäß eine relativ niedrige Konsumquote. Die zu Deutschland gehörende IS-Kurve hat eine geringere Steigung als im symmetrischen Fall. Dieser Sachverhalt wird in der Abbildung mit Hilfe der gestrichelten IS^D-Kurve dargestellt. Die IS^E-Kurve für die anderen Länder der Eurozone mit der relativ hohen Konsumquote verläuft ebenfalls flacher. Beim Vergleich der Einkommenswirkungen für den symmetrischen und den asymmetrischen Fall wird deutlich, dass dasjenige Land relativ stärker von der gemeinsamen Geldpolitik der EZB stimuliert wird, welches eine höhere marginale Konsumquote aufweist.[6]

Demgegenüber ist der Effekt auf das aggregierte Einkommen in der Eurozone, bedingt durch den ansonsten symmetrischen Aufbau des Modells, *unabhängig* davon, wie groß die Unterschiede in den länderspezifischen Konsumquoten sind. Konkret ist für dieses Ergebnis die Annahme identischer Einkommensreagibilitäten der Geldnachfrage maßgeblich verantwortlich. In der aggregierten Geldmarktgleichung hängt dann das Niveau der Geldnachfrage nur vom Niveau des aggregierten Einkommens ab, aber nicht von der Verteilung des Einkommens innerhalb der Währungsunion. In der Abbildung schlägt sich dieser Sachverhalt in der Steigung der LM-Kurve nieder, die im Fall identischer Einkommensreagibilitäten der Geldnachfrage den Wert von -1 aufweist.

Der Effekt auf das aggregierte Einkommen in der Eurozone ist im vorliegenden Modelldesign nicht nur unabhängig von den Unterschieden in den marginalen Konsumquoten zwischen den Mitgliedsländern , sondern darüber hinaus auch unabhängig von der aggregierten Konsumquote in der Währungsunion. Dieses ist auf die spezielle Annahme zurückzuführen, dass die Währungsunion im Kontext der Weltwirtschaft als „klein" angesehen wird. Das neue Gleichgewicht im symmetrischen Fall wird maßgeblich durch die Lage der LM- Kurve in Verbindung mit der Winkelhalbierenden bestimmt. Eine geringere aggregierte Konsumneigung würde eine stärkere Abwertung der Gemeinschaftswährung zur Folge

[6] Es wird unterstellt, dass im symmetrischen wie im asymmetrischen Fall das jeweilige Ausgangsgleichgewicht im Punkt Q_0 liegt. Zur übersichtlichen Gestaltung der Abbildung werden die gestrichelten IS Kurven im asymmetrischen Fall im Ausgangsgleichgewicht nicht gesondert ausgewiesen.

haben. Die makroökonomischen Auswirkungen der länderspezifischen wie aggregierten Konsumneigungen innerhalb Europas sind folglich von den unterstellten Rahmenbedingungen im Modell abhängig.

3 Empirische Befunde für die Eurozone

3.1 Datenbasis

In dieser Analyse wird, wie in vielen anderen Analysen des Konsumverhaltens, das reale Bruttoinlandsprodukt als Einkommensgröße verwendet. Grundsätzlich wäre auch denkbar, den Zusammenhang zwischen dem Konsum und dem privaten verfügbaren Einkommen zu untersuchen. Leider stehen länderübergreifend vergleichbare Daten zum verfügbaren Einkommen nicht ohne Weiteres zur Verfügung. Implizit wird daher unterstellt, dass zwischen der Entwicklung des realen Bruttoinlandsprodukts und des realen privaten verfügbaren Einkommens eine hinreichend enge Beziehung besteht. Für die Verwendung des realen Bruttoinlandsprodukts als Bezugsgröße spricht ferner der Bezug zum makroökonomischen Modell der Währungsunion. Zur empirischen Analyse der europäischen Konsumfunktionen werden also nachfolgend Daten zu realem Bruttoinlandsprodukt und privatem Konsum ausgewertet.

Aufgrund der relativ kurzen Zeitreihen für die EWU ist eine länderweise Schätzung unter Verwendung von Jahresdaten nicht möglich. Die Quartalsdaten sind saisonbereinigt und wurden aus den International Financial Statistics (IFS) entnommen. Der Konsum wird gemessen durch den privaten Konsum der Haushalte zu konstanten Preisen mit Basisjahr 2000. Als Einkommensaggregat wird das reale Bruttoinlandsprodukten ebenfalls zu konstanten Preisen herangezogen. Für Griechenland liegen die Daten aufgrund des späteren Beitritts zur EWU erst ab 2001 vor. Die Zeitreihen für Irland sind nur bis zum Jahr 2007 verfügbar. Irland und Griechenland werden daher in den Euroraum-Aggregaten nicht berücksichtigt, um Niveausprünge zu vermeiden.

3.2 Deskriptive Auswertung der Daten

Zunächst erfolgt eine kurze Beschreibung der durchschnittlichen Konsumquoten für die einzelnen Länder und die Eurozone seit Beginn der Währungsunion. Danach wird eine ökonometrische Analyse der aggregierten und länderspezifischen Konsumquoten durchgeführt.

Abbildung 3.1 Durchschnittliche Konsumquoten der einzelnen Euro-Länder

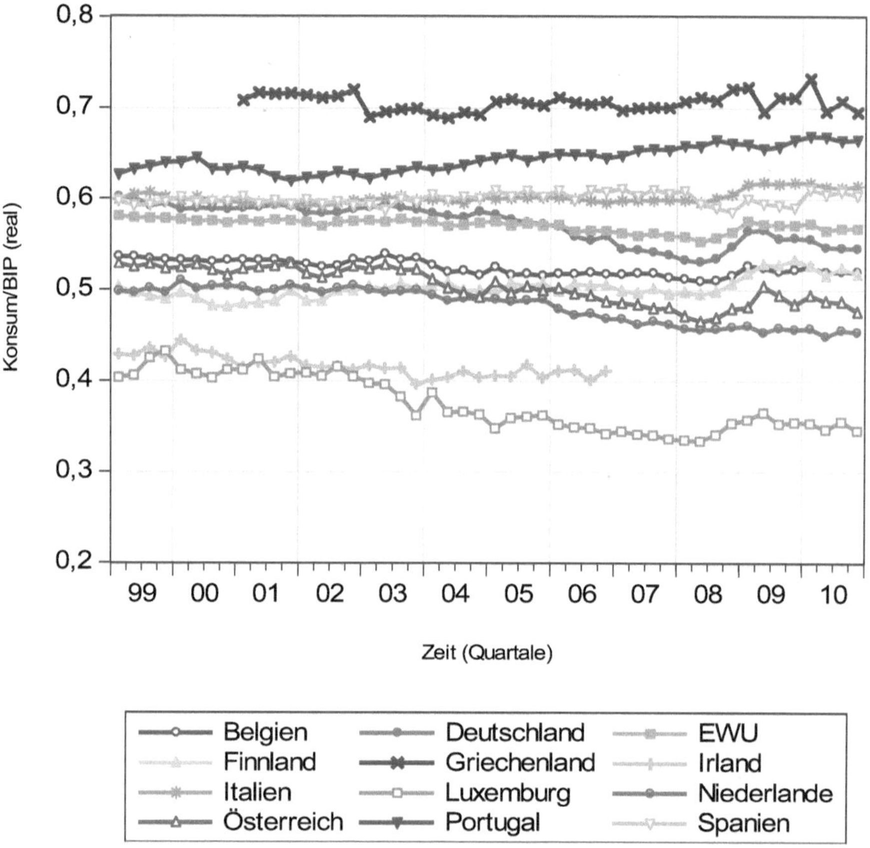

Quelle: Eigene Darstellung, eigene Berechnung. Datengrundlage: IFS

Abbildung 3.1 zeigt im Querschnitt erhebliche Unterschiede zwischen den Ländern der Währungsunion in Bezug auf die durchschnittliche Konsumquote.[7] Während der griechische Konsumanteil bei rund 70% des Bruttoinlandsprodukts liegt, ist der irische Konsumanteil im gleichen Zeitraum nur bei etwa 40%. Die Mehrzahl der Länder liegt bei der durchschnittlichen Konsumquote im Bereich 50-60%. Auch die Entwicklung des Anteils über die Zeit ist im Euroraum recht heterogen. Viele Länder, darunter etwa Luxemburg, die Niederlande, Österreich und auch Deutschland, verzeichnen einen tendenziell eher sinkenden Konsumanteil, während andere Länder, wie etwa Portugal, einen steigenden Konsum-

[7] Vgl. zur Problematik der Aggregation der Konsumfunktion bei unterschiedlichen Konsumneigungen Assenmacher (1999), S. 51.

anteil aufweisen. Die Abbildung zeigt deutlich, dass keine Angleichung der durchschnittlichen Konsumquoten zwischen den Ländern des Währungsraums stattgefunden hat. Im Gegenteil, es ist eher ein Auseinanderdriften zu konstatieren.

Dies wird auch in **Abbildung 3.2** deutlich. Zwar war der Konsumanteil am BIP im Euro-Durchschnitt relativ konstant, der maximale beobachtete Anteil und der minimale beobachtete Anteil des Konsums fallen jedoch eher weiter auseinander zum Ende des Beobachtungszeitraums hin.

Abbildung 3.2 Mittlerer, maximaler und minimaler Konsumanteil im Euroraum

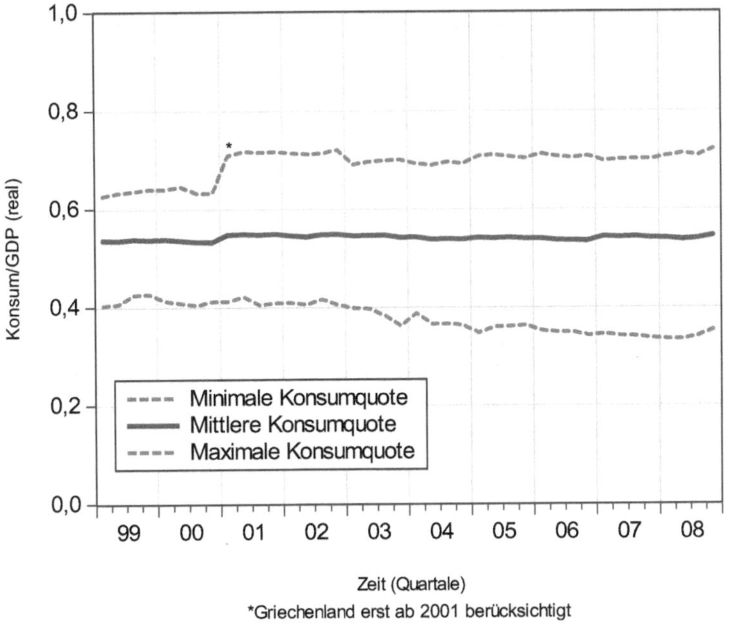

Quelle: Eigene Darstellung, eigene Berechnung. Datengrundlage: IFS

3.3 Ökonometrische Spezifikation

Ökonometrische Untersuchungen zum Konsumverhalten lassen sich je nach Untersuchungsdesign in unterschiedliche Richtungen einordnen (Wolters). Die nachfolgende ökonometrische Untersuchung steht in der Tradition des sogenannten habit persistence Ansatzes und spezifiziert Fehlerkorrekturmodelle für den privaten Konsum in den Mitgliedsländern der EWU.

Tabelle 4.1 im Anhang dieses Beitrags zeigt die verfügbaren Zeiträume für die einzelnen

Länder sowie den Integrationsgrad der Zeitreihen. Es werden zwei Integrationstests (Augmented Dickey Fuller-Test[8] und Phillips-Perron-Test[9]) durchgeführt. Für die meisten Länder ergibt sich aus beiden Tests einheitlich ein Integrationsgrad sowohl für Konsum als auch für Einkommen von I(1). Einzig im Falle Griechenlands, sowie für den Konsum Frankreichs, kommen die Tests nicht zu übereinstimmenden Ergebnissen. Die spanischen Zeitreihen sind nach beiden Tests integriert vom Grade I(2). Auf Grund der Integration der zugrunde liegenden Zeitreihen für Konsum (C) und Bruttoinlandsprodukt (Y) kann eine sinnvolle Interpretation der Schätzergebnisse nur dann erfolgen, wenn eine Scheinregression ausgeschlossen werden kann.[10] Die aus der Theorie abgeleitete Konsumfunktion stellt per definitionem eine langfristige Beziehung zwischen Konsum und Einkommen dar. Somit ist ein Kointegrationsverfahren ideal geeignet, um dieses langfristige Konsumverhalten zu analysieren. Darüber hinaus ist im Kontext der EWU auch das kurzfristige Anpassungsverhalten von großem Interesse, da Unterschiede in der Absorption von Einkommensschocks erhebliche Auswirkungen haben können. Diese Überlegungen legen die Schätzung eines Fehlerkorrekturmodells nahe. Es kommen hierbei das zweistufige Verfahren nach Engle und Granger, das Johansen Verfahren (Vektor-Fehlerkorrektur-Modell) sowie ein einstufiges Verfahren in Frage. Kremers et al. zeigen, dass Kointegrationsverfahren basierend auf Engle und Granger relativ restriktiv sind und schlagen eine einstufige Schätzung als überlegene Lösung vor. Geschätzt wird demnach folgendes Fehlerkorrekturmodell:

$$\Delta C_t = \gamma_0 + \gamma_1 \Delta C_{t-1} + \gamma_2 \Delta Y_t + \alpha \, [C_{t-1} - \beta_1 Y_{t-1}] + u_t \tag{1.1}$$

Hier bilden die Koeffizienten $\gamma_1$und $\gamma_2$die Kurzfristdynamik ab, α stellt die Anpassungsgeschwindigkeit (Ladungskoeffizient) an das langfristige Gleichgewicht dar und $\beta_1$misst die langfristige Konsumquote. Hierbei wird implizit unterstellt, dass der kontemporäre Einfluss der Veränderung des Konsums auf die Veränderung des BIPs vernachlässigbar ist.[11]

---

[8] Vgl. Assenmacher (2002), S.228ff.

[9] Vgl. Neusser (2009), S. 113f.

[10] Vgl. Assenmacher (2002), S.280ff.

[11] Im hier gewählten ökonometrischen Einzelgleichungsansatz wird der Zusammenhang zwischen Konsum und Einkommen a priori in Richtung einer Konsumfunktion spezifiziert und interpretiert. Gleichzeitig hängt das Einkommen kurzfristig vom Niveau der Nachfrage und damit wiederum vom privaten Konsum ab. Im Fall einer derartig wechselseitigen (interdependenten) Beziehung zwischen den Variablen Konsum und Einkommen führt die Schätzung einer Einzelgleichung einer Konsumfunktion zu verzerrten Ergebnissen. Eine Instrumentvariablenschätzung der sogenannten reduzierten Form und die entsprechende Rückrechnung der Konsumquote aus den ermittelten Schätzwerten für die Parameter der reduzierten Form wäre in diesem Fall vorzuziehen (siehe Assenmacher (2002). Assenmacher (2002) folgt diesem Ansatz und wählt die Bruttoinvestitionen als Instrumentvariable. Zur Überprüfung der Aussagekraft und Robustheit unseres Ansatzes wurden Vektor-Fehlerkorrekturmodelle geschätzt, in denen Konsum und Einkommen ohne Vorgabe einer Kausalitätsrichtung zwischen Konsum und Einkommen geschätzt wurden. In der weit überwiegenden Zahl der Schätzergebnisse, mit Ausnahme der kleineren Länder Belgien, Österreich und Luxemburg, wurde wiederum Kointegration diagnostiziert. Ferner gehen im derart verallgemeinerten Ansatz für die meisten Länder die geschätzten Langfristbeziehungen signifikant in die Gleichung des Konsums ein, während dies nur für die Minderheit der Länder für die Bestimmungsgleichung des Einkommens der Fall ist. Wir folgern hieraus, dass die Wirkungsrichtung vom Einkommen hin zum Konsum, also die gegenläufige Beeinflussung, dominiert.

Um eine einstufige Schätzung durchzuführen wird Gleichung 1.1 in folgende zu schätzende Gleichung überführt:

$$\Delta C_t = a_0 + a_1 \Delta C_{t-1} + a_2 \Delta Y_t + a_3 C_{t-1} + a_4 Y_{t-1} + u_t \quad (1.2)$$

Der Koeffizient a_3 schätzt demnach die Anpassungsgeschwindigkeit, die langfristige Konsumquote ergibt sich dann implizit als:

$$\beta_1 = -\frac{\widehat{a_4}}{\widehat{a_3}} \quad (1.3)$$

Gemäß Kremers et al. kann das Vorliegen einer Kointegrationsbeziehung sofort an Hand des t-Werts für $\widehat{a_3}$ überprüft werden. Sind die Residuen der Schätzung normalverteilt und ist der Koeffizient gemäß t-Statistik statistisch signifikant, kann von einer Kointegrationsbeziehung, also einer langfristigen Gleichgewichtsbeziehung zwischen Konsum und Einkommen, ausgegangen werden.

3.4 Ergebnisse der ökonometrischen Analyse

Tabelle 3.1 fasst die diesbezüglichen Ergebnisse der Schätzung von Gleichung 1.2 für Deutschland und den Euroraum (sowohl mit als auch ohne Deutschland) zusammen. Es zeigen sich im privaten Konsumverhalten sehr deutliche Unterschiede zwischen Deutschland und den anderen Mitgliedsländern im Euroraum. Die aggregierte Konsumfunktion für die Eurozone weist mit Blick auf den hohen Erklärungsgehalt der Gleichung und die Residuentests gute ökonometrische Eigenschaften und in Bezug auf die Koeffizienten plausible Größenordnungen auf. Auffällig ist, dass die kurz- und langfristige Reaktion des Konsums auf einen Anstieg des Einkommens ähnlich hoch ausfallen. Für den Zeitraum vor der Finanzkrise (1999-2008) wird für alle drei Länder das Vorliegen einer Kointegrationsbeziehung bestätigt, denn der geschätzte Parameter $\widehat{a_3}$ ist gemessen am t-Wert statistisch signifikant von Null verschieden. Allerdings ergeben sich zwischen Deutschland und dem Euroraum erhebliche Unterschiede in der geschätzten Konsumquote.

Für den Euroraum insgesamt ergibt sich eine Konsumquote von 41,6%, eine Anpassung an dieses langfristige Gleichgewicht erfolgt mit einer Anpassungsgeschwindigkeit von 0,29 pro Quartal. Gleichzeitig besteht auch eine signifikante Kurzfristdynamik. Die Veränderung des Konsums ist negativ beeinflusst von der Veränderung des Konsums im Vorquartal und positiv beeinflusst von der Veränderung des Einkommens im gleichen Quartal. Beide Koeffizienten der Kurzfristdynamik sind hochsignifikant. Die Schätzung hat mit einem Bestimmtheitsmaß von 0,57 einen relativ hohen Erklärungsgehalt. Die Residuen haben mit Freiheit von Autokorrelation und Normalverteilung wünschenswerte Eigenschaften. Die Residuen sind zudem stationär.

Wird Deutschland aus dem Euroraum-Aggregat ausgeschlossen, so ergibt sich eine deutlich höhere Konsumquote von 54,2%, auch die Anpassungsgeschwindigkeit ist mit 0,43 erheblich höher. Gleichzeitig verliert die Kurzfristdynamik bzgl. der Veränderung des Konsums im Vorquartal ihre Bedeutung. Insgesamt steigt darüber hinaus der Erklärungsgehalt der Schätzung an. Für den Euroraum ohne Deutschland wird also ein noch engerer Zusammenhang zwischen Konsum und Einkommen gefunden.

Tabelle 3.1 Ergebnisse für Deutschland und den Euroraum

Land	Konstante	ΔC_{t-1}	ΔY_t	C_{t-1}	Y_{t-1}	c implizit	R^2	DW	ADF	JB
Deutschland 1999-2008	99,85*** (2,83)	-0,21 (-1,40)	0,10 (1,12)	-0,32** (-2,60)	-0,01 (-0,29)	-0,016	0,35	2,11	0,00	0,45
Euroraum 1999-2008	81,74** (2,42)	-0,34** (-2,41)	0,42*** (5,40)	-0,29* (-1,86)	0,12* (1,67)	0,416	0,57	1,98	0,00	0,43
Euroraum ohne D 1999-2008	14,50* (1,82)	-0,15 (-0,90)	0,51*** (6,28)	-0,43** (-2,05)	0,23* (1,96)	0,542	0,62	1,91	0,00	0,52
Deutschland 1999-2010	96,87*** (3,02)	-0,20 (-1,52)	0,11* (1,74)	-0,32*** (-2,89)	0,00 (0,08)	0,001	0,34	2,05	0,00	0,57
Euroraum 1999-2010	85,05*** (3,33)	-0,32*** (-2,58)	0,32*** (5,01)	-0,30*** (-2,63)	0,13** (2,32)	0,419	0,50	2,01	0,00	0,31
Euroraum ohne D 1999-2010	13,58 (1,62)	-0,21 (-1,50)	0,38*** (5,46)	-0,13 (-1,45)	0,07 (1,22)	0,493	0,54	2,11	0,00	0,61

***, **, * signifikant mit einer Irrtumswahrscheinlichkeit von 1, 5, 10%; t-Statistik in Klammern. Euroraum-Aggregate: EURO12 ohne Griechenland und Irland aufgrund mangelnder Verfügbarkeit der Daten.

Dieses Ergebnis erklärt sich aus den speziellen Resultaten für Deutschland. Die Veränderung des deutschen Konsums wird letztlich allein durch die Konstante signifikant beeinflusst. Die implizite Konsumquote ist de facto gleich Null und auch eine signifikante Kurzfristdynamik kann nicht bestätigt werden. Wir sehen also in Deutschland eine Entkopplung von Konsum und Bruttoinlandsprodukt. Dies wurde bereits in **Abbildung 1.1** verdeutlicht. In der Tat zeigt auch **Abbildung 3.1**, dass der mittlere Konsum in Deutschland über die letzten 12 Jahre zurückgegangen ist. Das Konsumniveau wurde bei steigendem BIP aufrechterhalten, die Konsumquote ist damit gesunken.

Für das in Abschnitt 2 gezeigte Zwei-Länder-Modell muss somit klar konstatiert werden, dass für die einzelnen Regionen Deutschland und Rest der EWU nicht von einer einheitlichen Konsumquote ausgegangen werden kann.

Tabelle 3.2 Ergebnisse für Deutschland und den Euroraum

Land	Konstante	ΔC_{t-1}	ΔY_t	C_{t-1}	Y_{t-1}	c implizit	R^2	DW	ADF	JB
Deutschland 1999-2008	99,85*** (2,83)	-0,21 (-1,40)	0,10 (1,12)	-0,32** (-2,60)	-0,01 (-0,29)	-0,016	0,35	2,11	0,00	0,45
Euroraum 1999-2008	81,74** (2,42)	-0,34** (-2,41)	0,42*** (5,40)	-0,29* (-1,86)	0,12* (1,67)	0,416	0,57	1,98	0,00	0,43
Euroraum ohne D 1999-2008	14,50* (1,82)	-0,15 (-0,90)	0,51*** (6,28)	-0,43** (-2,05)	0,23* (1,96)	0,542	0,62	1,91	0,00	0,52
Deutschland 1999-2010	96,87*** (3,02)	-0,20 (-1,52)	0,11* (1,74)	-0,32*** (-2,89)	0,00 (0,08)	0,001	0,34	2,05	0,00	0,57
Euroraum 1999-2010	85,05*** (3,33)	-0,32*** (-2,58)	0,32*** (5,01)	-0,30*** (-2,63)	0,13** (2,32)	0,419	0,50	2,01	0,00	0,31
Euroraum ohne D 1999-2010	13,58 (1,62)	-0,21 (-1,50)	0,38*** (5,46)	-0,13 (-1,45)	0,07 (1,22)	0,493	0,54	2,11	0,00	0,61

***, **, * signifikant mit einer Irrtumswahrscheinlichkeit von 1, 5, 10%; t-Statistik in Klammern.

Die Einbeziehung der Finanzkrise 2009/2010 in den Beobachtungszeitraum hat ebenfalls für beide Regionen unterschiedliche Auswirkungen. Die geschätzte Langfristbeziehung für Deutschland bleibt nahezu unbeeinflusst durch die Berücksichtigung der Finanzkrise. Einzig ein geringer kurzfristiger Einfluss des Einkommens auf den Konsum lässt sich nun identifizieren. Für den Euroraum ohne Deutschland hingegen kann nun die Langfristbeziehung zwischen Einkommen und Konsum nicht mehr bestätigt werden. Nur der Einfluss des Einkommens auf den Konsum in der kurzen Frist verbleibt statistisch signifikant.

Die Durchführung eines Chow-Strukturbruchtests zeigt in der Tat für die beiden Euro-Aggregate einen Strukturbruch im ersten Quartal 2009 an, während für Deutschland das Vorliegen eines Strukturbruchs abgelehnt werden muss. Für den Euroraum ohne Deutschland deutet auch der Chow-Prognosetest auf einen geänderten Zusammenhang ab 2009 hin, während das Ergebnis für den Euroraum ohne Deutschland diesbezüglich nicht eindeutig ausfällt.

Tabelle 3.3 fasst die disaggregierten Ergebnisse für die einzelnen Länder der Eurozone zusammen. Dabei wurde für alle Länder diejenige dynamische Spezifikation herangezogen, die sich für den Euroraum insgesamt bewährt hat. Durch die einheitliche Spezifikation ist es möglich, die länderspezifischen Unterschiede im Vergleich zur Euroraum direkt zu ermitteln.[12] Die Spalte *c implizit* beinhaltet die berechneten langfristigen marginalen Konsumquoten. Das Vorliegen einer langfristigen stationären Beziehung zwischen Einkommen und Konsum kann für Finnland, Irland, Italien und Portugal nicht bestätigt werden. Für alle anderen Länder wird Kointegration bestätigt. Auch liegen die geschätzten Konsumquoten im erwarteten Rahmen und stimmen auch gut mit den mittleren Konsumquoten (siehe **Abbildung 3.1**) überein.

Wiederum wird deutlich, dass für die südeuropäischen Länder inklusive Frankreich eine eher hohe Konsumquote geschätzt wird, während für die Benelux-Staaten und Österreich eine geringere Konsumquote resultiert. Deutschland bildet auch hier die einzige Ausnahme mit einer völligen Entkopplung von Konsum und Einkommen.

Tabelle 3.3 zeigt auch, dass der Konsum einiger Länder wie etwa Finnland, Italien, Portugal und Spanien, eher als kurzfristiges Phänomen einzuordnen ist. Für diese Länder sind vor allem die Veränderung des Konsums im Vorquartal sowie die gegenwärtige Veränderung des Bruttoinlandsprodukts maßgeblich beeinflussend für Änderungen des Konsums.

Mit Ausnahme von Griechenland ist die Qualität der Schätzungen insgesamt zufriedenstellend, Autokorrelation und Einheitswurzeln in den Residuen können durchweg ausgeschlossen werden, die Normalverteilung der Residuen wird bestätigt. Die Schätzung für Griechenland hat demgegenüber einen deutlich geringeren Erklärungsgehalt und die Normalverteilungshypothese muss für die Residuen abgelehnt werden. Dieses Ergebnis ist vermutlich auf die kürzere Zeitreihe für Griechenland zurückzuführen.

Zusammenfassend lässt sich feststellen, dass auch nach Betrachtung der einzelnen Länder keinesfalls von einer einheitlichen Euro-Konsumfunktion ausgegangen werden kann. Die Spannweite der geschätzten marginalen Konsumquoten reicht von 0,00 bis 0,67 (unter Auslassung Portugals, welches als Ausreißer zu interpretieren ist). Auch die dynamische Anpassung an das langfristige Gleichgewicht erfolgt mit deutlich unterschiedlicher Geschwindigkeit. Hier liegt, wenn nur signifikante Schätzungen betrachtet werden, der Koeffizient zwischen 0,18 und 0,57. Schließlich scheinen einige Länder eine deutlich stärker kurzfristige Konsumanpassung aufzuweisen, wobei hier insbesondere Spanien ins Auge fällt.

[12] Diese Herangehensweise wählt auch Clausen (2001), um Asymmetrien in den europäischen Geldnachfragefunktionen zu identifizieren.

Tabelle 3.3 Ergebnisse für alle Länder des Euroraums, Zeitraum 1999-2008

Land	Konstante	ΔC_{t-1}	ΔY_t	C_{t-1}	Y_{t-1}	c implizit	R^2	DW	ADF	JB
Belgien	3,93*** (2,79)	-0,21 (-1,38)	0,24*** (3,43)	-0,38*** (-2,67)	0,14 (2,53)	0,371	0,39	1,80	0,02	0,75
Deutschland	99,85*** (2,83)	-0,21 (-1,40)	0,10 (1,12)	-0,32** (-2,60)	-0,01 (-0,29)	-0,016	0,35	2,11	0,00	0,45
Finnland	-0,19 (-0,46)	-0,26* (-1,73)	0,31*** (4,15)	-0,22 (-1,50)	0,12 (1,49)	0,532	0,42	2,25	0,00	0,70
Frankreich	-18,20** (-2,36)	-0,02 (-0,12)	0,32*** (3,92)	-0,57*** (-3,03)	0,37** (2,97)	0,652	0,46	1,84	0,00	0,96
Griechenland	0,45 (1,10)	0,02 (0,09)	0,06 (0,63)	-0,18* (-1,77)	0,12* (1,73)	0,676	0,12	1,91	0,00	0,01
Irland	1,16* (1,80)	-0,37* (-1,83)	0,14* (1,76)	-0,36 (-1,37)	0,11 (1,30)	0,329	0,34	1,53	0,01	0,34
Italien	3,80 (0,92)	-0,18 (-1,19)	0,43*** (6,08)	-0,19 (-1,40)	0,10 (1,25)	0,539	0,61	2,16	0,00	0,80
Luxemburg	0,83*** (3,74)	-0,17 (-1,17)	-0,00 (-0,06)	-0,49*** (-3,72)	0,06*** (2,97)	0,112	0,36	1,82	0,00	0,46
Niederlande	17,22*** (4,66)	-0,19 (-1,51)	0,21** (2,21)	-0,49*** (-4,26)	0,09*** (3,19)	0,172	0,52	2,20	0,00	0,58
Österreich	7,36*** (2,86)	-0,02 (-0,13)	0,06 (0,66)	-0,39*** (-2,71)	0,08** (2,25)	0,193	0,21	1,99	0,00	0,60
Portugal	-1,18 (-1,11)	0,26* (1,70)	0,51*** (5,35)	-0,12 (-1,39)	0,11 (1,39)	0,949	0,50	2,14	0,00	0,52
Spanien	-5,09 (-1,53)	-0,6*** (-3,09)	1,72*** (7,15)	-0,52* (-1,97)	0,35* (1,93)	0,668	0,67	1,98	0,00	0,81

***, **, * signifikant mit einer Irrtumswahrscheinlichkeit von 1, 5, 10%, t-Statistik in Klammern. Griechenland nur 2001-2008 und Irland nur 1999 -2007 auf Grund mangelnder Verfügbarkeit der Daten.

4 Zusammenfassung und Ausblick

Aus den vorliegenden Befunden ergibt sich eine klare Antwort auf die eingangs gestellte Frage: Die Konsumenten der Mitgliedsländer der EWU befinden sich *nicht* auf dem Weg zum Eurokonsumenten. Die Erfahrungen aus der Währungsunion deuten eher in die umgekehrte Richtung. Das Konsumverhalten innerhalb der EWU ist in Bezug auf die ermittelten Konsumquoten in den einzelnen Mitgliedsländern recht heterogen. Dieses gilt sowohl für den langfristigen Einfluss des Einkommens auf den Konsum wie auch in Bezug auf die dynamische Anpassung des Konsums an Änderungen des Einkommens. Ferner gibt es gemessen an der Standardabweichung und an der Spannweite der Konsumquote innerhalb der Eurozone eher Hinweise auf Divergenz, da der Grad an Unterschiedlichkeit im Konsumverhalten innerhalb der Eurozone im Zeitablauf eher zu- als abnimmt.

Im Kontext der EWU ist über die letzten Jahre ein Auseinanderdriften des Konsumverhaltens zwischen Deutschland auf der einen Seite und den anderen Ländern der Eurozone auf der anderen Seite zu beobachten. Daraus ergeben sich makroökonomische Anpassungslasten innerhalb der Währungsunion. Kurzfristig entstehen dadurch unterschiedliche Impulse für die Konjunktur. Mittel- bis langfristig ergeben sich durch die Konsumzurückhaltung in Deutschland, die hohe Ersparnis und den damit einhergehenden Aufbau von Vermögen weitere Folgeeffekte. Sofern diese Vermögensbildung in Form von internationalen Kapitalströmen erfolgt, schlagen sich die Unterschiede im Konsumverhalten im internationalen Kapitalverkehr nieder. Dieser Transfer von deutschen Ersparnissen in die südeuropäischen Länder wäre ohne gemeinsame Währung nicht in diesem Umfang zustande gekommen. Insofern zeigen sich die Auswirkungen unterschiedlicher Konsumneigungen in den Mitgliedsländern oft erst mittelfristig und in den grenzüberschreitenden Vermögenspositionen der Volkswirtschaften.

Die Einbeziehung der Daten für die Wirtschafts- und Finanzkrise 2009/10 in die Regressionsanalyse führt zu nennenswerten Änderungen in den Ergebnissen für die länderspezifischen Konsumfunktionen. Die durchgeführten Chow-Tests auf Strukturbruch deuten allerdings darauf hin, dass die strukturellen Veränderungen eher für die anderen Mitgliedsländer der Eurozone gegeben sind, als für Deutschland. Für die aggregierte europäische Konsumfunktion ist der Befund der Tests auf Strukturbruch nicht eindeutig. Hier müssen letztlich weitere Beobachtungen in Folgequartalen Klarheit darüber bringen, inwieweit es tatsächlich im Zuge der Finanzkrise zu einer strukturellen Änderung in der aggregierten europäischen Konsumfunktion gekommen ist.

Worin die tieferliegenden Ursachen für die ausgeprägte Konsumschwäche Deutschlands liegen, muss an dieser Stelle leider unbeantwortet bleiben. Diese Frage steht in anderen Untersuchungen im Mittelpunkt, die das verfügbare Einkommen näher aufschlüsseln und neben dem Einkommen auch noch Vermögensgrößen in die Untersuchung einbeziehen.[13]

Zur im Titel gestellten Frage lässt sich folgendes festhalten: Die unterschiedlichen nationalen Konsumfunktionen haben sicherlich zu konjunkturellen Asymmetrien innerhalb der EWU beigetragen. Die relative Wachstumsschwäche Deutschlands im Vergleich zu den anderen Mitgliedern der Eurozone in der ersten Dekade der Währungsunion dürfte zum Teil darauf zurückzuführen sein. Die Ursachen für Wachstumsdifferenzen in der Eurozone sind jedoch vielschichtig und dürften dabei in zahlreichen sowohl nachfrage- wie auch angebotsseitigen Faktoren zu finden sein.[14] Wie groß der spezifische Beitrag unterschiedlichen Konsumverhaltens zu Wachstumsunterschieden innerhalb der Eurozone letztlich ist, lässt sich nur in weitergehenden Analysen ermitteln, die über den Rahmen dieses Beitrags hinausgehen. Vor dem Hintergrund der Heterogenität und der Divergenz des Konsumverhaltens in der Eurozone lohnt es sich aber in jedem Fall, auch weiterhin die Gemeinsamkeiten und Unterschiede im europäischen Konsumverhalten zu beobachten und tiefergehend zu analysieren. Dabei geht es um die fundamentalen Bestimmungsgründe des privaten Konsumverhaltens, die Erklärung der Unterschiede über die Länder der Eurozone hinweg wie auch um die Abschätzung der Bedeutung unterschiedlichen Konsumverhaltens für asymmetrische konjunkturelle Wirkungen in Europa.

[13] Vgl. Sachverständigenrat, Jahresgutachten 2008/09 zur Aufschlüsselung des verfügbaren Einkommens nach Herkunftsarten und sehr detaillierten Modellierung des privaten Konsumverhaltens ausschließlich in Deutschland.

[14] Vgl. dazu die ausführliche Analyse in EZB (2007). Im Kern geht es hier um die Abgrenzung längerfristiger, angebotsseitiger Wachstumskomponenten von den zyklischen nachfrageseitigen Komponenten. Vgl. zu den theoretischen Grundlagen Assenmacher (1998) und zur empirischen Unterscheidung von Wachstums- und Konjunkturkomponenten am Beispiel Deutschlands Assenmacher (1998).

Tabelle 4.1 Ergebnis der Integrationstests

Land	Variable	Zeitraum	Integrationsgrad (ADF-Test)	Intergrationsgrad (PP-Test)
Belgien	**Y**	**1999Q1 – 2010Q4**	**1**	**1**
	C	**1999Q1 – 2010Q4**	**1**	**1**
Deutschland	**Y**	**1999Q1 – 2010Q4**	**1**	**1**
	C	**1999Q1 – 2010Q4**	**1**	**1**
Euroraum	**Y**	**1999Q1 – 2010Q4**	**1**	**1**
	C	**1999Q1 – 2010Q4**	**1**	**1**
Euroraum ohne D	**Y**	**1999Q1 – 2010Q4**	**1**	**1**
	C	**1999Q1 – 2010Q4**	**1**	**1**
Finnland	**Y**	**1999Q1 – 2010Q4**	**1**	**1**
	C	**1999Q1 – 2010Q4**	**1**	**1**
Frankreich	**Y**	**1999Q1 – 2010Q4**	**1**	**1**
	C	**1999Q1 – 2010Q4**	**2**	**1**
Griechenland	**Y**	**2001Q1 – 2010Q4**	**2**	**1**
	C	**2001Q1 – 2010Q4**	**2**	**1**
Irland	**Y**	**1999Q1 – 2007Q4**	**1**	**1**
	C	**1999Q1 – 2007Q4**	**1**	**1**
Italien	**Y**	**1999Q1 – 2010Q4**	**1**	**1**
	C	**1999Q1 – 2010Q4**	**1**	**1**
Luxemburg	**Y**	**1999Q1 – 2010Q4**	**1**	**1**
	C	**1999Q1 – 2010Q4**	**1**	**1**
Niederlande	**Y**	**1999Q1 – 2010Q4**	**1**	**1**
	C	**1999Q1 – 2010Q4**	**1**	**1**
Österreich	**Y**	**1999Q1 – 2010Q4**	**1**	**1**
	C	**1999Q1 – 2010Q4**	**1**	**1**
Portugal	**Y**	**1999Q1 – 2010Q4**	**1**	**1**
	C	**1999Q1 – 2010Q4**	**1**	**1**
Spanien	**Y**	**1999Q1 – 2010Q4**	**2**	**2**
	C	**1999Q1 – 2010Q4**	**2**	**2**

Literatur

Assenmacher, W. (1998): Konjunkturtheorie 8. Aufl., Oldenbourg-Verlag.

Assenmacher, W. (1998): Trend und Zyklus im Bruttoinlandsprodukt der Bundesrepublik - Zur ökonometrischen Ermittlung der empirischen Basis der Konjunktur- und Wachstumstheorie. Jahrbücher für Nationalökonomie und Statistik, Nr. 5, S.628-649.

Assenmacher, W. (1999): Auf dem Weg zum Eurokonsumenten? Die Konsumstruktur im Euro-Währungsraum, Essener Unikate, Nr. 12, S. 79-83.

Assenmacher, W. (2002): Einführung in die Ökonometrie, 6., vollständig überarbeitete und erweiterte Auflage, Oldenbourg-Verlag.

Clausen, V. (1999): Money Demand and Monetary Policy in Europe, Weltwirtschaftliches Archiv, Band 134, Nr. 4, S. 712-740.

Clausen, V. (2001): Asymmetric Monetary Transmission in Europe, Springer-Verlag.

Clausen, V. (2002): Unterschiedliche makroökonomische Strukturen, wirtschaftliche Integration und einheitliche Geldpolitik in Europa, Jahrbücher für Nationalökonomie und Statistik, Band 222, Nr. 1, S. 1-21.

Clausen, V., H.-W. Wohltmann (2005): Monetary and Fiscal Policy Dynamics in an Asymmetric Monetary Union, in: Journal of International Money and Finance, Jg. 24, Nr. 1, S. 139-167.

Clausen, V. H.-W. Wohltmann (2011): Oil Price Shocks and Cyclical Dynamics in an Asymmetric Monetary Union, in: Ruhr Economic Paper, Nr. 247, Essen.

Dreger, C., H.-E. Reimers (2011): The Long Run Relationship between Private Consumption and Wealth: Common and Idiosyncratic Effects, erscheint in: Portuguese Economic Journal.

Engle, R.F. & Granger, C.W.J. (1987): Co-integration and error correction: representation, estimation, and testing, Econometrica, Jg. 55, Nr. 2, S.251-276.

Europäische Zentralbank (EZB, 2007): Wachstumsunterschiede im Euro-Währungsgebiet: Ursachen und Auswirkungen, Monatsbericht April, S. 79-94.

Internationaler Währungsfonds (Hrsg.) (2011): International Financial Statistics Database, Online-Publikation.

Johansen, S., (1988): Statistical analysis of cointegration vectors, in: Journal of Economic Dynamics and Control, Nr. 12/2-3), S. 231-254.

Kremers, J., Ericsson, N., Dolado, J (1992): The Power of Cointegration Tests, in: Oxford Bulletin of Economics and Statistics, Jg. 54, Nr. 3, S. 325-348.

Lundberg, E. (1968): Instability and Economic Growth, New Haven and London: Yale University Press.

Neusser, K. (2009): Zeitreihenanalyse in den Wirtschaftswissenschaften, 2. Auflage, Vieweg +Teubner.

Sachverständigenrat zur Begutachtung der gesamtwirtschaftlichen Entwicklung, Jahresgutachten 2008/09: Die Finanzkrise meistern – Wachstumskräfte stärken, Wiesbaden.

Skudelny, F. (2009): Euro Area Private Consumption: Is there a Role for Housing Wealth Effects, ECB Working Paper, Nr. 1057, Frankfurt am Main.

Sousa, R. M (2010): Wealth Effects on Consumption: Evidence from the Euro Area, Banks and Bank Systems, Jg. 5, Nr. 2, S. 70-78.

Wohltmann, H.-W. (2007): Grundzüge der makroökonomischen Theorie: Totalanalyse geschlossener und offener Volkswirtschaften, 5. Aufl., Oldenbourg-Verlag.

Wolters, J. (1992): Der Zusammenhang zwischen Konsum und Einkommen: Alternative ökonometrische Ansätze, RWI-Mitteilungen, 43. Jg., S. 115-132.

Stichprobentechnik für Statistik-averse Wirtschaftsprüfer

Ludwig Mochty

1 Problemstellung

Obwohl die Möglichkeit, die Abschlussprüfung mit Hilfe der statistischen Stichprobentheorie seit hundert Jahren im Schrifttum[1] behandelt wird, zeigen empirische Studien[2], dass Prüfungspraktiker diese Methoden kaum nutzen. Eigene Beobachtungen des Autors seit nunmehr drei Jahrzehnten zeigen ein noch viel düstereres Bild und lassen die Ergebnisse der empirischen Erhebungen geradezu als geschönt erscheinen[3].

Es ist müßig, die Ursachen ergründen zu wollen, die zu diesem Verhalten geführt haben. Entscheidend ist, dass die Einzelurteile, die zurzeit in der Praxis aufgrund von nichtstatistischen Stichproben zustande kommen, ein systematisches Fehlurteilsrisiko enthalten, das sachlich nicht zu rechtfertigen ist. Getragen von einem nicht zu übersehenden Eigeninteresse des Berufsstands hat das US-amerikanische Institut der Wirtschaftsprüfer, das AICPA, 1983 beschlossen, das sog. „Haphazard Sampling" zu einer ordnungsgemäßen Stichprobentechnik zu erklären. Beim Haphazard Sampling soll der Prüfer versuchen, einen neutralen Zufallsgenerator ohne Einsatz jeglicher mathematischer Hilfsmittel zu imitieren[4]. Dieses methodisch unhaltbare Konstrukt hat in der Folge auch in die internationalen Prüfungsstandards ISA 530[5] Eingang gefunden, sodass es mittlerweile weltweite Akzeptanz besitzt. Eine derart Statistik-averse Einstellung des Berufsstands und eine methodisch unfundierte Prüfungstechnik in einem immer komplexer werdenden Rechnungs- und Prüfungswesen ist nicht vertretbar[6]. Sie ist auch nicht notwendig, weil es die IT-gestützte Umsetzung des zugrundeliegenden Entscheidungskalküls zulässt, einen Großteil des statistischen Formelapparates zu vermeiden.

Im Rahmen dieses Beitrags wird die Frage untersucht, wie der Wirtschaftsprüfer die stochastische Simulation, speziell die Monte-Carlo-Simulation und die Bootstrap-Methodik, nutzen kann, um sich ein virtuelles Experimentierfeld aufzubauen, das seine gewohnte Arbeitsumgebung nachbildet.

Bei der *Monte-Carlo-Simulation* werden mit Hilfe computergestützter (Pseudo-) Zufallsgeneratoren (aus sog. „Superpopulationen") Zufallszahlen (endliche Grundgesamtheiten) generiert, die das reale Problem nachbilden. Anstelle eines einzigen Durchgangs können Datengenerierung und -auswertung beliebig oft wiederholt werden, um aufzuzeigen, wie die Auswertungsergebnisse zufallsbedingt variieren und gegebenenfalls (Häufigkeits-) Muster bilden. Mit der Monte-Carlo-Simulation lässt sich die Dualität zwischen Verteilung und der

---

1 Vgl. Klein-Cöln (1911/12), S. 580-585.

2 Vgl. Hall/Hunton/Pierce (2002), S. 125-136; Hitzig (1995), S. 54-57; Maingot/Quon (2009), S. 215-234; McRae (1982), S. 12.

3 Der Autor hat in dieser Zeit viele akademisch ausgebildete Kaufleute und Wirtschaftsprüfer kennengelernt, die es entschieden abgelehnt haben, bei der Planung von Stichprobenerhebungen mit der Varianz als Planungsparameter zu operieren.

4 Vgl. Mochty (2007).

5 Vgl. IFAC (2011), ISA 530.

6 Vgl. Hall/Pierce/Price/Skousen (2010).

daraus gezogenen Stichprobe aufzeigen, und es lassen sich Stichprobenverteilungen einer Statistik, z.B. des Stichprobenmittels, auswerten und visualisieren.

Beim *Bootstrapping* werden aus einer gegebenen Stichprobe, die aus einer unbekannten Grundgesamtheit stammt, viele weitere Stichproben (Bootstrap Samples) desselben Umfangs ohne Zurücklegen gezogen. Aus den Bootstrap Samples lassen sich dann die Stichprobenverteilungen jener unbekannten Verteilung ermitteln, die den Daten der Ausgangsstichprobe zugrunde liegt. Bootstrapping befreit von der Einschränkung, statistische Schlüsse von der Stichprobe auf die Grundgesamtheit nur dann vornehmen zu können, wenn dafür entsprechende Formeln verfügbar sind. Eingebettet in eine benutzerfreundliche Softwareumgebung sind die genannten Verfahren mittlerweile auch von statistischen Laien nutzbar, weil sie als Excel-AddIn[7] zur Verfügung stehen. Für die folgende Untersuchung darf davon ausgegangen werden, dass ein aktuell tätiger Wirtschaftsprüfer in der Handhabung von MS-Excel sehr erfahren ist.

Dieses Experimentierfeld soll dem Wirtschaftsprüfer helfen, Fragen der Verfahrenswahl (Hypothesenbildung hinsichtlich der Fehlerverteilung im Prüffeld, Auswahl von Stichprobenauswahl- und Schätzverfahren), der Verfahrensanwendung und der Ergebnisinterpretation mit eigenen Mitteln, d.h. unter weitgehendem Verzicht auf den Formalismus der statistischen Methodenlehre, zuverlässig zu beantworten. Derart wird der Wirtschaftsprüfer idealisiert als empirischer Forscher betrachtet.

Die folgenden Ausführungen verstehen sich als Machbarkeitsstudie. Sie sind deshalb mehr an den typisierten Ablauf einer Abschlussprüfung angelehnt als es rein methodenorientierte Darstellungen sind.

2 Das Risikomodell der Abschlussprüfung

Die Aufgabe des Wirtschaftsprüfers besteht nach § 317 HGB darin, ein begründetes Urteil über die Ordnungsmäßigkeit des handelsrechtlichen Einzel- oder Konzernabschlusses eines Unternehmens abzugeben. Um die ihm zur Verfügung stehenden zeitlichen und personellen Ressourcen effizient einzusetzen, geht er dabei nach dem sog. „risikoorientierten Prüfungsansatz" vor: Unter Berücksichtigung der Interessen der Abschlussadressaten wählt er eine tolerierbare Beurteilungsunschärfe (Wesentlichkeitsgrenze, engl.: Materiality[8]) auf der Ebene des Jahresabschlusses und zerlegt diese unter Berücksichtigung der Buchungslogik auf einzelne Prüffelder, Konten und Geschäftsvorfallsklassen. Das Ergebnis ist dann die für

---

7 @Risk, Crystall Ball, ResamplingStat und eine Reihe von nicht-kommerziellen Excel-AddIns. Im vorliegenden Beitrag kommt @Risk zum Einsatz.

8 Vgl. Arens/Elder,/Beasley (2006), S. 232-235; Leslie (1985).

das jeweilige Prüffeld geltende „Performance Materiality"[9]. Unter Bezugnahme auf die Performance Materiality beurteilt der Prüfer vorerst das in den einzelnen Prüffeldern vorhandene Risiko, wesentliche Fehler nicht zu entdecken[10]. Er wählt daraufhin eine Kombination von (entdeckungsrisikobehafteten) Prüfungshandlungen, um das Gesamtrisiko, dass auch nach seiner Prüfung noch wesentliche Fehler im Prüffeld vorhanden sind, unter einem Wert von üblicherweise 5% zu halten.

Da der Prüfer in verschiedenen Prüffeldern mit massenhaften Geschäftsvorfällen konfrontiert ist, muss er grundsätzlich auf Stichprobentechniken zurückgreifen, um die komplexe Aufgabe, ein Gesamturteil über die Ordnungsmäßigkeit des Abschlusses abzugeben, erfüllen zu können. Diese Aufgabe ist durchaus vergleichbar mit der Suche nach der „Nadel im Heuhaufen". Allerdings ist dem Prüfer weder die Anzahl der gesuchten Nadeln bekannt, noch ihre Ausprägung. Erschwerend kommt hinzu, dass sich die Nadeln nicht direkt beobachten lassen, denn die zum Zwecke der Urteilsbildung grundsätzlich gesuchten Objekte sind Differenzen[11] der Buchwerte von den ordnungsgemäß verbuchten Geschäftsvorfällen und Sachverhalten[12] – kurzum: die vom Prüfer aufzudeckenden Objekte sind alle wesentlichen Differenzen[13] zwischen den Buchwerten (Bookvalues) BV_i und den korrespondierenden ordnungsgemäßen Prüferwerten (Auditvalues[14]). Die Prüferwerte AV_i liegen indes nicht vor, sondern werden unter Heranziehung entsprechender Prüfungsnachweise erst dann ermittelt, wenn die jeweiligen Geschäftsvorfälle oder Kontensalden in die Stichprobe $\{BV_i; 1 \leq i \leq n\}$ vom Umfang n des Wirtschaftsprüfers gelangt sind. Im Unterschied zu vielen empirischen Untersuchungen, die mit Hilfe von Stichproben ausgewertet werden, liegt in der Wirtschaftsprüfung „die Grundgesamtheit der Untersuchungsvariablen", also die Gesamtheit der Differenzen zwischen Buchwert und Prüferwert $\{BV_i - AV_i; 1 \leq i \leq N\}$ regelmäßig nicht vor. Der Buchwert BV_i ist damit die einzig direkt greifbare Größe der Prüfung. Er lässt sich allerdings als Hilfsgröße (concommittant variable) nutzen, die mit dem Prüferwert AV_i in einem annähernd linearen Zusammenhang $AV_i = a + b \cdot BV_i$ steht[15].

9 Die „Performance Materiality" wird vielfach auch „Tolerable Misstatement" bezeichnet. Vgl. Arens/Elder/Beasley, 2006, S. 236-238. Dieser Wertansatz soll auch berücksichtigen, dass die Zusammenfassung nicht-wesentlicher Fehler insgesamt wesentlich sein kann.

10 In statistischer Hinsicht handelt es sich hierbei um das β-Risko (Fehler 2. Art), in betriebswirtschaftlicher Hinsicht um das Risiko, ein Prüffeld, das mindestens einen wesentlichen Fehler aufweist, als ordnungsgemäß zu beurteilen.

11 Wir beschränken uns in diesem Beitrag bei der Abweichungsanalyse auf Differenzen.

12 Diese fehlerfokussierte Interpretation der Prüfungsaufgabe, die vermutlich nicht von allen Praktikern geteilt wird, wird gestützt durch das Prinzip der „kritischen Grundhaltung" gem. ISA („professional scepticism").

13 Erschwerend kommt hinzu, dass auch die Summe unwesentlicher Differenzen wesentlich sein kann.

14 Hier werden bewusst die englischen Begriffe „Bookvalue" und „Auditvalue" und die daraus abgeleiteten Variablenbezeichnungen verwendet, weil die im Deutschen gebrauchten Begriffe „Istwert" und „Sollwert" im Schrifttum nicht einheitlich verwendet werden. Eine Gruppe von Autoren bezeichnet mit „Istwert" den Buchwert und mit „Sollwert" den vom Prüfer als ordnungsgemäß angesehenen Wert (den Prüferwert). Die andere Gruppe von Autoren verwendet die Begriffe genau umgekehrt.

15 Allgemein wird durch diese Formulierung die Klasse der gebundenen Stichprobenverfahren charakterisiert, deren allgemeinste Form die Regressionsschätzung ist. Die Differenzenschätzung (b=1) und die Verhältnisschätzung (a=0) stellen Spezialfälle der Regressionsschätzung dar.

Da davon auszugehen ist, dass ein ordnungsgemäßes Rechnungswesen nur wenige Differenzen zwischen Prüferwert und Buchwert enthält, gilt für den Großteil[16] der Geschäftsvorfälle oder Kontensalden i eines Prüffelds (hier als Grundgesamtheit vom Umfang N aufgefasst): $BV_i - AV_i = 0$.

Eine Aufdeckung von Abweichungen anhand der Buchwerte ist aber nur dann möglich, wenn in der Buchhaltung gleich viele oder mehr Geschäftsvorfälle erfasst wurden als hätten erfasst werden sollen (Prüfungsziel Existence). Nicht erfasste Geschäftsvorfälle (Prüfungsziel Completeness) lassen sich anhand der Buchwerte nicht entdecken[17] und erfordern andere Prüfungshandlungen.

Gemäß dem risikoorientierten Prüfungsansatz ist für jedes Prüffeld in Bezug auf jedes Prüfungsziel[18] folgendes wahrscheinlichkeitstheoretisch formulierte Modell zu befolgen, dessen Konstruktionsweise seit seiner Veröffentlichung methodischer Kritik unterworfen ist[19]. Das akzeptable Prüfungsrisiko (Acceptable Audit Risk) AAR setzt sich multiplikativ aus folgenden Komponenten zusammen: $AAR = IR \cdot CR \cdot PDR$; das ist die Wahrscheinlichkeit, dass das Prüffeld überhaupt einen wesentlichen[20] Fehler enthält (Inherent Risk, IR) mal der Wahrscheinlichkeit, dass dieser vom internen Kontrollsystem nicht erkannt wird (Control Risk, CR) mal der Wahrscheinlichkeit, dass dieser Fehler auch vom Prüfer nicht entdeckt wird. Durch Umstellen der Formel erhält man für das geplante Entdeckungsrisiko (Planned Detection Risk) PDR folgenden Ausdruck:

$$PDR = \frac{AAR}{IR \cdot CR} = \frac{Acceptable\ Audit\ Risk}{Inherent\ Risk\ \cdot Control\ Risk} = \frac{0.05}{Risk\ of\ Material\ Misstatement}$$

Das geplante Entdeckungsrisiko PDR ist das gesamte, aus aussagebezogenen Prüfungshandlungen resultierende β-Risko. Es wird multiplikativ in zwei Komponenten zerlegt: einerseits in das Risiko aus betragsbezogenen stichprobengestützten Prüfungshandlungen von Geschäftsvorfällen oder Kontensalden und andererseits in das Risiko aus Gruppentests (ROSP), die in der Prüfungsterminologie als „analytische Prüfungshandlungen"[21] oder „other substantive audit procedures" bezeichnet werden.

$$PDR = ROSP \cdot ARIA$$

$$= (Risk\ of\ Other\ Substantive\ Procedures) \cdot (Acceptable\ Risk\ of\ Incorrect\ Acceptance)$$

---

16 Vgl. in diesem Zusammenhang die „Zero-Inflated Count Data Models" in der Ökonometrie.

17 Vgl. Whittington (1983), S. 86. In dieser Hinsicht hat der steuerliche Außenprüfer („Betriebsprüfer"), der nach steuerlichen Verkürzungen sucht, deutlich schwieriger als der überwiegend am Handelsrecht ausgerichtete Wirtschaftsprüfer, der auf der Aktivseite der Bilanz mit potentiellen Überbewertungen konfrontiert ist.

18 Die Prüfungsziele leiten sich aus den sog. „Management assertions" ab, die in SAS 31 definiert sind und in fünf breite Kategorien gegliedert werden: 1. Existence or occurence, 2. Completeness, 3. Valuation or allocation, 4. Rights and obligations und 5. Presentation and disclosure. Diese Kategorien sind für die einzelnen Prüffelder noch detaillierter zu spezifizieren.

19 Einen guten Überblick geben: Dusenbury/Reimers/Wheeler (2000), S. 105-117.

20 Die Wesentlichkeit (Materiality) bezieht sich auf die Aussagegenauigkeit des Prüfungsurteils.

21 Vgl. Arens/Elder/Beasley (2006), S. 193-229.

Der Prüfer muss geeignete Prüfungshandlungen (charakterisiert durch Art, Umfang und Zeitpunkt) kombinieren, um das PDR abzudecken. Je niedriger das inhärente Risiko (IR) bzw. je zuverlässiger das interne Kontrollsystem (1-CR), desto weniger Prüfungssicherheit (1-PDR) muss der Prüfer durch seine Prüfungshandlungen gewährleisten (desto größer kann PDR sein). Das auf die stichprobengestützten Prüfungshandlungen entfallende β-Risiko (in der Prüfungsterminologie als ARIA[22] bezeichnet) lässt sich weiter vergrößern (bzw. der daraus resultierende Stichprobenumfang weiter verkleinern), wenn ein Teil der Prüfungssicherheit durch analytische Prüfungshandlungen (1-ROSP) gewonnen werden kann[23]:

$$ARIA = \frac{PDR}{ROSP}$$

Aus dem ARIA resultiert der geplante Mindeststichprobenumfang – oder anders formuliert: der geplante Mindeststichprobenumfang ist eine Funktion *f*(Materiality; ARIA). Es ist ein offenes Geheimnis, dass die Prüfungspraxis einen einmal geplanten Stichprobenumfang nur selten revidiert. D.h. „Plan" und „Ist" werden vielfach gleich gesetzt – entgegen den Einsichten, die ein Wirtschaftsprüfer aus dem Controlling hat. Dieses Fehlverhalten wird dann verständlich, wenn man berücksichtigt, dass ein eventueller Änderungsbedarf des Stichprobenumfangs nicht deutlich werden kann, wenn die Hochrechnung der Stichprobenergebnisse auf die Grundgesamtheit lediglich anhand einer Punktschätzung erfolgt. Mitunter wird sogar auf die Hochrechnung des Stichprobenergebnisses auf die Grundgesamtheit völlig verzichtet, indem das Stichprobenergebnis lediglich anhand der Performance Materiality[24] (reduziert durch einen firmenweit festgelegten Faktor <1) beurteilt wird[25]. Dies unterstreicht die Bedeutung, die ein Instrument zur verlässlichen Bestimmung des Konfidenzintervalls in der Wirtschaftsprüfung zurzeit hat. Ebenso ist in diesem Zusammenhang bekannt, dass der „erforderliche" Stichprobenumfang gerne dadurch abgesenkt wird, dass die zur Planung erforderlichen Planungsparameter, die als subjektive Wahrscheinlichkeiten nur schwer zu überprüfen sind, „optimistisch" beurteilt werden (Rückwärtsplanung des Stichprobenumfangs).

Insgesamt erweist sich das Prüfungsrisikomodell im Kern als ein international standardisiertes Verfahren zur Planung des Stichprobenumfangs für die Überprüfung von Geschäftsvorfällen und Kontensalden. Zur Auswertung der durch die durchgeführten Prüfungshandlungen erreichten Prüfungssicherheit ist es (erstaunlicherweise) nicht geeignet[26].

---

22 Zur Definition des Acceptable Risk of Incorrect Acceptance (ARIA) vgl. Arens/Elder/Beasley (2006), S. 520-525.

23 Zu den Details vgl. Arens/Elder/Beasley (2006), Fig. 17-2, S. 525.

24 Auch als „Tolerierbarer Fehler" (und je nach dem Kontext als: Tolerable Error, Tolerable Exception, Tolerable Misstatement) bezeichnet.

25 Vgl. Arens/Elder/Beasley (2006), Fig. 15-2, S. 455.

26 Vgl. Arens/Elder/Beasley (2006), S. 253-254 sowie die in FN 19 zitierten Literaturquellen.

Die fehlende Möglichkeit zu einer durchgängigen Risikoplanung zu Plan- und Istwerten hat zur Konsequenz, dass es für die Planung und Steuerung von Abschlussprüfungen bisher kein betriebswirtschaftlich fundiertes Kostencontrolling (auf Basis einer Prozesskostenrechnung) gibt.

3 Simulative Ausgestaltung von virtuellen Prüffeldern

Ein erster Schritt, eine Brücke zwischen Theorie und Praxis zu schlagen, besteht darin, mit Hilfe der Monte-Carlo-Simulation jenes Szenario nachzubilden, in dem der Wirtschaftsprüfer seine Beobachtungen und Beurteilungen vorzunehmen hat. Hierbei handelt es sich um eine Datei mit Geschäftsvorfällen in Haupt- und Nebenbüchern (z.B. Verkäufen) oder Salden in einem Konto (z.B. Offene Posten der Forderungen aus Lieferungen und Leistungen), wie sie aus der Datenbank des jeweiligen Buchhaltungssystems übernommen werden können. Dabei kann der Prüfer grundsätzlich zwei verschiedene Richtungen einschlagen: (1) er kann die Buchwerte BV übernehmen und aus diesen durch das Einpflanzen von Fehlern virtuelle Prüferwerte AV* generieren. In diesem Fall sind die Buchwerte deterministisch. (2) Der Prüfer kann von künstlich generierten Prüferwerten AV ausgehen und aus diesen durch Fehlereinpflanzung virtuelle Buchwerte BV* ableiten. In diesem Fall haben die virtuellen Buchwerte BV* die Charakteristik einer Zufallsvariablen. Aufgrund des hier skizzierten Konstruktionsprinzips erkennt man, dass die einzelnen Differenzen (AV-BV*) als Realisationen einer Mischverteilung zustande kommen, in die Verteilungen von verschiedenen Fehlerarten, Fehlerhäufigkeiten und Fehlerbeträgen einfließen können. Bei der Generierung solcher virtuellen Prüffelder kann der Prüfer seiner Kreativität und Erfahrung freien Lauf lassen. Insbesondere kann er bei der Ausgestaltung dieses Szenarios aber auch Informationen und Fehlerhypothesen verwerten, für die er vorerst keinen empirischen Beleg hat. Werden mehrere unterschiedliche Szenarien generiert, so lassen sich diese Szenarien mit Hilfe entsprechender Anpassungstests (BV* im Vergleich zu BV) nach ihrer Anpassungsgüte ordnen. Es handelt sich gewissermaßen um eine stochastische Was-wäre-wenn-Analyse, die die Grundlage für einen systematischen Lernprozess des Prüfers durch Feedback bildet **(siehe Abb. 3.1).**

Das in **Abb. 3.2** dargestellte stark vereinfachte Beispiel geht von einer Lognormal(5; 2.5)-verteilten Superpopulation aus, aus der durch stochastische Simulation eine endliche virtuelle Grundgesamtheit Ggh von fehlerfreien Prüferwerten generiert wird (Spalte „AV"). In einem weiteren Schritt werden nun durch Bernoulli-verteilte Zufallszahlen mit einer nominalen Wahrscheinlichkeit Ggh_p=0.05 Fehler gelegt. Hierzu enthält die Spalte „FehlerJN" die Excel-Formel „=N(zufallszahl()<Ggh_p)". Anschließend wird in ähnlicher Weise in Spalte „ÜberbewJN" ein Verhältnis zwischen Über- und Unterbewertung zum Erwartungswert E(p)=0.6 konstruiert: In 60% der Fälle erhält die Spalte „ÜberbewJN" den Wert 1 sonst 2. Die nächsten beiden Spalten beschreiben die Über- bzw. Unterbewertungsrate auf

Basis einer Betaverteilung mit den Parametern α=5 und β=1 (vgl. Spalten „Überbwtg" und „Unterbwtg"; die beiden Parameter α und β sind jeweils darüber angeordnet und können beliebig variiert werden). Der jeweilige Buchwert (Spalte „BV") errechnet sich zeilenweise aus

Abbildung 3.1 Versuchsanordnung für die simulative Erstellung virtueller Prüffelder

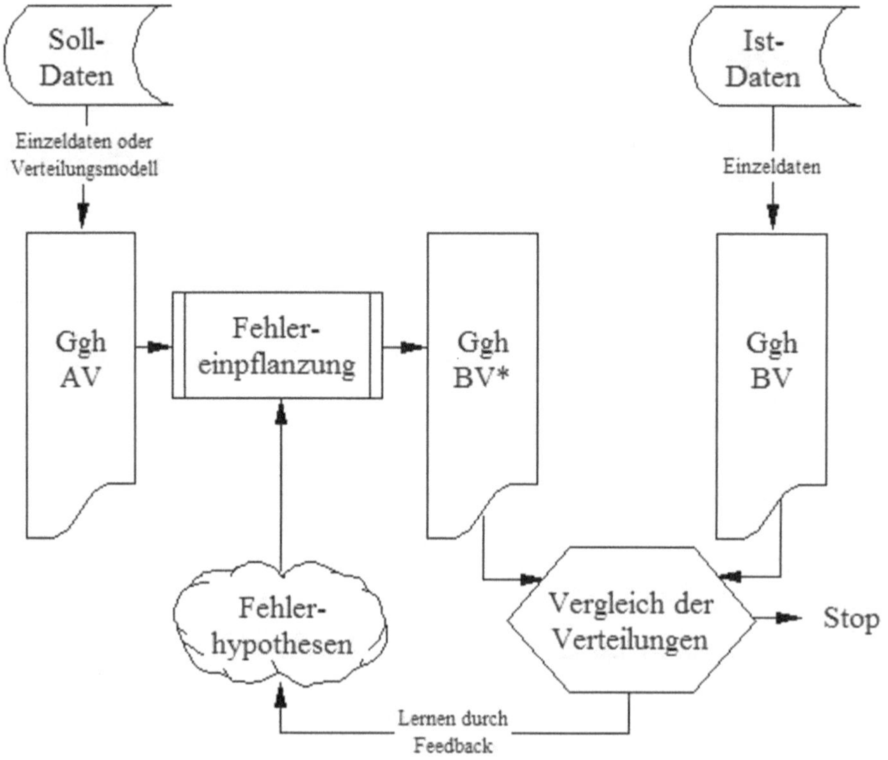

$$BV = \begin{cases} AV \cdot \text{FehlerJN} \cdot \text{Überbwtg, wenn ÜberbewJN} = 1 \\ AV \cdot \text{FehlerJN} \cdot \text{Unterbwtg, wenn ÜberbewJN} = 2 \end{cases}$$

Die Zufallsvariable FehlerJN kann neutral als „=N(zufallszahl()<Ggh_p)" oder proportional zum Prüferwert ausgestaltet werden: „=N(zufallszahl()<AV/Summe(AV)*Faktor)". Die Multiplikation mit „Faktor" ist erforderlich, um auf die angestrebte Fehlerrate Ggh_p zu kommen.

Abbildung 3.2 Ausschnitt aus einer Excel-Tabelle zur Generierung eines virtuellen Szenarios

	A	B	C	D	E	F	G	H
1					Überbwtg	Unterbwtg		
2	LogNormalverteilung			Betaverteilungen				
3	my	5		alpha	5	5		
4	sigma	2.5		beta	1	1		
5								
6	Ggh_p		0.049	0.6				
7		Faktor	100					
8								
9	Ggh_Sum	4'053'948.67					4'203'206.24	-149'257.57
10	Ggh_ID	AV	FehlerJN	ÜberbewJN	Überbwtg	Unterbwtg	BV	AV-BW
11	1	13.42	0	1	0.9053044	-0.67938701	13.42	0.00
12	2	271.36	0	2	0.94439436	-0.87191976	271.36	0.00
13	3	683.56	0	2	0.85661188	-0.93095322	683.56	0.00
14	4	128.12	0	2	0.98060545	-0.98918996	128.12	0.00
15	5	89.21	0	2	0.7835734	-0.62677815	89.21	0.00
16	6	44.31	0	1	0.94972769	-0.99861657	44.31	0.00
17	7	133.68	0	2	0.91772046	-0.61210128	133.68	0.00
18	8	262.23	0	2	0.89253868	-0.95294271	262.23	0.00
19	9	125.88	0	1	0.96034858	-0.66822651	125.88	0.00
20	10	1.99	0	1	0.90471127	-0.98459798	1.99	0.00
21	11	349.67	0	2	0.99220594	-0.92146379	349.67	0.00
22	12	143.18	0	1	0.77256658	-0.67115666	143.18	0.00
23	13	11392.75	1	2	0.83937045	-0.71420653	3255.97	8136.78

Mit Hilfe virtueller Prüffelder lassen sich folgende Ziele verfolgen:

1. Der Wirtschaftsprüfer wird in seiner Arbeitsumgebung „abgeholt". Er wird nicht mit einem abstrakten Urnenmodell[27] aus „unabhängig und identisch verteilten Zufallsvariablen" konfrontiert. Die so entstandenen virtuellen Prüffelder sind „sein Werk". Das übliche Gegenargument, das Fallbeispiel wäre „viel zu theoretisch", ist nicht mehr anwendbar. Der Prüfer wird an die Urliste (Sampling Frame[28]) gewöhnt, die das entscheidende Konstrukt zur Definition und Abgrenzung von Grundgesamtheiten im Sinne der Statistik darstellt. Er kann sich nicht mehr in eine unscharfe begriffliche Abgrenzung, wie „die Inlandsforderungen 2011", flüchten.

2. Der Wirtschaftsprüfer wird motiviert, Fehlerhypothesen zu entwickeln und diese in Form von Zufallsvariablen (konkret: durch Konfiguration von Pseudozufallsgeneratoren) zu spezifizieren. Viele Wirtschaftsprüfer berufen sich bei der Einschätzung des Fehlerrisikos regelmäßig auf ihre Erfahrung. Tatsächlich beruht diese Erfahrung aber

[27] Vgl. Johnson/Kotz (1977).
[28] Vgl. Särndal/Swenson/Wretmann (1993), S. 540-546.

häufig auf einer verzerrten Wahrnehmung der Realität: Infolge des Zeit- und Kostendrucks werden in der Wirtschaftsprüfung traditionellerweise eher weniger Informationen eingeholt und eher kleinere Stichproben gezogen als es die Entdeckung seltener Fehlerereignisse erfordert. Daher gelangen häufig tatsächlich vorhandene Fehler nicht in die Stichprobe bzw. nicht in die Aufmerksamkeit des Prüfers. Zudem fehlt es häufig an einer entsprechenden Fehlerkultur[29]. Pointiert formuliert wird der Wirtschaftsprüfer geradezu „belohnt", wenn er keine Fehler entdeckt: Er hat in diesem Fall keine aufreibenden Diskussionen mit dem Mandanten und keine Zusatzkosten durch Ausweitung der Prüfungshandlungen. Hat der Wirtschaftsprüfer tatsächlich versagt, indem er vorhandene Fehler nicht aufgedeckt hat, wird ihm dies der Mandant meist nicht vorwerfen. Und sollte sich aus dem einen oder anderen Fall ein Skandal[30] entwickeln, so ist wegen der Seltenheit[31] und der geringen Vergleichbarkeit solcher Fälle auch keine systematische Fehlertypologie – gewissermaßen als Analogon zur Pathologie in der Medizin – zu entwickeln. Der besondere Wert der virtuellen Prüffelder liegt daher in der Möglichkeit, Fehlerpotentiale experimentell erkunden und hinsichtlich ihrer Auswirkungen studieren zu können – und zwar unabhängig von der Erfahrung des Prüfers, fokussiert auf den konkreten Prüfungsauftrag.

3. Die Erstellung von virtuellen Prüffeldern ist nur dann zweckmäßig, wenn die künstlich generierten Daten an den Buchwerten des Mandanten ausgerichtet bzw. validiert werden. Dadurch wird der Prüfer motiviert, eine Strukturanalyse der Ist-Daten vorzunehmen – eine Maßnahme, die in der Wirtschaftsprüfung bisher sehr vernachlässigt wird. Und das obwohl die Merkmale der Grundgesamtheit entscheidend sind für die Auswahl der statistischen Analyseverfahren.

4. Mit Hilfe virtueller Prüffelder kann es der Prüfer vermeiden, die zur Planung des Stichprobenumfangs erforderliche Varianz der Grundgesamtheit direkt schätzen zu müssen. Im einschlägigen Schrifttum wird regelmäßig empfohlen, die Varianz der Grundgesamtheit anhand einer Pilotstichprobe oder durch Rückgriff auf die Ergebnisse des Vorjahres vorzunehmen. Beide Varianten sind in der Wirtschaftsprüfung nicht anwendbar. Denn die erforderliche Vorstichprobe dürfte häufig bereits den vom Prüfer erwarteten Umfang der Hauptstichprobe übersteigen. Und die Varianz der Grundgesamtheit des Vorjahres liegt nur vor, wenn diese mit klassischen Schätzverfahren ermittelt wurde. Das ist wegen des überwiegenden Einsatzes des parameterfreien Monetary Unit Sampling[32] meist nicht der Fall. Darüber hinaus sind die Feststellungen des Vorjahres oft nicht auf das laufende Jahr übertragbar. Mit Hilfe der Monte-Carlo-Simulation ist es dem Prüfer möglich, plausible Fehlerhypothesen zu simulieren und parallel hierzu den erforderlichen Stichprobenumfang zu bestimmen, ohne die Varianz der Grundgesamtheit als Planungsparameter direkt berücksichtigen zu müssen.

---

[29] Vgl. Fortune/Peters (1995).

[30] Zu skandalösen Fällen vgl. Peemöller/Hofman (2005).

[31] Tatsächlich ist es in der Praxis schwierig, Schadenersatzansprüche gegen einen Wirtschaftsprüfer gerichtlich durchzusetzen.

[32] Vgl. Kapitel. 6.2.

5. Trotz des bemerkenswerten technischen Fortschritts und trotz Bestehens einschlägiger Vorschriften[33] sind erhebliche organisatorische Probleme zu lösen, bis ein Wirtschaftsprüfer die Originaldaten des Mandanten in seinen Rechner übernehmen kann. Virtuelle Prüffelder lassen sich nutzen, die Wartezeit produktiv zu überbrücken, wenn die Analysedaten nicht zeitgerecht zur Verfügung stehen: Die durchzuführenden Auswahl- und Analyseprozesse lassen sich vorerst anhand künstlich generierter Daten ausgestalten und austesten. Später werden diese künstlichen Daten durch die Echtdaten überschrieben, um die endgültigen Analyseergebnisse kurzfristig zu gewinnen.

Als Zwischenfazit lässt sich festhalten: Die Monte-Carlo-Simulation stellt ein geeignetes Instrument dar, um den Prüfer zu unterstützen, sein mentales Modell vom Prüfungsgegenstand offenzulegen und sich selbst wie auch seinen Mitarbeitern die Auswirkungen der gewählten Fehlerhypothesen vor Augen zu führen. Im Folgenden wird gezeigt, wie sich die generierten Prüffelder nutzen lassen, um geeignete Verfahren zur Stichprobenauswahl und Hochrechnung auszuwählen. Die zur Planung und Auswertung von Stichprobenerhebungen erforderlichen Parameter Aussagesicherheit und Aussagegenauigkeit gewinnt der Prüfer aus dem oben dargestellten Risikomodell gemäß SAS 39[34] und SAS 47[35].

4 Aufbau eines Experimentierfelds zur Verfahrensauswahl

Während in Kapitel 3 erläutert wurde, wie der Prüfer zu einer Grundgesamtheit von Soll-Ist-Abweichungen gelangt, die seinen Fehlerhypothesen bestmöglich entspricht, soll in **Abb. 4.1** skizziert werden, wie der Prüfer unter Zugrundelegung dieser Grundgesamtheit durch den Einsatz von Monte-Carlo-Simulation und Bootstrapping einerseits Stichprobenauswahlverfahren und andererseits Schätzverfahren auswählen kann, die seinen Vorstellungen bestmöglich entsprechen.

Wie bereits ausgeführt, sind in der Prüfungspraxis lediglich die Buchwerte BV und die daraus ableitbaren Parameter der Grundgesamtheit vollständig bekannt. Deshalb müssen die Prüferwerte AV vom Prüfer zum Zwecke der Planung möglichst sachgerecht vorgegeben werden. Die endgültige Beurteilung der objektiv bestehenden Differenzen soll anhand einer Stichprobenerhebung auf Basis der tatsächlichen Prüferwerte beurteilt werden. Mit der in Kapitel 3 dargestellten Methodik wird eine Grundgesamtheit vorgegeben, von der die Parameter der Grundgesamtheit – im Unterschied zur Praxis – vollständig und eindeutig feststellbar sind. Der Prüfer entscheidet sich nun für ein Auswahlverfahren (z.B.: gleichwahrscheinliche Zufallsauswahl) und einen damit verträglichen Schätzer (z.B.: gestutzter Mittelwert).

---

33 Vgl. z.B. Grundsätze zum Datenzugriff und zur Prüfbarkeit digitaler Unterlagen, BMF (2001).
34 Vgl. AICPA (1981), SAS 39.
35 Vgl. AICPA (1983), SAS 47.

Abbildung 4.1 Versuchsanordnung für eine experimentelle Verfahrensauswahl

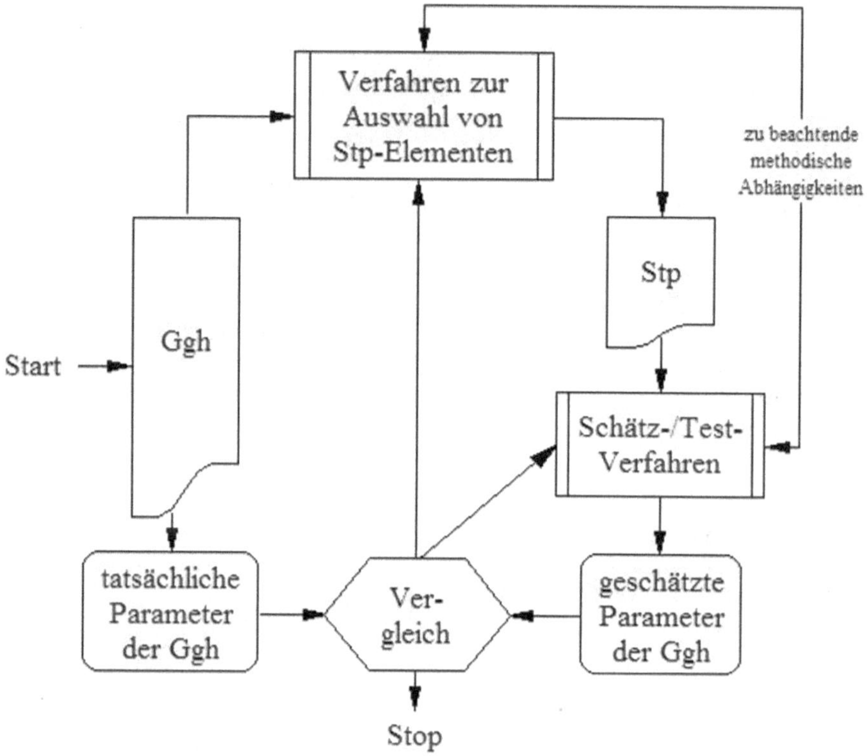

Mit Hilfe der Monte-Carlo-Simulation lassen sich nun Stichprobenziehung und Hochrechnung für Stichproben unterschiedlichen Umfangs modellieren und auswerten. Zweckmäßigerweise wird man den Stichprobenumfang ausgehend von eins bis zu einer plausiblen Obergrenze schrittweise erhöhen. Zu einem vorgegebenen β-Risiko werden simulativ Ober- und Untergrenze des Konfidenzintervalls zusammen mit dem Erwartungswert der Schätzung bestimmt. @Risk verfügt über einen einfach zu bedienenden Formelapparat, um diese Resampling-basierten Auswertungen vorzunehmen. Durch den Vergleich der hochgerechneten Stichprobenverteilungen mit den tatsächlichen Parametern der Grundgesamtheit lässt sich die mit jedem Stichprobenumfang erreichte Schätzgenauigkeit feststellen und im Vergleich zur einzuhaltenden Genauigkeitsgrenze (Performance Materiality) beurteilen. Der kleinste Stichprobenumfang, der die einzuhaltenden Nebenbedingungen erfüllt, ist der gesuchte Mindeststichprobenumfang. Die Versuchsanordnung ermöglicht ein breites Spektrum an Sensitivitätsanalysen und Modifikationen der Auswahl- und Schätzverfahren.

5 Funktionstests von Kontrollen

5.1 Entscheidungsproblem

Wie in Kapitel 2 dargestellt, beurteilt der Wirtschaftsprüfer die Zuverlässigkeit des internen Kontrollsystems, indem er nach pflichtgemäßem Ermessen eine subjektive Wahrscheinlichkeit für das Kontrollrisiko (CR) schätzt. Da er aber die Zuverlässigkeit des internen Kontrollsystems (1-CR) nutzen möchte, um den Umfang seiner Prüfungshandlungen zu reduzieren, muss er die Zuverlässigkeit der Kontrollen auch objektiv überprüfen, auf die er sich dabei verlassen möchte. Grundsätzlich handelt es sich hier um eine zählende Abnahmeprüfung, für die in der statistischen Qualitätskontrolle[36] eine Reihe von Prüfplänen entwickelt wurde. Um das Grundproblem zu illustrieren, sei der homograde Annahmetest herausgegriffen, der in Bezug auf ein ausgewähltes Merkmal x (z.B. Autorisierung einer Bestellung durch den Verantwortlichen) lediglich zwischen zwei Zuständen „fehlerfrei" (x=0) und "fehlerhaft" (x=1) unterscheidet. Die Irrtumswahrscheinlichkeit, eine unzuverlässige Kontrolle (charakterisiert durch die Fehlerrate p_1) nicht zu entdecken, soll durch β begrenzt sein (Fehler 2. Art). Die Entscheidung wird an einer kritischen Annahmegrenze c für die maximale Fehlerzahl in der Stichprobe ausgerichtet. Wird die Irrtumswahrscheinlichkeit mit Hilfe der Binomialverteilung berechnet, dann gilt:

$$\text{CDF\_Binom}(c|p_1, n) = \sum_{k=0}^{c} \binom{n}{k} p_1{}^k (1 - p_1)^{n-k} \leq \beta$$

Soll auch das Fehlurteil 1. Art berücksichtigt werden, eine ordnungsgemäß arbeitende Kontrolle (charakterisiert durch eine Fehlerrate p_0 mit $0 \leq p_0 < p_1$) infolge eines unzutreffenden Stichprobenergebnisses als unzuverlässig zu beurteilen, dann gilt für eine (kleinste) Ablehnungszahl von c+1 in der Stichprobe beobachteten Fehlern:

$$\text{CDF\_Binom}(c|p_0, n) = \sum_{k=c+1}^{n} \binom{n}{k} p_0{}^k (1 - p_0)^{n-k} \leq \alpha \Rightarrow \sum_{k=0}^{c} \binom{n}{k} p_0{}^k (1 - p_0)^{n-k} \geq 1 - \alpha$$

Im Unterschied zur statistischen Qualitätskontrolle in der industriellen Produktion lassen sich bei der Abschlussprüfung die Konsequenzen, die aus einem unterschiedlichen α- und β-Risiko resultieren, praktisch nicht quantifizieren. Was sich jedoch sagen lässt, ist, dass die Konsequenzen aus dem α-Risiko im Vergleich zum β-Risiko vernachlässigbar gering sind: Im Falle einer irrtümlichen Ablehnung der Ordnungsmäßigkeit einer Kontrolle (α-Risiko) müssen gegebenenfalls weitere Prüfungshandlungen vorgenommen werden, denn der Geprüfte wird erwartungsgemäß ein solches Fehlurteil des Prüfers nicht unwidersprochen hinnehmen. Demgegenüber kann die Akzeptanz eines nicht-ordnungsgemäßen Prüffelds

[36] Vgl. Rinne/Mittag (1989), S. 147-170.

(β-Risiko) in letzter Konsequenz zu unvorhersehbaren monetären und nichtmonetären (Ansehens-) Verlusten[37] des Prüfers führen. Daher wird im Prüfungswesen das Schwergewicht auf die sog. Entdeckungsstichprobe gelegt, die lediglich das β-Risiko im Nullfehlerfall (c=0) berücksichtigt. Die Entdeckungsstichprobe ist daher ein Spezialfall eines homograden Annahmetests. Da die zu prüfende Grundgesamtheit regelmäßig $N \geq 1000$ Elemente umfasst, ist der Unterschied zwischen dem Ziehen ohne Zurücklegen (Hypergeometrische Verteilung) und dem Ziehen mit Zurücklegen (Binomialverteilung, wie hier dargestellt) ohne praktische Bedeutung. Im Folgenden werden die zwei entscheidenden Fragestellungen aufgegriffen, die unter einem vorzugebenden β-Risiko zu beantworten sind:

1. die Bestimmung eines Mindeststichprobenumfangs $\mathrm{UG(Stp\_n|\beta, Ggh\_p_1)}$ über $\mathrm{min\{Stp\_n|CDF\_Binom(Stp\_m|Ggh\_p_1, Stp\_n) \leq \beta\}}$ für eine vom Prüfer vorgegebene, nicht mehr tolerierbare[38] Fehlerrate p_1 und
2. die Ermittlung einer Obergrenze der Fehlerrate p in der Grundgesamtheit $\mathrm{OG(Ggh\_p\,|\,\beta, Stp\_m, Stp\_n) = max\{Ggh\_p|CDF\_Binom(Stp\_m|Ggh\_p, Stp\_n) \leq \beta\}}$ in Abhängigkeit davon, dass in einer Zufallsstichprobe vom Umfang n eine Anzahl m von Fehlern entdeckt wurde.

Im Sinne der vorliegenden Untersuchung stellt sich nun weniger das Problem, die beiden Aufgabenstellungen numerisch zu lösen, sondern vor allem das Problem, die beiden Aufgabenstellungen so zu strukturieren, dass sie der Prüfer durch Excel-gestütztes Resampling selbständig auswerten kann. Hierbei sollte man sich zunutze machen, dass der Prüfer geübt ist, Variantenrechnungen (Was-Wäre-Wenn-Analysen) durchzuführen.

5.2 Planung des erforderlichen Stichprobenumfangs

5.2.1 Gleichwahrscheinliche Zufallsauswahl

Unter Praktikern ist viel zu wenig bekannt, wie einfach es ist, in der ihnen vertrauten Excel-Umgebung eine gleichwahrscheinliche Zufallsauswahl vorzunehmen. Dies ist vermutlich mit ein Grund, warum sich viele Praktiker gegen eine Zufallsauswahl von Prüfelementen wehren und tatsächlich die hier kritisierte Variante des „Haphazard Sampling"[39] anwenden.

Ausgangspunkt für ein solches Rechenexperiment ist folgendes Szenario: Aus einer Grundgesamtheit mit einer Fehlerrate p=0.05 wird eine Zufallsstichprobe vom Umfang n=10 mit Zurücklegen gezogen. Wie groß ist die Wahrscheinlichkeit, keinen Fehler in der

[37] Vgl. Peemöller/Hofmann (2005).

[38] Diese nicht mehr tolerierbare Fehlerrate muss aus der Wesentlichkeit des Prüffelds, also aus der sog. Performance Materiality aufgrund betriebswirtschaftlicher Überlegungen hergeleitet werden.

[39] Vgl. Kapitel 1.

Stichprobe zu entdecken? Eine solche Fragestellung lässt sich durch eine einzelne Beobachtung nicht beantworten. Tatsächlich kennt der Prüfer aber nur den Fall einer einzelnen Beobachtung, denn angesichts des Kostendrucks wird er sich in der Praxis kaum dazu durchringen, die Stichprobenziehung ausreichend oft zu wiederholen, bis er ein Wahrscheinlichkeitsmuster erkennen – und darauf aufbauend die gestellte Frage beantworten kann.

Mit Hilfe der Monte-Carlo-Simulation ist die Frage sehr wohl mit einem vernachlässigbar geringen Aufwand zu beantworten: In Abhängigkeit von einem vorgegebenem Ggh_p (Zelle B5) wird (auf deterministische Weise) eine Grundgesamtheit im Umfang von (hier: 1000 Elementen) konstruiert, die exakt 0.05*1000=50 Fehler enthält. Diese Fehler innerhalb der Grundgesamtheit zufällig anzuordnen, ist nicht nötig, da die aus der Grundgesamtheit zu ziehenden Stichproben durch die Excel-Funktion „=ZUFALLSBEREICH(1;1000)" zufällig mit Zurücklegen gezogen werden. Durch diese Funktion wird zufällig eine Zeilennummer innerhalb der Grundgesamtheit ausgewählt (E11:E20), deren Wert FehlerJN durch die Excel-Funktion „=INDEX(B11:B1010; Ggh_ID)" abgefragt wird (F11:F20). Die Anzahl der Fehler in der Stichprobe lässt sich durch „=SUMME(F11:F20)" feststellen (Zelle F21). In @Risk wird dieser Zelle mit dem Kommando „Add Output" ein Name gegeben, wodurch es leichter ist, den Resampling-Prozess interaktiv zu verfolgen: Nach dem „Start Simulation"-Kommando öffnet sich in diesem Fall ein Fenster, in dem die Simulationsergebnisse an einem Histogramm, das nach jeder Iteration aktualisiert wird, verfolgt werden können.

Wie leicht zu erkennen ist, entspricht der Versuchsaufbau dieser Monte-Carlo-Simulation einem Urnenexperiment. Dieses ist nun nicht mehr abstrakt wie im Statistikunterricht, sondern entspricht – von Vereinfachungen abgesehen – der realen Testsituation von Kontrollen.

Der Zusammenhang zur Praxis lässt sich herstellen, indem man die zu analysierenden Werte der Grundgesamtheit (B11:B1010) als das Protokoll einer Kontrolldurchführung ansieht, das der Prüfer aus dem Datenbestand des Mandanten selektiert und nach Excel importiert hat.

Der Stichprobenumfang Stp_n=10 wurde hier bewusst gewählt, um einen von Praktikern vielfach geäußerten Vorurteil entgegenzutreten, ein solch geringer Stichprobenumfang würde ausreichen, um ein verlässliches Urteil über die Zuverlässigkeit der Kontrolle abgegeben zu können. An dem durch Resampling experimentell gewonnenen Ergebnis lässt sich erkennen, dass ein Stichprobenumfang von 10 zu einem inakzeptabel hohen Entdeckungsrisiko β=60% führt. D.h. 60% aller Stichproben entdecken keinen Fehler, obwohl die Grundgesamtheit 5% Fehler enthält. Üblicherweise wird verlangt, das β-Risiko gering, z.B.: $\beta = 5\%$, zu halten.

Abbildung 5.1 Monte-Carlo-Simulation einer Entdeckungsstichprobe mit Stp_n=10

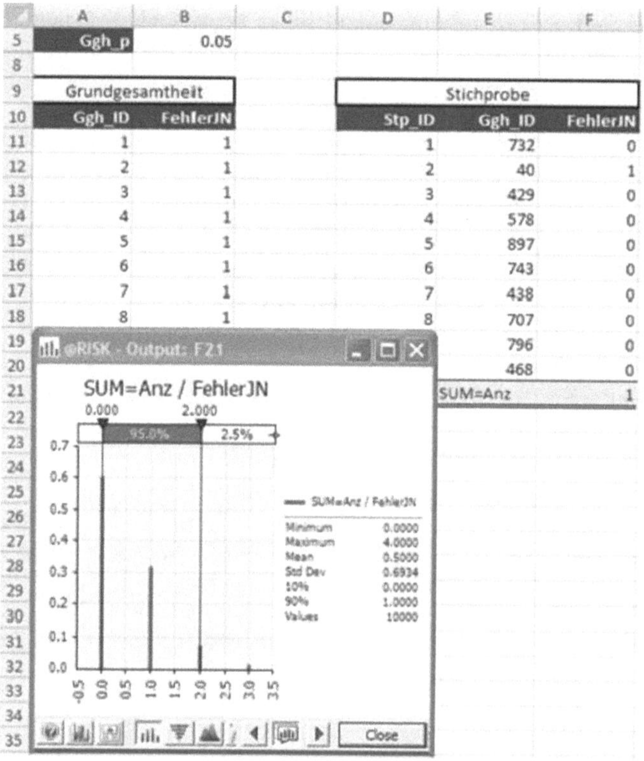

Nach dieser Beobachtung liegt es nahe, das Rechenexperiment zu wiederholen und dabei den Umfang n der Stichprobe systematisch zu variieren. **Abb. 5.2** gibt den abgeänderten Versuchsaufbau wieder. Die Anzahl der in einer Stichprobe vom Umfang n entdeckten Fehler werden nun durch eine kumulative Summe der Spalte „FehlerJN“ ermittelt. In der Spalte „W[m<=Target]“ wird – bezogen auf die R Simulationsiterationen (Resamples) – die kumulierte relative Häufigkeit ermittelt, dass die Resampling-Ergebnisse für die Anzahl der in der Stichprobe vom Umfang n=Stp_ID gefundenen Fehler m kleiner oder gleich sind als eine vorgegebene Zielgröße (für die Entdeckungsstichprobe: Target c=0).

In der Spalte „CDF_Binom“ werden parallel zu den Bootstrapping-Ergebnissen die auf Basis der Binomialverteilung errechneten Irrtumswahrscheinlichkeiten aufgeführt. Dies sollte ausreichen, um dem Prüfer die näherungsweise Äquivalenz zwischen den simulierten und den nach der Binomialverteilung berechneten Ergebnissen vor Augen zu führen.

Da es sich bei der OC-Kurve um eine monoton fallende Funktion handelt, lässt sich der Mindeststichprobenumfang MIN[Stp_n]=29 in der Zelle I4 durch die Formel "=VERGLEICH(0.05;I11:I100;-1)" (H4 analog) ermitteln. Man erkennt, dass Resampling-

und analytisches Ergebnis nahezu übereinstimmen.

Abbildung 5.2 Monte-Carlo-Simulation einer Entdeckungsstichprobe mit schrittweise ansteigendem Stichprobenumfang

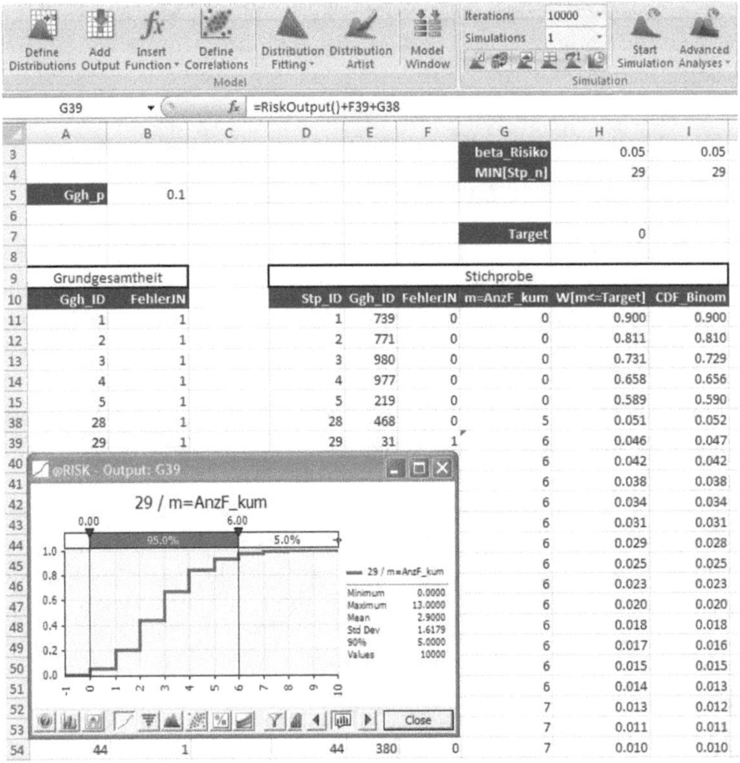

	A	B	C	D	E	F	G	H	I
3							beta_Risiko	0.05	0.05
4							MIN[Stp_n]	29	29
5	Ggh_p	0.1							
6									
7							Target	0	
8									
9	Grundgesamtheit			Stichprobe					
10	Ggh_ID	FehlerJN		Stp_ID	Ggh_ID	FehlerJN	m=AnzF_kum	W[m<=Target]	CDF_Binom
11	1	1		1	739	0	0	0.900	0.900
12	2	1		2	771	0	0	0.811	0.810
13	3	1		3	980	0	0	0.731	0.729
14	4	1		4	977	0	0	0.658	0.656
15	5	1		5	219	0	0	0.589	0.590
38	28	1		28	468	0	5	0.051	0.052
39	29	1		29	31	1	6	0.046	0.047
40							6	0.042	0.042
41							6	0.038	0.038
42							6	0.034	0.034
43							6	0.031	0.031
44							6	0.029	0.028
45							6	0.025	0.025
46							6	0.023	0.023
47							6	0.020	0.020
48							6	0.018	0.018
49							6	0.017	0.016
50							6	0.015	0.015
51							6	0.014	0.013
52							7	0.013	0.012
53							7	0.011	0.011
54	44	1		44	380	0	7	0.010	0.010

In der Praxis wird der Prüfer die Stichprobenelemente nicht mit, sondern ohne Zurücklegen ziehen. Das eben dargestellte Szenario lässt sich leicht zu einem Stichprobenmodell für das Ziehen ohne Zurücklegen modifizieren, indem man unter Heranziehung der Excel-Funktionen RANG() und INDEX() eine Zufallspermutation der Urliste (Grundgesamtheit) vornimmt. In dem hier nicht dargestellten Rechenexperiment lässt sich zweierlei beobachten: (1) Ohne dass der Prüfer die Formeln für die Auswertung der Resampling-Ergebnisse abändern muss, ergeben sich für das Risiko, c=0 Fehler zu übersehen, zutreffende numerische Ergebnisse. Der Zusammenhang zwischen Stichprobenauswahl- und Hochrechnungsverfahren muss nicht – wie im Statistikunterricht – explizit modelliert werden. Er ergibt sich aufgrund des gewählten Stichprobenauswahlverfahrens. Dadurch wird in der Praxis eine wesentliche Fehlerquelle ausgeschaltet: dass der Prüfer – aus methodischer Unkenntnis – zueinander unverträgliche Stichproben- und Analyseverfahren miteinander kombiniert. (2) dass das nach der Binomialverteilung ermittelte Entdeckungsrisiko eine vorsichtige Obergrenze für das Ziehen ohne Zurücklegen darstellt und bei praxisrelevanten Grundgesamtheiten ($N \geq 1000$) in guter Näherung zur Auswertung herangezogen werden kann. Daher kann im Normalfall auf das schwerfällige Auswerten der Hypergeometrischen Verteilung verzichtet werden.

Der entscheidende Vorteil der Monte-Carlo-Simulation gegenüber der analytischen Ermittlung besteht darin, dass der Prüfer während des Resampling-Prozesses verfolgen kann, wie das Ergebnis zustande kommt. Damit verliert die Verteilungsfunktion den Charakter einer Blackbox. Es ist zu hoffen, dass diese Erfahrung das Vertrauen der Wirtschaftsprüfer in die Stichprobenmethodik insgesamt verstärkt.

5.2.2 Größenproportionale Zufallsauswahl

In vielen praktischen Fällen lässt sich davon ausgehen, dass die Eintrittswahrscheinlichkeit eines Fehlerereignisses (z.B. fehlende Autorisierung einer Bestellung) bei einer Kontrolle mit anderen Merkmalen der Geschäftsvorfallsklasse (z.B. der Höhe des Buchwerts der Bestellung) korreliert ist. Während der Prüfer traditionellerweise Geschäftsvorfälle oder Kontensalden mit großen Buchwerten bevorzugt auswählt, weil in der Praxis die Fehlerhöhe oftmals mit der Höhe des Buchwerts einhergeht, wird in der Prüfungstechnik nur selten der Fall betrachtet, dass auch die Fehlerwahrscheinlichkeit von der Höhe des Buchwerts abhängig sein könnte. Dies ist vermutlich darauf zurückzuführen, dass sich diese Wahrscheinlichkeit nur indirekt erschließen[40] lässt. Unmittelbar beobachten lässt sich indes nur, ob das Ereignis „Fehler" eingetreten ist oder nicht. Grundsätzlich können mit der Höhe des Buchwerts (aber auch des Prüferwerts) sowohl die Fehlerhöhe als auch die Fehlerwahrscheinlichkeit korreliert sein. Wie im Folgenden gezeigt werden soll, lässt sich der Stichprobenumfang einer Entdeckungsstichprobe durch das wertproportionale Ziehen erheblich reduzieren, wenn die Fehlereintrittswahrscheinlichkeit vom Buchwert proportional abhängig ist.

Das größenproportionale (probability-proportional-to-size, pps) Ziehen lässt sich mit Excelfunktionen auf mehrere Arten modellieren. Aufgrund ihrer leichten Bedienbarkeit werde hier allerdings auf die @Risk-Funktion „=RiskDiscrete({x},{p})" zur Generierung multinomialverteilter Zufallszahlen zurückgegriffen: Der Parameter {x} muss mit dem Vektor der Zeilennummern der Urliste (A11:A1010) besetzt und mit dem Vektor der Buchwerte {p}=(C11:C1010) gewichtet werden. Innerhalb von RiskDiscrete() wird eine Normierung der Wahrscheinlichkeiten vorgenommen, sodass die Buchwerte, ohne sie zu normieren, direkt adressiert werden können. Die folgende Abbildung zeigt durch den Vergleich der Spalten „W[m<=Target]" und „CDF_Binom" bzw. das daraus abgeleitete Diagramm den Effizienzgewinn durch das pps-Ziehen im Vergleich zum gleichwahrscheinlichen Ziehen (beide Varianten mit Zurücklegen). In der gewählten Datenkonstellation zeigt sich beispielsweise, dass sich der Mindeststichprobenumfang bei einem β-Risiko=0.05 von 29 auf 7 Elemente reduziert.

---

[40] Beispielsweise durch eine logistische Regressionsanalyse.

Der hier vorgestellte Ansatz der pps-Entdeckungsstichprobe lässt sich nach dem Konzept des Importance Sampling[41] verallgemeinern und auch auf multikriterielle Fragestellungen erweitern. Mit Hilfe des Importance Sampling lässt sich die Zufallsauswahl auf jene Bereiche der Grundgesamtheit lenken, in denen der Prüfer eine besonders hohe Fehlerrate oder besonders hohe Abweichungen erwartet. Dazu ist es erforderlich, dass der Prüfer in der Lage ist, statt der Buchwerte andere Werte anzugeben, von denen die Fehlereintrittswahrscheinlichkeit proportional abhängig ist. Obwohl die multikriteriellen Stichprobenmodelle prinzipiell in der Lage sein müssten, den Stichprobenumfang noch weiter zu reduzieren, dürfte es in der Praxis schwer sein, die einflussreichsten Merkmale zu identifizieren, von denen die Fehlereintrittswahrscheinlichkeit abhängt.

Abbildung 5.3 Monte-Carlo-Simulation einer buchwertproportional gezogenen Entdeckungsstichprobe im Vergleich zur gleichwahrscheinlichen Ziehung

	A	B	C	D	E	F	G	H	I	J
3								beta_Risiko	0.05	0.05
4								MIN[Stp_n]	7	29
5	Ggh_p	0.1								
6										
7								Target	0	
8										
9	Grundgesamtheit				Stichprobe					
10	Ggh_ID	FehlerJN	Buchwert		Stp_ID	Ggh_ID	FehlerJN	m=AnzF_kum	W[m<=Target]	CDF_Binom
11	1	1	82254		1	193	0	0	0.631	0.900
12	2	1	76840		2	496	0	0	0.399	0.810
13	3	1	76528		3	38	1	1	0.249	0.729
14	4	1	73578		4	213	0	1	0.159	0.656
15	5	1	71699		5	207	0	1	0.101	0.590
16	6	1	71125		6	49	1	2	0.061	0.531
17	7	1	70736		7	94	1	3	0.040	0.478
18	8	1	68135		8	76				
19	9	1	67317		9	88				
20	10	1	63293		10	69				
21	11	1	61516		11	50				
22	12	1	59745		12	21				
23	13	1	57396		13	270				
24	14	1	56956		14	34				
25	15	1	56865		15	481				
26	16	1	56739		16	344				
27	17	1	55041		17	43				
28	18	1	53607		18	383				
29	19	1	53383		19	601				
30	20	1	52691		20	110				
31	21	1	51693		21	4				
32	22	1	51506		22	709				
33	23	1	51063		23	93				
34	24	1	50794		24	302				
35	25	1	50641		25	42				
36	26	1	50399		26	862				
37	27	1	50195		27	70				
38	28	1	49993		28	246	0	14	0.000	0.052
39	29	1	49298		29	333	0	14	0.000	0.047

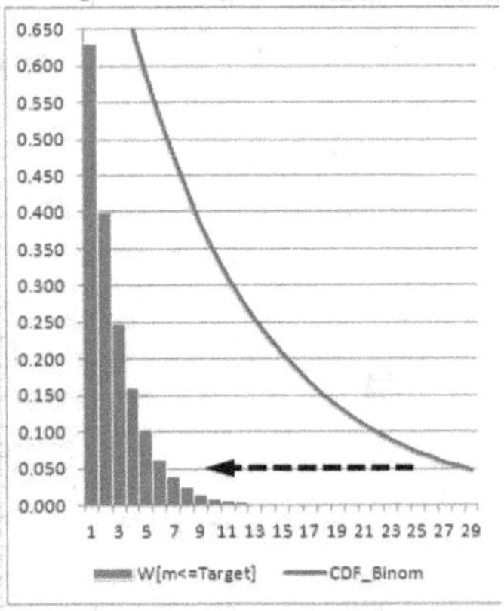

41 Vgl. Glynn/Iglehart (1989), S. 1367-1392.

5.2.3 Weitere Urnenmodelle

Bisher wurde die Entdeckungsstichprobe in der Wirtschaftsprüfung lediglich auf Fälle angewendet, bei der die Aufdeckung einer einzelnen Fehlerart im Vordergrund stand. Unterschiedliche Fehlerarten wurden gegebenenfalls zu einer Fehlerart vereinigt. Speziell im Zusammenhang mit dem Datamining von Buchhaltungsdaten stellt sich indes die Frage nach der simultanen Entdeckung verschiedener Fehlerarten. Damit geht die Binomialverteilung in die Multinomialverteilung über. Die mit der Fragestellung im Zusammenhang stehenden mathematischen Problemstellungen werden allgemein als Belegungsprobleme bezeichnet, von denen das Coupon Collector's Problem ein Spezialfall ist: Kinder, die Fotos ihres Fußballteams sammeln wollen, stehen mitunter vor folgender Frage: Wie viele Packungen einer Ware, der ein Foto eines Fußballspielers beigepackt ist, müssen sie kaufen, um mit hoher Wahrscheinlichkeit über mindestens einen vollständigen Fotosatz der Mannschaft zu verfügen.

Die algebraische Lösung des Coupon Collector's Problems verlangt subtile Kenntnisse der Kombinatorik, die einem Praktiker nicht abzufordern sind. Deshalb soll im Folgenden beispielhaft die simulative Bestimmung des Mindeststichprobenumfangs an den führenden neun Ziffern demonstriert werden, die dem Benford's Law[42] zugrunde liegen. Eine entsprechende Kalkulationstabelle hat dann beispielsweise folgende Struktur (**Abb. 5.4**):

In einem Benford-verteilten Datensatz treten die führenden Ziffern $d_i \in \{1, \dots 9\}$ idealerweise mit den Wahrscheinlichkeiten $p_i = \log_{10}(1 + 1/d_i)$ auf. Diese in (C1:K1) aufgeführten Wahrscheinlichkeiten gehen ein in eine multinomial verteilte Zufallszahl d_i, die mit Hilfe von „=RiskDiscrete(C2:K2;C1:K1)" in der Spalte „Ereignis" generiert wird. In den rechts davon stehenden neun Spalten wird durch eine kumulative Summe gezählt, wie häufig eine bestimmte Ziffer bis zu einer bestimmten Anzahl von Ziehungen (vgl. Spalte „Ggh-ID") aufgetreten ist. In der Spalte „Min()=1" wird das Minimum dieser Häufigkeit über alle neun Spalten „Ziffer_1" … „Ziffer_9" berechnet. In Zelle (L9) schließlich wird festgestellt, ab wann das Minimum des Auftretens aller neun Ziffern erstmalig =1 ist. Dies ist für eine konkrete Iteration innerhalb der Monte-Carlo-Simulation das gesuchte Ergebnis: der Mindeststichprobenumfang. Da es sich bei diesem Mindeststichprobenumfang um eine Zufallsvariable handelt, geht es darum, deren Verteilungsfunktion zu analysieren. Diese ist im eingeblendeten Fenster in Form eines Histogramms abgebildet. Die Auswertung der entsprechenden statistischen Größen aus den R=10000 Resamples sind in den Zellen (L4:L8) zu finden[43].

Neben der inhaltlichen Lösung des gestellten Problems zeigt sich an diesem Beispiel, wie einfach der Prüfer mit Hilfe der Monte-Carlo-Simulation völlig neuartige Fragestellungen zutreffend lösen kann. Durch die Offenlegung des Lösungswegs in Form einer Kalkulati-

---

[42] Vgl. Mochty (2002), S. 725-736.

[43] Das Beispiel zeigt, dass empirische Untersuchungen auf Basis des Benford's Law der so ermittelten Stichprobenuntergrenze UG(Stp_n | 1-β=0.95)=81 gefährlich nahekommen, weil sie sich dieser entscheidenden Minimalanforderung nicht bewusst sind. Vgl. dazu: Rauch/Göttsche/Brähler (2011), S. 243-255.

onstabelle hat der Prüfer stets die (Plausibilitäts-) Kontrolle über die Zwischenergebnisse und ist nicht darauf angewiesen, dass er die analytische Lösung in einem einschlägigen Mathematikbuch findet. Dieses Vorgehen lässt sich selbst bei Fragestellungen erfolgreich einsetzen, zu denen bisher keine konstruktiven analytischen Lösungen vorliegen.

Abbildung 5.4 Simulation des Coupon Collector's Problems

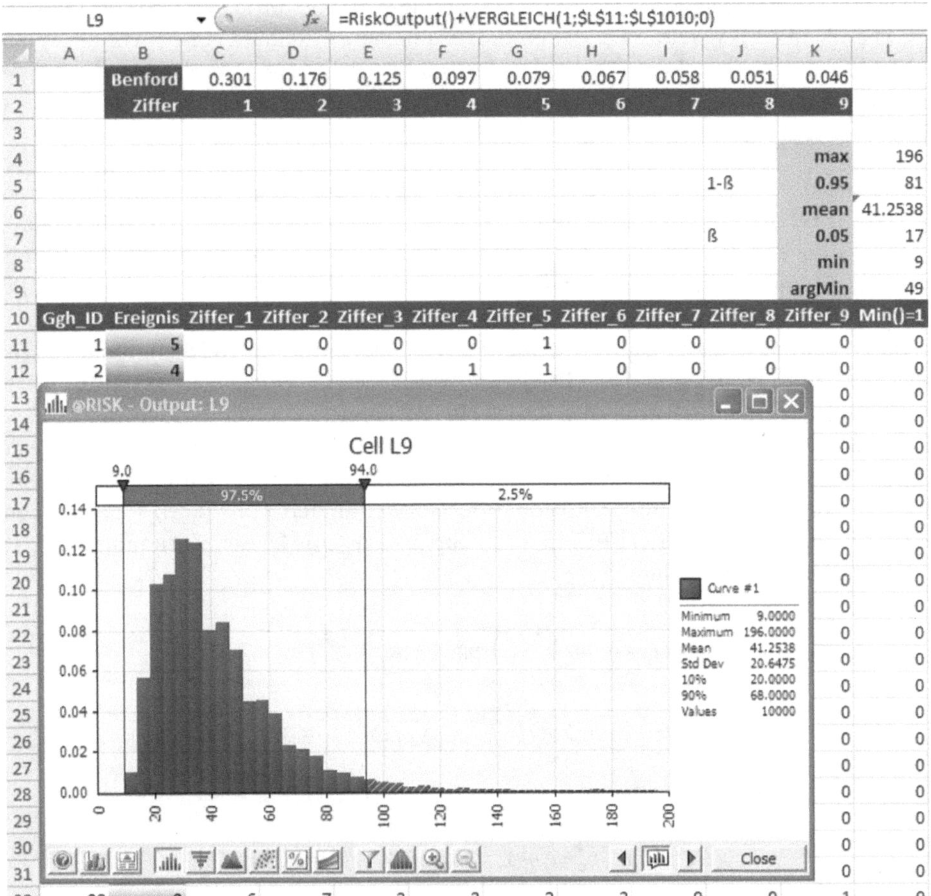

5.3 Hochrechnung auf die Grundgesamtheit

Um die in einer Zufallsstichprobe entdeckte Fehleranzahl bzw. die daraus abgeleitete Fehlerrate auf die Grundgesamtheit hochzurechnen, kommen drei verschiedene Verfahrensklassen in Betracht: die Schätzung durch Bootstrapping, die Schätzung mittels Approximation der Binomial- durch die Normalverteilung und die direkte Auswertung der Binomialverteilung. Im konkreten Fall geht es darum, die Obergrenze jener Fehlerrate der Grundgesamtheit zu bestimmen, die aufgrund des erhaltenen Stichprobenergebnisses mit einer Wahrscheinlichkeit β gerade noch zu einer irrtümlichen Annahme einer nicht akzeptablen Grundgesamtheit führen kann. Die Ausgangsbasis der folgenden Überlegungen bildet eine mit Zurücklegen gezogene Stichprobe vom Umfang Stp_n, in der eine Anzahl Stp_m von Fehlern entdeckt worden ist.

Abb. 5.5 soll den eingangs skizzierten Ablauf des Bootstrapping präzisieren und der konventionellen Schätzung gegenüberstellen. Während der konventionelle Ansatz davon abhängt, dass für die gestellte Aufgabe eine parametrische oder asymptotische Stichprobenverteilung verfügbar – vor allem aber dem Prüfer vertraut ist, hat der Prüfer beim Bootstrapping erheblich mehr Freiraum. Voraussetzung ist allerdings auch beim Bootstrapping, dass die in der Prüfungs-Stichprobe enthaltenen Informationen ausreichen, um eine zuverlässige Schätzung zu gewährleisten.Die gestellte Aufgabe lässt sich aber auch durch direkte Auswertung der Binomialverteilung lösen. Hierzu kann auf folgende Identität zurückgegriffen werden, die zwischen den Quantilen der Binomial- und der Betaverteilung besteht: $[CDF\_Binomial(n,p) \geq x] = [CDF\_Beta(x, n-x+1) \leq p]$ [44]. Durch Umformen dieser Beziehung ergibt sich dann (mit den Funktionsbezeichnungen von Excel) auf funktionale Weise OG(Ggh_p | β)=BetaInv(1-β; Stp_m+1; Stp_n - Stp_m). Dieser Zusammenhang lässt sich folgendermaßen herleiten:

$$P\{X \leq c\} = \beta = \sum_{k=0}^{c} \binom{n}{k} p_0^k (1-p_0)^{n-k} \; für\; n,k \in \mathbb{N}$$

$$= BinomVert(c; p_0; n; 1) \; für\; n,k \in \mathbb{N}$$

$$= 1 - BetaVert(p_o\, ; c+1; n-c) \; für\; n,c \in \mathbb{R}$$

$$\Rightarrow BetaVert(p_o\, ; c+1; n-c) = 1-\beta \; für\; n,c \in \mathbb{R}$$

$$\Rightarrow p_o \;= BetaInv(1-\beta; c+1; n-c) für\; n,c \in \mathbb{R}$$

[44] Evans/Hastings/Peacock (1993), S. 40.

Abbildung 5.5 Bootstrapping im Vergleich zur konventionellen Schätzstatistik

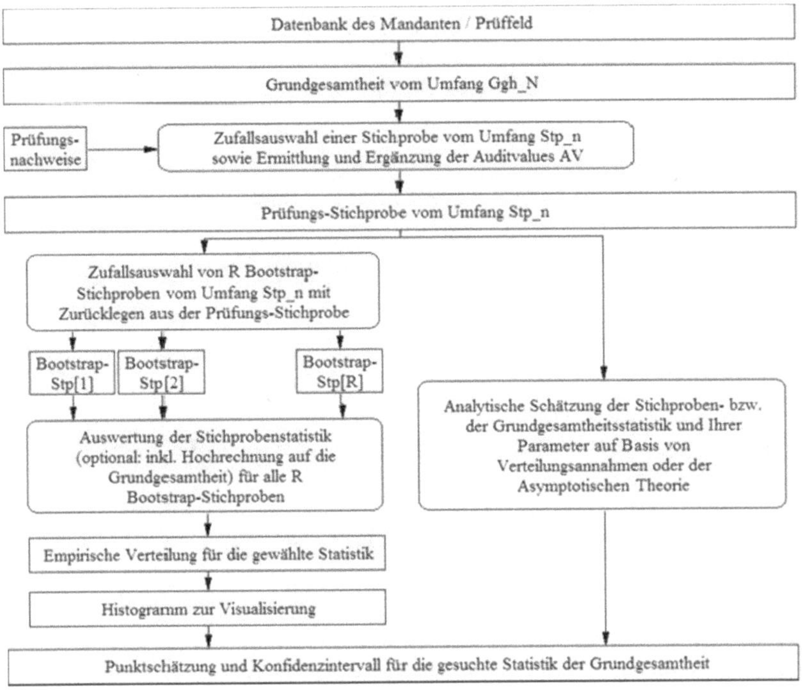

Das folgende Beispiel in Abb. 5.6 wurde so gewählt, dass es nicht nur die Leistungsfähigkeit von Bootstrapping aufzeigt, sondern auch dessen Schwächen. Aufgrund der niedrigen Fehlerrate Ggh_p=0.1 (Zelle B5) und des niedrigen Stichprobenumfangs Stp_n=30 (Zelle H40) ist das Bootstrapergebnis für OG(Ggh_p | β)=0.2333 (Zelle J6) deutlich schlechter als jenes, das durch die Auswertung der Binomialverteilung über die inverse Betaverteilung (0.2796 in Zelle F3) erzielt wird. Die Approximation der Binomial- durch die Normalverteilung liefert hier ähnlich schlechte Ergebnisse wie das Bootstrapping. Bei höheren Fehlerraten Ggh_p bzw. größeren Stichprobenumfängen Stp_n nähern sich die Ergebnisse von Bootstrapping und Normalverteilung zunehmend der exakten Lösung über die inverse Betaverteilung. Dieses Beispiel verdeutlicht, dass die parametrischen Schätzverfahren in der Abschlussprüfung nur dann einsetzbar sind, wenn ein vergleichsweise hohes Fehleraufkommen zu erwarten ist. Bei sehr niedrigen Fehlerraten Ggh_p sind die parameterfreien Verfahren vorzuziehen.

Analog zur Bestimmung des Stichprobenumfangs ist auch bei der Hochrechnung eine Verallgemeinerung von der Binomial- auf die Multinomialverteilung möglich – wiewohl in der Prüfungstechnik bislang nicht gebräuchlich. Hier geht es um die Abschätzung der Anzahl verschiedener Arten (Species), wie beispielsweise der Anzahl verschiedener Arten von Geschäftsvorfalls-, Buchungs- oder Fehlerklassen. Diese Art der Untersuchung bietet sich an, wenn die Fragestellung nicht durch eine computergestützte Vollerhebung zu beantworten ist, weil entweder ein Teil der Vergleichsobjekte nicht IT-gerecht greifbar ist oder der Datenumfang so groß ist, dass von einer Vollerhebung Abstand genommen werden muss. Die Umkehrung des Coupon Collector's Problems ist das klassische Belegungsproblem, das auf De Moivre zurückgeht[45]: Wie viele verschieden gefärbte Kugeln wurden nach n Ziehungen gezogen? Auch diese Fragestellung hätte im Prüfungswesen ein breites Spektrum an Anwendungsmöglichkeiten.

Abbildung 5.6 Berechnung der Obergrenze des Konfidenzintervalls

	A	B	C	D	E	F	G	H	I	J
3				OG(Ggh_p|beta)		0.2796				
4	beta	0.05		Hochrechnung durch						
5	Ggh_p	0.1		Auswertung der Binomialverteilung				Bootstrapping		
6	Ggh_N	1000		OG(Ggh_p|beta)		0.2354		OG(Ggh_p|beta)		0.2333
7				E(Ggh_p)		0.1333		E(Ggh_p)		0.1335
8				UG(Ggh_p|beta)		0.0312		UG(Ggh_p|beta)		0.0333
9	Grundgesamtheit			Prüferstichprobe				Aktuelle Bootstrap-Stichprobe		
10	Ggh_ID	FehlerJN		Stp_ID	Ggh_ID	FehlerJN		Res_ID	Stp_ID	FehlerJN
11	1	1		1	18	1		1	15	0
12	2	1		2	585	0		2	16	0
13	3	1		3	938	0		3	17	0
14	**Generieren der Stichprobe**							4	21	0
15	B11 <-- N(A11<=$B$5*$B$6); später durch Werte überschrieben							5	12	0
16	E11 <-- RiskIntUniform(1;1000); später durch Werte überschrieben							6	29	0
17	F11 <-- INDEX($B$11:$B$1010;E11); später durch Werte überschrieben							7	21	0
18	F3 <-- BETAINV(1-$B$4;F41+1;D40-F41)							8	17	0
19	J6 <-- RiskPercentileD($J$41;B4)							9	22	0
20	**Bootstrapping**							10	26	0
21	I11<-- RiskIntUniform(1;30)							11	11	0
22	J11 <-- INDEX($F$11:$F$40;I11)							12	18	0
23	**Approximation der Beta- durch die Normalverteilung**							13	27	0
24	F7 <--	E(p)		0.1333 <-- MITTELWERT(F11:F40)				14	15	0
25		Var(p)		0.0039 <-- F53*(1-F53)/30				15	3	0
26		Stabw(p)		0.0621 <-- WURZEL(F54)				16	14	0
27		z(beta)		-1.6449 <-- STANDNORMINV(B4)				17	8	0
28	F6 <--	OG(beta)		0.2354 <-- F53-F56*F55				18	20	0
29	F8 <--	UG(beta)		0.0312 <-- F53+F56*F55				19	30	1
30	20	1		20	947	0		20	20	0
31	21	1		21	269	0		21	10	0
32	22	1		22	790	0		22	10	0
33	23	1		23	148	0		23	29	0
34	24	1		24	52	1		24	21	0
35	25	1		25	582	0		25	9	1
36	26	1		26	666	0		26	24	1
37	27	1		27	591	0		27	20	0
38	28	1		28	828	0		28	21	0
39	29	1		29	708	0		29	20	0
40	30	1		30	34	1		30	23	0
41	31	1			Stp_m	4			Res_p	0.1

45 Vgl. Holst (1986), S. 15-27.

6 Annahmetests von Kontensalden

6.1 Entscheidungsproblem

Während in Kapitel 5 die Anteilsschätzung von merkmalsbezogenen Fehlern von internen Kontrollen im Fokus stand, geht es hier um die Feststellung, ob ein Kontensaldo (z.B. der Bestand an offenen Forderungen) wesentlich über- oder unterbewertet ist. Diese als „Annahmetest" bezeichnete Entscheidung soll auf Basis eines stichprobengestützten Schätzverfahrens[46] getroffen werden. In Abhängigkeit vom Stichprobenumfang n streuen die Hochrechnungsergebnisse aller möglichen Stichproben um den jeweiligen Erwartungswert (Ober- und Untergrenze des Konfidenzintervalls [UG(Ggh_AV-BV$|\alpha$, β); OG(Ggh_AV-BV$|\alpha$, β)]). Die Entscheidungsregel des Prüfers lässt sich vereinfacht anhand des folgenden Sachverhalts charakterisieren: An den Stellen -TM und +TM (TM steht für Tolerable Misstatement) ist das Prüffeld als wesentlich[47] fehlbewertet abzulehnen. Liegen sowohl Unter- als auch Obergrenze des Konfidenzintervalls innerhalb des Intervalls [-TM; +TM], kann die Ordnungsmäßigkeit des Prüffelds nicht abgelehnt werden. Allerdings gilt auch hier, dass die Bedeutung des α-Risikos zugunsten des β-Risikos in den Hintergrund tritt. Das entscheidungsrelevante β-Risiko errechnet sich aus dem Prüfungsrisikomodell[48]. Denn der Prüfer muss sich dagegen absichern, wesentlich fehlbewertete Prüffelder als ordnungsgemäß zu akzeptieren. Deshalb richtet er seine Ablehnungsgrenze meist nur am β-Risiko aus: Liegt mindestens eine Grenze des Konfidenzintervalls ausserhalb von [-TM; +TM], so ist die Ordnungsmäßigkeit des Prüffelds abzulehnen[49].

Die induktive Statistik[50] verfügt über ein umfangreiches Methodenspektrum, um das hier skizzierte Entscheidungsproblem zu lösen. Leider sind die klassischen parametrischen Verfahren, wie Differenzen-, Verhältnis- und Regressionsschätzung, für die Prüfungspraxis nur bedingt geeignet. Dies liegt daran, dass eine ordnungsgemäße Buchhaltung nur wenige Abweichungen aufweist. Deshalb ist es bei Stichprobenumfängen, die der Kostendruck des Wirtschaftsprüfers in einer bestimmten Entscheidungssituation erlaubt, schwer, überhaupt Abweichungen zwischen Buchwert BV und Prüferwert AV in die Stichprobe zu bekommen[51]. Dass eine Stichprobe tatsächlich die üblicherweise geforderten 20 bis 30 Abweichungen enthält, damit der Schätzer annähernd normalverteilt ist, ist in der Prüfungspraxis

46 Zur Vermeidung von Fehlinterpretationen durch den Prüfer wird hier den Schätzverfahren, also der Bestimmung von Konfidenzintervallen, der Vorrang gegenüber den Hypothesentests eingeräumt, obwohl auch diese zur Entscheidungsfindung herangezogen werden könnten.

47 Zur Herleitung der im Tolerable Misstatement (TM) ausgedrückten Wesentlichkeitsgrenze vgl. Kapitel 1.

48 Vgl. Kapitel 2.

49 Vgl. Arens/Elder/Beasley (2006), S. 523f. und 548f. sowie Hitzig (2004).

50 Vgl. Assenmacher (2009).

51 Vgl. das in Abb. 5.6 gewählte Beispiel, allerdings mit dem Unterschied, dass das Merkmal „Fehler" (Spalte „FehlerJN") in der Grundgesamtheit und in den Stichproben jeweils durch die Betragsdifferenz (AV-BV) ersetzt ist.

selten der Fall. Daher wird zur wertmäßigen Beurteilung eines Prüffelds meist ein parameterfreies Schätzverfahren, das sogenannte „Dollar- oder Monetary Unit Sampling" (MUS), eingesetzt, das Grundgesamtheiten mit niedrigen Fehlerraten vergleichsweise besser handhaben kann.

Liegt eine Fehlbewertung vor, so ist zwischen Über- und Unterbewertung zu unterscheiden. Übersteigt der Buchwert eines Geschäftsvorfalls oder Kontensaldos den Prüferwert (BV>AV), so liegt eine Überbewertung vor. Aufgrund der größenproportionalen Ziehung gelangen Überbewertungen wahrscheinlicher in die Zufallsstichprobe als Unterbewertungen. Deshalb eignet sich das MUS primär zur Aufdeckung von Überbewertungen in Posten auf der Aktivseite der Bilanz (zur Überprüfung der Einhaltung des Niederstwertprinzips). Mit dem bereits erwähnten Importance Sampling ließe sich allerdings auch das MUS flexibel ausgestalten und bedarfsgerecht modifizieren.

6.2 Monetary Unit Sampling

Das parameterfreie MUS geht von der Hypothese aus, dass die Höhe der im Prüffeld vorhandenen Abweichungen $D_i = AV_i - BV_i$ annähernd proportional zur Höhe der jeweiligen Buchwerte BV_i sind und dass der Anteil der Überbewertungen gegenüber den Unterbewertungen deutlich dominiert. Anders formuliert: Eine zwischen der Höhe der Abweichungen und der Höhe der entsprechenden Buchwerte durchgeführte lineare Regression $(AV_i - BV_i) = a + b \cdot BV_i$ würde idealerweise Parameter a=0 und b>0 erbringen. Eine Linearität i.e.S. mit $a \gg 0$ oder $a \ll 0$ wäre nicht zulässig.

Der Stichprobenumfang des MUS wird regelmäßig über das Prinzip der Entdeckungsstichprobe geplant: Das Risiko, dass keines der im Prüffeld tatsächlich vorhandenen fehlerhaften Geldstücke durch die Stichprobe entdeckt wird, soll höchstens β betragen. Daraus errechnet sich aus der Poissonverteilung ein geplanter Mindeststichprobenumfang[52] von

$$Stp\_n = \frac{-\mathrm{Ln}(\beta)}{\mathrm{Ggh\_p}} = \frac{-\mathrm{Ln}(\beta)}{\mathrm{Ggh\_M/Ggh\_N}},$$

wobei Ggh_p die vom Prüfer in der Grundgesamtheit tolerierbare Fehlerrate, Ggh_M die Anzahl der Fehler und Ggh_N die Anzahl der Elemente in der Grundgesamtheit – gemessen in Geldeinheiten (Monetary Units) – symbolisiert. Konventionell interpretiert, bezeichnet Ggh_M den aufgrund der Performance Materiality tolerierbaren Fehlerbetrag Ggh_TM und Ggh_N den Gesamtbuchwert Ggh_BV der Grundgesamtheit. Unter der stark vereinfachenden Annahme[53], dass alle fehlerhaften Geldstücke der Grundgesamtheit Ggh_TM zu 100% fehlbewertet wären, gilt daher:

---

[52] Der Stichprobenumfang Stp_n ließe sich etwas genauer über die Binomialverteilung planen. Vgl. dazu Abb. 5.2.

[53] Vgl. Kaplan (1975), S. 126-133.

$$Stp\_n = \frac{-\mathrm{Ln}(\beta)}{\mathrm{Ggh\_p}} = \frac{-\mathrm{Ln}(\beta)}{\mathrm{Ggh\_M/Ggh\_N}} = \frac{-\mathrm{Ln}(\beta)}{\mathrm{Ggh\_TM/\,Ggh\_BV}} = \frac{-\mathrm{Ln}(\beta)\cdot \mathrm{Ggh\_BV}}{\mathrm{Ggh\_TM}}.$$

Für die Hochrechnung der Stichprobenergebnisse auf die Grundgesamtheit kann auf die in Kapitel 5 dargestellte Fehleranteilsschätzung zurückgegriffen werden: Aus der Anzahl der in einer Stichprobe vom Umfang n gefundenen Fehler m ist bei einem vorzugebenden β-Risiko, die Obergrenze des Konfidenzintervalls für die Fehlerrate p der Grundgesamtheit OG(p|β,m,n) zu errechnen. Für den „nicht gefundenen Fehler" k=0 gilt das bekannte Szenario der Entdeckungsstichprobe: Gesucht ist die Obergrenze der Fehlerrate p in der Grundgesamtheit OG(p|β,0,n), unter der Bedingung, dass in der Stichprobe mit einer Wahrscheinlichkeit 1-β mindestens 1 Fehler entdeckt werden soll. Dieser Fall tritt ein, wenn eine Stichprobe mit einer Wahrscheinlichkeit von höchstens β alle in der Grundgesamtheit vorhandenen Fehler übersieht, also das Ergebnis k=0 liefert.

Abbildung 6.1 Fehlerfläche zur Charakterisierung der Hochrechnungsmethodik des Monetary Unit Sampling

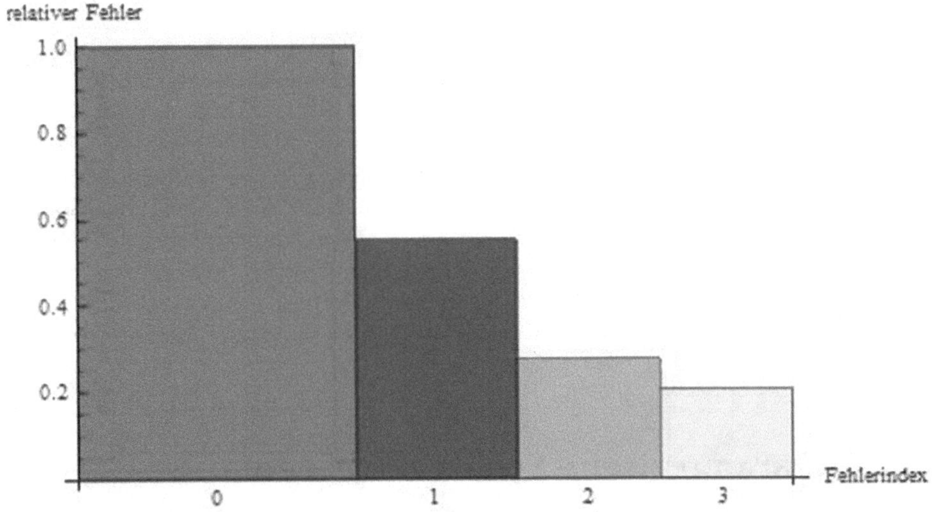

Für alle weiteren gefundenen Fehler $k \leq Stp\_m$ gilt das von 0 auf k verallgemeinerte Konstruktionsprinzip der Entdeckungsstichprobe: Mit einer Wahrscheinlichkeit von β sollen x>k Fehler in einer Stichprobe vom Umfang n nicht übersehen werden: Wie groß ist die daraus resultierende obere Fehlerrate der Grundgesamtheit OG(p|β,k,n)? Das anzusetzende β-Risiko wird über das Risikomodell ermittelt.

Insgesamt ist beim MUS die in Abb. 6.2 dargestellte „Fehlerfläche" zu bestimmen. Diese repräsentiert den durchschnittlichen relativen[54] Fehleranteil eines Geldstücks, das in die Stichprobe vom Umfang n gezogen wurde. Multipliziert man die Fehlerfläche mit dem Gesamtbuchwert Ggh_BV, erhält man also eine zum vorgegebenen β-Risko geschätzte obere Fehlergrenze für die Überbewertung der Grundgesamtheit.

Um in einem nächsten Schritt die Breite der in Abb. 6.2 darstellen Säulen zu bestimmen, sind die aufeinanderfolgenden Differenzen OG(p|β,k,n)-OG(p|β,k-1,n) mit $0 \leq k \leq Stp\_m$ zu errechnen. Dabei lässt sich erkennen, dass die Säulenbreite mit zunehmendem k abnimmt. Aus dieser Beobachtung erklärt sich der weitere Verfahrensschritt: Um eine vorsichtig geschätzte Obergrenze für die Überbewertung der Grundgesamtheit zu bestimmen, ist es notwendig, die in der Stichprobe aufgefundenen relativen Fehler abfallend zu sortieren. Die Fehlerfläche wird maximal, wenn man die größten relativen Fehler den breitesten Säulen zuordnet. Die Indizes j der Stichprobenelemente werden entsprechend ihrem Rang k abfallend sortiert, was durch die Indizierung j_k zum Ausdruck kommt. Dem Vorsichtsprinzip gemäß ist dann dem unbekannten Fehler k=0 ein relativer Fehlerwert von 100% zuzuordnen.

Formal lässt sich die Schätzmethodik des MUS in folgender Form darstellen:

$$\mathrm{OG(Ggh\_Überbewertung)} = Ggh\_BV \cdot \sum_{k=0}^{m} [\mathrm{OG}(p|\beta, k, n) - \mathrm{OG}(p|\beta, k-1, n)] \left[\frac{\mathrm{BV}(j_k) - \mathrm{AV}(j_k)}{\mathrm{BV}(j_k)}\right]$$

Damit zeigt sich, dass die Fehlerwertschätzung durch das MUS vollständig auf das Prinzip der Fehleranteilsschätzung[55] rückführbar ist. Dies hat auch zur Begriffsprägung „Combined Value Attribute (CAV) Sampling" beigetragen. OG(p|β,k,n) kann auf Basis der Hypergeometrischen, der Binomial- oder der Poissonverteilung numerisch bestimmt werden. Hinsichtlich der Verfeinerungen des MUS, insbesondere in Bezug auf das gleichzeitige Auftreten von Über- und Unterbewertungen, muss auf die einschlägige Literatur[56] verwiesen werden.

6.3 Parametrische Schätzverfahren

Mit zunehmender Fehlerrate im Prüffeld steigt auch die Bedeutung der parametrischen Schätzverfahren. Differenzen-, Verhältnis- und Regressionsschätzung in geschichteter und ungeschichteter Form lassen sich – analog zur bisherigen Darstellung – praktikerfreundlich mit Hilfe von Resampling-Verfahren modellieren. Kaum bekannt ist im Prüfungswesen, dass die parametrischen pps-Schätzer, wie

[54] Durch die Berücksichtigung des relativen Fehlers („Tainting") wird die extreme Annahme, dass jeder Fehler zu 100% fehlerhaft sei, gelockert und damit die Übervorsichtigkeit der Schätzung gemildert.

[55] Vgl. Kapitel 5.

[56] Vgl. Leslie/Teitlebaum/Anderson (1979); Hömberg (1981).

$$\hat{X} = \frac{1}{n} \cdot \sum_{i=1}^{n} x_i/p_i \; mit \; p_i = \frac{x_i}{X} \; und \; X = \sum_{i=1}^{N} x_i$$

für das Ziehen mit Zurücklegen und der Hurvitz-Thompson-Schätzer (für das Ziehen ohne Zurücklegen) eine unverzerrte erwartungstreue Schätzung der Gesamtsumme einer Grundgesamtheit effizienter ermöglichen als die einfachen Schätzer, die auf der gleichwahrscheinlichen Zufallsauswahl aufbauen[57]. Die für die praktische Anwendung entscheidende Hilfe des Bootstrapping liegt dabei in der Abschätzung der Varianz des Schätzers.

7 Zusammenfassung und Ausblick

Durch die Leistungsfähigkeit der von Wirtschaftsprüfern verwendeten Laptops ließe sich im Prüfungswesen ein seit Jahrzehnten anhaltender Konflikt zwischen Theorie und Praxis lösen. Wie in dem vorliegenden Beitrag gezeigt wurde, sind computerintensive Verfahren, wie Monte-Carlo-Simulation und Bootstrapping, geeignet, empirisch relevante statistische Fragestellungen, die sich im Rahmen einer Abschlussprüfung stellen, einfach und zuverlässig zu beantworten. Die daraus zu erwartende Qualitätssteigerung der Prüfungsurteile wäre vor allem im Sinne der Adressen der Prüfungsberichte. Konkret wurde gezeigt, wie auch ein Statistik-averser Wirtschaftsprüfer Zugang zu statistisch fundierten Schätzungen finden und wie er das Risiko einer fehlerhaften Verfahrensauswahl und -anwendung beherrschbar machen kann. Das große Potential des Computational Statistics für die Wirtschaftsprüfung dürfte aber vor allem in der Beantwortung bisher nicht oder analytisch nur schwer lösbarer Fragestellungen liegen und damit auch die klassische Statistik stark befruchten.

Literatur

American Institute of Certified Public Accountants (AICPA). (2011): SAS 31 „Evidencial Matter", (Issued: August 1980), in: Codification of Statements on Auditing Standards, New York.

American Institute of Certified Public Accountants (AICPA). (2011): SAS 39 "Audit Sampling" (Issued: June 1981), in: Codification of Statements on Auditing Standards, New York.

American Institute of Certified Public Accountants (AICPA). (2011): SAS 47 "Audit Risk and Materiality in Conducting an Audit" (Issued: Dec 1983), in: Codification of Statements on Auditing Standards, New York.

Arens, A.-A., Elder, R.-J., Beasley, M.-S. (2006): Auditing and Assurance Services. in Integrated Approach, 11. Ed., New York.

Assenmacher, W. (2009): Induktive Statistik. 2., überarb. Aufl., Berlin (u.a.).

[57] Vgl. Singh/Singh Mangat (1996), S. 67-101.

BMF: Grundsätze zum Datenzugriff und zur Prüfbarkeit digitaler Unterlagen (GDPdU), Schreiben vom 16. Juli 2001 - IV D 2 - S 0316 - 136/01.

Dusenbury, R.-B., Reimers, J.-L., Wheeler, S.-W. (2000): The Audit Risk Model: An Empirical Test for Conditional Dependencies among Assessed Component Risks, in: Auditing: A Journal of Practice & Theory Jg. 19, Nr. 2, S. 105-117.

Evans, M., Hastings, N., Peacock, B. (1993): Statistical Distributions, 2nd Ed., New York (u.a.). S. 40.

Fortune, J., Peters, G. (1995): Learning from Failure. The Systems Approach, Chichester (u.a.).

Glynn, P.-W., Iglehart, D.-L. (1989): Importance Sampling for Stochastic Simulations, in: Management Science, Jg. 35, Nr. 11, S. 1367-1392.

Hall, T.-W., Hunton, J.-E., Pierce, B.-J. (2002): Sampling Practices of Auditors in Public Accounting, Industry, and Government, in: Accounting Horizons, Jg. 16, Nr. 2, S. 125-136.

Hall, T., Pierce, B.-J., Price, K.-H., Skousen, C.-J. (2010): Haphazard Selection: Is it Time to Change Audit Standards? (August 1, 2010). Available at SSRN http://ssrn.com/abstract =1687443.

Hitzig, N.-B. (1995): Audit Sampling: A Survey of Current Practice, in: The CPA Journal, July, S. 54-57.

Hitzig, N.-B. (2004): Statistical Sampling Revisited, in: The CPA Journal, May, S. 30-35.

Holst, L. (1986): On Birthday, Collectors', Occupancy and Other Classical Urn Problems, in: International Statistical Review, Jg. 54, Nr. 1, S. 15-27.

Hömberg, R. (1981): Methoden und Probleme der Urteilsbildung von Unternehmensprüfungen, Habilitationsschrift Universität Wien, Wien.

IFAC (2011): International Standard on Auditing (ISA) 530 "Audit sampling", in: International Federation of Accountants (IFAC): Technical Pronouncements: IFAC Handbook, New York.

Johnson, N.-L., Kotz, S. (1977): Urn models, New York: Wiley.

Kaplan, R.-S. (1975): Sample Size Computations for Dollar-Unit Sampling, in: Journal of Accounting Research, Nr. 13, Studies on Statistical Methodology in Auditing, S. 126-133.

Klein-Cöln, A. (1911/1912): Über die Wahrscheinlichkeit der Entdeckung von Fehlern bei Revisionen, in: ZfhF, Jg.6, S. 580-585.

Leslie, D.-A., Teitlebaum, A.-D., Anderson, R.-J. (1979): Dollar-Unit Sampling – A Practical Guide for Auditors, Toronto: Copp Clark Pitman.

Leslie, D. (1985): Materiality: The Concept and Its Application to Auditing : A Research Study, Canadian Institutue of Chartered Accountants (CICA).

Maingot, M., Quon, T.-K. (2009): Sampling Practices of Internal Auditors at Corporations on the Standard & Poor's Toronto Stock Exchange Composite Index, in: Accounting Perspectives, Jg. 8, Nr. 3, S. 215–234.

McRae, T.-W. (1982): A Study of the Application of Statistical Sampling to External Auditing, London: The Institute of Chartered Accountants in England & Wales.

Mochty, L. (2002): Die Aufdeckung von Manipulationen im Rechnungswesen: Was leistet das Benford's Law?, in: Die Wirtschaftsprüfung, S. 725-736.

Mochty, L. (2007): Nicht-statistische Stichproben, in: Kirsch, H.-J., Thiele, S (Hrsg.): Rechnungslegung und Wirtschaftsprüfung, Festschrift zum 70. Geburtstag von Prof. Dr. Dr. h.c. Jörg Baetge, Düsseldorf: IDW, S. 1055-1083.

Peemöller, V.-H., Hofman, S. (2005): Bilanzskandale: Delikte und Gegenmaßnahmen, Berlin.

Rauch, B., Göttsche, M., Brähler, G. (2011): Fact and Fiction in EU-Govermental Economic Data, in: German Economic Review, Jg. 12, Nr. 3, S. 243-255.

Rinne, H., Mittag, H.-J. (1989): Statistische Methoden der Qualitätssicherung, München-Wien.

Särndal, C.-E., Swenson, B., Wretmann, J. (1993): Model Assisted Survey Sampling, New York.
Singh, R., Singh M., Naurang (1996): Elements of Survey Sampling, Dordrecht (u.a.).
Whittington, R. (1983): Completeness - The Elusive Assertion, in: Journal of Accountancy, Jg. 156, Nr. 2, S. 82-92.

Money or Output Gap: What Matters for Inflation in the Euro Area?

Robert Czudaj

1 Introduction

Central banks such as the Swiss national Bank, the Bundesbank, the Bank of Canada, the Bank of England and the Federal Reserve started to use monetary aggregates as an intermediate target of their monetary policy strategy in the 70s. Since the start of stage three of European Economic and Monetary Union (EMU) in 1999, the stock of money plays a crucial role within the ECB's monetary policy strategy as well. Until 2003 the ECB has published a reference value for monetary growth as a part of its two–pillar framework which aims to achieve the primary objective of the ECB viz. the maintenance of stable prices in the euro area. This reference value is oriented at the widespread long–run linkage between money growth and inflation.[1] However, as a result of the critique on the empirical evidence of that linkage for the euro area in the medium–run and the problems of the attainment of the monetary growth rate targeted by the ECB provoked the ECB to withdraw the publication of a reference value for monetary growth in 2003 (ECB (2003), Gerlach and Svensson (2003) and De Grauwe and Polan (2005)). By this moment, the ECB focuses on the long–run character of the relationship between money growth and inflation in its monetary policy strategy (ECB (2004)). Nevertheless, there persists criticism on the prominent role which monetary aggregates still have in the strategy of the ECB (Woodford (2008)).

Hence, the main purpose of our paper is to check empirically if money growth is (still) important for determining the future rate of inflation for the long–run and also for the short–run. However, our study does not solely rely on the linkage between money growth and inflation, but accounts for the impact of the real economy to inflation as well. Thus, we use a model which includes both competitive views viz. the monetarist perspective and the Phillips curve view. The former is expressed by the money overhang derived from a conventional demand for money function and the latter by the output gap. Both are included in the price equation which is estimated within a systems approach. However, before we estimate our model we check first if Friedman's quantity theory of money holds in its traditional fashion. The remainder of the paper is organized as follows. In the next section we present the underlying theory, which draws the connection between money demand, output gap and inflation. The main part of our study, the econometric analysis, is presented in section 3.3, where we discuss the data used, check for the time series properties, test if Friedman's quantity theory of money holds and estimate our model. Furthermore, in this section we look into the forecasting ability of excess liquidity and output gap for inflation. Section 3.4 concludes and gives the limitations of our study as well as an outlook on further research.

---

* University of Duisburg-Essen, Campus Essen, Department of Statistics and Econometrics, 45117 Essen, Germany. phone: (0049)-201-1833516, fax: (0049)-201-1834209, e-mail: robert.czudaj@uni-due.de.
Thanks are due to Daniel Hering for his help with the time-consuming typesetting.

[1] "Inflation is always and everywhere a monetary phenomenon." (Milton Friedman, Wincott Memorial Lecture, London, September 16th 1970).

2 The model

The model which is presented in this section and used for our empirical analysis is closely related to the work of Clostermann and Seitz (2002) who investigated the relationship between money, output and inflation for Germany prior to the adoption of a common currency in the European Union.[2] Accordingly, the quantity equation based on the Cambridge cash–balance theory, thus sometimes called Cambridge equation,

$$M = k \cdot P \cdot Y \tag{1.1}$$

forms the starting point of the P^* concept developed by Hallman et al. (1991), where M represents the stock of money, k denotes the inverse of the income velocity of money, P stands for the price level and Y displays the real output. Rearranging the identity equation with respect to P, representing it in natural logarithms denoted by lower case letters and adding the index t, leads to the short–run price level

$$p_t = m_t - k_t - y_t. \tag{1.2}$$

Given the actual stock of money the price level is in its long–run equilibrium, if k_t and y_t are on their equilibrium path. Thus, the so–called P^* equation has the below stated form

$$p_t^* = m_t - k_t^* - y_t^*, \tag{1.3}$$

where equilibrium terms are denoted by an asterisk. Consequently, the difference between equilibrium and current price level represents the price gap

$$(p_t^* - p_t) = (k_t - k_t^*) + (y_t - y_t^*). \tag{1.4}$$

Hence, the price gap consists of the liquidity gap $k_t - k_t^*$ as well as the output gap $y_t - y_t^*$. The deviation of the equilibrium money–to–income–ratio k_t^* from its actual value k_t can be interpreted as the difference between actual and desired nominal demand for money which is usually specified by a scale variable reflecting the economy's level of transactions and a variable representing the opportunity costs of holding money denoted by r_t. Thus, inserting the demand for money in equation (1.4) yields the following representation

$$(p_t^* - p_t) = \left(m_t - p_t - \beta_y y_t + \beta_r r_t\right) + (y_t - y_t^*). \tag{1.5}$$

One can expect inflation to increase (decrease), if the current price level resides below (above) its equilibrium value, since one can expect p_t to converge towards p_t^*. Hence, the price gap should be stationary and could be indirectly expressed as two cointegration rela-

2 Czudaj (2011) applied a similar framework to analyze the impact of money growth on inflation for the euro area.

tions viz. the demand for money and the output gap. Therefore, the short–run dynamics of the price level could be modeled within an error correction model (ECM) as follows

$$\Delta p_t = \alpha_0 + \alpha_p(p_{t-1}^* - p_{t-1}) + u_t \quad (1.6)$$

where Δ displays the first difference and u_t denotes a white noise error term with zero mean. Moreover, the coefficient α_p gives the speed of adjustment of a deviation from the current price level to its equilibrium value and the intercept α_0 could be seen as the inflation rate where the current price level resides in its long–run equilibrium. Furthermore, inserting equation (1.5) in equation (1.6) gives the below stated Phillips curve augmented price equation

$$\Delta p_t = \alpha_0 + \alpha_p(m_{t-1} - p_{t-1} - \beta_y y_{t-1} + \beta_r r_{t-1}) + \alpha_p(y_{t-1} - y_{t-1}^*) + u_t, \quad (1.7)$$

where the short–run price responses of disequilibria in money holdings and in output are of the same amount according to the traditional p–star approach. For our empirical analysis we relax this assumption and estimate the following price equation

$$\Delta p_t = \alpha_0 + \alpha_m(m_{t-1} - p_{t-1} - \beta_y y_{t-1} + \beta_r r_{t-1}) + \alpha_y(y_{t-1} - y_{t-1}^*) + u_t \quad (1.8)$$

with the possibility of different price adjustments which reflect two competitive inflation adjustment hypotheses viz. the monetarist perspective ($\alpha_y = 0$) where inflation reacts to a monetary disequilibrium and the Phillips curve perspective ($\alpha_m = 0$) where inflation is driven by real disequilibria. Therefore, the coefficient estimates of α_m and α_y should both be positive.

3 Empirical analysis

3.1 The data

In our study we use monthly data ranging from 1999:01 to 2010:12 which characterizes the period since the start of the euro as bank money up to the last available observation for every series used. The underlying time series are taken from the ECB Statistical Data Warehouse. As our measure of the money aggregate M_t ,we apply the month–end stocks of M3. We take real gross domestic product (GDP) as a proxy of scale variable Y_t and rely on the harmonized index of consumer prices (HICP) (2005=100) as our measure of the price level P_t according to the definition of the ECB (2004). Thus, the later used inflation rate is constructed by the annualized monthly changes in the HICP. The nominal 10–year treasury bond yield proxies the opportunity costs of holding money r_t. To approximate real potential output Y_t^* we use a measure constructed as follows. The first observation is calculated by $Yt{*}{=}\ 1{+}\Delta Yt400Yt{-}1$ (1.9) where Y_t denotes real GDP and $\Delta\tilde{Y}_t$ represents the forecasted value of the growth of real GDP published by the ECB which relies on the estimation of the production function (ECB (2000), Willman (2002) and ECB (2009)). Consequently, observations for $t = 2, \dots, T$ are computed using (1.9) where Y_{t-1} is substituted by Y_{t-1}^*.[3] Since real GDP and the forecasted value of the growth of real GDP are not available in monthly frequency, we use the cubic spline interpolation to convert Y_t and Y_t^* into monthly data following Siklos (2008).

All variables are seasonally adjusted and are taken in logs except for the government bond yield. Our choice of the use of ex–post data in contrast to real–time data is motivated by the argument that only the real GDP series is heavily revised over time and thus, this should not be a major drawback of our findings. See **Table 3.1** given below for further description of the data.

Table 3.1 The data

Concept	Further description	Frequency
M3	Index of notional stocks, millions of euro	Monthly
HICP	Monthly index, 2005=100 (ICP.M.U2.S.000000.3.INX)	Monthly
Real GDP	Chain linked, millions of euro	Quarterly
Forecast of real	Reference period ends 3 months before survey cycle begins,	Quarterly
Bond yield	Euro area 10-year government benchmark bond yield, percent	Monthly

3.2 Time series properties

To test for the usual time series properties of the data we first conduct some unit root tests. Hence, to check for cointegration between the variables we have to establish that each variable of interest has a stochastic trend and is integrated of order one, i.e. $I(1)$. At first, a graphical inspection of the series shows that M3, HICP, real GDP as well as our measure of potential output are not stationary since the mean seems to be time dependent (see **Figure 3.1**). Toward this end, each of the four series is driven by either a stochastic or by a deterministic trend. Therefore, we apply the augmented Dickey and Fuller (1979) (ADF) test in its least restrictive fashion and estimate the test equation given by

$$\Delta x_t = [(1-\rho)a + \rho b] + b(1-\rho)t + (\rho - 1)x_{t-1} + \textstyle\sum_{i=1}^{k} \delta_i \Delta x_{t-i} + v_t, \qquad (1.10)$$

where x_t stands for each series to be tested (m_t, p_t, y_t and y_t^*) and v_t is assumed to be a white noise term with zero mean. Accordingly, the null of a random walk with drift process ($\rho - 1 = 0$) is tested against the alternative of a linear deterministic trend process for each of the four series.[4] The resulting empirical realizations of the t-statistics for $(\widehat{\rho - 1})$ are pre-

3 Various other univariate as well as multivariate concepts of potential output could be used instead. See Gibbs (1995), ECB (2000) and Willman (2002) for a discussion of different concepts.

4 See Nelson and Plosser (1982) or Assenmacher (1998) for details.

sented in **Table 3.2.** As can be seen, the null of a unit root in the series cannot be rejected for each of the four variables. We get the same findings if we delete the trend in the test equation given above. Hence, it could be concluded that the data-generating process of each of the four series is a random walk with a drift term and thus, each series is driven by a stochastic trend. Since the null of a unit root in the first difference of each series can be rejected statistically significant, each of the four variables is $I(1)$.

Figure 3.3.1 Used time series

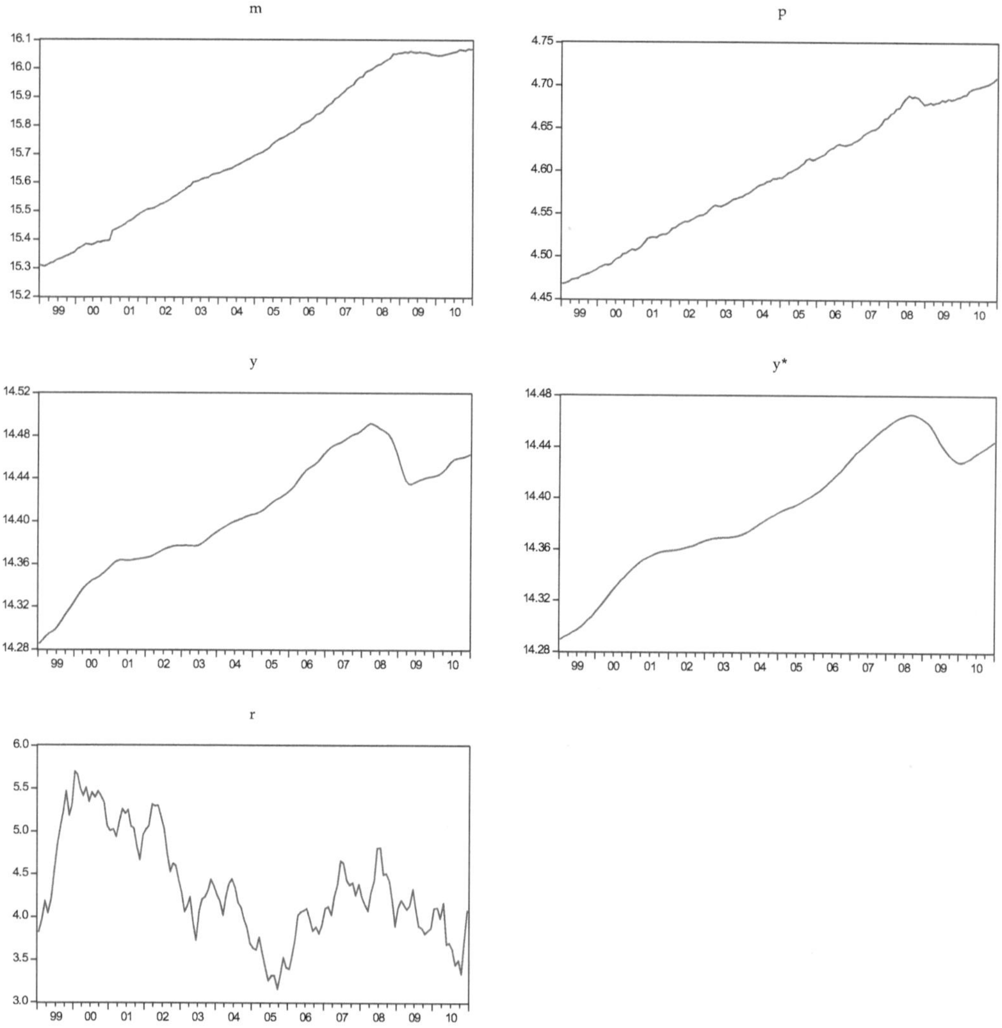

Table 3.2 Unit root tests

Test	Variable	Level			Δ		
		Lags	Exog.	*t*-stat/*P*-stat.	Lags	Exog.	*t*-stat/*P*-stat.
ADF	m_t	3	t	-0.88	2	t	-3.95**
		3	c	-1.19	2	c	-3.82***
	p_t	1	t	-1.99	0	t	-9.42***
		1	c	-0.73	0	c	-9.42***
	y_t	9	t	-2.37	7	t	-3.63**
		8	c	-1.92	7	c	-3.36**
	y_t^*	5	t	-1.58	4	t	-4.41***
		5	c	-2.34	4	c	-3.88***
	r_t	1	c	-2.09	0	c	-9.87***
		0	n	-0.17	0	n	-9.90***
	k_t	3	t	-2.51	2	t	-3.90**
		3	c	-0.68	2	c	-3.95***
ERS	m_t	3	t	14.74	2	t	6.22*
		3	c	992.29	2	c	2.01**
	p_t	1	t	10.44	0	t	1.83***
		1	c	1784.81	0	c	0.99***
	y_t	9	t	8.37	7	t	0.72***
		8	c	215.59	7	c	0.38***
	y_t^*	5	t	33.08	4	t	0.76***
		5	c	393.61	4	c	0.46***
	r_t	1	c	4.58	0	c	1.60***
	k_t	3	t	11.02	2	t	7.67
		3	c	130.36	2	c	3.59*

Note: * Statistical significance at the 10% level, ** at the 5% level, *** at the 1% level. For both tests the series contain a unit root under the null. The test equation is estimated including an intercept (c), a trend and an intercept (t) or without both (n). For the ADF test critical values are taken from MacKinnon (1996): (t) 10% -3.14, 5% -3.44, 1% -4.02, (c) 10% -2.57, 5% -2.88, 1% -3.47 and (n) 10% -1.61, 5% -1.94, 1% -2,58, respectively. For the ERS test critical values are taken from Elliott et al. (1996): (t) 10% 6.82, 5% 5.64, 1% 4.16 and (c) 10% 4.24, 5% 3.13, 1% 1.93, respectively. The lag length k is chosen by using the SC. Maximum lag length is 13. For the ERS test residual spectrum at frequency zero is estimated by using spectral OLS autoregression.

Finally, the 10–year government bond yield, which is displayed in **Figure 3.1** as well, should be examined. As expected the mean does not show any time dependence. Thus, the series can only be generated by a random walk process without a drift term or a stationary process with a non-zero mean. Therefore, we test the null of a unit root by applying the ADF test equation without the trend regressor ($b = 0$). Finally, the t-statistic given in **Table 3.2** shows that the null cannot be rejected and thus, the series has a stochastic trend and is $I(1)$ as well since the null of a unit root can be rejected for the first difference.

The findings seem to be robust while extending the sample period by the inclusion of observations prior to 1999 and are confirmed by the more powerful Elliott–Rothenberg–Stock point optimal (ERS) test which we conducted as well.[5] We have also used the stepwise procedure proposed by Dolado et al. (1990) and illustrated by Enders (2010) which depends on critical values given by Dickey and Fuller (1981) as well as the rule established by Sims et al. (1990) that if it is know that the data–generating process contains deterministic regressors inference on estimated coefficients can be made by using standard t-and F-tests. We do not get any conflicting findings. Finally, the results indicate that all series of interest seem to be non–stationary, i.e. $I(1)$. Hence, in the following we check the existence of one or more cointegration relationships between our five series.

3.3 Testing Friedman's quantity theory

Before testing the existence of two cointegration relations given in equation (1.8) within a systems approach, we check for the empirical support of Friedman's quantity theory of money which marks the most popular theory modeling the dependence between money and prices. If the quantity theory holds, money, prices and output could not depart from each other without returning to its steady–state. Thus, if $(m_t - p_t - y_t)$ is $I(0)$, i.e. money, prices and output share common stochastic movements, than the quantity theory holds and inflation can be regarded as a monetary phenomenon following Friedman (1956). Therefore, we construct the series of the inverse of the income velocity using the cointegration vector $(1, -1, -1)$ according to the theory and apply the ADF as well as ERS test to the new series k_t. Since the cointegration vector has not been estimated the same critical values can be used for the residual based cointegration test following Engle and Granger (1987) as applied before in case of simple unit root tests. Following that framework the quantity theory holds if the null of a unit root can be rejected for k_t. As can be seen in **Table 3.2** the null cannot be rejected and the inverse of the income velocity seems to be generated by a random walk process with a positive drift parameter (see **Figure 3.2**). The finding of a downward trending velocity, which means than the quantity theory does not hold, is supported by the empirical literature.[6]

---

5 The results are given in Table 3.2 as well. See Elliott et al. (1996) for details.

6 See, among others, Brand et al. (2002), Von Hagen (2004) and Juselius (2007).

Figure 3.2 Inverse of the income velocity of money

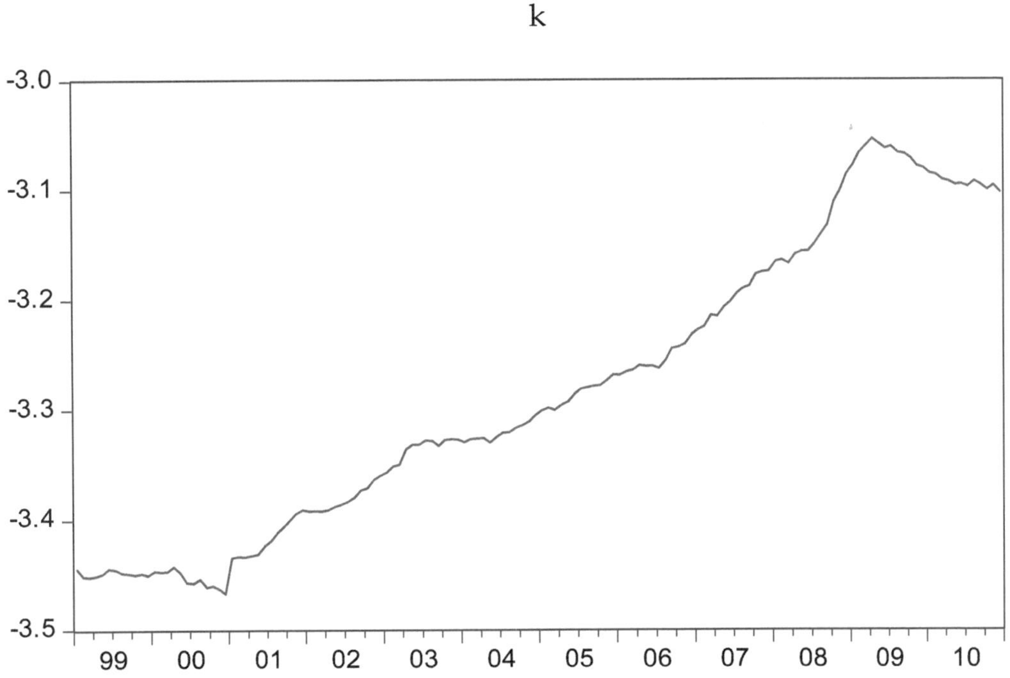

3.4 Estimation of a Johansen VECM

Next, we estimate equation (1.8) within a vector error correction model (VECM) applying a methodology proposed by Johansen (1988, 1991). First of all, we compute an unrestricted vector autoregression (VAR) with different lag lengths p as follows

$$X_t = a_0 + A_1 X_{t-1} + A_2 X_{t-2} + \cdots + A_p X_{t-p} + \varepsilon_t \,, \tag{1.11}$$

where $X_t = [m_t \; p_t \; y_t \; y_t^* \; r_t]'$, a_0 is a vector of intercepts, A_i characterizes a matrix of coefficients for $i = 1, \dots, p$ and ε_t is a vector of white noise error terms with zero mean. Since monthly data is used we estimate the above shown model with all lag lengths up to a maximum length of 12 and compute several criteria to determine the correct lag order p. These are summarized in **Table 3.3.** Consequently, we rely on SC as well as HQ and estimate a VAR model of order four which satisfies the stability condition since all inverse roots have a modulus smaller than unity and thus, lie within the unit circle.

Table 3.3 Information criteria for the VAR up to 12 lags

Lags	LogL	LR	FPE	AIC	SC	HQ
0	1286.87	NA	2.53e-15	-19.42	-19.31	-19.37
1	2764.20	2820.35	7.02e-25	-41.42	-40.77	-41.16
2	3073.87	567.73	9.41e-27	-45.74	-44.53	-45.25
3	3202.98	226.92	1.95e-27	-47.31	-45.57	-46.60
4	3271.82	115.76	1.01e-27	-47.98	-45.68*	-47.05*
5	3301.52	47.70	9.54e-28	-48.05	-45.21	-46.89
6	3334.09	49.84	8.67e-28	-48.16	-44.78	-46.79
7	3350.38	23.68	1.02e-27	-48.03	-44.10	-46.43
8	3374.95	33.87	1.06e-27	-48.02	-43.55	-46.21
9	3431.49	73.68*	6.87e-28*	-48.50*	-43.48	-46.46
10	3448.72	21.14	8.20e-28	-48.38	-42.82	-46.12
11	3466.29	20.22	9.89e-28	-48.27	-42.16	-45.79
12	3500.90	37.22	9.38e-28	-48.42	-41.76	-45.71

Note: The asterisk * indicates lag order selected by each criterion. LR denotes sequential modified likelihood ratio test statistic $LR = (T - c)(\log|\Sigma_r| - \log|\Sigma_u|)$ where T denotes the number of observations, c stands for the number of parameters in the unrestricted system and Σ_u and Σ_r represent the variance/covariance matrices of the unrestricted and restricted systems (each test at 5% significance level), respectively. FPE represents final prediction error, AIC stands for Akaike information criterion, SC characterizes Schwarz information criterion and HQ denotes Hannan–Quinn information criterion.

As a next step, we perform the trace test to check for the cointegration rank r, i.e. the number of cointegrating relations between the five variables, assuming an intercept in the cointegration equations as well as in the VAR. Accordingly, the test rejects the hypothesis of no cointegration in favour of $r = 2$ as can be seen in Table 1.4. The finding of two cointegration relationships is in line with our presumption in equation (1.8).

Table 3.4 Unrestricted cointegration rank test

Hypothesis	Eigenvalues	Trace-stat.	RAR-Trace-stat.	95% crit. v.
$r = 0$	0.38	117.13*	100.28*	69.82
$r \leq 1$	0.15	50.88*	43.56	47.86
$r \leq 2$	0.13	27.71	23.72	29.80
$r \leq 3$	0.05	8.83	7.56	15.50
$r \leq 4$	0.01	1.14	0.98	3.84

Note: * denotes rejection of the hypothesis at the 5% level. Critical values are taken from MacKinnon et al. (1999). RAR–Trace–stat. characterizes the Trace–statistic computed using Reinsel and Ahn (1992) and Reimers (1992) small sample correction as follows $LR = -(T - Kp)\sum_{i=r+1}^{K} \ln(1 - \lambda_i)$ where T denotes the number of observations, K stands for the number of endogenous variables, p represents the lag length and λ_i denotes the ith eigenvalue.

In the following we rearrange equation (1.11) to the VECM representation as follows

$$\Delta X_t = \Pi X_{t-1} + \sum_{j=1}^{p-1} \Gamma_j \Delta X_{t-j} + \varepsilon_t, \quad \Pi = \alpha\beta` \tag{1.12}$$

and estimate the VECM while imposing restriction to the two cointegration relations according to the theoretical contemplations in equation (1.8). We do not restrict the constant to show up merely in the cointegration equations, but in the VAR as well. This allows for a linear trend in the data, but not in the cointegrating equations which seems to be reasonable since four out of five series seem to be generated by a random walk with drift process.[7] Thus, we get the following coefficient estimates (with standard errors given in parentheses):

$$\hat{\beta}`X_{t-1} = \begin{bmatrix} 1 & -1 & -2.93\,(0.19) & 0 & 0.04\,(0.01) & 30.86 \\ 0 & 0 & 1 & -1.14\,(0.01) & 0 & 2.02 \end{bmatrix} \begin{bmatrix} m_{t-1} \\ p_{t-1} \\ y_{t-1} \\ y^*_{t-1} \\ r_{t-1} \\ 1 \end{bmatrix}. \tag{1.13}$$

Consequently, the first cointegration equation represents the demand for money function given below

$$(m - p)_t = -30.86 + 2.93 y_t - 0.04 r_t \tag{1.14}$$

where both coefficients turn out to be highly significant as well as both have signs consistent with theoretical considerations.

7 A model with a restricted constant, allowing for no linear trend neither in the data nor in the cointegrating equations has also been tested. However, the rank of $\hat{\Pi}$ as well as the estimated coefficients are robust against variations of the trend specification.

The income elasticity of money is positive, but considerably above unity and as expected the interest rate semi–elasticity of money is negative.[8] The second cointegration equation exhibits the output gap, i.e. the deviation of actual output from potential. It seems to be theory–consistent, since the relevant coefficient turns out to be highly significant and near unity. Conditional on the choice of cointegration rank, the likelihood ratio (LR) test rejects the imposed restrictions at conventional levels based on the χ^2-statistic of 27.91 with $df = 3$ and a p-value of zero. Moreover, the adjustment parameters estimated within the VECM are shown in **Table 3.5** and indicate that existing disequilibria been adjusted towards the long–run equilibrium, since both relevant coefficients are highly significant, negative and have magnitudes less than unity. These findings given in column 2 and 4 of **Table 3.5** confirm that the found two cointegration relationships are the long–run money demand function and the output gap since the feedback coefficients are -0.06 and -0.05, respectively. Consequently, short–run deviations of the previous month $(t-1)$ from long–run demand for money, i.e. money overhang, are diminished by 6% per month as well as short–run deviations of actual output from potential adjust by nearly the same percentage. However, we focus on the estimated price equation (1.8) given in column 3 of **Table 3.5**.

Table 3.5 Vector error correction model (VECM)

	Δm_t	Δp_t	Δy_t
$\hat{\varepsilon}_{md,t-1}$	-0.06*** (0.02)	-0.01 (0.01)	-0.01*** (0.00)
$\hat{\varepsilon}_{og,t-1}$	-0.34 (0.25)	-0.19 (0.11)	-0.05*** (0.02)
Adj. R^2	0.38	0.11	0.98
Diagnostic tests			
BG $\chi^2(1)$	4.28 (0.04)	0.78 (0.38)	0.33 (0.57)
BG $\chi^2(12)$	18.30 (0.11)	21.41 (0.05)	33.49 (0.00)
Jarque-Bera $\chi^2(2)$	438.95 (0.00)	2.41 (0.30)	28.69 (0.00)
Harvey $\chi^2(22)$	38.65 (0.02)	26.79 (0.22)	30.31 (0.11)
ARCH $\chi^2(1)$	0.07 (0.79)	0.39 (0.53)	1.77 (0.18)
ARCH $\chi^2(12)$	5.56 (0.94)	4.70 (0.97)	58.03 (0.00)
Ramsey $\chi^2(2)$	27.62 (0.00)	3.58 (0.17)	9.01 (0.01)

Note: * Statistical significance at the 10% level, ** at the 5% level, *** at the 1% level. Standard errors are in parentheses. The short–run coefficients of the lags of each differenced variable as well as the equations for Δy_t^* and Δr_t and are not shown to save space. Breusch–Godfrey (BG) serial correlation Lagrange multiplier (LM) test tests the null of no serial correlation up to lag order 1 and 12. Jarque–Bera test checks the null of normality. Harvey LM test controls for heteroscedasticity with $df = 22$ equal to the number of regressors included. The ARCH LM test tests for autoregressive conditional heterosce-

[8] The quantity theory predicts the income elasticity to equal unity, however, most of the recent empirical studies have found the income elasticity to take values between 1.1 to 1.5. See Belke and Czudaj (2010) for details and a summary of recent studies on euro area money demand.

dasticity (ARCH) in the residuals up to lag order 1 and 12. Ramsey's RESET test checks for specification error using quadratic fitted values.

Finally, the insignificance of both cointegration equations at the 5% level would mean that neither the money overhang nor the output gap have a long–run effect on inflation and therefore both could not be used to forecast the future rate of inflation for a long–run horizon. This result as well as the rejection of the imposed restrictions and the relatively large income elasticity lets us suspect that the impact of the recent financial and economic crisis could have distort the estimated system. Therefore, we estimate our model given in equation (1.12) with the same restrictions again letting the sample period end at 2007:04 – the beginning of the crisis and we get the following coefficient estimates (with standard errors given in parentheses):

$$\hat{\beta}' X_{t-1} = \begin{bmatrix} 1 & -1 & -0.90(0.90) & 0 & 0.28(0.05) & 0.66 \\ 0 & 0 & 1 & -1.21(0.01) & 0 & 3.01 \end{bmatrix} \begin{bmatrix} m_{t-1} \\ p_{t-1} \\ y_{t-1} \\ y^*_{t-1} \\ r_{t-1} \\ 1 \end{bmatrix}, \chi^2(3) = 4.19(0.24). \quad (1.15)$$

Consequently, an income elasticity of 0.90 is in line with the theory as well as the LR test does not reject the imposed restrictions at conventional levels based on the χ^2- statistic and even the residual diagnostics for the VECM look better compared to those given in Table 1.5.[9] The interest rate semi–elasticity is a bit larger, but everything else including the adjustment parameters stays qualitatively unchanged. Thus, this finding confirms our guess that the occurrence of a structural break in the series in 2007:04 may have distorted the system. This view is supported by Czudaj (2012) as well as the graphical presentation of the series in **Figure 3.1** especially for real GDP since it seems to be affected by a level shift around 2007 and 2008.[10] However, the result that money overhang and output gap do not significantly respond to inflation remains unaltered for the sub–sample period as well. We have tried to include an impulse dummy to equation (1.12) as well as to estimate the vector error correction system, which can be seen as a VAR in first differences augmented by the estimated deviations from long–run equilibrium, as a near–VAR applying the seemingly unrelated (SUR) estimator and deleting insignificant lags. But we could not prove a significant impact of money overhang or output gap on inflation. Furthermore, we checked for the presence of nonlinearity in the error correction mechanism while estimating the VECM for the full sample in a threshold autoregressive (TAR) form as well as a momentum TAR (M–TAR) form to distinguish between the speed of adjustment of a positive and a negative deviation from long– run equilibrium of money overhang and output gap, respectively.[11]

---

9 The residual diagnostics for the sub–sample are not listed to save space.

10 The endogenous break minimum Lagrange Multiplier (LM) unit root test suggested by Lee and Strazicich (2003) has been applied to the series, since in the presence of a structural break the ADF as well as ERS test statistics are biased towards the nonrejection of a unit root in the series. But the null of a unit root could not be rejected for any series.

11 See Enders and Granger (1998) and Enders and Siklos (2001) for details of the applied methodology.

However, in both representations the null of no nonlinearity in the error correction mechanism could not be rejected using F-tests and critical values provided by Enders and Siklos (2001).

3.5 Inflation forecasts

Finally, we enter into the question if money and/or the output gap provide any additional information with regard to forecasting inflation for the short–run compared to a simple autoregressive (AR) process. In doing so, we estimate the inflation equation as a pure AR model of order one since all lags higher than one up to 12 show up to be insignificant while using the full sample period for estimation. Thus, we start with the first 40 observations as our estimation sample, estimate the AR(1) model and run an one–period–ahead out–of–sample forecast to predict the 41th observation. We apply this procedure sequentially by enlarging the estimation sample by one observation in each step and forecasting the next followed observation. This sequential one–period–ahead out–of–sample forecast procedure is conducted as well to the AR(1) model augmented by the one–period lagged deviations from long–run equilibrium represented by the residuals of our estimated cointegration relations. In the following, we compare the resulting four different models with regard to the forecasting ability to check if money could help to improve the forecast error of simple AR forecasts and if money bears additional information to forecast inflation compared to the output gap.[12] Thus, to compare the forecasting accuracy of our four models we use the modified Diebold–Mariano (DM) statistic proposed by Clark and West (2007) which is given below

$$DM = \frac{\bar{z}}{s_z}, \quad z_t = e_{it}^2 - \left[e_{jt}^2 - (f_{it} - f_{jt})^2\right], \quad i,j = 1, \dots, 4, i \neq j \qquad (1.16)$$

where f_{it} and f_{jt} represent forecasted values of two different models been compared and e_{it} as well as e_{jt} denote the corresponding forecast errors which are computed by the difference of the actuals and their forecasts. $\bar{z}$ and s_z characterize the sample mean and sample standard error of z_t , respectively. Hence, the null of equal forecasting ability by model i and j is tested against the alternative that model j performs better, where model j nests model i. This modified version of the Diebold–Mariano test has the benefit that it is applicable to compare the forecasting accuracy of nested models like ours. Furthermore, the test statistic has a t-distribution even if the forecast errors are not normally distributed, not serially uncorrelated and/or not contemporaneously uncorrelated with each other.

First, we question if money overhang and/or output gap could help to improve the forecast error of the simple AR(1) forecast by applying the above described test for $i = 1$ and $j = 2,3,4$ and second, we question if money bears additional information to forecast inflation compared to the output gap by doing the same for $i = 3$ and $j = 4$. Conditional on the

[12] The four models are (1) the simple AR(1), (2) AR(1) augmented by money overhang, (3) AR(1)augmented by output gap and (4) AR(1) augmented by both.

empirical realizations of the *DM*-statistics and their *p*-values which are summarized in **Table 3.6** the answer to both questions is unfortunately "no". Moreover, this finding is supported by the root mean squared error (RMSE) which is given in **Table 3.6** as ratio to the corresponding value of the AR(1) model and is above unity for each model. At least, each model beats the random walk which consists of the previous periods actual value plus an i.i.d. shock. Multi–step forecasts have not been conducted since we would need forecasted values for all five series which are part of our cointegration relations.

Table 3.6 Forecast accuracy tests

	Model (2)	Model (3)	Model (4)
DM–stat. (compared to random walk)	5.59*** (0.00)	5.59*** (0.00)	5.59*** (0.00)
DM–stat. (compared to model (1))	-0.20 (0.85)	0.37 (0.72)	0.68 (0.50)
DM–stat. (compared to model (3))			0.22 (0.83)
RMSE	1.0165	1.0142	1.0188

Note: * Statistical significance at the 10% level, ** at the 5% level, *** at the 1% level. *p*–values are in parentheses. RMSE is given as the ratio to the corresponding value of the AR(1) model.

4 Conclusion

Finally, we have found no unambiguous evidence of neither long–run nor short–run effects of both money overhang nor output gap on inflation. The latter is confirmed by recent empirical studies on the link between output gap and inflation for the euro area (ECB (2000)). The latest results on the effect of money on inflation for the euro area are mixed in the literature (Nicoletti-Altimari (2001), Von Hagen (2004), Hall et al. (2009), Hofmann (2009), Dreger and Wolters (2010), Horváth et al. (2011) and Stavrev and Berger (2012)). Some economists argue that the possible instability of the demand for money function could be seen as a confirmation of the decoupling of monetary aggregates from inflation (Nautz and Rondorf (2010)). But the difficulty of achieving a significant linkage between excess liquidity and inflation could be due to the reduced volatility in the series of monetary aggregates and inflation in recent years which is often referred to as the great moderation. Supposably, money would become more important again in times of higher volatility, since the experience of past decades in several countries shows that central banks tend to concentrate on money growth particularly in times of high inflation rates (Von Hagen (2004), Basco et al. (2009) and Dwyer and Fisher (2009)). Thus, this should be examined carefully in the upcoming years which are expected to be shaped by higher inflation rates due to the outcome of the euro crisis and its policy implementations.

Further limitations of our study could be seen as follows. Structural breaks could have distorted our model. Thus, we have tried to account for a break point due to the global financial and economic crisis that started in 2007. However, evidence of effects of money overhang and output gap on inflation remained weak. Maybe, there are further breaks in the relatively short sample period which should be controlled for, for instance, due to the terrorist attacks of September 11 and the burst of the new economy bubble in 2001. Moreover, various other univariate as well as multivariate concepts of potential output could be used instead of the one applied in our study. That and further modifications are left for future research.

Literatur

Assenmacher, W. (1998): Trends and Cycles in the Gross Domestic Product of the Federal Republic of Germany, in: Journal of Economics and Statistics (Jahrbuecher fuer Nationaloekonomie und Statistik), Jg. 217, Nr. 5, S. 628-649.

Basco, E., D'Amato, L., Garegnani, L. (2009): Understanding the Money–Prices Relationship Under Low and High Inflation Regimes: Argentina 1977–2006, in: Journal of International Money and Finance, Jg. 28, Nr. 7, S. 1182-1203.

Belke, A., Czudaj, R. (2010): Is Euro Area Money Demand (Still) Stable? Cointegrated VAR Versus Single Equation Techniques, in: Applied Economics Quarterly – Konjunkturpolitik, Jg. 56, Nr. 4, S. 285-315.

Brand, C., Gerdesmeier, D., Roffia, B. (2002): Estimating the Trend of M3 Income Velocity Underlying the Reference Value for Monetary Growth, in: European Central Bank – Occasional Paper Series, Nr. 3.

Clark, T.-E., West, K.-D. (2007): Approximately Normal Tests for Equal Predictive Accuracy in Nested Models, in: Journal of Econometrics, Jg. 138, Nr. 1, S. 291- 311.

Clostermann, J., Seitz, F. (2002): Money, Inflation and Growth in Germany: A Vector–Error–Correction–P–Star Model, in: Journal of Economics and Statistics, Jg. 222, Nr. 6, 641-655.

Czudaj, R. (2011): P–Star in Times of Crisis – Forecasting Inflation for the Euro Area, in: Economic Systems, Jg. 35, Nr. 3, S. 390-407.

Czudaj, R. (2012): Modelling Euro Area Money Demand and Forecasting Inflation in a Time-Varying Environment, in: International Journal of Monetary Economics and Finance, forthcoming.

De Grauwe, P., Polan, M. (2005): Is Inflation Always and Everywhere a Monetary Phenomenon?, in: The Scandinavian Journal of Economics, Jg. 107, Nr. 2, S. 239-259.

Dickey, D.-A., Fuller, W.-A. (1979): Distribution of the Estimators for Autoregressive Time Series with a Unit Root, in: Journal of the American Statistical Association, Jg. 74, Nr. 366, 427-431.

Dickey, D.-A., Fuller, W.-A. (1979): (1981): Likelihood Ratio Statistics for Autoregressive Time Series with a Unit Root, in: Econometrica, Jg. 49, Nr. 4, S. 1057-1072.

Dolado, J.-J., Jenkinson, T., Sosvilla-Rivero, S. (1990): Cointegration and Unit Roots, in: Journal of Economic Surveys, Jg. 4, Nr 3, S. 249-273.

Dreger, C., Wolters, J. (2010): Money Demand and the Role of Monetary Indicators in Forecasting Euro Area Inflation, DIW Berlin, German Institute for Economic Research, Discussion Paper Series, Nr. 1064.

Dwyer, G. P., Fisher, M. (2009): Inflation and Monetary Regimes, in: Journal of International Money and Finance, Jg. 28, Nr. 7, S. 1221-1241.

ECB (2000): Potential Output Growth and Output Gaps: Concept, Uses and Estimates, Monthly Bulletin, October, 37-47.

ECB (2003): The Outcome of the ECB's Evaluation of its Monetary Policy Strategy, Monthly Bulletin, June, S. 79-92.

ECB (2004): "The Monetary Policy of the ECB," European Central Bank, Frankfurt am Main.

ECB (2009): "Potential Output Estimates for the Euro Area," Monthly Bulletin, July, S. 44-48.

ECB (2011): "Trends in Potential Output," Monthly Bulletin, January, S. 73-85.

Elliott, G., Rothenberg, T.-J., Stock, J.-H (1996): Efficient Tests for an Autoregressive Unit Root, in: Econometrica, Jg. 64, Nr. 4, S. 813-836.

Enders, W. (2010): Applied Econometric Time Series, 3rd Edition, Hoboken, NJ

Enders, W., Granger, C.-W.-J. (1998): Unit–Root Tests and Asymmetric Adjustment with an Example Using the Term Structure of Interest Rates, in: Journal of Business and Economic Statistics, Jg. 16, Nr. 3, S. 304-311.

Enders, W., Siklos, P. L (2001): Cointegration and Threshold Adjustment, in: Journal of Business and Economic Statistics, Jg. 19, Nr. 2, S. 166-176.

Engle, R.-F., Granger, C.-W.-J. (1987): Cointegration and Error Correction: Representation, Estimation, and Testing, in: Econometrica, Jg. 55, Nr. 2, S. 251-276.

Friedman, M. (1956): The Quantity Theory of Money – A Restatement, in: Studies in the Quantity Theory of Money, ed. by M. Friedman, Chicago: Chicago University Press, S. 3-21.

Gerlach, S., Svensson, L.-E.-O (2003): Money and Inflation in the Euro Area: A Case for Monetary Indicators?, in: Journal of Monetary Economics, Jg. 50, Nr. 8, S. 1649-1672.

Gibbs, D. (1995): Potential Output: Concepts and Measurement, Labour Market Bulletin, 1, S. 72-115.

Hall, S.-G., Hondroyiannis, G, Swamy, P.-A.-V.-B , Tavlas, G.-S (2009): Assessing the Causal Relationship Between Euro–Area Money and Prices in a Time–Varying Environment, in: Economic Modelling, Jg. 26, Nr. 4, S. 760-766.

Hallman, J.-J., Porter, R.-D., Small, D. H (1991): Is the Price Level Tied to the M2 Monetary Aggregate in the Long Run?, in: American Economic Review, Jg. 81, Nr. 4, S. 841-858.

Hofmann, B. (2009): Do Monetary Indicators Lead Euro Area Inflation?, in: Journal of International Money and Finance, Jg. 28, Nr. 7, S. 1165-1181.

Horváth, R., Komárek, L., Rozsypal, F. (2011): Does Money Help Predict Inflation? An Empirical Assessment for Central Europe, in: Economic Systems, forthcoming.

Johansen, S. (1988): Statistical Analysis of Cointegrated Vectors, in: Journal of Economic Dynamics and Control, Jg. 12, Nr. 2/3, S: 231-254.

Johansen, S. (1991): Estimation and Hypothesis Testing of Cointegration Vectors in Gaussian Vector Autoregressive Models, in: Econometrica, Jg. 59, Nr. 6, S. 1551-1580.

Juselius, K. (2007): The Cointegrated VAR Model: Methodology and Applications, Oxford: Oxford University Press.

Lee, J., Strazicich, M.-C. (2003): Minimum Lagrange Multiplier Unit Root Test with Two Structural Breaks, in: The Review of Economics and Statistics, Jg. 85, Nr. 4, S. 1082-1089.

MacKinnon, J.-G. (1996): Numerical Distribution Functions for Unit Root and Cointegration Tests, in: Journal of Applied Econometrics, Jg. 11, Nr. 6, S. 601-618.

MacKinnon, J. G., Haug, A.-A., Michelis, L. (1999): Numerical Distribution Functions of Likelihood Ratio Tests for Cointegration, in: Journal of Applied Econometrics, Jg. 14, Nr. 5, S: 563-577.

Nautz, D., Rondorf, U. (2010): The (In)stability of Money Demand in the Euro Area: Lessons From a Cross–Country Analysis, Free University Berlin, School of Business & Economics, Discussion Paper Series, Nr. 17.

Nelson, C.-R., Plosser, C.-R. (1982): Trends and RandomWalks in Macroeconmic Time Series: Some Evidence and Implications, in: Journal of Monetary Economics, Jg. 10, Nr. 2, S. 139-162.

Nicoletti-Altimari, S. (2001): Does Money Lead Inflation in the Euro Area? European Central Bank, Working Paper Series, Nr. 63.

Reimers, H.-E. (1992): Comparisons of Tests for Multivariate Cointegration, Statistical Papers, Jg. 33, Nr. 1, S. 335-359.

Reinsel, G.-C., Ahn, S.-K. (1992): Vector Autoregressive Models with Unit Roots and Reduced Rank Structure: Estimation, Likelihood Ratio Test, and Forecasting, in: Journal of Time Series Analysis, Jg. 13, Nr. 4, S. 353-375.

Siklos, P.-L. (2008): What Can We Learn From Comprehensive Data Revisions for Forecasting Inflation? Some U.S. Evidence, in: Forecasting in the Presence of Structural Breaks and Model Uncertainty, Frontiers of Economics and Globalization, Nr. 3, ed. by D. E. Rapach and M. E. Wohar, Bingley, UK: Emerald, S. 271-299.

Sims, C.-A., Stock, J.-H., Watson, M.-W. (1990): Inference in Linear Time Series Models with some Unit Roots, in: Econometrica, Jg. 58, Nr. 1, S. 113-144.

Stavrev, E., Berger, H. (2012): The Information Content of Money in Forecasting Euro Area Inflation, in: Applied Economics, Jg. 44, Nr. 31, S. 4055-4072.

Von Hagen, J. (2004): Hat die Geldmenge ausgedient? Plenumsvortrag zur Jahrestagung des Vereins für Socialpolitik, in: Perspektiven der Wirtschaftspolitik, Jg. 5, Nr. 4, S. 423-453.

Willman, A. (2002): Euro Area Production Function and Potential Output: A Supply Side System Approach, European Central Bank, Working Paper Series, Nr. 153.

Woodford, M. (2008): How Important Is Money in the Conduct of Monetary Policy?, in: Journal of Money, Credit and Banking, Jg. 40, Nr. 8, S. 1561-1598.

Armutsbekämpfung in Entwicklungsländern – Eine empirische Analyse des Wachstums- und Verteilungseffekts wirtschaftspolitischer Maßnahmen

Ansgar Belke und Andreas Knoedl

1 Einleitung

Im Jahr 2000 einigten sich in New York 189 Staats- und Regierungschefs auf acht verbindliche Entwicklungsziele, die fortan als Millenniumsziele bezeichnet wurden. Eines dieser Ziele sieht vor, zwischen 1990 und 2015 die Anzahl an Menschen in extremer Armut, d.h. die weniger als 1,25 US-$ PPP pro Tag zur Verfügung haben, zu halbieren. Die regional sehr unterschiedlich verlaufende Armutsreduzierung (Vereinte Nationen 2010: S. 6) wirft aus wirtschaftspolitischer Sicht die Frage auf, inwiefern wirtschaftspolitische Maßnahmen eine Reduzierung der Armut bewirken und welche Maßnahmen als besonders effektiv hinsichtlich der Armutsbekämpfung zu betrachten sind?

Abbildung 1.1 Zusammenhang von Wirtschaftswachstum und Armut 40 Entwicklungsländer (1980-2004)

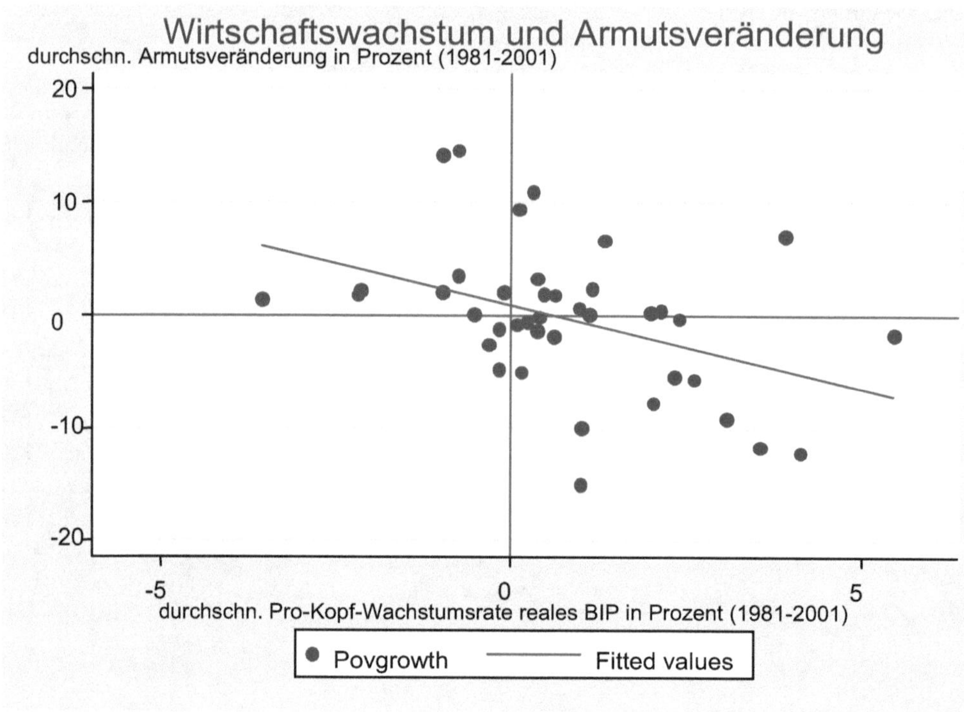

Quelle: eigene Darstellung, baiserend auf Armutsdaten von PovcalNet Online Poverty Analysis Tool der Weltbank (2004) und BIP-Daten von Penn World Tabel 6.2.

Hierzu liefert **Abbildung 1.1** zwei zentrale Erkenntnisse: Erstens, dass Wirtschaftswachstum tendenziell mit einer Verringerung der Armut einhergeht (u.a. Ravallion (2001) Dollar/Kraay (2002), Lopez (2004) und Lopez/Servén (2006). Zweitens wird deutlich, dass die Armutselastizität des Wachstums in verschiedenen Ländern variiert. Eine wirksame Armutsbekämpfung erfordert daher eine genaue Analyse beider Zusammenhänge. Während die erste Erkenntnis die Frage nach den Determinanten des Wachstums aufwirft, verweisen u.a. Ravallion (1997), Bourguignon (2003) und Lopez (2004) bei der Begründung unterschiedlicher Armutselastitzitäten auf die Bedeutung der Verteilungswirkung von wirtschaftspoltischen Maßnahmen. Für eine an der Reduzierung von Armut ausgerichtete Wirtschaftspolitik ist daher entscheidend welcher Wachstums- und Verteilungseffekt durch eine wachstumsfördernde Maßnahme induziert wird.

Während sich eine Vielzahl empirischer Arbeiten mit der isolierten Betrachtung des Wachstumseffekts oder des Verteilungseffekts wirtschaftspolitischer Maßnahmen beschäftigt, existieren nur wenige Studien, die den simultanen Wachstums- und Verteilungseffekt erfassen. Neben Li/Zou (2002) und Lundberg/Squire (2003) ist insbesondere die Arbeit von Lopez (2004) zu nennen.

Die vorliegende Arbeit hebt sich in drei zentralen Punkten von den genannten Studien ab. Erstens in der Auswahl der Wachstumsdeterminanten, basierend auf dem Technologiediffusionsmodell von Jones (1998). Dieses Wachstumsmodell erscheint in besonderem Maße als geeignet zur Bestimmung der Wachstumsdeterminanten, da es zum einen den von Gerschenkron (1962), Nelson/Phelps (1966) und Abramovitz (1986) beschriebenen „catching-up-Prozess" modelltheoretisch erfasst, zum anderen die von Young (1995) betonte Bedeutung der Sachkapitalausstattung für den Entwicklungsprozess eines Entwicklungslandes berücksichtigt. Zweitens durch die Quantifizierung der Wachstums- und Verteilungseffekte einer wirtschaftspolitischen Maßnahme in Abhängigkeit vom jeweiligen Entwicklungsniveau eines Landes. Entgegen von Li/Zou (2002), Lundberg/Squire (2003) sowie Lopez (2004), die ihre Handlungsempfehlungen aus der Analyse einer Ländergruppe ableiten, soll durch die Bildung von Länderuntergruppen der bereits von Stiglitz (1997) geäußerten Bedeutung eines entwicklungsnvieauspezifischen Maßnahmenbündels zur Armutsbekämpfung Rechnung getragen werden. Schließlich drittens basieren die Schätzergebnisse im Gegensatz zu o.g. Studien auf dem von Arrellano/Bover (1995) und Blundell/Bond (1998) konzipierten GMM-System Schätzverfahren, das für unbalancened-panels mit einer geringen Anzahl an Beobachtungszeitpunkten und z.T. persistenten Zeitreihen dem GMM-Difference-Schätzverfahren vorzuziehen ist (Roodman 2006).

Der Rest der Arbeit ist wie folgt aufgebaut: Abschnitt II zeigt eine nähere Beschreibung des Technologiediffusionsmodells von Jones (1998). In Abschnitt III folgt, unter Annahme einer log-normalverteilten Einkommensverteilung, in Anlehnung an Bourguignon (2003) und Lopez (2004) die modelltheoretische Begründung von länderspezifischen Armutselastizitäten. Abschnitt IV stellte den Kern der Arbeit dar. Dieser beinhaltet die empirischen Schätzergebnisse eines Pandeldatensatzes von 59 Entwicklungsländern im Zeitraum von 1960 bis 2004. Abschließend folgen in Abschnitt V die wirtschaftspolitischen Schlussfolgerungen hinsichtlich einer wirksamen Armutsbekämpfung.

2 Semi-endogenes Wachstumsmodell von Jones (1998)

2.1 Catching-up-Prozess

Entwicklungsländer sind u.a. dadurch gekennzeichnet, dass Wissen bzw. eine Vielzahl bereits entwickelter Technologien kaum verfügbar sind. Das durch die Rückständigkeit eines Landes bedingte Entwicklungspotenzial (Gerschenkron 1962: S.8) kann jedoch nur unter bestimmten Voraussetzungen realisiert werden. Neben Gerschenkron (1962) und Nelson/Phelps (1966) betont auch Abramovitz (1986) die Voraussetzungen eines catching-up-Prozesses. Gewisse strukturelle Voraussetzungen, *social capability* (Abramovitz 1986: S. 387), sind notwendig, um einen wirtschaftlichen Aufholprozess in Gang setzen zu können. Der modelltheoretsiche Rahmen eines catching-up bildet das semi-endogenene Wachstumsmodell von Jones (1998).

2.2 Wachstumsmodell

Ausgangspunkt ist die aggregierte Cobb-Douglas Produktionsfunktion[1]:

$$Y = K^{\alpha}(h\,L)^{1-\alpha} \tag{1.1}$$

wobei h für das Wissensniveau steht und als arbeitsvermehrende Technologie verstanden wird. Die Wissensveränderung, d.h. das Lernen, fortschrittlichere Kapitalgüter zu nutzen, erfolgt gemäß:

$$h^{Y} = \mu e^{\psi u} A^{\gamma} h^{1-\gamma} \tag{1.2}$$

Dabei bezeichnet u die Menge an Zeit, die ein Individuum zur Wissensakkumulation verwendet. ψ bezeichnet die positive konstante „Mincerian Rate"[2]. Eine Zunahme von u erhöht dabei das Wissensniveau proportional mit der prozentualen Rate ψ. A bezeichnet die technologische Grenze, die vom technologisch führenden Land in Form der erfundenen Kapitalgüter vorgegeben ist.[3] Annahmegemäß gilt $\mu > 0$ und $0 < \gamma < 1$.

---

[1] Im Folgenden vgl. Jones (1998), S. 116ff.

[2] Aus mikroökonomischen Beobachtungen ermittelte Mincer (1974) einen log-lineare Beziehung zwischen Bildung und Lohnhöhe. Diese Informationen verwendete u.a. Prichett (2001) zur Berechnung des Humankapitalbestands eines Landes.

[3] Modelltheoretische Erklärungsansätze bieten u.a. das endogene Wachstumsmodell von Romer (1990) und das semi-endogene Wachstumsmodell von Jones (1995).

Durch Division beider Seiten der Gleichung (1.2) mit h ergibt sich:

$$h^Y/h = \mu e^{\psi u}(A/h)^\gamma \qquad (1.3)$$

Die Gleichung (1.3) zeigt formal das von Gerschenkron (1962) und Abramovitz (1986) verbalisierte Potenzial der Rückständigkeit, da die Wissensakkumulation h^Y/h mit steigendem Quotienten A/h, d.h. mit zunehmender Rückständigkeit, wächst.

Die für einen catching-up-Prozess notwendige Absorptionsfähigkeit eines Landes wird aus Gleichung (1.2) erkennbar. Eine Zunahme von u erhöht die Fähigkeit, fortschrittlichere Kapitalgüter für sich nutzbar zu machen. Die Verfügbarkeit neuer Kapitalgüter wird durch deren Import, erfasst durch μ, erhöht. Die Zunahme des Wissensbestandes h bewirkt, gemäß Gleichung (1.1), einen erhöhten Output und somit Wachstum.

Entlang des steady-state-Wachstumspfades ergibt sich der Pro-Kopf-Output mit:

$$y^*(t) = \left(\frac{sf(k^*)}{n+g+\delta}\right)^{\alpha/1-\alpha} \left(\frac{\mu}{g}e^{\psi u}\right)^{1/\gamma} A^*(t). \qquad (1.4)$$

Weshalb jedoch in manchen Ländern Individuen mehr Zeit zur Wissensakkumulation verwenden als in einem anderen Land oder weshalb manche Länder höhere Investitionsquoten aufweisen als andere, kann mit diesem Modell nicht geklärt werden (Jones 1998: S. 127). Hall/Jones (1999) weisen darauf hin, dass diese entscheidenden Unterschiede auf die länderspezifische *social infrastructure* zurückzuführen sind. Hierunter verstehen die Autoren den institutionellen Rahmen, innerhalb dessen Individuen Wissen und Sachkapital akkumulieren und produktiv tätig werden (Hall/Jones 1999: S. 84). Um diesen Aspekt im dargestellten Modell zu erfassen, wird die ursprüngliche Cobb-Douglas Produktionsfunktion (2.1) um die social infrastructure erweitert. Es gilt:

$$Y = IK^\alpha (hL)^{1-\alpha}, \qquad (1.5)$$

wobei I den Einfluss des institutionellen Rahmens auf die Produktivität der Inputfaktoren darstellt (Jones 1998: S. 137f.).

Auf Grundlage des Technologiediffusionsmodells (2.4), erweitert um den institutionellen Rahmen (2.5), können nun folgende fünf Determinanten des Wachstums abgeleitet werden: Neben Bevölkerungswachstum und Investitionen als Bestimmungsgrößen der Pro-Kopf-Kapitalintensität bestimmen drittens der Import von Kapitalgütern sowie viertens die Absorptionsfähigkeit von Wissen durch Bildung und schließlich fünftens Institutionen die Höhe des steady-state-Niveaus und folglich auch ein Pro-Kopf-Wachstum im Anpassungsprozess.

3 Armutselastizität, Wachstum und Einkommensverteilung

Ausgehend von der übergeordneten Fragestellung wie sich Armut wirksam bekämpfen lässt, sind sich Ökonomen darin einig, dass Wirtschaftswachstum eine notwendige Voraussetzung zur Reduzierung von Armut ist. Zugleich gibt Fuentes zu bedenken (2005):

„(...) most importantly, the distribution of growth is important in the timeline of poverty reduction. (…) In other words, to reach the MDGs, the poor must achieve higher growth rates than the non poor" (Fuentes 2005: S.15).

Entscheidend für eine wirksame Armutsbekämpfung ist folglich die Frage, in welchem Ausmaß die Ärmsten der Gesellschaft von wirtschaftlichem Wachstum profitieren. Aus Sicht von Ravallion/Chen (1997) induziert Wachstum eine Reduzierung der Armut, da mögliche negative Verteilungseffekte nicht stark genug sind, den armutsreduzierenden Effekt des Wachstums zu kompensieren (Ravallion/Chen 1997: S. 379). Sowohl Dollar/Kraay (2002) als auch Kraay (2006) betonen die Verteilungsneutralität des Wachstums. Wirtschaftspolitische Maßnahmen, die ein Anstieg des Durchschnittseinkommens induzieren, wirken demnach armutsreduzierend (Kraay 2006: S. 199f.). Datt/Ravallion (1992) zeigen jedoch am Beispiel von Indien und Brasilien die Bedeutung des Verteilungseffekts hinsichtlich der Armutselastizität des Wachstums (Datt/Ravallion 1992: S. 294). Demnach können die armutsrelevanten Effekte des Wirtschaftswachstums, im Falle einer abnehmenden Ungleichverteilung verstärkt oder im Falle einer zunehmenden Ungleichverteilung abgeschwächt werden. Ravallion (2004) verweist auf die Bedeutung der ursprünglichen Ungleichverteilung des Einkommens zur Erklärung unterschiedlicher Armtuselastitzitäten des Wachstums. Insbesondere Länder mit einer geringen Ungleichverteilung des Einkommens laufen Gefahr, die armutsreduzierenden Effekte des Wachstums durch armutssteigernde Effekte aufgrund einer zunehmenden Ungleichverteilung zu verlieren (Ravallion 2004: S. 15). Auch Bourguignon (2003) sieht die Ursache unterschiedlicher Armutselastizitäten in den verschiedenen Ausgangsbedingungen hinsichtlich Ungleichverteilung und Wohlstandsniveau des jeweiligen Landes. Seine Analyse basiert auf der Annahme einer log-normalverteilten Einkommensverteilung (Bourguignon 2003: S. 7). Dieser Ansatz stellt die Grundlage weiterer Studien, u.a von Son/Kakwand (2004), Lopez (2004), Lopez/Servén (2006), dar.

Nach Lopez (2004) lässt sich der armutsreduzierende Effekt einer wirtschaftpolitischen Maßnahme folgendermaßen darstellen:

$$P_\alpha = P(Y,G)\text{[4]}, \qquad (1.6)$$

wobei die Armut P_α durch das Pro-Kopf-Einkommen Y und die Verteilung des Einkommens, gemessen am Gini-Koeffizienten, bestimmt wird.

Die Veränderung der Armut kann in eine Wachstumskomponente, die Auswirkung von Y auf P, und eine Verteilungskomponente, die Veränderung von G auf P, zerlegt werden.

$$\frac{\partial P}{\partial X}\frac{X}{P} = \frac{\partial Y}{\partial X}\frac{X}{Y} \times \gamma + \frac{\partial G}{\partial X}\frac{X}{G} \times \phi. \qquad (1.7)$$

Die Auswirkung einer wirtschaftspolitischen Maßnahme X auf die Armut hängt demnach ab von: erstens der Auswirkdung der wirtschaftpolitischen Maßnahme auf das Wachstum; zweitens von der Armutselastizität des Wachstumseffekts; drittens von der simultan induzierten Veränderung der Einkommensverteilung und viertens von der Armutselastizität des Verteilungseffekts.

Die theoretischen Elastizitäten γ und ϕ können als unabhängig von der jeweiligen wirtschaftspolitischen Maßnahme betrachtet werden. Allerdings variieren die Elastizitäten in Abhängigkeit der vorliegenden Ungleichverteilung und des Niveaus des Pro-Kopf-Einkommens. Dabei zeigt sich, dass sowohl eine zunehmende Ungleichverteilung des Einkommens als auch ein zunehmender Bevölkerungsanteil in Armut eine Verringerung der Armutselastizitäten γ und ϕ bewirken (Lopez 2004: S. 7)

4 Empirische Schätzung des Wachstums- und Verteilungseffekts

4.1 Hypothesen

Für die aus dem Technologiediffusionsmodell von Jones (1998) abgeleiteten Wachstumsdeterminanten werden folgende Wachstumseffekte erwartet:

Der erste Term in (2.4) zeigt, dass ein Bevölkerungswachstum, analog zum Solow-Modell (1956), eine Verringerung der Kapitalintensität induziert und somit eine Verringerung des Wirtschaftswachstums verursacht.

[4] Falls wie hier unterstellt, die Einkommensverteilung log-normalverteilt ist, dann folgt $\log(y) \sim N(\mu,\sigma)$, mit $G = 2\phi(\sigma/\sqrt{2}) - 1$, wobei $\phi(.)$ die kumulative Normalverteilung darstellt (Aitchison/Brown 1969), und G der Gini-Koeffizient ist.

Dementsprechend entgegengesetzt bewirkt ein Anstieg von Investitionen im Anpassungsprozess an das höhere steady-state-Niveau ein Anstieg der Wachstumsrate.

Aus dem zweiten Term in 2.4. wird deutlich, dass der Import von in Gütern gebundenem Wissen das steady-state-Niveau erhöht und infolgedessen im Anpassungsprozess ein Anstieg der Wachstumsrate zur Folge hat.

Die Absorptionsfähigkeit eines Landes gilt als Voraussetzung für ein erfolgreiches catching-up. Ein Anstieg von Humankapital sollte daher steigende Wachstumsraten induzieren.

In Bezug auf die Bedeutung von staatlichen Institutionen für das Wirtschaftswachstum, betont North (1984), dass im Kontext politischer Anarchie, wirtschaftliches Wachstum nicht möglich ist (North 1984: S. 259). Neben der Sicherung von Eigentumsrechten und der Implementierung eines wirksamen Justizsystems verweist Rodrik (2002) auf die besondere Bedeutung des Staates zur Sicherstellung der Funktionsfähigkeit des Marktes (Rodrik 2002: S. 4). Darüber hinaus betrachtet Rodrik (2000), mit Blick auf die wirtschaftlich erfolgreichen Industriestaaten, die Anpassungsfähigkeit des staatlichen Institutionensystems an die jeweiligen ökonomischen und kulturellen Gegebenheiten (Rodrik 2000: S. 13ff.). Eine zunehmende Demokratisierung, die neben der Gewährleistung eines rechssicheren Rahmens eine breit angelegte Teilhabe am Gestaltungs- und Veränderungsprozess des Institutionensystems gewährleistet müsste demnach positive Wachstumseffekte generieren.

In Bezug auf die Verteilungswirkung der fünf Wachstumsdeterminanten ist davon auszugehen, dass das Bevölkerungswachstum eine zunehmende Ungleichverteilung von Einkommen zur Folge hat (de la Croix/Doepke 2003 : S. 1102). Birdsall/Griffin (1988) begründen zunehmende Geburtenraten in einkommensswachen Bevölkerungsschichten mit dem rationalen Motiv der Alters- und Arbeitskräftesicherung (Birdsall/Griffin 1988 : S. 34). Daher sind arme Bevölkerungsschichten durch eine höhere Kinderanzahl mit gleichzeitig geringerem Bildungsniveau und Gesundheitszustand geknnzeichnet (Galor/Zeira 1993: S. 36).

Für den Verteilungseffekt von Investitionen wird erwartet, dass, aufgrund des Sachkapitalmangels in Entwicklungsländern, der Einkommenseffekt den Substitutionseffekt von Investitionen überkompensiert und somit Investitionen einkommensnivellierend wirken.

Die Auswirkung von Handel auf die Einkommensverteilung der beteiligten Länder, wird aus theoretischer Sicht unterschiedlich beurteilt. Während das Stolper-Samuelson-Theorem (1941) für Entwicklungsländer eine abnehmende Ungleichverteilung prognostiziert, ist auf Basis neuerer Theorieansätze u.a. Eicher (1996), Aghion/Howitt/Violante (2000), Davis/Mishra (2007), aufgrund des erhöhten Bedarfs an gutqualifizierten Arbeitskräften, eine zunehmenden Lohnspreizung und dadurch eine zunehmende Ungleichverteilung zu erwarten.

Nach Ansicht von Tinbergen (1975) bewirken neue Technologien und das volkswirtschaftliche Bildungsniveau entgegengesetzte Verteilungseffekte (Tinbergen (1975) : S. 75). Ein

Anstieg des allgemeinen Bildungsniveaus erhöht demnach das Angebot an qualifizierten Arbeitskräften und induziert somit ein Sinken des relativen Lohns gegenüber geringqualifizierten Arbeitskräften. Darüber hinaus verweist Caselli (1999) auf die erhöhte Diffusionsgeschwindigkeit von neuem Wissen in Volkswirtschaften mit hohem Bildungsstand. Die anfänglich zunehmende Ungleichverteilung des Einkommens, durch den Import neuer Technologien, wird dadurch schneller abgebaut (Caselli (1999) : S. 79). Neben der erhöhten Adaptionsfähigkeit gilt Humankapital als Voraussetzung zur grundsätzlichen Teilhabe an ökonomischen Aktivitäten. Ein Anstieg von Humankaptial sollte daher, in Anlehnung an Castelló-Climent/Domenéch (2008) eine Verringerung der Ungleichverteilung bewirken.

In Anlehnung an das median-voter-Modell müsste die politische Teilhabe dazu führen, dass mit zunehmenden Einkommensabstand des median-voter zum Durchschnittseinkommen, die politische Kraft die Wahl gewinnt, die größere Umverteilungsmaßnahmen in Aussicht stellt. Darüber hinaus führt der politische Wettbewerb um die Unterstützung der Bürger zu einer Erhöhung staatlicher Leistungen (Timmons 2010: S. 743). Es ist daher zu erwarten, dass eine zunehmende Demokratisierung mit einer Abnahme der Ungleichverteilung einhergeht.

Neben den fünf Wachstumsdeterminanten wird im ökonometrischen Modell der interdependente Zusammenhang zwischen Entwicklungsniveau und Ungleichverteilung von Einkommen berücksichtigt. Der zu erwartende negative Wachstumseffekt einer zunehmenden Ungleichverteilung wird durch den politökonomischen Ansatz, u.a. Alesina/Rodrik (1994), Persson/Tabellini (1994), Ferreira (1999), durch die wirtschaftlichen Ausgrenzung armer Bevölkerungsschichten aufgrund von Marktunnvollkommenheiten (Galor/Zeira (1993) sowie durch potenzielle soziale Konflikte (Rodrik (1999, 2000), Barro (2000)) begründet.

Inwiefern der Entwicklungsprozess die Einkommensverteilung verändert hängt nach Kuznets (1955) vom Entwicklungsstadium ab. Da es sich im vorliegenden Panel um z.T. sehr arme Entwicklungsländer handelt, gekennzeichnet u.a. durch einen hohen Anteil des Agrarsektors, müsste der Entwicklungsprozess zunächst mit einer zunehmenden Ungleichverteilung einhergehen (Kuznets 1955: S. 7f.)

Zur Prüfung der Robustheit der Schätzergebnisse werden als weitere erklärende Variablen die Inflationsrate sowie die Staatsausgaben berücksichtigt. Nach Fischer (1981) bewirkt eine steigende Inflation eine Verringerung der Kapitalakkumulation und somit einen negativen Wachstumseffekt. Da die Inflationsentwicklung tendenziell der Lohnentwicklung zeitlich vorausgelagert ist, führt die Inflation zu einer Verschiebung von Lohnbezieher hin zu Gewinneinkünften (Li/Zou (2002): S. 87). Eine zunehmende Inflation müsste hiernach die Ungleichverteilung des Einkommens verstärken.

Barro (1991) zeigt modelltheoretisch einen negativen Wachstumseffekt von Staatsausgaben auf. Höhere Staatsausgaben verringern danach, aufgrund steigender Steuern, die Erträge aus Investitionen und daher die Investitionstätigkeit (Barro 1991: S. 120f.). Als weiteren Grund negativer Wachstumseffekte sieht Iradian (2005) uneffektive staatliche Ausgabenprogramme sowie eine Zunahme an Bürokratie (Iradian 2005: S. 10). Infolgedessen sollte ein Anstieg der Staatsausgaben negative Wachstumseffekte induziert. Staatliche Ausgaben im sozialen Bereich, wie z.B. Gesundheit, sowie zur Bereitstellung öffentlicher Infrastruktur sind grundsätzlich als armutsverringernde Maßnahmen zu betrachten (Iradian 2005: S. 10). Daher ist von einer Abnahme der Ungleichverteilung des Einkommens durch staatliche Ausgaben auszugehen.

4.2 Daten und Definitionen

Ziel der empirischen Prüfung ist es, wirtschaftspolitische Handlungsempfehlungen zur Bekämpfung von Armut abzuleiten. Der Paneldatensatz beschränkt sich daher auf Regionen, in denen 2005 98 Prozent der Menschen lebten, die weniger als 1,25 US-$ PPP pro Tag zur Verfügung hatten. Somit beinhaltet der Datensatz 59 Länder aus den Regionen Asien und Pazifik, Lateinamerika und Karibik sowie der Sub-Sahara. Der Beobachtungszeitraum erstreckt sich von 1960 bis 2004[5] und ist in 5-Jahres-Intervalle unterteilt. Länder, in denen im Jahr 1981 mehr als 20 Prozent der Bevölkerung weniger als 1,25 US-Dollar pro Tag zur Verfügung hatten, sind in der Untergruppe *hoher Armutsanteil* zusammengefasst. Das Jahr 1981 wurde aus zwei Gründen als Basisjahr zur Gruppeneinteilung gewählt: Erstens ist das Jahr 1981 der früheste Erhebungszeitpunkt von Daten zur absoluten Armut der dem Datensatz zugrundeliegenden Entwicklungsländern und zweitens befindet sich das Jahr gleichzeitig zeitlich in der Mitte des Beobachtungszeitraums.[6] Somit ist am ehesten gewährleistet, dass sich die unterschiedlichen Entwicklungsniveaus im gewählten Beobachtungszeitraum in der Gruppeneinteilung widerspiegeln.

Die abhängige Variable Wirtschaftswachstum wird durch die PPP-bereinigten Wachstumsraten GROWTH erfasst. Die Ungleichverteilung von Einkommen wird durch den Estimated Houshold Income Inequaltiy EHII Datensatz abgebildet. Dieser ist dem von Deininger/Squire verfassten World Income Inequality Database WIID aufgrund einer besseren Vergleichbarkeit der Werte vorzuziehen (Meschi/Vivarelli 2007 : S. 15f.)

Die Variable POPGROWTH zeigt die *Bevölkerungswachstumsraten*. Die Verwendung logarithmierter Werte birgt die Gefahr, dass die Bevölkerungsgröße und daraus resultierende Spezialisierungsgewinne aufgrund von Massenproduktionsvorteilen, den tatsächlichen Wachstumseffekt verfälschen. Diese Problematik besteht insbesondere für Querschnittsstudien, aber auch, wie im hier zugrundeliegendem Panel für Datensätze mit hohem Länderanteil und wenigen Beobachtungszeitpunkten.

Der Sammelbegriff *Investition* INVEST wird durch länderspezifische Investitionsquoten abgebildet.

---

[5] Durch die Berücksichtigung des zeitlich verzögerten endogenen Regressors als erklärende Variable, verringert sich der Beobachtungszeitraum des ökonometrischen Modells auf 1965-2004.

[6] Die Daten absoluter Armut sind aus PovcalNet (Weltbank) entnommen.

Die *Offenheit* eines Landes als Diffusionskanal von Wissen wird durch den Anteil importierter Kapitalgüter IMPORT in Bezug auf das reale BIP erfasst.

Hinsichtlich der Messung *Humankapitalbestandes* verweisen Vandenbussche/Aghion (2006) sowie Jalles (2010) auf die zunehmende Bedeutung höherer Bildungsabschlüsse mit steigendem Entwicklungsniveau. Für eine Gruppe von Entwicklungsländern mit unterschiedlichen Entwicklungsniveaus spiegelt daher der Sekundarbereich für die gesamte Ländergruppe am ehesten die potenzielle Adaptionsfähigkeit von Wissen wider. Da diese insbesondere durch Berufserfahrung bestimmt wird, gilt als Proxy-Variable der Bevölkerungsanteil von 15-Jährigen und Älteren mit abgeschlossenem Sekundarbildungsniveau der Vorperiode SEC15(t-1).

Der wirtschaftliche Einfluss von Institutionen wird durch die Variable POLCON3[7] erfasst. Die Proxy-Variable POLCON nimmt Werte zwischen 1 und 0 an. Sie misst, inwiefern politische Entscheidungsträger durch unabhängige Institutionen, wie das Parlament oder unabhängige Gerichte, sogenannte „Veto-Points", in ihrer Freiheit hinsichtlich zukünftiger Politikentscheidungen eingeschränkt werden. Mit der Zunahme an unabhängigen Kontrollinstanzen erhöht sich der Wert bis auf 1 (Henisz 2000: S. 6ff.).

Variable	Beschreibung	Quelle
GROWTH	Durchschnittliche jährliche Pro Kopf Wachstumsrate des realen BIP (PPP des Jahres 2000)	Penn World Table 6.2 Heston/Summers/Aten (2006) eigene Berechnung
EHII	Durchschnittlicher EHII-Koeffizient, logarithmiert	UTIP-EHII Datensatz
POPGROWTH	Durchschnittliche Bevölkerungswachstumsrate	Penn World Table 6.2 Heston/Summers/Aten (2006) eigene Berechnung
INVEST	Logarithmierter durchschnittlicher Anteil von Investitionen am realen BIP,	Penn World Tables 6.2
IMPORT	Logarithmierter durchschnittlicher Anteil von Kapitalgütern am realen BIP,	World Development Indicators 2005, Welt-bank eigene Berechnung
SEC15 (t-1)	log (Import/reales BIP)	Barro/Lee (2010)
POLCON	Durchschnittlicher Anteil von 15-Jährigen (und älter) mit Sekundarbildungsniveau auf die Gesamtbevölkerung derselben Altersgruppe, logarithmiert	Henisz (2006)

7 im Folgenden POLCON.

Variable	Beschreibung	Quelle
GDP	Durchschnittswert der Kennzahl von 0 bis 1, wobei 0 für autoritäres und 1 für vollständig demokratisches System steht	Penn World Table 6.2 Heston/Summers/Aten (2006)
INFLATION	Reales BIP pro Kopf (PPP des Jahres 2000) zu Beginn der Beobachtungsperiode, logarithmiert	Barro/Lee (2010) World Development Indicators 2005, Weltbank eigene Berechnung
GOVERN	Logarithmierter durchschnittlicher Preisindex	Penn World Table 6.2 Heston/Summers/Aten (2006) eigene Berechnung

4.3 Empirisches Modell

Der funktionale Zusammenhang des Technologiediffusionsmodells, der den Wachstumseffekt einer wirtschaftspolitischen Maßnahme erklärt, wird ökonometrisch erfasst durch:[8]

$$GROWTH_{it} = \alpha_0 + \alpha_1 GROWTH_{i,(t-1)} + \alpha_2 POPGROWTH_{it} + \alpha_3 INVEST_{it} + \alpha_4 IMPORT_{it} \\ + \alpha_5 SEC_{i,(t-1)} + \alpha_6 POLCON_{it} + \alpha_7 GDP_{it} + \alpha_8 EHII_{it} + v_i + \tau_t + \varepsilon_{it}. \quad (1.8)$$

Der simultan induzierte Verteilungseffekt einer jeden wirtschaftspolitischen Maßnahme resultiert demnach aus:

$$EHII_{it} = \beta_0 + \beta_1 EHII_{i,(t-1)} + \beta_2 POPGROWTH_{it} + \beta_3 INVEST_{it} + \beta_4 IMPORT_{it} + \beta_5 SEC_{i,(t-1)} \quad (1.9) \\ + \beta_6 POLCON_{it} + \beta_7 GDP_{it} + \vartheta_i + \rho_t + \varsigma_{it},$$

mit GROWTHit als der zu erklärenden Pro-Kopf-Wachstumsrate und EHIIit als Maß der Einkommensverteilung des Landes i zum Zeitpunkt t, mit i = 1,...,N und t = 1,...,T. Als Regressoren dienen die um eine Zeitperiode (t-1) verzögerten endogenen Variablen GROWTHi,(t-1) und EHIIi,(t-1), die Bevölkerungswachstumsrate POPGROWTHit, Investitionen INVESTit sowie Offenheit IMPORTit, Humankapital SEC15i,(t-1) und Institutionen POLCONit. Der Pro-Kopf-Output GDPit wird grundsätzlich in Wachstumsmodellen mit berücksichtigt und dient der Überprüfung der bedingten Konvergenz zum steady-state

[8] Bis auf die Werte Bevölkerungswachstumsrate POPGROWTH, Wachstumsrate GROWTH und POLCON sind alle Variablen logarithmiert. Die Güte der Schätzergebnisse wurde durch den Fisher-Panel-Unit-Root-Test, den Autokorrelationstest von Wooldridge, sowie durch den Breusch-Pagan/Cook-Weisberg Heteroskedastizitätstest und Ramsey RESET Modellspezifikationstest sicher gestellt. Eine Prüfung auf Mulitkkollinearität sowie potenzieller einflussreicher Ausreißer wurde ebenfalls durchgeführt. Aus Platzgründen sind diese Ergebnisse nicht aufgeführt, jedoch auf Nachfrage erhältlich.

Wachstum. Der interdependente Charakter von Einkommensverteilung und Einkommensniveau wird durch den zusätzlichen Regressor EHIIit in der Wachstumsgleichung (1.8) sowie durch GDPit im Rahmen der Verteilungsgleichung (1.9) erfasst. v_i und ϑ_i repräsentieren die unbeobachteten zeitinvarianten länderspezifischen Effekte, τ_t und ρ_t bilden länderübergreifende zeitspezifische Effekte und ε_{it} bzw. ς_{it} den idiosynkratischen Fehler ab.

Die dynamische Modellspezifikation liegt darin begründet, dass die Verteilung von Einkommen, aufgrund struktureller Gegebenheiten wie die Faktorausstattung und institutionelle Bedingungen (Boix 2010: S. 491ff.), eine hohe Persistenz im Zeitablauf kennzeichnet (Shen/Yao 2008: S. 2188).

Im Gegensatz dazu weist Wirtschaftswachstum eine bedeutend höhere Volatilität auf. Aber auch Schwankungen durchlaufen häufig Zyklen und werden durch die Vorperiode bestimmt. Grund dafür sind Erwartungen der Wirtschaftssubjekte an die zukünftige Entwicklung, welche deren Verhalten im Positiven wie auch im Negativen bestimmen und nicht selten in wirtschaftlichen Übertreibungen münden. Darüber hinaus besteht durch eine dynamische Modellspezifikation die Möglichkeit, sowohl den kurzfristigen als auch den langfristigen Effekt der unabhängigen auf die abhängige Variable zu ermitteln (Belke/Fehn/Foster (2006), S. 93).[9]

4.4 Angewandte Schätzverfahren

Die mit der dynamischen Modellspezifikation einhergehende Endogenität zwischen endogenem Regressor und Störterm führt bei der Anwendung der OLS- bzw. Within-Schätzungen zu verzerrten Schätzergebnisse (Roodman 2006: S. 17ff.). Aufgrund der entgegengesetzten Verzerrungen bilden jedoch beide Schätzwerte die Intervallgrenzen, innerhalb derer sich die wahren Schätzwerte von Schätzverfahren dynamischer Modellspezifikationen befinden sollten (Bond: 2002: S. 5). Eine gängige Praxis zur Eliminierung der länderspezifischen Effekte, unter Berücksichtigung des Endogenitätsproblems der transformierten Werte, ist die IV-Schätzung von Anderson/Hsiao (1981). Eine Erweiterung dieses Ansatzes stellt das GMM-Difference-Schätzverfahren von Arrellano/Bond (1991) dar, das die Berücksichtigung weiterer Instrumentenvariablen ermöglicht und dadurch die Effizienz der Schätzer erhöht (Arellano/Bond 1991: S. 279). Blundell/Bond (1998) verweisen jedoch darauf, dass im Fall persistenter Zeitreihe die GMM-Difference-Schätzungen zu verzerrten Schätzergebnisse führen, da die zeitlich verzögerten Niveauwerte nur eine schwache Korrelation zu den differenzierten Werten der Wachstums- und Verteilungsgleichung aufweisen, folglich als Instrumentenvariablen ungeeignet sind (Blundell/Bond 1998: S. 134). Darüber hinaus droht ein Verlust an Beobachtungen bei unbalanced-panels (Roodman 2006: S. 20).

---

9 Der langfristige Effekt wird ermittelt durch $\sum \beta/(1-\sum \alpha_i)$, wobei β_i den Koeffizienten der unabhängigen Variable repräsentiert und α_i den zeitlich verzögerten endogenen Regressor abbildet (Belke/Fehn/Foster 2006: S. 93).

Daher wird das von Arrellano/Bover (1995) und Blundell/Bond (1998) erweiterte GMM-System Schätzverfahren verwendet. Dabei ist im Fall heteroskedastischer Fehlerterme das one-step-Verfahren mit robusten Standardfehlern dem two-step-Verfahren vorzuziehen (Arrellano/Bond 1991). Die Validität der GMM-Systems-Schätzungen hängt von drei Bedingungen ab: Erstens bedarf es einer stationär verlaufenden endogenen Variable, d.h. der endogene Regressor sollte einen Konvergenzprozess zum steady-state signalisieren und somit einen geringeren Wert als 1 aufweisen (Roodman 2006: S. 30), zweitens bedarf es der Exogenität des Instrumentensatzes, die mit Hilfe des Hansen-J-Tests geprüft wird und drittens müssen die Störterme frei sein von der Autokorrelation 2. Ordnung (Belke/Herz/Vogel 2006: S. 43). Da eine zu hohe Anzahl an Instrumenten die Aussagekraft des Hansen-J-Test schwächt (Roodman 2007: S. 10), wird ggf. durch die collapse-Funktion die Instrumentenmatrix reduziert (Roodman 2006: S. 24).[10]

4.5 Schätzergebnisse

Tabelle 4.1 stellt die auf Modell (4.1) basierenden Schätzergebnisse mit der Pro-Kopf-Wachstumsrate als abhängige Variable dar. Im Gegensatz zum GMM-Difference-Schatzvserfahren befindet sich der zeitlich endogene Regressoren GROWTH(t-1) bei der GMM-System-Schätzung mit 0.078 deutlich innerhalb der vorgegebenen Intervallgrenzen.

Für sämtliche Schätzergebnisse kann aufgrund der hohen p-Werte eine Autokorrelation 2. Ordnung ausgeschlossen werden. Der Hansen J-Test bestätigt die Exogenität der verwendeten Instrumente. Bis auf das Modell in Spalte (7) befinden sich alle zeitlich endogenen Regressoren innerhalb der von OLS- und Within-Schätzung vorgegebenen Intervallgrenzen, so dass insgesamt von unverzerrten und effizienten Schätzergebnissen ausgegangen werden kann.

Mit Ausnahme von Bildung (Spalte 4) sind die Koeffizientenschätzer der Wachstumsdeterminanten: Bevölkerungswachstum, Investitionen, Import von Kapitalgütern und Demokratie signifikant negativ bzw. positiv und entsprechen den Erwartungen. In Einklang mit Barro (2003) und Klasen (2007) induziert das Bevölkerungswachstum einen signifikant negativen Wachstumseffekt. Konkret bedeutet die Zunahme der Bevölkerungswachstumsrate um 1 Prozentpunkt eine Verringerung der Pro-Kopf-Wachstumsrate um 0,869 Prozentpunkte. Ein 1-prozentiger Anstieg der Investitionsquote bzw. der Importquote von Kapitalgütern induziert beispielsweise einen Anstieg der Pro-Kopf-Wachstumsrate um 0,91 Prozent bzw. 0,59 Prozent.[11]

---

[10] Als Orientierung schlägt Roodman (2006) die Zahl an Beobachtungseinheiten als Obergrenze der verwendeten Instrumente vor.

[11] Im Fall des funktionalen lin-log Zusammenhangs berechnet sich die Elastizität der Investitionsquote mit $\beta_i(1/Y)$, wobei die durchschnittliche Wachstumsrate Y = 0,0153703 und β_i= 0,014 beträgt. Die Elastizität der Importquote berechnet sich mit $\beta_i(1/Y)$, wobei die durchschnittliche Wachstumsrate Y = 0,0153703 und β_i = 0,009 beträgt.

Der Koeffizientenschätzer von SEC15(t-1) ist zwar positiv, statistisch aber insignifikant. Die Hypothese, wonach Bildung die Pro-Kopf-Wachstumsrate positiv beeinflusst, wird demnach verworfen.

Tabelle 4.1 Wachstumseffekte gesamte Ländergruppe (1965)
Abhängige Variable: Pro-Kopf-Wachstumsrate GROWTH

	OLS (1)	Within (2)	GMM Diff. (3)	GMM System (4)	GMM System (5)	GMM System (6)	GMM System (7)
$GROWTH_{(t-1)}$	0.100**	-0.047	-0.223***	0.078	0.045	-0.025	-0.004
	(0.021)	(0.390)	(0.009)	(0.199)	(0.387)	(0.734)	(0.959)
POPGROWTH	-0.823***	-0.900**	-0.467	-0.869***	-0.892***		
	(0.000)	(0.012)	(0.133)	(0.000)	(0.000)		
$POPGROWTH_{(t-4)}$						-0.653**	-0.589*
						(0.038)	(0.074)
INVEST	0.013***	0.014	0.020**	0.014***	0.016***	0.012**	0.010
	(0.002)	(0.100)	(0.031)	(0.002)	(0.000)	(0.043)	(0.110)
IMPORT	0.005**	0.021**	0.033***	0.009***	0.008**	0.007**	0.005
	(0.031)	(0.022)	(0.001)	(0.004)	(0.012)	(0.033)	(0.200)
$SEC15_{(t-1)}$	0.002	-0.002	-0.023***	0.004	0.003	0.010*	0.012*
	(0.615)	(0.725)	(0.007)	(0.257)	(0.432)	(0.051)	(0.053)
POLCON	0.011	0.021*	0.016*	0.019**	0.022**	0.029***	0.032***
	(0.151)	(0.055)	(0.092)	(0.021)	(0.010)	(0.002)	(0.001)
EHII	-0.056**	-0.061**	-0.110***	-0.051**	-0.055**	-0.069***	-0.074***
	(0.012)	(0.049)	(0.001)	(0.026)	(0.016)	(0.003)	(0.003)
GDP	-0.012***	-0.048***	-0.106***	-0.018***	-0.021***	-0.019***	-0.020***
	(0.000)	(0.000)	(0.000)	(0.000)	(0.000)	(0.000)	(0.000)
INFLATION					-0.004		-0.011
					(0.503)		(0.124)
GOVERN					-0.009		-0.010
					(0.130)		(0.154)
D1970er	-0.005	0.009*	0.010	0.011**	0.012**		
	(0.391)	(0.054)	(0.100)	(0.046)	(0.033)		
D1980er	-0.015***	-0.007	-0.004	-0.009*	-0.008	0.002	0.004
	(0.005)	(0.299)	(0.607)	(0.093)	(0.199)	(0.842)	(0.663)
D1990er	-0.006	-0.000	-0.002	-0.004	-0.004	0.006	0.006
	(0.164)	(0.938)	(0.729)	(0.358)	(0.439)	(0.294)	(0.278)
Beobachtungen	285	285	219	285	272	189	185
Länderanzahl	56	56	51	56	54	55	54
R^2	0.29	0.32					
AB AR(1) p-Wert			0.036	0.000	0.000	0.005	0.003
AB AR(2) p-Wert			0.202	0.413	0.167	0.256	0.214
Hansen J-Test p-Wert				0.144	0.116	0.198	0.086
Anzahl Instrumente				46	48	39	41
Collapse-Funktion				nein	nein	nein	nein
OLS GROWTH(t-1)					0.066	0.006	-0.023
Within GROWTH(t-1)					-0.078	-0.127	-0.110

Anmerkungen: Alle Modelle sind mit heteroskedastie- bzw. autokorrelations-robusten Standardfehlern geschätzt. Beim GMM-Schätzver-fahren handelt es sich um one-step-Schätzungen. Die p-Werte stehen in Klammer unterhalb der Koeffizientenschätzer mit den Signifikanzniveaus p<0.01***, p<0.05** und p<0.1*. GROWTH(t-1) gilt als prädeterminert, alle weiteren erklärenden Variablen werden als strikt exogen behandelt. Die Konstante ist nicht aufgeführt.

Neben den fünf Wachstumsdeterminanten weisen die Koeffizientenschätzer von EHII und GDP statistisch signifikant negative Werte auf. Ein Anstieg der Ungleichverteilung des Einkommens bewirkt daher den erwarteten negativen Wachstumseffekt. Der negative Koeffizientenschätzer GDP signalisiert abnehmende Wachstumsraten im Zuge der Entwicklung eines Landes und bestätigt die bedingte Form der Konvergenz (Barro/Sala-i-Martin 1992: S. 243). Die Ergebnisse bestätigen sich in Spalte 5 unter zusätzlicher Berücksichtigung von Inflation (INFLATION) und Staatsausgaben (GOVERN).

In keiner der Schätzungen kann für Bildung ein signifikant positiver Einfluss auf das Wirtschaftswachstum festgestellt werden. Eine mögliche Ursache dieser schwachen Korrelation könnte, gemäß Bloom/Williamson (1998), in der gegenwärtigen demografischen Last des Bevölkerungswachstums liegen. Diese bewirkt, bei gleichzeitig steigenden Einschulungsraten, entweder sinkende Bildungsausgaben pro Schüler oder einen enormen Anstieg der Bildungsausgaben, die jedoch erst in Zukunft ihre wachstumsfördernden Impulse entfalten. Um diesen potenziellen langfristigen Wachstumseffekt von Bildung zu erfassen, wird die um vier Zeitperioden zurückliegende Bevölkerungswachstumsrate berücksichtigt (Spalte 6). Diese kann als Bruttozufluss[12] des Arbeitskräftepotenzials interpretiert werden (Klasen (2007), S. 11). Im Gegensatz zu den bisherigen Schätzungen signalisiert der Koeffizientenschätzer SEC15(t-1) nun einen signifikant positiven Wachstumseffekt. In Übereinstimmung mit Safdari/Shahiki/Sheidaee (2010) führt eine Zunahme an Bildung daher langfristig zu positiven Wachstumseffekten, die durch ein höheres Bildungsniveau der Arbeitskräfte und der damit einhergehenden höheren Absorptionsfähigkeit erklärt werden können. Gleichzeitig verringert sich der negative Einfluss des Bevölkerungswachstums, bleibt jedoch wie alle anderen Koeffizientenschätzer signifikant. Die zusätzliche Berücksichtigung von INFLATION und GOVERN in Spalte 7 bewirken keine Veränderung des statistisch signifikant positiven Wachstumseffekts von SEC15(t-1).

Inwiefern die wirtschaftspolitische Beeinflussung der Wachstumsdeterminanten die Einkommensverteilung eines Landes verändert, zeigt **Tabelle 4.2**. Sie stellt die auf Modell (4.4) basierenden Schätzergebnisse mit dem logarithmierten EHII als abhängige Variable dar.

Bei Betrachtung der Schätzergebnisse des GMM-System-Schätzers (Spalte 4) ist zu konstatieren, dass lediglich ein Anstieg der Investitionsquote einen statistisch signifikanten Verteilungseffekt induziert. Der negative Koeffizientenschätzer bestätigt somit die Hypothese einer abnehmenden Ungleichverteilung von Einkommen. Demnach induziert ein 1-prozentiger Anstieg der Investitionsquote einen Rückgang des EHII um 0,015 Prozent. Im Fall des Bevölkerungswachstums ist zwar eine zunehmende Ungleichverteilung von Einkommen feststellbar, diese ist jedoch statistisch nicht signifikant. Analog dazu zeigen die Koeffizientenschätzer IMPORT, SEC15(t-1) und POLCON keine Signifikanz. Darüber hinaus weisen sie, in Bezug auf die zu prüfenden Hypothesen, falsche Vorzeichen auf.

[12] Bruttozufluss, da das altersbedingte Ausscheiden von Arbeitskräften unberücksichtigt bleibt.

Tabelle 4.2 Verteilungseffekt gesamte Ländergruppe (1965-2004)
Abhängige Variable: EHII

	OLS (1)	Within (2)	GMM Diff. (3)	GMM System (4)	GMM System (5)	GMM System (6)	GMM System (7)
$EHII_{(t-1)}$	0.700***	0.311***	0.326	0.617***	0.620***	0.621***	0.643***
	(0.000)	(0.000)	(0.145)	(0.000)	(0.000)	(0.000)	(0.000)
POPGROWTH	0.251	0.523	1.709***	0.296	0.427		
	(0.615)	(0.442)	(0.008)	(0.601)	(0.459)		
$POPGROWTH_{(t-4)}$						-0.274	-0.298
						(0.701)	(0.664)
INVEST	-0.015**	-0.014	0.009	-0.015**	-0.018**	-0.027***	-0.025***
	(0.014)	(0.265)	(0.644)	(0.031)	(0.029)	(0.005)	(0.008)
IMPORT	-0.006	-0.001	-0.014	-0.006	-0.007	-0.012	-0.009
	(0.244)	(0.974)	(0.578)	(0.282)	(0.272)	(0.133)	(0.289)
SEC15(t-1)	0.005	0.047**	0.006	0.007	0.007	-0.009	-0.013
	(0.209)	(0.013)	(0.788)	(0.176)	(0.254)	(0.326)	(0.172)
POLCON	0.000	-0.002	0.011	0.003	-0.002	0.006	0.003
	(0.999)	(0.937)	(0.681)	(0.896)	(0.937)	(0.794)	(0.884)
GDP	-0.014**	-0.044**	-0.069*	-0.018***	-0.013*	-0.008	-0.004
	(0.021)	(0.028)	(0.066)	(0.009)	(0.072)	(0.304)	(0.642)
INFLATION					-0.005		0.003
					(0.649)		(0.817)
GOVERN					0.011		0.013
					(0.306)		(0.304)
D1970er	-0.013	-0.028**	-0.011	-0.013	-0.015		
	(0.231)	(0.040)	(0.681)	(0.226)	(0.175)		
D1980er	-0.007	-0.032***	-0.019	-0.008	-0.007	-0.032**	-0.030**
	(0.475)	(0.007)	(0.214)	(0.388)	(0.453)	(0.017)	(0.029)
D1990er	0.018	0.004	-0.007	0.018	0.018	-0.004	-0.002
	(0.125)	(0.742)	(0.637)	(0.105)	(0.107)	(0.751)	(0.856)
Beobachtungen	258	258	198	258	247	177	174
Länderanzahl	55	55	46	55	53	53	52
R^2	0.62	0.34					
AB AR(1) p-Wert			0.005	0.001	0.002	0.001	0.001
AB AR(2) p-Wert			0.596	0.675	0.568	0.938	0.934
Hansen J-Test p-Wert				0.296	0.436	0.406	0.309
Anzahl Instrumente				45	47	38	40
Collapse-Funktion				nein	nein	nein	nein
OLS EHII(t-1)					0.698***	0.704***	0.700***
Within EHII(t-1)					0.281***	0.339***	0.077

Anmerkungen: Alle Modelle sind mit heteroskedastie- bzw. autokorrelations-robusten Standardfehlern geschätzt. Beim GMM-Schätzverfahren handelt es sich um one-step-Schätzungen. Die p-Werte stehen in Klammer unterhalb der Koeffizientenschätzer mit den Signifikanzniveaus p<0.01***, p<0.05** und p<0.1*. EHII(t-1) gilt als prädeterminert, alle weiteren erklärenden Variablen werden als strikt exogen behandelt. Die Konstante ist nicht aufgeführt.

Der hochsignifikante und zugleich starke Einfluss des zeitlich endogenen Regressors zeigt, wie bereits in den Studien von Meschi/Vivarell (2007), Shen/Yao (2008) und Raychaudhuri/De (2010), die hohe Persistenz der Einkommensungleichverteilung über kurze Beobachtungszeiträume. Ein Anstieg der Ungleichverteilung in der Vorperiode um 1 Prozent erhöht die Ungleichverteilung in der nachfolgenden Periode um 0,617 Prozent. Die hohe Persistenz der Ungleichverteilung könnte auch verantwortlich für die auf kurze Sicht fehlende Signifikanz von Importen von Kapitalgütern, Bildung und Demokratisierung sein. Dagegen ist der Koeffizientenschätzer BIP ist auf 1-prozentigem Niveau statistisch signifikant und signalisiert entgegen der Erwartung eine abnehmende Ungleichverteilung.

Durch die Berücksichtigung der Variablen INFLATION und GOVERN (Spalte 5) behalten die Investitionen sowie der zeitlich verzögerte endogene Regressor EHII(t-1) und der Koeffizientenschätzer BIP ihre statistische Signifikanz. Der statistisch signifikante ungleichheitsvermindernde Effekt einer zunehmenden Investitionsquote sowie die starke und statistisch signifikante Persistenz der Ungleichverteilung bestätigen sich auch für den Fall, dass das gegenwärtige Bevölkerungswachstum durch die Veränderung des Arbeitskräftepotenzials, POPGROWTH(t-4), ersetzt wird (Spalte 6 und 7). Gleichzeitig signalisiert eine Zunahme des Bevölkerungsanteils mit Sekundarbildung SEC15(t-1) entgegen der bisherigen Schätzungen einen ungleichheitsvermindernden Effekt. Dieser ist jedoch, entgegen der Ergebnisse von u.a. Barro (2000), Lundberg/Squire (2003) sowie Lopez (2004), statistisch insignifikant.

Zur weiteren Überprüfung der Robustheit der empirischen Ergebnisse wird von uns in weiteren Schätzungen a la Roodman (2006, 2007) dem potenziellen Einfluss des Entwicklungsniveaus eines Landes auf den induzierten Wachstums- und Verteilungseffekt einer wirtschaftspolitischen Maßnahme Rechnung getragen (Calderón/Loyaza/Schmid-Hebbel, 2004, und Daumal/Ozyurt, 2011). Die Resultate sind auf Anfrage verfügbar.[13]

Zur weiteren Überprüfung der Robustheit der empirischen Ergebnisse soll dem potenziellen Einfluss des Entwicklungsniveaus eines Landes auf den induzierten Wachstums- und Verteilungseffekt einer wirtschaftspolitischen Maßnahme Rechnung getragen werden. Beispielsweise stellt sich die Frage, ob der signifikante Wachstumseffekt des Imports von Kapitalgütern unabhängig vom Entwicklungsniveau eines Landes ist oder durch dieses bestimmt wird.[14]

Tabelle 4.3 zeigt die unterschiedlichen Wachstumseffekte der Determinanten des Wachstums je nach Entwicklungsniveau. Im Vergleich zur Betrachtung der gesamten Ländergruppe bestätigt sich der signifikant negative Wachstumseffekt des Bevölkerungswachstums. Dieser schwächt sich jedoch mit zunehmender Entwicklung ab. Entsprechend den Ergebnissen von Calderón/Loyaza/Schmid-Hebbel (2004) und Daumal/Ozyurt (2011) induziert der Import von Kapitalgütern lediglich für die Ländergruppe des höheren Entwicklungsniveaus signifikant positive Wachstumseffekte. Offensichtlich ist die Fähigkeit zur Absorption neuen Wissens in bereits weiter entwickelten Ländern stärker vorhanden, so dass nur diese Länder vom Import neuen Wissens profitieren.

---

[13] Siehe auch Kaldor (1956), Bourguignon (1981) sowie Aghion/Caroli/García-Peñalosa (1999), Galor/Zeira (1993), Alesina/Perotti (1993) und Rodrik (1999), Olson (1982) sowie Barro (1997, 2000).

[14] In den empirischen Arbeiten von Chang/Kaltani/Loayza (2005), Calderón/Loayza/Schmidt-Hebbel (2004), González-Rivas (2007) sowie Daumal/Ozyurt (2011) zur Bestimmung von Wirtschaftswachstum wird der entwicklungsniveauspezifische Effekt einer wirtschaftspolitischen Maßnahme durch Interaktionsterme erfasst.

Tabelle 4.3 Wachstumseffekte - Länderuntergruppen (1965-2004)
Abhängige Variable: Pro-Kopf-Wachstumsrate GROWTH

	Ländergruppe, hoher Armutsanteil'				Ländergruppe, geringer Armutsanteil'			
	OLS (1)	Within (2)	GMM System (3)	GMM System (4)	OLS (5)	Within (6)	GMM System (7)	GMM System (8)
$GROWTH_{(t-1)}$	0.082	-0.054	0.045	0.047	0.087	-0.069	0.032	0.012
	(0.107)	(0.540)	(0.472)	(0.407)	(0.289)	(0.394)	(0.722)	(0.897)
POPGROWTH	-1.059***	-1.238**	-1.141***	-1.147***	-0.795**	-0.922*	-0.811***	-0.897***
	(0.001)	(0.011)	(0.001)	(0.001)	(0.017)	(0.055)	(0.003)	(0.001)
INVEST	0.013**	0.016	0.014**	0.017**	0.011**	0.006	0.009	0.011**
	(0.041)	(0.140)	(0.034)	(0.012)	(0.019)	(0.616)	(0.103)	(0.011)
IMPORT	0.001	0.022	0.005	0.008	0.008**	0.024*	0.012**	0.008*
	(0.834)	(0.162)	(0.305)	(0.179)	(0.034)	(0.065)	(0.013)	(0.055)
$SEC15_{(t-1)}$	-0.001	-0.003	0.002	0.000	0.003	-0.004	0.006	0.009
	(0.836)	(0.769)	(0.620)	(0.997)	(0.618)	(0.618)	(0.395)	(0.199)
POLCON	0.022**	0.013	0.030***	0.031***	0.004	0.029*	0.015	0.017
	(0.012)	(0.376)	(0.003)	(0.004)	(0.706)	(0.050)	(0.206)	(0.126)
EHII	-0.030	-0.044	-0.037	-0.046	-0.084***	-0.110***	-0.083***	-0.076***
	(0.444)	(0.323)	(0.304)	(0.203)	(0.001)	(0.005)	(0.002)	(0.002)
GDP	-0.011**	-0.041**	-0.019***	-0.019***	-0.016**	-0.054***	-0.024***	-0.034***
	(0.020)	(0.034)	(0.000)	(0.000)	(0.029)	(0.000)	(0.003)	(0.000)
INFLATION				-0.005				-0.003
				(0.869)				(0.640)
GOVERN				0.004				-0.026***
				(0.697)				(0.001)
D1970er	0.005	0.012	0.014	0.017	0.005	0.008	0.009	0.011
	(0.533)	(0.138)	(0.123)	(0.101)	(0.496)	(0.201)	(0.258)	(0.128)
D1980er	-0.006	0.003	0.002	0.005	-0.023***	-0.015	-0.022***	-0.017**
	(0.391)	(0.738)	(0.772)	(0.548)	(0.008)	(0.116)	(0.008)	(0.035)
D1990er	-0.005	-0.003	-0.005	-0.003	-0.005	0.002	-0.007	-0.005
	(0.450)	(0.736)	(0.497)	(0.715)	(0.467)	(0.821)	(0.330)	(0.515)
Beobachtungen	138	138	138	126	147	147	147	146
Länderanzahl	30	30	30	28	26	26	26	26
R^2	0.23	0.27			0.39	0.44		
AB AR(1) p-value			0.012	0.020			0.001	0.002
AB AR(2) p-value								
Hansen-Test p-Wert			0.442	0.169			0.613	0.725
Anzahl Instrumente			0.591	0.305			0.475	0.582
Collapse-Funktion			19	21			19	21
OLS GROWTH(t-1)			ja	ja			ja	ja
Within GROWTH(t-1)				0.048 -0.064				0.055 -0.105

Anmerkungen: Alle Modelle sind mit heteroskedastie- bzw. autokorrelations-robusten Standardfehlern geschätzt. Beim GMM-Schätzverfahren handelt es sich um one-step-Schätzungen. Die p-Werte stehen in Klammer unterhalb der Koeffizientenschätzer mit den Signifikanzniveaus p<0.01***, p<0.05** und p<0.1*. GROWTH(t-1) gilt als prädeterminert, alle weiteren erklärenden Variablen werden als strikt exogen behandelt. Die Konstante ist nicht aufgeführt.

Der signifikant positive Wachstumseffekt von Investitionen bestätigt sich für Länder mit hohem Armutsanteil. Mit zunehmender Entwicklung verringert sich jedoch der Wachstumseffekt und verliert z.T. die Signifikanz. Demzufolge induzieren Investitionen, entsprechend der Logik abnehmender Grenzerträge, in Ländern mit sehr geringer Sachkapitalausstattung, i.d.R. sehr armen Entwicklungsländern, höhere Wachstumseffekte als in Ländern, die durch eine höhere Kapitalintensität gekennzeichnet sind. Die bessere Sachkapitalausstattung könnte auch Ursache des bereits erwähnten abnehmenden negativen Einflusses von Bevölkerungswachstum mit zunehmendem Entwicklungsniveau sein. In diesem Zusammenhang erscheint es auch plausibel, dass eine zunehmende Ungleichverteilung von Einkommen nur in weiter entwickelten Ländern zu signifikant negativem Wachstum führt, da, entsprechend den Überlegungen von Kaldor (1956), Bourguignon (1981) sowie Aghion/Caroli/García-Peñalosa (1999) besonders in armen Ländern eine Einkommenskonzentration eine höhere Spar- bzw. Investitionsquote induziert und somit wachstumsfördernd wirkt. Mit zunehmendem Entwicklungsniveau hingegen dominieren offensichtlich die von Galor/Zeira (1993), Alesina/Perotti (1993) und Rodrik (1999) sowie Barro (2000) beschriebenen negativen Wachstumseffekte einer zunehmenden Ungleichverteilung.

Der signifikant positive Einfluss einer zunehmenden Demokratisierung bestätigt sich nur für die Gruppe sehr armer Entwicklungsländer. Verantwortlich für den nichtsignifikanten Wachstumseffekt in bereits weiter entwickelten Ländern könnte einerseits die von Olson (1982) dargestellte institutionelle Sklerose reiferer Demokratien sein, andererseits die Furcht vor zusätzlichen Umverteilungsmaßnahmen des Staates, die die Investitionstätigkeit negativ beeinträchtigt (Barro 1997: S. 59).

Im Hinblick auf die Verteilungswirkung der Determinanten des Wachstums zeigt **Tabelle 4.4**, analog zur gesamten Beobachtungsgruppe, eine hohe Persistenz der Ungleichverteilung des Einkommens.

Tabelle 4.4 Verteilungseffekt - Länderuntergruppen (1965-2004)
Abhängige Variable: EHII

	Ländergruppe ‚hoher Armutsanteil'				Ländergruppe ‚geringer Armutsanteil'			
	OLS (1)	Within (2)	GMM System (3)	GMM System (4)	OLS (5)	Within (6)	GMM System (7)	GMM System (8)
EHII(t-1)	0.603***	0.170*	0.566***	0.567***	0.840***	0.480***	0.834***	1.118***
	(0.000)	(0.098)	(0.000)	(0.000)	(0.000)	(0.000)	(0.000)	(0.000)
POPGROWTH	1.147*	2.128*	0.944	0.932	-0.173	-0.971	0.051	0.644
	(0.041)	(0.035)	(0.233)	(0.261)	(0.726)	(0.181)	(0.899)	(0.116)
INVEST	-0.010	0.010	-0.005	-0.006	-0.016*	-0.021	-0.020**	-0.012
	(0.131)	(0.645)	(0.425)	(0.551)	(0.097)	(0.287)	(0.030)	(0.120)
IMPORT	0.006	-0.012	0.005	0.003	-0.007	0.015	-0.009	-0.006
	(0.443)	(0.700)	(0.579)	(0.789)	(0.187)	(0.516)	(0.131)	(0.400)
SEC15(t-1)	0.010*	0.064***	0.008	0.008	0.001	-0.002**	0.003	0.007
	(0.080)	(0.003)	(0.178)	(0.302)	(0.894)	(0.958)	(0.732)	(0.194)
POLCON	-0.001	0.018	0.014	0.013	0.005	0.002	-0.012	-0.014
	(0.962)	(0.673)	(0.687)	(0.703)	(0.810)	(0.939)	(0.648)	(0.667)
GDP	-0.019*	-0.005	-0.023*	-0.021*	-0.004	-0.039*	-0.003	-0.008
	(0.084)	(0.883)	(0.058)	(0.065)	(0.696)	(0.029)	(0.815)	(0.469)
INFLATION				0.039				
				(0.633)				
GOVERN				-0.017				
				(0.376)				
D1970er	-0.002	-0.021	0.012	0.002	-0.022	-0.037***	-0.023**	-0.016
	(0.924)	(0.417)	(0.619)	(0.939)	(0.061)	(0.004)	(0.025)	(0.186)
D1980er	-0.010	-0.040*	0.011	0.009	0.001	-0.020	-0.000	0.011
	(0.512)	(0.051)	(0.555)	(0.695)	(0.913)	(0.186)	(0.997)	(0.364)
D1990er	0.023	-0.008	0.037	0.032	0.013	0.001	0.013	0.016
	(0.263)	(0.716)	(0.138)	(0.249)	(0.285)	(0.925)	(0.272)	(0.235)
Beobachtungen	126	126	126	115	131	131	131	131
Länderanzahl	31	31	31	29	24	24	24	24
R^2	0.53	0.31			0.75	0.51		
AB AR(1) p-value			0.005	0.009			0.001	0.000
AB AR(2) p-value			0.993	0.829			0.135	0.153
Hansen J-Test p-Wert			0.227	0.160			1.000	0.986
Anzahl Instrumente			18	20			45	18
Collapse-Funktion			ja	ja			nein	ja
OLS EHII(t-1)				0.590***				
Within EHII(t-1)				0.079				

Anmerkungen: Alle Modelle sind mit heteroskedastie- bzw. autokorrelations-robusten Standardfehlern geschätzt. Beim GMM-Schätzverfahren handelt es sich um GMM-Schätzungen. Die p-Werte stehen in Klammer unterhalb der Koeffizientenschätzer mit den Signifikanzniveaus p<0.01***, p<0.05** und p<0.1*. EHII(t-1) gilt als prädeterminert, alle weiteren erklärenden Variablen werden als strikt exogen behandelt. Die Konstante ist nicht aufgeführt.

Unabhängig des Entwicklungsniveaus bewirken die Determinanten des Wachstums nur geringe Verteilungseffekte. Lediglich Investitionen induzieren, unabhängig vom Entwicklungsniveau eines Landes, eine Verringerung der Ungleichheitsverteilung. Allerdings ist dieser Effekt nur für die Gruppe der Länder mit geringem Armutsanteil statistisch signifikant (Spalte 7). Der hohe p-Wert von 1,0 des Hansen J-Tests deutet jedoch auf das Problem der ‚instrument proliferation' (Roodman 2007: S. 9) hin. Die Reduzierung der Instrumentenzahl durch die collapse-Funktion verringert den p-Wert nur unwesentlich. In der Schätzung mit EHII(t-1) als prädeterminierte Variable deutet der Koeffizientenschätzer auf verzerrte Schätzergebnisse hin. Zum einen liegt der Koeffizientenschätze EHII(t-1) mit 1.118 außerhalb der Intervallgrenzen von 0.840 und 0.480. Zum anderen verstößt ein Wert > 1 gegen die steady-state Annahme (Roodman 2006: S. 30; Roodman 2007: S. 12).

Unter der zusätzlichen Berücksichtung des OLS- und Within-Schätzverfahrens (Spalte 1 und 2) wird deutlich, dass, in Einklang mit den empirischen Ergebnissen von Sakar/Sakar (2010) und Daymont/Gimet (2009), das Bevölkerungswachstum in sehr armen Entwicklungsländern die Ungleichverteilung von Einkommen und damit die Armut verschärft.

Mit Ausnahme der Investitionen (Spalte 7) bestätigt sich, im Vergleich zur gesamten Ländergruppe, für alle Determinanten des Wachstums der nichtsignifikante Einfluss auf die Veränderung der Einkommensverteilung. Allerdings induzieren wachstumsfördernde Maßnahmen einen indirekten einkommensnivellierenden und damit armutsreduzierenden Effekt. In allen Schätzungen ist, entsprechend den Ergebnissen der gesamten Ländergruppe, ein negativer Zusammenhang zwischen GDP und EHII festzustellen. Für Länder mit hohem Armutsanteil ist der Koeffizientenschätzer GDP statistisch signifikant. Der von Kuznets (1955) beschriebene Zusammenhang zwischen Entwicklungsniveau eines Landes und der Veränderung in dessen Einkommensverteilung kann daher, entgegen den Ergebnissen von Perotti (1996), Barro (2000) und Lopez (2004), nicht bestätigt werden.[15]

Hinsichtlich der Bestimmung der Armutselastiztität ist bei Betrachtung der gesamten Ländergruppe, entsprechend der Vorgehensweise von Lopez (2004) und Son/Kakwany (2004), festzustellen, dass in einem Land mit einer Armutsgrenze von 16 Prozent und einem Gini-Koeffizienten von 0,3 beispielsweise die Erhöhung der Investitionsquote um eine Standardabweichung - von 0,104 auf 0,203 - folgenden Armutseffekt bewirkt:

Aufgrund des induzierten Wachstums ergibt sich eine Verringerung der absoluten Armut um ungefähr 8,6 Prozent[16]. Darüber hinaus bewirkt die Erhöhung der Investitionsquote einen, durch die Verringerung der Ungleichverteilung bewirkten, zusätzlichen armutsreduzierenden Effekt in Höhe von 20,1 Prozent[17]. Dagegen führt in einem anderen Land,

---

[15] Eine mögliche Erklärung könnte darin bestehen, dass ein Großteil der Länder, die in der Gruppe ‚hoher Armutsanteil' zusammengefasst sind, bereits ein zu hohes Entwicklungsniveau erreicht haben, so dass daraus, analog zur Ländergruppe mit geringem Armutsanteil, eine zunehmende Entwicklung einkommensnivellierend wirkt.

[16] Der Anstieg der Investitionsquote um eine Standardabweichung, d.h. von 0,104 auf 0,203, induziert eine Erhöhung der Wachstumsrate um 86,7 Prozent. Unter der Annahme, dass besagtes Land die für die gesamte Ländergruppe durchschnittliche Wachstumsrate von 1,54 Prozent aufweist, erhöht sich diese auf 2,88 Prozent. Der Wachstumsanstieg um 1,34 Prozentpunkte bewirkt gemäß der theoretischen Armutselastizitäten des Wachstums von Lopez/Serven (2006) eine Reduzierung der Armut um 1,34 % * (-6,45) = -8,64 Prozent.

[17] Die Erhöhung der Investitionsquote von 0,104 auf 0,203 entspricht einer Zunahme um ca. 95,2 Prozent. Dies wiederum induziert auf Basis der Schätzergebnisse der gesamten Ländergruppe (Tabelle 4.2) einen Rückgang der Ungleichverteilung um -1,428 Prozent (95,2 * -0,015). Die theoretische Armutselastizität von Lopez/Servén (2006) beträgt 14,08 Prozent, so dass sich eine Verringerung der Armut um ca. 20,1 Prozent ergibt.

gekennzeichnet durch eine Armutsgrenze von 50 Prozent und einen Gini-Koeffizienten von 0,5, dieselbe Veränderung der Investitionsquote zu einer Reduzierung der Armut durch den Wachstumseffekt um 1,77 Prozent und durch den Verteilungseffekt um 3,56 Prozent. Erhebliche Unterschiede in den länderspezifischen Armutselastizitäten sind offensichtlich einerseits durch die Ausgangsbedingungen eines Landes determiniert (Son/Kakwany 2004: S. 16) andererseits durch die wirtschaftspolitisch getroffenen Maßnahmenbündel.

5 Schlussfolgerungen

Aus den vorangegangen Schätzungen ist abzuleiten, dass wirtschaftspolitische Maßnahmen durch den induzierten Wachstums- und Verteilungseffekt Einfluss auf die Veränderung von Armut nehmen. Als wirksamste Maßnahme zur Armutsbekämpfung gilt dabei die Förderung des Pro-Kopf-Kapitalbestands. Unabhängig vom Entwicklungsniveau eines Landes führen Investitionen zu Wachstum und signalisieren gleichzeitig einen einkommensnivellierenden Effekt. Gleichzeitig wirkt ein Bevölkerungswachstum stets wachstumsmindernd und in der Ländergruppe mit hohem Armutsanteil tendenziell ungleichheits- und damit armutsverstärkend.

Maßnahmen zur Verbesserung des volkswirtschaftlichen Humankapitals zeigen langfristig durch ein erhöhtes Qualifikationsniveau der Arbeitskräfte einen positiven Wachstumseffekt.

Da eine Zunahme des Humankapitals tendenziell mit einer Verringerung der Kindersterblichkeit einhergeht (Sarkar/Sarkar 2010) und diese wiederum Ursache für die Persistenz von Ungleichverteilung und Armut ist, können wirtschaftspolitische Maßnahmen zur Verbesserung des Bildungszugangs, insbesondere von Frauen, langfristig zur Verringerung des armutsverschärfenden Effekts von Bevölkerungswachstum beitragen.

Als weitere Maßnahme zur Bekämpfung von Armut ergibt sich für Länder auf höherem Entwicklungsniveau die Öffnung der Märkte für den Import von Kapitalgütern. Das dadurch erhaltene Know-how wirkt sich in dieser Ländergruppe wachstumsfördernd aus. Ein verbessertes staatliches Institutionensystem im Sinne einer zunehmenden Demokratisierung induziert in armen Entwicklungsländern einen positiven Wachstumseffekt. Da Demokratisierung verstanden wird als zunehmende politische Machtbeschränkung der Regierungsverantwortlichen, ist neben einer unabhängigen Rechtsprechung sowie Pressefreiheit auch der Aufbau eines Mehrparteiensystems zu nennen.

Unter Berücksichtigung der fünf Wachstumsdeterminanten zeigen die Schätzergebnisse, dass wirtschaftspolitische Maßnahmen, mit Ausnahme von Investitionsförderungen, kurzfristig keine nennenswerten Verteilungseffekte generieren. Dies kann als Folge der hohen Persistenz der Einkommensverteilung gesehen werden. Der armutsreduzierende Effekt wirkt also vorwiegend über den induzierten Wachstumseffekt. Da zusätzlich mit steigendem Entwicklungsniveau die Ungleichverteilung des Einkommens abnimmt und eine

Abnahme der Ungleichverteilung gleichzeitig wachstumsfördernd wirkt, können wirtschaftspolitische Maßnahmen, die einen Wachstumsimpuls erzeugen, einen sich selbst verstärkenden armutsreduzierenden Prozess auslösen.

Bei Betrachtung der Schätzergebnisse wird abschließend, mit Blick auf die verabschiedeten Millenniumsziele, deutlich, dass, aufgrund des starken Einflusses von Bevölkerungswachstum, der Erfolg bei der Bekämpfung extremer Armut in engem Zusammenhang mit der Entwicklung weiterer Ziele steht. Hier ist insbesondere der Bildungszugangs von Frauen, die Gesundheit von Müttern, die Verringerung der Kindersterblichkeit und hinsichtlich der Erhöhung der Adaptionsfähigkeit die Bekämpfung von Krankheiten, welche die Bevölkerung im arbeitsfähigen Alter betreffen, zu nennen.

Literatur

Abramovitz, M. (1986): Catching Up, Forgoing Ahead, and Falling Behind, in: The Journal of Economic History 46, Nr. 1, S. 385-406.

Aghion, P., Caroli, E., García-Peñalosa, C. (1999): Inequality and Economic Growth: The Perspective of the New Growth Theories, in: Journal of Economic Literature, Nr. 37 (December), S. 1615-1660.

Aghion, P., Howitt, P., Violante, G. L. (2000): Technology, Knowledge and Inequaltiy. mimeo, Harvard University.

Aitchison, J., Brown J. (1969): The Lognormal Distribution, University Press, Cambridge.

Alesina, A., Rodrik, D. (1994): Distributive Politics and Economic Growth, in: The Quarterly Journal of Economics, Jg. 109, Nr. 2, S. 465-490.

Alesina, A., Perotti, R. (1996): Income Distribution, Political Instability and Investment, European Economic Jg. 40, Nr. 6, S. 1203-1228.

Anderson, T. W., Hsiao, C. (1981): Estimation of Dynamic Models with Error Components, in: Journal of American Statistical Association, Nr. 76, S. 598-606.

Arellano, M., Bond, S. (1991): Some Tests of Specification for Panel Data: Monte Carlo Evidence and an Application to Employment Equations, in: Review of Economic Studies, Nr. 58, S. 277-297.

Arellano, M., Bover, O. (1995): Another Look at the Instrumental Varible Estimation of Error-Components Models, in: Journal of Econometrics, Nr. 68, S. 29-52.

Barro, R. (1991): Government Spending in a Simple Model of Endogenous Growth, in: Journal of Political Economy, Jg. 98, Nr. 5, S. 103-125.

Barro, R. J. (1997): Determinants of Economic Growth: A Cross-Country Empirical Study, Cambridge MA., London.

Barro, R. J. (2000): Inequality and Growth in a Panel of Countries, in: Journal of Economic Growth, Jg. 5, Nr. 1, S. 5-32.

Barro, R. J. (2003): Determinants of Economic Growth in a Panel of Countries, Annals of Economics and Finance, Jg. 4, S. 231-274.

Barro, R.-J., Lee, J.-W. (2001): International Data on Educational Attainment: Updates and Implications, in: Oxford Economic Papers, Jg. 53, Nr. 3, S. 541-563.

Barro, R. J., Lee, J. - W. (2010): A New Dataset of Educational Attainment in the World, 1950-2010. NBER Working Paper, Nr. 15902, MA: National Bureau of Economic Research, Cambridge.

Barro, R. J., Sala-i-Martin, X. (1992):Convergence, in: Journal of Political Economy, Jg. 100, Nr. 2, S. 223-251.

Belke, A., Fehn, R., Foster, N. (2006): Does Venture Capital Investment Spur Employment Growth, in: Finance India, Jg. 20, Nr. 1, S. 75-98.

Belke, A., Herz, B., Vogel, L. (2006): Beyond Trade – Is Reform Effort Affected by the Exchange Rate Regime? A Panel Analysis for the Word versus OECD Countries., in: Économie Internationale, Jg. 107, S. 29-58.

Birdsall, Na., Griffin, C. (1988): Fertility and Poverty in Developing Countries, in: Journal of Policy Modeling, Jg. 10, Nr. 1, S. 29-55.

Bloom, D.-E., Williamson, J. G. (1998): Demographic Transition and Economic Miracles in Emerging Asia., in: The World Bank Economic Review, Jg. 12, Nr. 2, S. 419-435.

Blundell, R., Bond, S. (1998): Initial Conditions and Moment Restrictions in Dynamic Panels Data Models, in: Journal of Econometrics, Jg. 87, Nr. 1, S. 115-143.

Boix, C. (2010): Origins and Persistence of Economic Inequality, in: Annual Review of Political Science, Jg. 13, S. 489-516.

Bond, S. (2002): Dynamic Panel Data Models: A Guide to Micro Data Methods in Practice., Working Paper 09/02, Institute for Fiscal Studies, London.

Bourguignon, F. (1981): Pareto Superiority of Unegalitarian Equilibria in Stigliz' Model of Wealth Distribution with Convex Saving Function, in: Econometrica, Jg. 49, Nr. 6, S. 1469-1475.

Bourguignon, F. (2003): The Growth Elasticity of Poverty Reduction: Explaining Heterogenity across Countries and Time Periods, in: Eicher, T. S., Turnovsky, S. J. (Hrsg.): Inequality and Growth, MIT Press, MA, Cambridge.

Calderón, C.-A., Loayza, N., Schmidt- Hebbel, K. (2004): External Conditions and Growth Performance, Central Bank of Chile Working Papers, Jg. 292, S. 1-17.

Caselli, F. (1999): Technological Revolutions, in: American Economic Review, Jg. 89, Nr. 1, S. 78-102.

Castelló-Climent, A., Doménech, R. (2008): Human Capital Inequality, Life Expectancy and Economic Growth, in: Economic Journal, Jg. 118, S. 653-677.

Chang, R., Kaltani, L., Loayza, N. (2009): Openness can be Good for Growth: The Role of Policy Complementarities., in: Journal of Development, in: Economics, Jg. 90, S. 33-49.

Datt, G., Ravallion, M. (1992): Growth and Redistribution Components of Changes in Poverty Measures, in: Journal of Development Economics, Jg. 38, S. 275-295.

Daumal, M., Özyurt, S. (2011): The Impact of International Trade Flows on Economic Growth in Brazilian States, in: Review of Economics and Institutions, Jg. 2, Nr. 1, Art. 5: S. 1-25.

Davis, D. R., Mischra, P. (2007): Stolper-Samuelson is Dead: And Other Crimes of Both Theory and Data., NBER Chapters, in: Globalization and Poverty, S. 87-108.

Daymon, C., Gimet, C. (2009): An Empirical Test of the Inequality Trap Concept, in: Economics Letters Jg. 105, Nr. 2, S. 165-167.

De la Croix, D., Doepke, M. (2003): Inequality and Growth: Why Differential Fertility Matters., in: The American Economic Review, Jg 93, Nr. 4, S. 1091-1113.

Dollar, D., Kraay, A. (2002): Growth is good for the Poor, in: Journal of Economic Growth, Jg. 7, Nr. 3, S. 195-225.

Eicher, T. S. (1996): Interaction Between Endogenous Human Capital and Technological Change, in: Review of Economic Studies, Jg. 63, Nr. 1, S. 127-144.

Fischer, S. (1981): Towards an Understanding of the Costs of Inflation, Carnegie-Rochester Conference Series on Public Policy, 15, S. 5-41.

Fuentes, R. (2005): Poverty, Por-Poor Growth and Simulated Inequality Reduction, in: Human Development Report Office Occasional Paper, Nr. 11.

Galor, O., Zeira, J. (1993): Income Distribution and Macroeconomic, in: Review of Economic Studies, Jg. 60, S. 35-52.

Gerschenkron, A. (1962): Economic backwardness in historical perspectives, Praeger, New York.

González-Rivas, M. (2007): The Effects of Trade Openness on Regional Inequality Goodell, Grace; Powelson, J. P. (1982): The Democracy Prerequisites of Development, in: Gastil, Raymond (ed) Freedom in the World: Political Rights and Civil Liberties, New York, S. 167-176.

Hall, R. E., Jones, C. I. (1999): Why do some Countries Produce so much more Output per Worker than Others, in: The Quarterly Journal of Economics, Jg. 114, S. 83-116.

Henisz, W. J. (2000): The Institutional Environment for Economic Growth, Economics and Results 12, Nr. 1, S. 1-31.

Henisz, W. J. (2002): The Institutional Environment for Infrastructure Investment, Industrial and Corporate Change, Jg. 11, Nr. 2, S. 355-389.

Heston, A., Summers, R., Aten, B. (2006): Penn World Table 6.2. Center for International Comparison of Production, Income and Prices, University of Pennsylvania.

Iradian, G. (2005): Inequality, Poverty, and Growth: Corss-Country Evidence, IMF Working Paper 05/28, International Monetary Fund.

Jalles, J. T. (2010): Does Democracy Foster or Hinder Growth? Extreme-Type Political Regimes in a Large Panel, in Economics Bulletin, Jg. 30, Nr. 2, S. 1359-1372.

Jones, C. I. (1995): R&D-Based Models of Economic Growth, in: The Journal of Political Economy, Jg. 103, Nr. 4, S. 759-784.

Jones, C. I. (1998): Introduction to Economic Growth, Stanford University, Norton, New York.

Kaldor, N. (1956): Alternative Theories of Distribution, in: The Review of Economic Studies, Jg. 23, S. 83-100.

Klasen, S. (2007): The Impact of Population Growth on Economic Growth and Poverty Reduction in Uganda, Departmental Discussion Papers 133, University of Goettingen, Department of Economics.

Kray, A. (2006): When is Growth Por-Poor? Evidence from a Panel of Countries, in: Journal of Development Economics, Jg. 80, S. 198-227.

Kuznets, S. (1955): Economic Growth and Income Inequality, in: The American Economic Review, Jg. 45, Nr. 1, S. 1-28.

Li, H., Zou, H. -F. (2002): Inflation, Growth, and Income Distribution: A Cross-Country Study, Annals of Economics and Finance, Jg. 3, S. 85-101.

Lopez, J. H. (2004): Pro-growth, pro-poor: Is there a tradeoff?, in: World Bank Policy Research Working Paper, Jg. 3378, S. 1-29.

Lopez, J., Servén, L. (2006): A Normal Relationship? Poverty, Growth, and Inequaltiy, in: World Bank Policy Research Working Paper, Jg. 3814.

Lundberg, M., Squire, L. (2003): The Simultaneous Evolution of Growth and Inequality, in: The Economic Journal, Jg. 113, S. 326-344.

Meschi, E., Vivarelli, M. (2007): Trade Openness and Income Inequality in Developing Countries, CSGR Working Paper 232, Jg.07, Center for the Study of Globalisation and Regionalisation, University of Warwick.

Mincer, J. (1974): Schooling, Earnings, and Experience, National Bureau of Economic Research, New York.

Nelson, R., Phelps, E. S. (1966): Investment in Humans, Technological Diffusion, and Economic Growth, American Economic Association Papers and Proceedings, Jg. 56, S. 69-75.

North, D. C. (1984): Government and the Cost of Exchange in History, in: Journal of Economic History, Jg. 44, Nr. 2, S. 255-264.

Olson, M. (1982): The Rise and Decline of Nations, Yale University Press, New Haven London.

Perotti, R. (1996): Growth, Income Distribution, and Democracy: What the Data Say?, in: Journal of Economic Growth, Jg. 1, S. 149-187.

Persson, T., Tebllini, G. (1994): Is Inequality Harmful for Growth?, in: The American Economic Review, Jg. 84, Nr. 3, S. 600-621.

Prichett, L. (2001): Where Has All the Education Gone?, in: The World Bank Economic Review, Jg. 15, Nr. 3, S. 367-391.

Ravallion, M. (1997): Can high-inequality developing countries escape absolute poverty?, in: Economic Letters, Jg. 56, S. 51-57.

Ravallion, M. (2001): Growth, Inequality and Poverty: Looking Beyond Averages, in: World Development, Jg. 29, Nr. 11, S. 1803-1815.

Ravallion, M. (2004): Pro-Poor Growth: A Primer, The World Bank Policy Research Working Paper 3242.

Ravallion, M., Chen, S. (1997): What Can New Survey Data Tell Us about Recent Changes in Distribution and Porverty?, in: The World Bank Economic Review, Jg. 11, Nr. 2, S. 357-382.

Raychaudhuri, A., De, P. (2010): Trade, Infrastructure and Income Inequality in Selected Asian Countries: An Empirical Analysis, Asia-Pacific Research and Training Network on Trade Working Paper Series 82, S. 1-33.

Rodrik, D. (1999): Where Did All the Growth Go? External Shocks, Social Conflict, and Growth Collapse, in: Journal of Economic Growth, Jg. 4, S. 385-412.

Rodrik, D. (2000): Institutions for High-Quality Growth: What they are and How to Aquire Them., NBER Working Paper 7540, MA: National Bureau of Economic Research, Cambridge.

Rodrik, D. (2002): Feasible Globalizations, KSG Faculty Research Working Papers Series RWP02-029.

Romer, P. M. (1990): Endogenous Technological Change, in: Journal of Political Economy, Jg. 98, Nr. 5, S. 71-S102.

Roodman, D. (2006): An Introduction to Difference and System GMM in Stata, Working Paper 103, December, Center for Global Development.

Roodman, D. (2007): A Short Note on the Nature of Too Many Instruments, Working Paper 125, Center for Global Development.

Safdari, M., Shahiki, M., Sheidaee, Z. (2010): How Does Human Capital Affect on Growth in Different Economies?, in: Journal of Social Sciences, Jg. 6, Nr. 3, S. 416-423.

Sarkar, J. (2010): Persistence of Income Inequality: Does Child Mortality Matter, in: Journal of Developing Areas (In Press).

Shen, Y., Yao; Y. (2008): Does Grassroots Democracy Reduce Income Inequality in China?, in: Journal of Public Economics, Jg. 92, S. 2182-2196.

Solow, R. M. (1956): A Contribution to the Theory of Economic Growth, in: Quarterly Journal of Economics, Jg. 70, S. 65-94.

Son, H. H., Kakwani, N. (2004): Economic Growth and Poverty Reduction: Initial Conditions Matter, United Nations Development Programme Working Paper, Nr. 2, International Policy Center for Inclusive Growth.

Stiglitz, W. F., Samuelson, P. A. (1941): The Role of Government in Economic Development, Annual World Bank Conference on Development Economics 1996, Washington D.C., S. 11-23.

Stolper, W. F.; Samuelson, P. A. (1941): Protection and Real Wages, in: The Review of Economic Studies, Jg. 9, Nr. 1, S. 58-73.

Timmons, J. F. (2010): Does Democracy Reduce Economic Inequality? If so, how?, in: British Journal of Political Science, Jg. 40, S. 741-757.

Tinbergen, J. (1975): Income Distribution: Analysis and Policies, North-Holland, Amsterdam.

Vandenbussche, J., Aghion, P., Meghir, C. (2006):Growth, Distance to Frontier and Composition of Human Capital, in: Journal of Economic Growth, Jg. 11, Nr. 2, S. 97-127.

Vereinte Nationen (2010): The Millennium Development Goals Report.

World Bank (2005): World Development Indicators, Washington DC.

Young, A. (1995): The Tyranny of Numbers: Confronting the Statistical Realities of the East Growth Experience, in: uarterly Journal of Economics, Jg. 110, Nr. 3, S. 641-680.

Betriebsräte, Überbeschäftigung und überhöhte Löhne - Eine Bewertung aus Sicht der Arbeitgeber

Rafael Gralla und Kornelius Kraft

1 Einleitung

Die wissenschaftliche Diskussion zur Wirkung der durch das Betriebsverfassungsgesetz im betrieblichen Alltag verankerten Mitbestimmung wird nunmehr seit Mitte der 80er Jahre intensiv und kontrovers geführt. Beginnend mit den Studien von FitzRoy und Kraft (1985, 1987 und 1990) sowie Kraft (1986) befasst sich eine Vielzahl von Untersuchungen mit möglichen Einflüssen auf Rentabilität, Produktivität, Forschungsintensität, Beschäftigung und Entlohnung.

Im Rahmen dieser Studie untersuchen wir mit Hilfe eines innovativen Vorgehens die Frage, ob Unternehmen mit einem Betriebsrat zu hohe Personalkosten oder einen zu hohen Personalbestand aufweisen. Im Vergleich zu bisherigen Untersuchungen basiert unser Ansatz auf einer subjektiven Beurteilung von in einem Betrieb existierenden Personalproblemen durch dessen Leitung. Der Vorteil dieser subjektiven Einschätzung liegt darin, dass die in der Theorie begründeten höheren Löhne bzw. höhere Beschäftigung auch effizient sein können, wenn dies durch eine entsprechend höhere Produktivität ausgeglichen wird. Dieser mögliche Produktivitätsvorteil kann durch beobachtete oder unbeobachtete Qualifikationsvorteile wie auch durch die Existenz eines Betriebsrates selbst hervorgerufen sein. In diesem Zusammenhang ist die Rolle der Betriebsräte folglich nicht eindeutig.

Bisherige Studien zur betrieblichen Mitbestimmung bei Entgelt- und Beschäftigungsfragen konzentrieren sich weitestgehend darauf, inwiefern sich sowohl Beschäftigungsstrategien als auch Entlohnung zwischen Unternehmen mit und ohne Betriebsrat unterscheiden. Frege (2002) sowie Addison, Schnabel und Wagner (2004) fassen Beiträge zur Wirkung eines Betriebsrates zusammen. Eine sehr detaillierte Zusammenfassung bisheriger Studien zur betrieblichen Mitbestimmung enthält zudem Jirjahn (2011). Die bislang vorliegenden Analysen untersuchen dabei vorwiegend rein objektive Maße, so dass nicht abschließend identifiziert werden kann, ob Unterschiede in Entlohnung oder Beschäftigung aus Sicht des Managements als effizient betrachtet werden. So finden Addison, Schnabel und Wagner (2001), Hübler und Jirjahn (2003), Addison, Teixeira und Zwick (2010) höhere Löhne bei Existenz eines Betriebsrates vor. Kraft und Lang (2008) untersuchen die Auswirkung der Einführung eines Betriebsrates und finden hingegen keinen Effekt. Die Betriebe, welche später einen Betriebsrat einführen, weisen schon vorher ein höheres Lohnniveau auf. Der Vorteil einer subjektiven Einschätzung durch die Betriebsleitung ist es, dass die Relation von Leistung zu Entlohnung eingeht und nicht nur das absolute Niveau der Bezahlung.

Weniger häufig als die Entlohnung wird die Beschäftigungsfestlegung untersucht. Das Betriebsverfassungsgesetz räumt den Betriebsräten weitgehende Mitwirkungsrechte bei Einstellungen und Entlassungen ein. Dies könnte durchaus zu einer Bürokratisierung der relevanten Vorgänge und zu Verzögerungen bei der Beschäftigungsanpassung führen. Eine „Überbeschäftigung" ist empirisch nicht einfach zu erfassen, da die Vergleichsgröße unter Berücksichtigung möglicher Produktivitätseffekte bestimmt werden muss. Dementsprechend gibt es auch vergleichsweise wenige Untersuchungen zu diesem Thema. Die subjektive Bewertung ist auch hier eine Möglichkeit, eine verlässliche Einschätzung zu erhalten.

Das Management kann die Frage eines eventuell bestehenden zu hohen Personalbestands vor dem Hintergrund der vorhandenen und möglicherweise von der Existenz eines Betriebsrates beeinflussten Produktivität und Produktnachfrage einschätzen. Das ist außenstehenden Forschern nur sehr schwer möglich.

Eine Herangehensweise, basierend auf einer subjektiven Bewertung, zur Interpretation von Beschäftigung und Entlohnung wurde in bisherigen Studien weitestgehend ignoriert. Lediglich Gold (1999) beschäftigt sich, basierend auf Daten des NIFA-Panels, mit der Frage einer subjektiven Überbeschäftigung aus Sicht des Managements. So gibt in dieser Studie die Betriebsleitung eines mitbestimmten Betriebes signifikant häufiger an, dass in ihrem Betrieb zu viel Personal beschäftigt wird. Zudem wird dies in der Studie mit, im Vergleich zu Betrieben ohne Betriebsrat, zu hohen Personalabbaukosten begründet.

Basierend auf Daten des IAB-Betriebspanels zeigen wir, dass die Betriebsleitung eines mitbestimmten Betriebes mit einer größeren Wahrscheinlichkeit die Anzahl der Beschäftigten als zu hoch angibt. Dagegen finden wir keine Unterschiede zwischen Betrieben mit und ohne Betriebsrat hinsichtlich der Wahrscheinlichkeit zu hoher Personalkosten. Zudem ist kein asymmetrisches Verhalten des Betriebsrates in unterschiedlichen Ertragslagen feststellbar.

Dieser Betrag gliedert sich wie folgt: Der folgende Abschnitt skizziert theoretische Überlegungen zur Wirkung von Betriebsräten. Darauffolgend wird im Abschnitt 3 der genutzte Datensatz beschrieben. Abschnitt 4 enthält, neben einer Erläuterung der angewandten Schätzmethodik, die Ergebnisse und deren Diskussion. Abschließend findet sich im Abschnitt 5 das Fazit.

2 Theoretische Fundierung

Das deutsche Betriebsverfassungsgesetz räumt der Belegschaft eines Betriebes über die Institution Betriebsrat weitreichende Informations- und Mitbestimmungsrechte ein. Hierbei sind die Mitbestimmungsrechte insbesondere in sozialen und arbeitsplatzrelevanten Bereichen eines Betriebes stark ausgeprägt, wobei diese sich weitgehend auf ein Reagieren auf Entscheidungen des Managements beschränken. So können, zum Beispiel, sowohl Entlassungen als auch Einstellungen durch die Intervention eines Betriebsrates annulliert werden. Ist eine Entlassung aufgrund von sozialen Bedenken oder einer weiterhin vorhandenen Beschäftigungsperspektive aus Sicht des Betriebsrates nicht notwendig, so kann er dieser widersprechen. Ebenfalls ist ein Widerspruch im Falle einer Einstellung möglich, nämlich wenn der Betriebsrat aus der Einstellung Nachteile für die Stammbelegschaft befürchtet.[1]

1 So kann, zum Beispiel, der Betriebsrat Einstellungen ablehnen, wenn durch diese Einstellungen ohne betriebliche Notwendigkeit Stammbelegschaft substituiert werden soll oder durch die Person des Einzustellenden eine Störung des Betriebsfriedens befürchtet wird.

Zudem muss im Falle von Betriebsänderungen zum Nachteil der Beschäftigten, wie zum Beispiel Massenentlassungen, mit dem Betriebsrat ein Interessenausgleich in Form eines Sozialplanes erarbeitet werden. Aus eigener Initiative kann ein Betriebsrat eine Entlassung erwirken, wenn der Betriebsfrieden gestört wird.

Beschränkt wird der Einfluss des Betriebsrates in Entgeltfragen. So hat ein Betriebsrat weder das Recht sich direkt an der Bestimmung des Entgeltes zu beteiligen, noch besitzt er aufgrund seiner Friedenspflicht eine Möglichkeit, Arbeitskampfmaßnahmen zu treffen. Des Weiteren wird sein Einfluss durch tarifliche Vereinbarungen begrenzt, da ein Betriebsrat tarifliche Vereinbarungen nicht ändern darf, wenn dies nicht explizit im Tarifvertrag erlaubt wird. Gleichwohl kann ein Betriebsrat die Entlohnung in einem Betrieb indirekt beeinflussen. So hat der Betriebsrat einen Einfluss auf die Eingruppierung von Arbeitnehmern in tariflich definierte Lohn- und Gehaltsgruppen. Zudem können Betriebe übertarifliche Löhne zahlen oder eine mit dem Betriebsrat vereinbarte Erfolgsbeteiligung der Arbeitnehmer einführen.

Die Theorie zur Wirkung der Mitbestimmung wird in der Literatur kontrovers diskutiert. Eine detaillierte Erläuterung theoretischer Ansätze enthält u.a. Jirjahn (2005). Einerseits wird im Rahmen der Theorie der Verfügungsrechte argumentiert, dass Betriebsräte einen negativen Einfluss auf die Entwicklung eines Betriebes ausüben, da sie den Handlungsspielraum des Managements einschränken und ihre Macht zur Verschiebung der Renten vom Arbeitgeber hin zur Belegschaft nutzen. Dies reduziert letztendlich Unternehmensgewinne und wirkt somit negativ auf die Investitionsattraktivität eines Standortes. Insbesondere wird eine mangelnde Flexibilität in Beschäftigungsfragen in mitbestimmten Unternehmen angeprangert, da der Betriebsrat vor allem einen Personalabbau im Extremfall verhindern, wenigstens jedoch verzögern kann. Im Rahmen dieses Ansatzes würde die Existenz des Betriebsrates bedeuten, dass aus Sicht des Managements ein Betrieb verstärkt unter Personalproblemen leiden müsste und sich, je nach Einfluss des Betriebsrates auf die Beschäftigung, keine gewinnmaximierende Lohn-Beschäftigungskombination ergeben würde. Nutzt ein Betriebsrat seinen Einfluss um Lohnansprüche zu generieren und reicht dieser nicht aus, um die daraus resultierenden Beschäftigungsanpassungs-Präferenzen des Managements zu unterbinden, so wird gemäß eines Right-to-Manage Ansatzes die Betriebsleitung sich zwar über, im Vergleich zu den herrschenden Marktlöhnen, zu hohe Löhne beklagen[2]. Eine höhere Belastung des Betriebes aufgrund einer zu hohen Beschäftigung sollte hier allerdings nicht vermehrt vorzufinden sein. Kann ein Betriebsrat, wenn auch nur temporär, Beschäftigungsanpassung verhindern, so können sowohl Überbeschäftigung als auch zu hohe Personalkosten simultan auftreten.

Demgegenüber wird im Rahmen der Partizipationstheorie argumentiert, dass Betriebsräte für einen Betrieb vorteilhaft sein können, da sie die Kommunikation zwischen Belegschaft und dem Management verbessern und dadurch Effizienzgewinne realisiert werden. Zusätzlich können durch die Informationsrechte eines Betriebsrates Informationsasymmetrien zwischen Belegschaft und Betriebsleitung reduziert werden. Dies kann wiederum Verein-

2 Eine detaillierte Beschreibung des Right-to-Manage-Ansatzes enthält Booth (1995).

barungen zwischen Belegschaft und dem Management ermöglichen, die sonst nicht abgeschlossen werden würden, da aufgrund der Informationsasymmetrien das Management ex-post Anreize hätte, solche Vereinbarungen auf Kosten der Belegschaft zu brechen. So argumentieren Freeman und Lazear (1995), dass die Informationsrechte von Betriebsräten effizienzsteigernd wirken, da die Belegschaft nun diese nutzen kann, um in einer schlechten Ertragslage des Unternehmens ihre eigenen Forderungen gegenüber dem Arbeitgeber zu reduzieren, um damit den Fortbestand des Unternehmens zu garantieren. Ohne Informationsrechte hingegen hätten Manager Anreize der Belegschaft tendenziell stets eine schlechtere Ertragslage vorzutäuschen als dies der Realität entspricht, um die Forderungen der Belegschaft zu beschränken. Da dies umgekehrt der Belegschaft allerdings bekannt ist, würde diese ihre Konzessionsbereitschaft ex-ante ausschließen. Im Zusammenhang mit der in dieser Studie untersuchten Hypothesen würde dies bedeuten, dass eine Dominanz der Partizipationstheorie in mitbestimmten Unternehmen seltener zu Personalproblemen führt.

3 Deskriptive Statistik

Das Ziel dieser Studie ist zu untersuchen, wie die Existenz eines Betriebsrates die Wahrscheinlichkeit beeinflusst, dass im Betrieb ein zu hoher Personalbestand beziehungsweise eine zu hohe Belastung durch Lohnkosten besteht. Entscheidend ist hierbei, dass die mögliche Existenz solcher Probleme durch das Management angegeben wird. Dadurch wird die Wirkung des Betriebsrates auf die Faktornachfragekurve bereits berücksichtigt, und es kann der Frage nachgegangen werden, ob ein Betriebsrat dazu führt, dass eine Lohn-Beschäftigungskombination auf der Nachfragekurve, beziehungsweise neben der Nachfragekurve realisiert wird. Der zur Schätzung genutzte Datensatz basiert weitestgehend auf dem IAB-Betriebspanel, Welle 2006. Lediglich die Realisationen einer Variablen (GEWINN) wurden aus der Welle 2007 entnommen[3]. Der Datenzugang erfolgte mittels kontrollierter Datenfernverarbeitung beim Forschungsdatenzentrum der Bundesagentur für Arbeit. **Tabelle 3.1** enthält die Mittelwerte und Standardabweichungen der verwendeten Variablen. Da ein Betriebsrat nur in Betrieben mit mehr als 4 Beschäftigten existieren kann, wurden aus unserem Datensatz alle Betriebe mit weniger als 5 Beschäftigten entfernt. Zudem wurden staatliche Betriebe, Betriebe der Land- und Forstwirtschaft, sowie Organisationen ohne Erwerbscharakter entfernt. Insgesamt enthält der von uns genutzte Datensatz 5.978 Beobachtungen.

3 Eine detaillierte Beschreibung des IAB-Betriebspanels enthält Kölling (2000).

Tabelle 3.1 Deskriptive Statistiken

Variable	Mittelwert	Std.-abw.
PERSBESTAND	**0,084**	**0,277**
LOHNKOSTEN	**0,350**	**0,477**
BETRAT	0,255	0,436
GEWINN	0,472	0,499
SAMSTAG	0,612	0,487
LEIH	0,021	0,091
AZKORRIDOR	0,110	0,313
EXPORT	8,634	19,918
ALTMV	0,061	0,240
TECH	0,703	0,457
FTARIF	0,076	0,265
BTARIF	0,385	0,487
AUSGLIEDERUNG	0,029	0,169
EINGLIEDERUNG	0,030	0,171
EINBETRIEB	0,773	0,419
KAPGESELL	0,666	0,472
BILDEINFACH	0,182	0,251
BILDUNI	0,083	0,160
TEILZEIT	0,202	0,239
BEFRIST	0,050	0,122
ALTER	0,503	0,500
EIGNER	0,066	0,248
L	96,650	214,310
Anzahl Beob.	5978	

Untersucht wird der Einfluss des Betriebsrates auf zwei dichotome Variablen. Die Variable PERSBESTAND nimmt den Wert eins an, wenn das Management angibt, dass innerhalb der nächsten beiden Jahre ein zu hoher Personalbestand erwartet wird. Insgesamt geben dies 8,4 % der Betriebe an. Die Variable LOHNKOSTEN nimmt hingegen den Wert eins an, wenn das Management in den nächsten beiden Jahren eine hohe Belastung durch Lohnkosten erwartet. Dies trifft für 35,0 % aller Betriebe zu.

Im Fokus dieser Studie steht hierbei die Frage, ob Betriebe mit Betriebsrat sich hinsichtlich dieser Probleme von Betrieben ohne Betriebsrat unterscheiden. Hierzu wird ebenfalls eine dichotome Variable BETRAT generiert, die den Wert eins annimmt, wenn im Betrieb ein Betriebsrat vorhanden ist. Insgesamt existiert ein Betriebsrat in 25,5 % aller betrachteten Betriebe. Neben dieser Variable werden weitere Variablen ins Modell aufgenommen. Hierzu zählt unter anderem die dichotome Variable GEWINN. Diese nimmt den Wert eins an, wenn das Management die aktuelle Ertragslage als gut oder sehr gut bezeichnet[4]. Eine mindestens gute Ertragslage ist in der Regel mit einer guten Kapazitätsauslastung verbunden, so dass sowohl Kapital, als auch die vorhandenen Arbeitnehmer optimal eingesetzt werden. Daher ist in diesem Fall ein zu hoher Personalbestand weniger wahrscheinlich.

Weiterhin werden unterschiedliche Formen der Arbeits- bzw. Arbeitszeitflexibilisierung berücksichtigt. Um die Wirkung der Arbeitsflexibilisierung zu messen, werden sowohl die Bedeutung der Leiharbeit (LEIH) als auch der Anteil befristet Beschäftigter (BEFRIST) im Modell berücksichtigt. LEIH ist definiert als die Anzahl der Leiharbeiter dividiert durch die Anzahl der Stammbeschäftigten. BEFRIST ist der Anteil der Stammbelegschaft mit einem befristeten Arbeitsvertrag. Beide Variablen geben dem Management die Möglichkeit, vergleichsweise flexibler auf mögliche Personalprobleme im Betrieb zu reagieren. Arbeitszeitflexibilität wird durch die Variablen Teilzeitarbeit (TEILZEIT), bedarfsbedingte Samstagsarbeit (SAMSTAG) und die Existenz von Arbeitszeitkorridoren oder Bandbreitenmodelle (AZKORRIDOR) berücksichtigt. TEILZEIT gibt hierbei an, wie groß der Anteil Teilzeitbeschäftigter ist. SAMSTAG und AZKORRIDOR sind dichotome Variablen, die den Wert eins annehmen, wenn im Betrieb nach Bedarf auch samstags gearbeitet wird beziehungsweise Arbeitszeitkorridore oder Bandbreitenmodelle als Instrumente der Arbeitszeitsteuerung genutzt werden. Zusätzlich wird der Einfluss von Tarifverträgen berücksichtigt. Hierzu werden zwei dichotome Variablen generiert, die den Wert eins annehmen, wenn der Betrieb an einen Firmentarifvertrag (FTARIF) oder einen Branchentarifvertrag (BTARIF) gebunden ist.

Der Einfluss einer internationalen Absatzorientierung wird mit Hilfe einer Exportquote des Betriebes berücksichtigt. Hierzu gibt EXPORT an, wie viel Prozent des Umsatzes durch Exporte generiert wird. Exportorientierte Firmen sind überwiegend effizient geführte und innovationsstarke Firmen, die sich auch im stärkeren internationalen Wettbewerb durchsetzen können. Es ist möglich, dass diese Betriebe auch in Hinsicht auf den Personaleinsatz effizient sind. Alternativ oder auch zusätzlich zur Existenz eines Betriebsrates können in einem Betrieb auch andere Mitbestimmungsformen, wie zum Beispiel Belegschaftssprecher, existieren. Die Wirkung dieser Art von Mitarbeitervertretung wird durch die dichotome Variable ALTMV berücksichtigt. Weiterhin wird der technologische Stand der technischen

4 Im IAB-Betriebspanel wird die Ertragslage auf einer Likert-Skala mit 1 (sehr gut) bis 5 (mangelhaft) beurteilt. Da die Betriebe nach der Ertragslage des letzten Geschäftsjahres gefragt werden, wurde zur Generierung des Datensatzes die Beurteilung aus der Welle 2007 verwendet. Das Problem einer möglichen Endogenität dieser Variable wird durch die Struktur unseres Ansatzes reduziert, da die abhängigen Variablen die Wahrscheinlichkeit zukünftiger Personalprobleme identifizieren, GEWINN aber die aktuelle Lage beschreibt.

Anlagen in die Schätzung einbezogen. Hierzu wird die dichotome Variable TECH generiert, die den Wert eins annimmt, wenn der Stand der Anlagen auf einer Skala von 1 (auf dem neuesten Stand) bis 5 (völlig veraltet) mit 1 oder 2 bewertet wird. Bei dem Vorhandensein einer modernen Technologie dürfte auch der Personaleinsatz effizient sein.

Einen entscheidenden Einfluss auf zukünftige Personalprobleme können starke strukturelle Veränderungen eines Betriebes haben. Insbesondere können Ein- bzw. Ausgliederungsaktivitäten zu personalspezifischen Problemen führen. Dieser Einfluss wird durch die dichotomen Variablen EINGLIEDERUNG bzw. AUSGLIEDERUNG gemessen. Diese Variablen nehmen jeweils den Wert eins an, wenn Betriebseinheiten aus dem Betrieb ausgegliedert (AUSGLIEDERUNG) oder in den Betrieb eingegliedert (EINGLIEDERUNG) wurden. Durch Eingliederungen können zukünftige Personalprobleme entstehen, nämlich wenn die zusammengeführten Betriebseinheiten, wenn auch nur temporär, nicht optimal aufeinander abgestimmt sind. Ausgliederungen hingegen können als Maßnahme zur Beseitigung vorhandener Personalprobleme genutzt werden, so dass zukünftige Probleme weniger wahrscheinlich werden.

Um zwischen Ein-Betrieb- und Mehr-Betrieb-Unternehmen zu differenzieren wird die dichotome Variable EINBETRIEB ins Modell aufgenommen. Diese Variable nimmt den Wert eins an, wenn das Unternehmen aus lediglich einem Betrieb besteht. Bei Mehrbetriebsunternehmen könnte eine größere Flexibilität durch eine potentielle Verlagerung von Produktionskapazitäten vorliegen, womit sowohl Personal- wie auch Entlohnungsprobleme umgangen würden. Die Bedeutung beschränkter Haftung wird durch die dichotome Variable KAPGESELL gemessen. Sie nimmt den Wert eins an, wenn das Unternehmen, zu dem der betrachtete Betrieb gehört, entweder eine AG oder eine GMBH ist. Eine beschränkte Haftung kann das Risiko- und damit auch das Investitionsverhalten des Managements beeinflussen, was letztendlich das Vorhandensein von Personalproblemen im Unternehmen beeinflussen kann. Die Wirkung von Berufsausbildung wird durch die Variablen BILDEINFACH und BILDUNI gemessen. BILDEINFACH ist definiert als die Anzahl der Beschäftigten für einfache Tätigkeiten dividiert durch die Gesamtzahl der Beschäftigten. Bei der Variable BILDUNI wird die Anzahl der Beschäftigten mit (Fach-)Hochschulabschluss durch die Gesamtbeschäftigung dividiert. Zusätzlich werden ALTER und EIGNER in das Modell aufgenommen. ALTER ist eine dichotome Variable, die den Wert eins annimmt, wenn der Betrieb vor 1990 gegründet wurde. Ältere Firmen können unter Umständen weniger günstige Wachstumsaussichten und dadurch auch eher Personalprobleme aufweisen. EIGNER ist ebenfalls eine dichotome Variable, die den Wert eins annimmt, wenn der Betrieb sich mehrheitlich im ausländischen Eigentum befindet. Größenspezifische Effekte werden durch die Variable L gemessen. Diese gibt an, wie viele Personen im Betrieb beschäftigt sind. Diese Variable wird auch quadriert ins Modell aufgenommen, um einen möglichen nicht-linearen Zusammenhang zwischen Betriebsgröße und Personalproblemen identifizieren zu können. Zudem werden Bundesländer- und Branchendummys in die Regression mit aufgenommen, um für länder- und branchenspezifische Einflüsse zu kontrollieren.

4 Methodik und Ergebnisse

Da beide abhängige Variablen dichotom sind, wird der Einfluss des Betriebsrates auf die Wahrscheinlichkeit der Überbeschäftigung, beziehungsweise Überbezahlung jeweils anhand eines Probit-Modells geschätzt. Hierbei ist zu beachten, dass die Wahrscheinlichkeiten von Überbeschäftigung und zu hohen Personalkosten miteinander korreliert sein können. Eine Möglichkeit die Wirkung einer solchen Korrelation zu berücksichtigen, ist die Schätzung eines bivariaten Probit-Modells, in dem der Einfluss der betrachteten exogenen Variablen auf zwei endogene Variablen simultan geschätzt wird (vgl. Greene, 2008).

Tabelle **4.1** enthält die Ergebnisse der Schätzung. Ein Wald-Test auf Unabhängigkeit der beiden Probit-Schätzungen lehnt die Nullhypothese keiner Korrelation zwischen den beiden Schätzungen ab[5].

Die erste Ergebnisspalte zeigt, dass Unternehmen mit Betriebsräten mit einer höheren Wahrscheinlichkeit einen zu hohen Personalbestand aufweisen. Überraschenderweise haben mitbestimmte Betriebe allerdings keine höhere Wahrscheinlichkeit unter zu hohen Personalkosten zu leiden. Der hier geschätzte Koeffizient ist sogar negativ, wenn auch nicht signifikant.

In einem Probit-Modell lassen sich geschätzte Koeffizienten nicht als marginale Effekte interpretieren. Daher bestimmen wir den Einfluss eines Betriebsrates, indem die Differenz der Wahrscheinlichkeiten für einen zu hohen Personalbestand ($\Delta Pr(PB = 1) = Pr(PB = 1)_{BETRAT=1} - Pr(PB = 1)_{BETRAT=0}$), beziehungsweise für zu hohe Personalkosten ($\Delta Pr(PK = 1)$) entsprechend berechnet wird. Die dazugehörenden Standardfehler werden mithilfe der Delta-Methode ermittelt. Da die marginalen Effekte der anderen Variablen für diese Untersuchung nicht relevant sind, wird aus Gründen der Übersichtlichkeit auf deren Wiedergabe verzichtet.

5 Der Chi2- Wert und der dazugehörende P-Wert befinden sich in der letzten Zeile der Tabelle 4.1.

Tabelle 4.1 Einfluss des Betriebsrates auf Überbeschäftigung und Überbezahlung

	Bivariates Probit	
Abh. Var.	**PERSBESTAND**	**LOHNKOSTEN**
Variablen	Koeff.	Koeff.
BETRAT	0,352***	-0,082
GEWINN	-0,379***	-0,272***
SAMSTAG	-0,019	0,143***
LEIH	-1,050**	0,144
AZKORRIDOR	-0,068	0,053
EXPORT	-0,004**	0,001
ALTMV	0,072	0,244***
TECH	-0,079	-0,081**
FTARIF	-0,022	0,076
BTARIF	0,043	0,104**
AUSGLIEDERUNG	0,075	-0,081
EINGLIEDERUNG	0,190	0,378***
EINBETRIEB	-0,075	0,094**
KAPGESELL	-0,001	0,034
BILDEINFACH	0,127	0,145*
BILDUNI	0,057	-0,276**
TEILZEIT	-0,037	-0,061
BEFRIST	-0,211	0,085
ALTER	0,007*	0,010
EIGNER	0,094	0,030
L	0,002***	0,001***
L^2	-5,57e-07***	-3,99e-07***
$\Delta Pr(PB=1)_{\Delta BETRAT}$ $\Delta Pr(PK=1)_{\Delta BETRAT}$	0,049***	-0,029
McFadden-R^2	0,06	
Wald-Test [rho=0]	134,10 (p-Wert: 0,000)	

Anmerkungen: *,** und *** gibt die Signifikanz der geschätzten Koeffizienten auf einem Niveau von 10%, 5% bzw. 1% an. Standardfehler nach der White-Methode. Alle Betriebe (Anzahl 5978). Referenzgruppe bilden Betriebe ohne Betriebsrat. Bundesländer- bzw. Branchendummys wurden berücksichtigt.

Betrachtet man die Veränderung der prognostizierten Wahrscheinlichkeiten, so haben Betriebe mit Betriebsrat eine um 4,9 Prozentpunkte höhere Wahrscheinlichkeit, dass ein zu hoher Personalbestand existiert. Die Wahrscheinlichkeit, dass die Betriebsleitung eines Betriebes mit Betriebsrat sich über zu hohe Löhne beklagt, ist um 2,9 Prozentpunkte niedriger, als in Betrieben ohne Betriebsrat. Allerdings ist hier der marginale Effekt nicht signifikant. Dies spricht dafür, dass ein Betriebsrat seine Macht dazu nutzt, um ein Lohn-Beschäftigungs-Gleichgewicht zu realisieren, das sich nicht auf der Faktornachfragekurve befindet.

Aus theoretischer Sicht sprechen unsere Ergebnisse gegen eine Dominanz der Partizipationstheorie, da Personalprobleme in Betrieben mit Betriebsrat vermehrt vorkommen. Wenn der von der Partizipationstheorie unterstellte Effizienzeffekt vorhanden wäre, so würde die Produktivität vergleichsweise hoch liegen und eine Überbeschäftigung eher unwahrscheinlich sein. Jedoch lassen sich Rückschlüsse auf die bisher in anderen Studien vorgefundenen Lohnwirkungen des Betriebsrates ziehen. Während bisherige Studien positive Lohneffekte in mitbestimmten Betrieben vorfinden, zeigen unsere Ergebnisse, dass dies nicht vermehrt als ein Problem in diesen Betrieben angesehen wird. Dies lässt sich dadurch begründen, dass Firmen mit Betriebsräten zwar einerseits eine höhere Produktivität aufweisen, diese Produktivitätseffekte aber gleichzeitig durch höhere Entgeltforderungen aus Sicht des Managements kompensiert werden[6]. Demgegenüber unterstützen unsere Ergebnisse sehr wohl eine dominante Wirkung der Theorie der Verfügungsrechte. Ein Betriebsrat nutzt seine Macht, um eine, aus Sicht des Arbeitgebers, unbefriedigende Lohn-Beschäftigungskombination zu realisieren. Er verhindert also die gewinnmaximierende Anpassung der Beschäftigung. Dies erhöht wiederum den Rentenanteil der Beschäftigten, was jedoch nicht über zu hohe Löhne, sondern eher durch eine zu hohe Lohnsumme, generiert durch eine aus Sicht des Managements zu hohe Beschäftigung, realisiert wird.

Wie schon bereits oben erwähnt, wird der Einfluss von Betriebsräten insbesondere bei der Lohnfindung begrenzt. Insbesondere dürfen Betriebsräte tarifliche Vereinbarungen nicht abändern, es sei denn, dies ist entsprechend dem Tarifvertrag grundsätzlich eingeräumt. Daher dürfte ein Einfluss auf die Entlohnung und somit auf zu hohe Personalkosten in branchentarifgebundenen Unternehmen weniger stark aufgeprägt sein[7]. Denkbar wäre hier, dass ein Betriebsrat wegen der über Branchentarifverträge eingeschränkten Möglichkeiten die Löhne zu beeinflussen, sich stattdessen stärker auf die Beschäftigung fokussiert. Daher wiederholen wir unsere Schätzungen nur mit Unternehmen, die an einen Branchentarifvertrag gebunden sind. Die dazugehörenden Ergebnisse befinden sich in **Tabelle 4.2.**

6 So zeigt, zum Beispiel, Pfeifer (2011), ebenfalls mit Daten der Welle 2006 des IAB-Betriebspanels, dass Betriebe mit Betriebsrat sowohl eine höhere Produktivität als auch höhere Löhne aufweisen. Zudem findet er einen negativen Einfluss des Betriebsrates auf die Rentabilität. Im Zusammenhang mit unserer Studie wird der negative Einfluss auf die Rentabilität vor allem durch eine zu hohe Beschäftigung erklärt und nicht ausschließlich durch zu hohe Lohnforderungen.

7 Demgegenüber ist ein Einfluss von Betriebsräten auf Firmentarifverträge eher denkbar, da das Unternehmen der Betriebsräte sich direkt und ausschließlich in Verhandlungen mit einer Gewerkschaft befindet.

Tabelle 4.2 Einfluss des Betriebsrates auf Überbeschäftigung und Überbezahlung in branchentarifvertraggebundenen Betrieben

	Bivariates Probit	
Abh. Var.	PERSBESTAND	LOHNKOSTEN
Variablen	Koeff.	Koeff.
BETRAT	0,481***	-0,085
GEWINN	-0,360***	-0,256***
SAMSTAG	-0,025	0,098
LEIH	-1,479**	0,315
AZKORRIDOR	-0,132	0,060
EXPORT	-0,002	0,002
ALTMV	-0,005	0,201*
TECH	-0,168**	-0,163***
AUSGLIEDERUNG	0,112	0,049
EINGLIEDERUNG	0,178	0,302**
EINBETRIEB	-0,156	0,047
KAPGESELL	-0,011	0,096
BILDEINFACH	0,157	0,153
BILDUNI	-0,735*	-0,680**
TEILZEIT	0,335	0,060
BEFRIST	-0,244	0,012
ALTER	0,126	-0,066
EIGNER	0,112	0,083
L	0,001***	0,001***
L^2	-4,87e-07***	-3,37e-07*
$\Delta Pr(PB = 1)_{\Delta BETRAT}$ $\Delta Pr(PK = 1)_{\Delta BETRAT}$	0,075***	-0,031
McFadden-R^2	0,09	
Wald-Test [rho=0]	74,21 (p-Wert: 0,000)	

Anmerkungen: siehe Tabelle 4.1; Nur in Betrieben mit Branchentarifverträgen (Anzahl: 2.300)

Im Vergleich zu den Ergebnissen der **Tabelle 4.1** lässt sich hier eine Verschiebung hin zu stärkerer Überbeschäftigung erkennen. Branchentarifgebundene Betriebe haben eine um 7,5 Prozentpunkte höhere Wahrscheinlichkeit unter einem zu hohen Personalbestand zu leiden. Ebenfalls steigt die Wahrscheinlichkeit, dass ein Betrieb ausschließlich unter Überbeschäftigung leidet. Die Änderung der Wahrscheinlichkeit unter zu hohe Personalkosten zu leiden ist, wie bereits in der oberen Schätzung, ebenfalls nicht signifikant.

Zur detaillierteren Analyse der Ergebnisse wird im nächsten Schritt überprüft, ob die Wirkung des Betriebsrates abhängig von der Ertragslage ist. So ist es möglich, dass ein Betriebsrat seine Macht nutzt, um in einer schlechten Ertragslage eher Arbeitsplätze zu sichern und sogar zur Erreichung einer Beschäftigungsstabilisierung bereit ist, eine temporäre Lohnreduzierung zu erdulden. In einer guten Lage hingegen könnte ein Betriebsrat wiederum seine Forderungen stärker auf eine höhere Entlohnung fixieren.

Zur Überprüfung dieser These wird der Datensatz in eine Gruppe von Beobachtungen, bei denen die Variable GEWINN ausschließlich den Wert eins annimmt, und eine Gruppe, die nur aus Beobachtungen besteht, die ihre Ertragslage schlechter als gut bezeichnen. Die Ergebnisse dieser Schätzungen befinden sich in **Tabelle 4.3**. Dieser Ergebnisse zeigen, dass die bisher identifizierte Wirkung des Betriebsrates unabhängig ist von der aktuellen Ertragslage. Betriebe mit einem Betriebsrat lassen sich dadurch charakterisieren, dass das Management hauptsächlich einen zu hohen Personalbestand beklagt. Zu hohe Personalkosten hingegen lassen sich in keiner Situation vorfinden.

5 Fazit

Im Rahmen dieser Studie wird der Frage nachgegangen, inwiefern die Existenz eines Betriebsrates zu einer aus der Sicht der Betriebsleitung zu hohen Entlohnung, beziehungsweise Beschäftigung führt. Unsere Ergebnisse zeigen, dass sich das Management bei Existenz eines Betriebsrates, unabhängig von der aktuellen Ertragslage, häufiger über einen zu hohen Personalbestand, jedoch nicht häufiger über zu hohe Personalkosten beklagt. Die in früheren Studien in Querschnittsvergleichen festgestellten höheren Löhne bei Existenz eines Betriebsrates werden von den Managern offensichtlich nicht als problematisch empfunden. Vermutlich wirkt eine höhere Produktivität den Lohnkosten entgegen.

Die vorgefundenen größeren Personalprobleme sind wohlfahrtstheoretisch nicht eindeutig zu interpretieren, da der negativen Sicht der Betriebsleitung vermutlich eine positive Einschätzung durch die Beschäftigten gegenüber steht. Entscheidend dürften die langfristigen Auswirkungen auf das gesamte Beschäftigungsvolumen sein und Restriktionen beim Beschäftigungsabbau könnten zu reduzierten Einstellungsraten führen. Es kann jedoch festgestellt werden, dass unsere Ergebnisse die von Freeman und Lazear (1995) aufgestellte Hypothese, dass Betriebe mit Betriebsrat seltener an Personalproblemen leiden sollten, nicht bestätigen.

Tabelle 4.3 Einfluss des Betriebsrates auf Überbeschäftigung und Überbezahlung in Abhängigkeit von der aktuellen Ertragslage

	Bivariate Probit		**Bivariate Probit**	
Abh. Var.	**PERSBESTAND**	**LOHNKOSTEN**	**PERSBESTAND**	**LOHNKOSTEN**
Betriebe	GEWINN =1		GEWINN=0	
Variablen	Koeff.	Koeff.	Koeff.	Koeff.
BETRAT	0,348***	-0,086	0,332***	-0,100
SAMSTAG	-0,041	0,119**	-0,007	0,158***
LEIH	-0,813	0,188	-1,173	0,089
AZKORRIDOR	0,004	0,089	-0,144	0,038
EXPORT	-0,005**	0,000	-0,003	0,003*
ALTMV	0,089	0,177*	0,044	0,282***
TECH	-0,028	-0,078	-0,124*	-0,093*
FTARIF	-0,244	0,189*	0,087	-0,031
BTARIF	0,066	0,121*	0,047	0,094*
AUSGLIEDERUNG	0,101	-0,061	0,057	-0,086
EINGLIEDERUNG	0,254	0,394***	0,160	0,385**
EINBETRIEB	-0,155	0,088	-0,006	0,098
KAPGESELL	-0,138	0,066	0,073	-0,012
BILDEINFACH	0,117	0,065	0,128	0,182*
BILDUNI	-0,016	-0,452**	0,051	-0,113
TEILZEIT	-0,267	0,047	0,076	-0,122
BEFRIST	0,289	-0,026	-0,628**	0,268
ALTER	0,080	0,036	0,132*	-0,003
EIGNER	0,227*	0,137	-0,010	-0,075
L	0,001***	0,001***	0,002***	0,002
L^2	-3,393e-07	-2,11e-07	-7,09e-07***	-6,78e-07
$\Delta Pr(PB=1)_{\Delta BETRAT}$ $\Delta Pr(PK=1)_{\Delta BETRAT}$	0,036***	-0,029	0,056***	-0,036
Anzahl Beob.	2819		3159	
McFadden-R^2	0,07		0,07	
Wald-Test [rho=0]	60,26 (p-Wert: 0,000)		76,52 (p-Wert: 0,000)	

Anmerkungen: Siehe Tabelle 4.1.

Literatur

Addison, J. T., Schnabel, C., Wagner, J. (2001): Works Councils in Germany: Their Effects on Firm Performance, in: Oxford Economic Papers, Nr. *53*, S. 659-694.

Addison, J. T., Schnabel, C., Wagner, J. (2004): The Course of Research into the Economic Consequences of German Works Councils, in. British Journal of Industrial Relations, Nr. 42, S. 255-281.

Addison, J. T, Teixeira, P., Zwick, T. (2010): Works Councils and the Anatomy of Wages, in: *Industrial and Labor Relations Review*, Nr.63, S. 250-274.

Booth, A. L. (1995): The Economics of the Trade Union, Cambridge, New York, Melbourne: Cambridge University Press.

FitzRoy, F., Kraft, K. (1985): Unionization, wages, and efficiency: theories and evidence from the US and West Germany, Kyklos, Nr. 38, S. 537-554.

FitzRoy, F., Kraft, K. (1987): Efficiency and internal organization: Works councils in West German firm, Economica, Nr. 54, S. 493-504.

FitzRoy, F., Kraft, K. (1990): Innovation, rent-sharing and the organization of labor in the Federal Republic of Germany, Small Business Economics, Nr. 2, S. 95-103.

Freeman, R. B., Lazear, E. P. (1995): An Economic Analysis of Works Councils, in: Rogeers, J., Streek, W. (Hrsg.): Consultation, Representation, and Cooperation in Industrial Relations, Chicago und London: The University of Chicago Press.

Frege, C. M. (2002): A Critical Assessment of the Theoretical and Empirical Research on German Works Councils, in: British Journal of Industrial Relations, Nr. 40, S. 221-248.

Gold, M. (1999): Innerbetriebliche Einflüsse auf die Beschäftigungsanpassung, in: Bellmann, L., Kohaut, S., Lahner, M. (Hrsg.): Zur Entwicklung von Lohn und Beschäftigung auf der Basis von Betriebs- und Unternehmensdaten, Nürnberg: BeitrAB, S. 99-122.

Greene, W. H. (2008): Econometric Analysis, Upper Saddle River: Pearson Prentice Hall.

Hübler, O., Jirjahn, U. (2003): Works Councils and Collective Bargaining in Germany: The Impact on Productivity and Wages, in: Scottish Journal of Political Economy, Nr. 50, S. 1-21.

Jirjahn, U. (2005): Ökonomische Wirkungen des novellierten Betriebsverfassungsgesetzes – Was können wir vor dem Hintergrund zunehmender Globalisierung und veränderter arbeitsorganisatorischer Bedingungen erwarten?, in: Zeitschrift für Arbeitsmarktforschung, Nr. 38, S. 241-267.

Jirjahn, U. (2011): Ökonomische Wirkung der Mitbestimmung in Deutschland: Ein Update, Schmollers Jahrbuch, Nr. 131, S. 3-57.

Kölling, A. (2000): The IAB-Establishment Panel, Schmollers Jahrbuch, Nr. 120, S. 291-300.

Kraft, K. (1986): Exit and Voice in the Labor Market: An Empirical Study of Quits, in: Journal of Institutional and Theoretical Economics, Nr. 142, S. 697-715.

Kraft, K., Lang, J. (2008): The Causes and Consequences of Adopting a Works Council, Jahrbücher für Nationalökonomie und Statistik, Nr. 228, S. 512-532.

Pfeifer, C. (2011): The Economic Consequences of Works Council Relations, Schmollers Jahrbuch, Nr. 131, S. 59-71.

Sieben Versuchungen in der empirischen Personal- und Organisationsforschung

Werner Nienhüser

Allem kann ich widerstehen, außer der Versuchung.

Oscar Wilde, Der Fächer der Lady Windermere

1 Einführung

Die Wissenschaftstheorie und Arbeiten zu den Methoden der empirischen Sozialforschung formulieren explizit oder implizit Regeln, wie man „richtig" forscht. Selbstverständlich gibt es keinen umfassenden Konsens darüber, welches die richtigen Regeln sind, gleichwohl kommen diese zur Anwendung, z.B. bei der Begutachtung von Anträgen auf Forschungsgelder, in Review-Verfahren wissenschaftlicher Publikationen, aber auch bei der Bewertung von Qualifizierungsarbeiten. Letztlich werden Regeln benötigt, um Verhalten zu lenken. Verhalten ist lenkungsbedürftig, weil Menschen Versuchungen ausgesetzt sind. Im Folgenden soll es weniger um Regeln wissenschaftlichen Arbeitens gehen, sondern um die Versuchungen, denen Wissenschaftler ausgesetzt sind, und die – wenn man ihnen nachgibt – letztlich dazu führen, dass Geltungsansprüche (Habermas 1973), d.h. insbesondere Behauptungen über die empirische Geltung von Aussagen – schlecht begründet oder schwer nachprüfbar und diskutierbar.[1] sind. Ich unterstelle hier, dass Vertreter sehr unterschiedlicher wissenschaftstheoretischer Positionen es als Problem ansehen, wenn Geltungsansprüche schlecht begründet oder nicht nachprüfbar sind.

Es wird folgendermaßen vorgegangen: Zunächst werden sieben Versuchungen mit ihren Folgen beschrieben. Hierin liegt der Schwerpunkt des Beitrages. Darüber hinaus sollen aber auch Ansatzpunkte dafür skizziert werden, wie man entweder verhindern kann, dass den beschriebenen Versuchungen nachgegeben wird oder wie die entstandenen Fehler reduziert werden können. Solche Maßnahmen beziehen sich zum einen auf die individuelle Ebene. Jedoch ist kaum zu erwarten, dass Individuen sich allein durch Aufklärung und Appelle davon abhalten lassen, Versuchungen nachzugeben. Wichtiger ist daher zum anderen der Entwurf von Regeln, auf deren Einhaltung z.B. Herausgeber von Zeitschriften und Gutachter ihr Augenmerk richten sollten. Darüber hinaus werden in diesem Beitrag auch Hinweise über die Entwicklung der Forschung auf der Systemebene gegeben; so wird z.B. argumentiert, dass Theorievergleiche ein Gegenmittel gegen bestimmte Versuchungen bzw. daraus entstehende Folgen sein können.

Für die Argumentation des Beitrages (i.w.S.: Methodik dieses Beitrages) gelten einige Einschränkungen: Erstens werde ich meine Behauptungen durch unsystematische Beobachtungen, zum Teil Selbstbeobachtungen, illustrieren. Man könnte kritisch und zu Recht einwenden, dass Behauptungen über Verhaltensweisen aufgestellt werden, deren Geltung noch zu prüfen ist. Letztlich sind es „Es-gibt"-Behauptungen, es werden keine Aussagen darüber gemacht, wie häufig die genannten Versuchungen sind bzw. wie häufig den Versuchungen nachgegeben wird. Ich nenne hier deswegen nur in Ausnahmefällen konkrete, d.h. identifizierbare Beispiele aus Publikationen oder Namen, weil es mir problematisch erscheint, eine bestimmte Untersuchung oder Autor allein deswegen herauszugreifen, weil damit eine Versuchung gut zu illustrieren ist. Namensnennungen erforderten eine hier nicht zu leistende weiterreichende Analyse, die allen Wissenschaftlern in dem entspre-

[1] Über die Verfahren der Begründung und Nachprüfung dürfte allerdings keine Einigkeit bestehen.

chenden Fachgebiet dieselbe Chance gibt, als schlechtes Beispiel zu dienen. Eine zweite Einschränkung: Ich behaupte zwar, dass die zu beschreibenden Versuchungen und die sich daran anschließenden Überlegungen alle empirischen Wissenschaften betreffen, gleichwohl konzentriere ich mich hier (auch mit den illustrierenden Beispielen) auf einen Bereich, den ich am besten kenne und der in der Betriebswirtschaftslehre häufig als Organisations- und Personalforschung bezeichnet wird.

2 Begriff und eine „Theorie der Versuchung"

Zunächst zum Begriff der Versuchung. Intuitiv wissen wir vermutlich alle, was eine Versuchung ist. Jeder und jede war bereits Versuchungen ausgesetzt und wird ihnen ausgesetzt sein. Was ist ein sinnvoller, systematischer Begriffsgebrauch des Wortes Versuchung? Erstens: Eine Versuchung ist eine Relation zwischen einem Objekt, von dem die Versuchung „ausgeht", und einem Menschen, der ihr unterliegt und ihr nachgeben kann oder nicht. Zweitens: Versuchungen sind Anreize und haben grob gesprochen etwas mit Bedürfnissen zu tun, die man zu befriedigen trachtet. Drittens: Wenn wir von Versuchungen sprechen, unterstellen wir im Allgemeinen, dass Normen existieren, die besagen, dass man etwas nicht tun soll. Viertens nehmen wir an, dass diese Normen dem oder der Versuchten bekannt sind.

Hier ist nicht der Raum, die verhaltenstheoretischen Grundlagen einer „Theorie der Versuchungsgründe" auszuarbeiten (siehe dazu auch Koboldt 1995, der eine „Ökonomik der Versuchung" entwickelt), das heißt, die Ursachen und Mechanismen von Versuchungen darzustellen und zu begründen. Gleichwohl soll kurz angedeutet werden, wie eine solche theoretische Begründung aussehen könnte. Grundsätzlich gehe ich hier von beschränkt rationalem Verhalten aus (Simon 1972; Taylor 1975). Die entsprechenden Annahmen bedeuten u.a., dass wir bei Entscheidungen diejenige Alternative bevorzugen, deren Nutzen wir im Vergleich zu anderen und gemessen an unserem Anspruchsniveau höher einschätzen; dass wir aber die Folgen unseres Handelns nicht vollständig überblicken; dass wir gezwungen sind, mit Vereinfachungen, mit „Definitionen der Situation" (Esser 1996), ggf. mit Vorurteilen zu operieren, dass wir Gelegenheiten ausnutzen; etc. Hinzu kommt, dass wir nach „Sinn" suchen und kognitive Dissonanzen zu vermeiden oder zu reduzieren trachten (Festinger 1957). Schließlich würde eine ausgearbeitete Theorieanwendung auch berücksichtigen müssen, dass Menschen sich an anderen orientieren, insbesondere dann, wenn sie einer Gruppe angehören wollen, deren Mitgliedschaft sie als erstrebenswert ansehen (vgl. für viele Shaw 1981).

Im Kontext der empirischen Personal- und Organisationsforschung – vermutlich in allen Bereichen der empirischen Forschung – ist unser Verhalten durch folgende Aspekte geleitet:

(1) Aufgrund unseres intendiert (beschränkt) rationalen Verhaltens geben wir ungern etwas auf, das wir uns mühsam angeeignet haben. Dies kann man aus zwei Perspektiven sehen: Zum einen investieren Menschen in Alternativen und wollen die Erträge aus diesen Investitionen nicht verlieren. Zum anderen: Wenn wir etwas getan haben, müssen wir die Gründe für unser Handeln mindestens vor uns selbst rechtfertigen (um kognitive Dissonanz zu vermeiden). (2) Wir haben Vorurteile, die wir lieber bestätigt als widerlegt sehen. (3) Wir neigen zu Verallgemeinerungen, zu Schlussfolgerungen über den Einzelfall hinaus. Dies ist vermutlich ähnlich wie die Entstehung von Vorurteilen durch beschränkte Rationalität, aber auch evolutionär erklärbar. Populationen mit Vorurteilen und der Neigung zu verallgemeinern, hatten (und haben vielleicht noch) eine höhere Überlebenschance und konnten sich daher schneller verbreiten. Wer angesichts eines Säbelzahntigers gegenüber seiner Wahrnehmung allzu kritisch und reflektierend war, wird kaum überlebensfähig gewesen sein. (4) Wir wollen praktisch gestalten. Auch wenn es große interindividuelle Unterschiede geben mag, sind wir doch alle grundsätzlich praktisch veranlagt. Wir tendieren dazu, praktische Überlegungen anzustellen, das bedeutet auch, auf Basis von Forschungsergebnissen praktische Gestaltungsmaßnahmen zu entwickeln. Dies kann man ebenfalls evolutionär begründen, aber auch durch Nutzenstreben und Vermeidung kognitiver Dissonanz.

Es geht also im Folgenden um Versuchungen, die mit dem Festhalten an Investitionen, an bestimmten Vorstellungen (ggf. Vorurteilen) etc. zu tun haben. Welche Versuchungen sollen behandelt werden? Ich bezeichne die zu behandelnden Versuchungen mit folgenden Begriffen: Theoriebestätigungsversuchung, Methodenwiederholungsversuchung, Datensatz-Versuchung, Versuchung der Ignoranz von Effektstärken, Versuchung der einseitigen Hypothesendiskussion, Versuchung der Verallgemeinerung ohne hinreichende Basis, Versuchung des Schlusses vom Sein auf das Sollen.

3 Versuchungen

Die ersten drei Versuchungen – die Theoriebestätigungsversuchung, die Methodenwiederholungsversuchung und die Datensatz-Versuchung – haben alle damit zu tun, dass wir an etwas hängen, in das wir viel Zeit investiert haben, etwa uns eine Theorie anzueignen oder sogar zu entwickeln, eine Methode, z.B. der Datenanalyse, zu erlernen oder einen Datensatz aufzubauen oder mit einem vorhandenen Datensatz umgehen zu können. Dies mag man mit Investitionen erklären, auf deren Erträge man nicht verzichten möchte oder auch mit kognitiver Dissonanz.

Die ersten zwei Versuchungen werden in der Literatur (vgl. Onwuegbuzie/Daniel 2003 und die dort angegebene Literatur)[2] häufig als Problem genannt, die dritte wird weniger angesprochen.

[2] Die Arbeit von Onbugwuzie/Daniel (2003) beschränkt sich allerdings nahezu ausschließlich auf die erziehungswissenschaftliche Forschung in den USA.

3.1 Theoriebestätigungsversuchung

Wer eine bestimmte Theorie präferiert, wird sie immer wieder anwenden und Phänomene ausschließlich oder vorrangig aus dieser Perspektive sehen. Damit wird er in gewisser Weise die Wahrnehmung der Realität „konstruieren", d.h., bestimmte Aspekte eines Phänomens in den Vordergrund rücken und andere in den Hintergrund schieben. Wer sich z.B. die Luhmannsche Systemtheorie angeeignet hat, wird sie so schnell nicht wieder loswerden wollen oder sogar können. Eine solche Theorierezeption ist recht mühsam und zeitaufwendig. Und je komplizierter und verzweigter (vermutlich auch: je schwerer verständlich) eine Theorie ist, desto stärker wird die Bindung an diese sein. Ein zweiter Grund für die Versuchung, ein und dieselbe Theorie wieder heranzuziehen, entsteht aus Gruppeneffekten. Wenn es notwendig ist, eine bestimmte Theorie und damit auch eine spezifische Sprache zu verwenden, um einer Gruppe anzugehören, dann erzeugt dies ebenfalls eine Bindung an die Theorie, und zwar in dem Maße, in dem man bei Distanz oder gar Kritik an der Theorie als jemand gesehen würde, der nicht dazu gehört.

Wozu führt nun eine solche Theoriebindung, was ist hier die Versuchung? Zwar mag man es auch Versuchung nennen, die Realität mit dem „Scheinwerfer" einer Theorie zu beleuchten. Dies ist aber unproblematisch und hier nicht gemeint. Denn auf der individuellen Ebene ist es notwendig oder genauer: unvermeidlich, einen Sachverhalt aus einer spezifischen theoretischen Perspektive zu sehen bzw. zu konstruieren.

Die Theoriebestätigungsversuchung besteht vielmehr darin, eine bevorzugte Theorie auch dann beizubehalten, wenn empirische Daten nicht mit ihr vereinbar sind. Ein Beispiel: Ich erinnere mich an einen Vortrag, in dem es um den Wettbewerb im Telekommunikationssektor ging und der Referent ein Modell entwickelte, das vollständige Konkurrenz unterstellte. Ein Informatiker – ein „Fachfremder" – wandte in der anschließenden Diskussion ein, es gäbe doch aber marktbeherrschende Unternehmen. Die Antwort des Referenten war kurz – dies stimme zwar, dürfe aber nicht sein, denn in der Theorie (oder seiner Variante) gebe es ja idealerweise keine Monopole. Der Referent war nicht einmal bereit, zu diskutieren, welche Implikationen es für sein Modell gehabt hätte, wenn man die Annahme der vollständigen Konkurrenz aufgegeben bzw. eingeschränkt haben würde.

Was tun? Das Problem ist auf der kollektiven Ebene zu lösen. Wir benötigen viel mehr Theorievergleiche und aktive Theoriekonkurrenz als wir bisher haben. Es gibt leider kaum konzeptionell angelegte Theorievergleiche, schon gar nicht theorievergleichende empirische Untersuchungen. Mehr und kritischere Diskussionen über Theorien sind nötig, mehr Konferenzen, auf denen sich beispielweise Foucault-Anhänger mit Vertretern der Rational Choice-Theorie streiten und auf denen sich nicht lediglich die Anhänger der jeweiligen Theorien gegenseitig bestätigen. Dies setzt Kenntnis der jeweiligen anderen Theorien voraus.

Für wissenschaftliche Zeitschriften würde dies auch bedeuten, dass theorievergleichende Arbeiten als ein spezifischer Typ von Publikationen akzeptiert werden sollte und dass empirische Forschung im engeren Sinne zwar im Vordergrund stehen muss, aber nicht andere Veröffentlichungstypen verdrängen darf, eine Entwicklung, die sich nach meinem Eindruck derzeit abzeichnet.

3.2 Methodenwiederholungsversuchung

Methoden der Datenerhebung und -auswertung liefern Lösungen für ganz bestimmte Probleme. Wer eine bestimmte Lösung bevorzugt, kann leicht versucht sein, Probleme so zu selektieren oder zu zuschneiden, dass die gegebene Lösung passt, d.h. anwendbar ist.

Wenn man beispielsweise eine Präferenz für die Methode der Regressionsanalyse hat, muss man für eine sinnvolle Anwendung eine Trennung in unabhängige und abhängige Variablen vornehmen. Dies mag aber dem Problem nicht angemessen sein, wenn bestimmte Sachverhalte eher als Konfigurationen, technisch gesprochen als Cluster von Variablen oder Fällen, konzeptionalisiert werden sollten. So ist es etwa bei den Arbeiten zu den „Wirkungen" von unterschiedlichen Formen des Personalmanagements (z.B. Unterschiede in den Entlohnungs-, Personalauswahl- und Qualifizierungssystemen, bei der Dauer der Beschäftigung des Personals) auf den Unternehmenserfolg insb. bei der Nutzung von Querschnittsdaten angemessener, nicht zwischen abhängigen und unabhängigen Variablen zu trennen, weil Unternehmenserfolg aufwendige Personalpraktiken erst ermöglicht oder zumindest fördert. Im Übrigen könnte man über solche klassifizierenden Methoden wie Cluster- oder Faktorenanalyse, multidimensionale Skalierung oder Korrespondenzanalyse auch das Problem lösen, dass bei den in Regressionsanalysen häufig vorkommenden langen Listen von unabhängigen Variablen mögliche Interaktionseffekte übersehen werden.[3]

Die Methodenwiederholungsversuchung ist keineswegs auf die quantitative Forschung beschränkt. Auch in der qualitativen Forschung findet man diese Verhaltenstendenz, mit der Folge, dass Methoden unangemessen eingesetzt werden. So findet man in der qualitativen Forschung eine deutliche Präferenz für gruppierende bzw. typisierende Verfahren. Diese mögen ebenfalls bestimmten Fragestellungen angemessen sein. Wenn es aber eben um Fragen der Kausalität geht, sind gruppierende Verfahren nicht angemessen.

Insofern wird man schon aufgrund der Bevorzugung bestimmter Verfahren der Datenanalyse in der qualitativen Forschung weniger Kausalanalysen finden.

Vergleichbares wie für die Verfahren der Datenanalyse lässt sich für Methoden der Datenerhebung anführen. Wer schriftliche Befragungen bevorzugt, ist versucht, das Problem so zu konstruieren, dass die Befragungsmethode zum Einsatz kommen kann und blendet damit bestimmte Fragestellungen aus. So dürfte es kaum möglich sein, mittels schriftlicher Befragungen etwas über illegale Beschäftigung zu erfahren. Wer qualitative Inhaltsanaly-

[3] Sicher kann man auch in Regressionsmodellen prinzipiell Interaktionseffekte berücksichtigen, dabei taucht allerdings häufig das Problem auf, dass die Korrelation der Interaktionsvariablen mit den Variablen, auf deren Basis sie konstruiert wurden, recht hoch ist (Multikollinearität).

sen[4] bevorzugt, wird in allem „Texte" oder Dokumente sehen und keine Verhaltens-Beobachtungsdaten erheben.

Experimente als die besonders für Theorietests geeignete Methode werden denjenigen, die schriftliche Befragungen oder qualitative Datenerhebungsverfahren bevorzugen, mit einer geringeren Wahrscheinlichkeit in den Blick geraten.

Was kann man ändern? Man kann auf der individuellen Ebene wenig dagegen tun, dass Forscher bestimmte Methoden bevorzugen, weil sie sie besonders gut kennen. Helfen könnten ansatzweise eine breite Methodenausbildung, die eine Vielfalt an Datenanalyse- und -erhebungsmethoden lehrt und die jeweiligen Begrenzungen der Verfahren aufzeigt. In der Ökonometrieausbildung werden z.B. Datenerhebungsverfahren, gruppierende Verfahren der Datenanalyse sowie Methoden der Skalenentwicklung und -prüfung zu wenig einbezogen, von qualitativen Verfahren gar nicht zu reden. Eine Ausbildung in quantitativer und qualitativer Sozialforschung wäre sinnvoll. Zum zweiten ist in der Forschung Pluralität und Wettbewerb erforderlich. Besonders nützlich wären Arbeiten, die sich derselben Fragestellung mit unterschiedlichen Methoden nähern. Nötig ist ein Wettbewerb um Wahrheit, nicht zweckmäßig ist dagegen ein Konkurrieren um Fördermittel, wie wir es derzeit beobachten können. Der Wettbewerb um Fördermittel verdrängt derzeit denjenigen um das Eigentliche – die Wahrheit von Theorien. Zum dritten wäre es sinnvoll, wenn Gutachter z.B. auch die Frage stellten, inwieweit empirische Befunde methodenrobust sind.

3.3 Datensatz-Versuchung

Die Versuchung hier bedeutet: Daten locken Fragen an, auch solche, die nicht mit den Daten (direkt) beantwortbar sind.

Auf der einen Seite sollten Datensätze, die nach den üblichen Kriterien als „gut" gelten und auf deren Erstellung viel Arbeit, Sorgfalt und nicht zuletzt Geld verwendet wurde, möglichst intensiv und extensiv genutzt werden. Auf der anderen Seite entsteht die Versuchung, mit vorhandenen Daten auch solche Fragen zu beantworten, die mit ihnen allenfalls sehr indirekt beantwortet werden können.

Diese Tendenz ist ebenfalls erklärbar: Wer viel Mühe in einen Datensatz gesteckt hat, wird ihm tendenziell Qualität zuschreiben, das Antwortpotenzial kann dabei leicht überschätzt werden.

Wenn man mit Hilfe nicht direkt passender Datensätze Fragen zu beantworten versucht, hat dies Folgen. Eine erste, wesentliche Folge besteht darin, dass die Verbindung zwischen den theoretischen und den empirischen Konstrukten „lose" ist und dass man deswegen in Versuchung gerät, die entstehenden Lücken ad hoc und nicht systematisch und theoretisch

---

[4] Ich sehe die Inhaltsanalyse hier nicht nur als Methode der Datenanalyse, sondern auch als Verfahren der Datenerhebung.

geleitet zu überbrücken. Dies wiederum kann nach sich ziehen, dass man eine Präferenz für Theorien entwickelt, die wenig Informationsgehalt aufweisen und sich daher (scheinbar) eignen, die Kluft zu überbrücken.

Beispiele finden sich in der Organisations- und Personalforschung sehr oft im Zusammenhang mit der Variablen „Betriebsgröße". Man verwendet diese als Proxy für den Legitimationsbedarf einer Organisation (je größer die Organisation, desto mehr steht sie in der Öffentlichkeit und desto höher ist der Rechtfertigungsdruck), man interpretiert sie im Sinne von „economies of scale" oder als Ausdruck von Transaktionskosten für individuelle Aushandlungen von Verträgen im Vergleich zu Kollektivtarifverträgen (je größer der Betrieb, desto größer die Transaktionskosten individueller Verhandlungen, siehe Nienhüser/Hoßfeld 2008). Um nicht missverstanden zu werden: In aller Regel wird man nicht umhinkönnen, zumindest gelegentlich Proxy-Variablen mit gewagten Messhypothesen zu verwenden. Wenn dies aber eine Vielzahl von Variablen in einer statistischen Analyse betrifft und zudem die Geltung der Messhypothesen weder geprüft noch diskutiert wird, dann entsteht ein gravierendes Problem.

Zum zweiten besteht die Schwierigkeit, die Wirkungen von Variablen inhaltlich konsistent zu interpretieren. Je weiter „entfernt" die einzelnen Variablen von den eigentlich zu messenden Größen sind, umso schwieriger wird es, die Effekte zu interpretieren. Oft verwendet man gerade bei Analysen auf Basis von großen und für viele Wissenschaftler zugänglichen Datensätzen (z.B. Sozio-ökonomisches Panel (SOEP) oder das Betriebspanel des Instituts für Arbeitsmarkt- und Berufsforschung (IAB-Betriebspanel)) lange Listen von Variablen, die ad hoc mit Hilfe einer Theorie interpretiert werden. Weit verbreitet ist hier der Gebrauch der ökonomischen Theorie, die auf jeder Ebene – Individualverhalten und Verhalten von Unternehmen – angewendet und mit deren Hilfe jede Variable einzeln gedeutet wird. Aber auch neo-institutionalistische Theorien (z.B. Scott 2001) sind sehr beliebt bei der Nutzung großzahliger, für eine Vielzahl von Fragestellungen gedachte (oder negativ ausgedrückt: für keine spezifische Fragestellung konzipierte) „Omnibus"-Datensätze. Derartige Datensätze ziehen geradezu vakuumartig die Nutzung von Theorien an, deren Begriffe und/oder Aussagen interpretationsoffen sind. Bei der ökonomischen Theorie fungiert dann der Nutzenbegriff als leeres Konzept, bei dem die Gefahr besteht, dass es mit Hilfe von unüberprüften Ad-Hoc-Hypothesen gefüllt wird. Bei der neo-institutionalistischen Theorie (stellvertretend: Scott 2001) oder mehr noch bei der Strukturationstheorie (Giddens 1984) sind nicht nur die Begriffe inhaltlich zu füllen – dies ist meist unvermeidlich –, sondern auch die Aussagen sind recht offen. Meine Vermutung ist, dass etliche Theorien gerade deswegen Verbreitung finden, weil sie recht flexibel für alle möglichen Deutungen genutzt werden können. Manche als Theorien benannte Ansätze mögen eine heuristische Funktion erfüllen, sie dürfen aber nicht mit informativen, testbaren Theorien verwechselt werden.

Während ich hier solche Versuchungen, die letztlich aus der Datensatz-Versuchung resultieren, als eine Verhaltenstendenz sehe, die leicht zu Beliebigkeit von Interpretationen und letztlich Immunisierung von Aussagen führt, fordert Kelle (2005) sogar, dass man (in der qualitativen Forschung) offene Theorien bzw. Konzepte einsetzen solle, weil man dann die Daten nicht in das Prokrustesbett der Theorie presse.[5]

Man sollte sich also nicht von der vermeintlichen Qualität der Datensätze täuschen oder versuchen lassen: Ein Datensatz mag hervorragend sein, die Analysen, die auf seiner Basis durchgeführt werden, sind es damit noch lange nicht. Was „gute Daten" sind, bemisst sich auch daran, welche Fragen man mit ihrer Hilfe beantworten kann – wer „gute" Daten für die Beantwortung von Fragen nutzt, die nicht zu den Daten passen, kommt eben zu invaliden Ergebnissen.

Was tun? Zu empfehlen ist hier, den geringen Informationsgehalt von Theorien zu kritisieren und als Bewertungskriterium bei Publikationen zu verwenden. Gleiches gilt für „lockere" Operationalisierungen und die Geltung von unspezifizierten oder ad hoc formulierten, schlecht begründeten Messhypothesen.

3.4 Versuchung der Ignoranz von Effektstärken

Diese Versuchung besteht darin, Effektstärken zu ignorieren (Onwuegbuzie/Daniel 2003: 8) und dafür die Signifikanz in den Vordergrund zu rücken (zu den Problemen des Signifikanztests vgl. Martin 1989; Ziliak/McCloskey 2008). Bei denjenigen, die dieser Versuchung, zählen die „Sternchen" der einzelnen Koeffizienten (z.B. Regressionskoeffizienten), nicht dagegen die Effektstärke. Der Versuchung unterliegt man besonders bei solchen statistischen Methoden, deren Koeffizienten inhaltlich nicht ohne weiteres zu interpretieren sind. Dies ist z.B. bei der logistischen Regression der Fall. In welchem Maße eine Variable tatsächlich einen inhaltlichen Unterschied macht, wird häufig nicht diskutiert (eine Ausnahme ist hier z.B. Dilger 2006).

Dies hat zwei Folgen: Erstens kann man behaupten, eine Hypothese sei bestätigt oder widerlegt, wenn und weil ein Unterschied durch eine Variable bestehe, und zwar unabhängig davon, wie groß dieser Unterschied ist. Dies gilt natürlich vor allem bei großen Fallzahlen, hier sind bekanntermaßen bereits sehr kleine Mittelwertunterschiede oder Prozentsatzdifferenzen, niedrige Korrelationen etc. signifikant (Martin 1989). Zweitens entsteht ohne Berücksichtigung der Effektstärken der Eindruck, dass eine Variable, die einen signifikanten Unterschied macht, auch inhaltlich-praktisch von Bedeutung ist.

Was tun? Bei Regressionen und ähnlichen Verfahren sollten möglichst auch die unstandardisierten bzw. marginalen Effekte dargestellt werden. Auch einfache Mittelwert-

---

[5] "Theoretical concepts with low empirical content, however, can play an extremely useful role if the goal of empirical research is not the testing of predefined hypotheses but the empirically grounded generation of theories, since they do not force data into a Procrustean bed—their lack of empirical content gives them flexibility so that a variety of empirical phenomena can be described with their help. Although such concepts cannot be "tested" empirically, they may be used as heuristic concepts which represent "lenses" through which researchers perceive facts and phenomena in their research field" (Kelle 2005).

vergleiche, Kreuztabellen oder Korrelationen sind nützlich, um Effektstärken wenigstens annäherungsweise einschätzen zu können. Es ist darüber hinaus sinnvoll, auch die praktische Bedeutung von Effekten zu diskutieren. So fordern auch Wilkinson und die "Task Force on Statistical Inference" für die Psychologie: "Always present effect sizes for primary outcomes. If the units of measurement are meaningful on a practical level (e.g., number of cigarettes smoked per day), then we usually prefer an unstandardized measure (regression coefficient or mean difference) to a standardized measure (r or d). It helps to add brief comments that place these effect sizes in a practical and theoretical context" (Wilkinson/Task Force on Statistical Inference 1999: 12; s.a. Onwuegbuzie/Daniel 2003: 8).

Das Problem der Ignoranz von Effektstärken ist keineswegs auf quantitative Studien beschränkt. In qualitativen Studien werden nicht nur Typologien (auf mehr oder weniger nachvollziehbare Art und Weise) gebildet, sondern auch der Einfluss einer oder mehrerer Variablen auf eine oder mehrere andere untersucht bzw. als Resultat dargestellt. Möglicherweise ist die Forderung, Effektstärken zu diskutieren, für die qualitative Forschung kaum erfüllbar, jedenfalls dann, wenn sie ihre Befunde nicht in quantitativen Begriffen formulieren will, wie dies Onwuegbuzie/Daniel (2003: 8) vorschlagen. Dennoch muss die Frage danach, wie stark ein Unterschied ist, den eine Variable macht, gestellt und wenigstens ansatzweise diskutiert und beantwortet werden.

3.5 Versuchung der einseitigen Hypothesendiskussion

Diese Versuchung besteht darin, unbestätigte Hypothesen kritisch zu diskutieren und ihre Nicht-Bestätigung zu bezweifeln, für bestätigte Hypothesen dagegen diese Diskussion zu unterlassen und damit mögliche Kritik an der Bestätigung auszublenden.

Wer empirische Untersuchungen durchführt, wird in aller Regel nicht sämtliche Hypothesen bestätigt finden. Was macht man dann mit den unbestätigten Hypothesen bzw. mit Ergebnissen, die den Hypothesen widersprechen? Üblicherweise diskutiert man mehr oder weniger ausführlich, warum die jeweiligen Hypothesen nicht bestätigt wurden. Man führt Messprobleme an, macht die Stichprobenzusammensetzung dafür verantwortlich etc. Die Versuchung, der viele nachgeben, besteht darin, diese Probleme lediglich für die nicht bestätigten, nicht aber für die bestätigten Hypothesen zu diskutieren. Dabei ist nicht auszuschließen, dass zumindest einige der diskutierten Schwierigkeiten nicht nur dafür verantwortlich sind, dass Hypothesen nicht bestätigt wurden, sondern auch dafür, dass einige irrtümlich bestätigt wurden. So mögen vielleicht Messprobleme nur für die nicht bestätigten Hypothesen gelten. Wer jedoch z.B. Stichprobenprobleme anführt, sollte prüfen und diskutieren, warum diese für die bestätigten Hypothesen nicht gelten.

Was tun? Zumindest sollte man für den Fall verlangen, dass entsprechende Probleme für die nicht bestätigten Hypothesen diskutiert werden, verlangen, dass diese Diskussion auch auf die bestätigten ausgeweitet wird. Dies würde eine Art „Robustheitscheck" bedeuten, der sich wiederum keineswegs auf quantitative Analysen beschränken sollte.

3.6 Versuchung der Verallgemeinerung ohne hinreichende Basis

Anders als bei deduktiven Argumenten geht bei induktiven Argumenten der Gehalt der Konklusionen über den der Prämissen hinaus (Salmon 1983: 163). Die einfachste Form des induktiven Arguments ist die „enumerative Induktion" (Salmon 1983: 167): Man schließt von Aussagen über Elemente in der untersuchten Stichprobe (einer Teilmenge) auf die (nicht untersuchten) Elemente der gesamten Menge (Grundgesamtheit). Der „Fehlschluss der unzureichenden Statistik" (oder wie ihn Salmon (1983: 170) auch nennt: der „Fehler des voreiligen Schlusses") besteht darin, dass man verallgemeinert, ohne genügend Daten gesammelt, also zu wenig Fälle zur Verfügung zu haben. Salmon (1983: 172) nennt zudem den „Fehlschluss der voreingenommenen Statistik"[6]. Hier gibt man der Versuchung nach, auf Grundlage einer nicht-repräsentativen Stichprobe zu verallgemeinern. Diese Fehler sind in der quantitativen Forschung vergleichsweise leicht zu erkennen, da Aussagen über Stichprobenziehung, Zusammensetzung und Signifikanztests üblich sind. Wie sieht es aber in der qualitativen Forschung aus? Man mag sagen, dass Quantifizierungen dort keine Rolle spielen und daher analoge Überlegungen nicht sinnvoll sind. Zudem könnte man einwenden, dass in der qualitativen Forschung Verallgemeinerungen nicht – oder zumindest nicht in Form einer enumerativen Induktion – vorgenommen würden. Beides ist aber nicht zutreffend. Zum ersten begegnen uns auch in der qualitativen Forschung „Quasi-Statistiken" (Barton/Lazarsfeld 1984).[7] Man findet häufig (sic!) Aussagen, die auf unbestimmte Häufigkeitsbegriffe (zu diesem Ausdruck Hopf 1985) zurückgreifen, wobei Begriffe wie „häufig", „meistens", „die Mehrheit", „weniger", „mehr", „mitunter", aber auch „typisch" oder „in der Regel" verwendet werden. Gelegentlich findet man auch bestimmte Häufigkeitsbegriffe wie „fünf der neun Befragten", „in einem von vier Fällen" oder ähnliches. Dies ist an sich nicht problematisch bzw. sogar begrüßenswert, insb. wenn man fordert, dass Effektstärken auch in der qualitativen Forschung genannt werden sollen.

Es besteht nun aber die Versuchung, auf Basis dieser Quantifizierungen zu verallgemeinern.[8] Das Problem ist besonders gravierend, weil das qualitative Paradigma (bzw. Teile

---

6 Hier sollte man besser den Ausdruck „Fehlschluss *aufgrund* voreingenommener Statistik" verwenden.

7 Barton/Lazarsfeld (1984: 70) fassen unter Quasi-Statistiken nicht nur Quasi-Verteilungen, sondern u.a. auch Quasi-Korrelationen. Sie führen als Beispiel für ein Quasi-Korrelation die Aussage an: „Bandenmitglieder betreiben eine Ökonomie des Geldausgebens, während Studenten in einer Ökonomie des Geldsparens leben" (S. 70). Auch diese Art von Aussagen wird man in der qualitativen Personal- und Organisationsforschung häufig finden.

8 Eine unzureichende Zahl von Fällen wäre schon dann ein Problem, wenn jemand – was im qualitati-

dieses Paradigmas)[9] dadurch charakterisiert ist, dass man keine Theorie vorab haben oder anwenden, sondern aus den empirischen Daten (induktiv) Hypothesen oder sogar eine Theorie entwickeln soll.

Wie kann auf Basis weniger Fälle verallgemeinert werden? Meiner Meinung nach ist eine rein statistische Verallgemeinerung ohne eine Theorie nicht sinnvoll, man würde ansonsten induktiv von zu wenigen Fällen auf alle Fälle schließen und den „Fehlschluss der unzureichenden Statistik" (Salmon 1983: 170) vollziehen. Daher wird auch von manchen Vertretern der qualitativen Forschung gefordert, das Prinzip der Falsifikation, das eine Theorie oder wenigstens eine Hypothese voraussetzt, anzuwenden (Kelle 2005).

Was ist zu tun, worauf ist zu achten? Wir neigen alle dazu, zu verallgemeinern. Solange klar ist, dass die Verallgemeinerung lediglich eine Hypothese darstellt, die noch zu testen ist, dürfte dies kein allzu großes Problem sein. Das Problem wäre auch geringer, wenn mehr qualitativ Forschende die Forderung der „Grounded Theory" ernst nähmen, aus den Daten theoretische Aussagen zu entwickeln (die anschließend – ggf. von anderen – geprüft werden könnten). Für die wissenschaftlichen Zeitschriften bedeutet dies, dass qualitative, kleinzahlige Untersuchungen im Allgemeinen inakzeptabel sein sollten, wenn sich diese zu Beginn ihres Beitrages methodologisch und methodisch auf die „Grounded Theory" stützen, dann jedoch keine „Theorie" entwickeln, sondern wie „brave Empiristen" ihre Befunde berichten, es unterlassen, auf die Unmöglichkeit einer (korrekten) Verallgemeinerung hinzuweisen und damit zu suggerieren, die Befunde hätten eine Bedeutung über die wenigen untersuchten Fälle hinaus.

3.7 Versuchung des Schlusses von Sein auf das Sollen

Hier geht es um die Versuchung, aus empirischen Befunden normative Aussagen „abzuleiten", ohne die für einen korrekten Schluss notwendigen Werte einzuführen und kritisch zu diskutieren oder wenigstens die Diskussion über die Werte durch deren Nennung zu erleichtern (s.a. detailliert an einem konkreten Fall Martin 1998). Ein Beispiel: Wer herausfindet, dass die Fluktuation in einem Unternehmen überdurchschnittlich hoch ist, kann daraus nicht folgern, dass die Fluktuation gesenkt werden müsse. Warum soll eine hohe Fluktuation schlecht sein? Es mag eine Situation gegeben sein, in der Mitarbeiter freiwillig das Un-

ven Paradigma jedoch nicht vorkommt – einen strikten Falsifikationismus vertreten würde, der bereits einen widersprechenden Fall als Widerlegung einer Hypothese auffasst. Ein oder wenige Fälle bieten allenfalls Anlass, eine Hypothese zu bezweifeln, nicht aber sie zu verwerfen. Erst recht nicht wird man eine allgemeine Theorie (und nicht nur eine Hypothese) aufgrund weniger abweichender Fälle verwerfen wollen.

[9] Es gibt selbstverständlich nicht *das* qualitative Paradigma. Auch die Richtung der sog. Grounded Theory ist keineswegs homogen. So sind sich Glaser und Strauss, zwei exponierte Vertreter, der qualitativen Forschung, in der Frage nach der Bedeutung und Handhabung vorgängiger Theorien völlig uneinig und sie publizieren nicht mehr gemeinsam (vgl. Kelle 2005).

ternehmen verlassen und man daher auf zeit- und kostenträchtige Kündigungen, Abfindungszahlungen etc. verzichten kann. Man müsste also eine normative Aussage wie „Fluktuation ist gut (oder schlecht)" einführen. Die Geltung dieser normativen Aussage wäre wiederum zu diskutieren. Es geht mir hier nicht um den Inhalt dieses Beispiels, sondern lediglich um die Logik der Argumentation, um die Logik des Schlusses. Kurz gesagt: Ein Schluss von deskriptiven Aussagen (Sein) auf normative Aussagen (Sollen) ist logisch nicht korrekt. Er wäre aber dann logisch korrekt möglich, wenn man gültige Werte einführt.

Hinzu kommt ein weiteres Problem, wenn man der Versuchung der Entwicklung von Empfehlungen nachgibt. Was ist z.B. mit der Empfehlung gewonnen, man müsse eine bestimmte Personalstrategie einführen, um den Unternehmenserfolg zu steigern? Es wäre zu klären, wie die Strategie konkret aussehen soll, ob nicht Nebenwirkungen zu erwarten sind, ob nicht die Kosten der Maßnahme deren Nutzen (über)kompensieren usw. (Martin 1983; 1984; ähnlich Nienhüser 1988). Dies kann aber zumindest in empirischen Aufsätzen nicht oder allenfalls in Ausnahmefällen ausgearbeitet werden. Vielmehr erforderte dies eine neue Arbeit mit einer Reihe neuer Fragen. Daher bietet es sich an, entweder auf die Formulierung von Gestaltungsempfehlungen zu verzichten oder allenfalls Möglichkeiten anzudeuten, jedoch klarzumachen, dass dies Gegenstand einer neuen Arbeit sein muss. Andernfalls werden Praktiker zu recht mit den Empfehlungen nichts anfangen können.

Eine Empfehlung [sic!] für wissenschaftliche Zeitschriften besteht darin, dass die Entwicklung von Aussagen über Gestaltungsmöglichkeiten im Anschluss an empirische Untersuchungen sinnvoll sein und eine eigene Kategorien von Veröffentlichungen neben Theoriearbeiten oder empirischen Analysen (und anderen Formen) darstellen können.

Wie wir sehen, habe ich hier teilweise einer Versuchung nachgegeben, der zu widerstehen ich doch gerade fordere. Auf welcher normativen Basis beruhen meine entsprechenden Empfehlungen? Selbstverständlich gilt auch für diesen Text, dass Empfehlungen nicht allein durch deskriptive bzw. explikative Aussagen begründet, d.h. logisch korrekt abgeleitet werden können. Allerdings sollte sich eine logisch korrekte, normativ getönte Argumentationsskizze entwickeln lassen, wenn man folgende Norm: „Es ist gut, Aussagen logisch korrekt zu begründen" einführt.

4 Fazit

Gegen die Versuchungen bzw. gegen ihre negativen Folgen schlage ich zusammenfassend folgendes vor:

1. Gegen die Theoriebestätigungsversuchung: Nötig sind mehr Theorievergleiche und aktive Theoriekonkurrenz. Theorievergleichende Arbeiten sollten mehr als bisher als ein interessanter Typ von Publikationen akzeptiert werden.

2. Gegen die Methodenwiederholungsversuchung: Zweckmäßig ist eine breite Methodenausbildung, die eine Vielfalt an Datenanalyse- und -erhebungsverfahren lehrt und auch deren jeweiligen Begrenzungen aufzeigt. Wissenschaftliche Arbeiten, die sich derselben Fragestellung mit unterschiedlichen Methoden nähern und die Methodenrobustheit empirischer Befunde prüfen, sind nötig und daher von den Herausgebern wissenschaftlicher Zeitschriften anzuregen.

3. Gegen die Datensatz-Versuchung: Theorien mit geringem Informationsgehalt sind zu kritisieren, Operationalisierungen und die Geltung von Messhypothesen zu problematisieren.

4. Gegen die Versuchung der Ignoranz von Effektstärken: Zu fordern ist die Darstellung unstandardisierter bzw. marginaler Effekte. Ergänzend sind bei multivariaten Verfahren deskriptive Daten und bivariate Analysen darzustellen. Die praktische Bedeutung von Effekten muss diskutiert werden.

5. Gegen die einseitige Hypothesendiskussion: Die Probleme für die nicht bestätigten Hypothesen sind auch für die bestätigten zu diskutieren.

6. Gegen die Versuchung der Verallgemeinerung ohne hinreichende Basis: Eine statistische Verallgemeinerung ohne eine Theorie sollte nicht akzeptiert werden. Verallgemeinerungen sollten als zu prüfende Hypothesen dargestellt und aufgefasst werden.

7. Gegen die Versuchung des Schlusses von Sein auf das Sollen: Entweder ist auf Gestaltungsempfehlungen zu verzichten oder diese sind mit Begründungen und der Darstellung von Konsequenzen auszuarbeiten; dies bedeutet auch eine explizite Einführung, Diskussion und Begründung von Werten.

Die Vorschläge lassen sich je nach Adressatenkreis und Wissenschaftssubsystem in drei Gruppen unterteilen. Die meisten fallen in eine erste Gruppe, die sich an Gutachter bei der Begutachtung von Publikationen oder Forschungsanträgen wendet. Eine zweite Gruppe von Vorschlägen zielt auf die Ausbildung von (künftigen) Wissenschaftlern bzw. weiter gefasst: derjenigen, die wissenschaftliche Arbeiten verfassen. Und schließlich gibt es Vorschläge, die am System der Wissenschaft selbst ansetzen, hierzu zählt die Forderung nach mehr Wettbewerb und Pluralität. Diese haben an dieser Stelle zugegebenermaßen Leerformel-Charakter.

Literatur

Barton, A.H., Lazarsfeld, P.F. (1984): Einige Funktionen von qualitativer Analyse in der Sozialforschung, in: Hopf, C., Weingarten, E. (Hrsg.): Qualitative Sozialforschung. 2. Aufl., Stuttgart: S. 41-111.

Dilger, A. (2006): Kooperation zwischen Betriebsrat und Management. Die Sicht beider Seiten und deren Folgen, in: Jahrbücher für Nationalökonomie und Statistik, 226: S. 562-587.

Esser, H. (1996): Die Definition der Situation, in: Kölner Zeitschrift für Soziologie und Sozialpsychologie, Nr. 48, S. 1-34.

Festinger, L. (1957): A Theory of Cognitive Dissonance, Evanston.

Giddens, A. (1984): Die Konstitution der Gesellschaft, Grundzüge einer Theorie der Strukturierung, Frankfurt a. M.

Habermas, J. (1973): Wahrheitstheorien, in: Fahrenbach, H. (Hrsg.): Wirklichkeit und Reflexion, Pfullingen, S. 211-266.

Hopf, C. (1985): Fragen der Erklärung und Prognose in qualitativen Untersuchungen. Dargestellt am Beispiel der Arbeitslosen von Marienthal, in: Lutz, B. (Hrsg.): Soziologie und gesellschaftliche Entwicklung. Verhandlungen des 22. Deutschen Soziologentages in Dortmund 1984. Frankfurt a.M., S. 303-316.

Kelle, U. (2005): "Emergence" vs. "Forcing" of Empirical Data? A Crucial Problem of "Grounded Theory" Reconsidered, in: Forum Qualitative Sozialforschung/ Forum: Qualitative Social Research, Nr. 6(2), Art. 27, http://nbn-resolving.de/urn:nbn:de:0114-fqs0.

Koboldt, C. (1995): Ökonomik der Versuchung: Drogenverbot und Sozialvertragstheorie. Tübingen.

Martin, A. (1983): Die Entwicklung von Sozialtechnologien. Schwierigkeiten bei der Ableitung von Handlungsempfehlungen, Schriften aus dem Arbeitskreis Betriebswirtschaftliche Verhaltensforschung, Universität Paderborn.

Martin, A. (1984): Theorie – Empirie – Praxis. Ableitungsprobleme am Beispiel des Arbeitszufriedenheitskonzeptes, Schriften aus dem Arbeitskreis Betriebswirtschaftliche Verhaltensforschung, Universität Paderborn.

Martin, A. (1989): Die empirische Forschung in der Betriebswirtschaftslehre, Stuttgart.

Martin, A. (1998): Wider die Datenpraxeologie, in: Zeitschrift für Personalforschung, Jg. 12, Nr. 4, S. 474–487.

Nienhüser, W. (1988): Probleme der Anwendung von Theorien für personalwirtschaftliche Gestaltungsmaßnahmen, in: Zeitschrift für Personalforschung, Nr. 2, S. 3-26.

Nienhüser, W., Hoßfeld, H. (2008): Verbetrieblichung aus der Perspektive betrieblicher Akteure. Frankfurt a. M.

Onwuegbuzie, A. J., Daniel, L.G. (2003): Typology of Analytical and Interpretational Errors in Quantitative and Qualitative Educational Research, in: Current Issues in Education, Nr. 6, (online: http://cie.ed.asu.edu/volume6/number2).

Salmon, W.C. (1983): Logik, Stuttgart.

Scott, W. R. (2001): Institutions and Organizations, Thousand Oaks, London, New Delhi.

Shaw, M. E. (1981): Group dynamics: The psychology of small group behavior, McGraw-Hill College.

Simon, H. A. (1972): Theories of bounded rationality, in: McGuire, C. B., Radner, R. (Hrsg.): Decision and Organization, Amsterdam: S. 161-176.

Taylor, R. N. (1975): Psychological Determinants of Bounded Rationality: Implications for Decision-making Strategies, in: Decision Sciences, Nr. 6: S. 409-429.

Wilkinson, L., Task Force on Statistical Inference (1999): Statistical Methods in Psychology Journals: Guidelines and Explanations, in: American Psychologist, Nr. 54: S. 594-604.

Ziliak, S. T., McCloskey, D. N. (2008): The Cult of Satistical Significance: How the Standard Error Costs Us Jobs, Justice, and Lives, Ann Arbor.

Alumnus, quo vadis? Arbeitszeiten und Gehälter von Essener WiWi-Absolventen in der Praxis

Nicolas Krämer und Wolfgang Völl

1 Einleitung

Über Geld spricht man nicht. Wenn es in Deutschland ums Gehalt geht, werden selbst beste Freunde und gute Kollegen auf einmal schweigsam. In kaum einem anderen Land ist das eigene Einkommen ein solches Tabuthema. Verhältnisse wie in anderen Ländern, in denen Stellenanzeigen exakte Gehaltsangaben enthalten, oder wie speziell in Norwegen, wo die Einkommen sämtlicher Einwohner als Ausdruck besonderer Transparenz einmal pro Jahr in einer Steuerliste veröffentlicht werden[1], sind hierzulande vielleicht auch aufgrund der „deutschen Neidkultur" undenkbar. Die Studie zur Gehalts- und Arbeitszeitsituation von Absolventen der Fakultät für Wirtschaftswissenschaften der Universität Duisburg-Essen bringt ein wenig Licht ins Dunkel und liefert vor allem Antworten auf die folgenden Fragen, die viele Alumni sicherlich schon im Studium beschäftigt haben:

- Was verdient man, wenn man in Essen Wirtschaftswissenschaften studiert hat?
- Wie ist die durchschnittliche Arbeitszeit in meiner Branche?
- Wo stehe ich im Vergleich zu meinen ehemaligen Kommilitonen?

Insbesondere in Zeiten der Finanzkrise werden Gehaltsfragen häufig neu bewertet. Die Frage nach der angemessenen oder gar gerechten Vergütung wird von verschiedenen Beteiligten mit unterschiedlichen Vorzeichen beantwortet. Unternehmen befinden sich häufig in dem Dilemma, einerseits aus wirtschaftlichen Gründen Personalkosten senken zu müssen, andererseits aber marktfähige Gehälter zahlen zu müssen, um hochqualifizierte Fach- und Führungskräfte halten oder gar neu gewinnen zu können.

Die Angestellten erwarten wiederum, dass ihre Leistungen honoriert werden und dass ihre Bezahlung zugleich auch die Wertschätzung zum Ausdruck bringt, die das Unternehmen seinen Mitarbeitern entgegen bringen sollte. Zusätzlich kompliziert wird das Thema, wenn es um die ergänzende Anwendung erfolgs- und leistungsorientierter variabler Vergütungskomponenten geht. In der öffentlichen Diskussion sind ebenjene Bonuszahlungen zunehmender Kritik ausgesetzt.[2]

Daher ist es umso wichtiger, über verlässliche und objektive Basisinformationen zu verfügen. Die vorliegende Studie liefert Informationen, die nach Studienabschluss, Branche, Berufserfahrung und hierarchischer Position im Unternehmen aufgeschlüsselt sind. So kann jeder Leser seine Position im Gehaltsgefüge in seiner Peer Group ablesen.

Umfragen und Studien zur Gehalts- und Arbeitszeitsituation von Führungskräften und Angestellten sind grundsätzlich nicht neu. Als Beispiele seien die jährlich durchgeführte Umfrage des Verbandes „die Führungskräfte"[3] sowie der „Gehaltsreport 2011" der Zeit-

---

1 Vgl. z.B. Hannemann (2011).

2 Vgl. z.B. den Kommentar von Beise (2009).

3 Vgl. http://www.die-fuehrungskraefte.de/startseite/news-detailansicht/?tx_ttnews[tt_news]=1538, Abruf vom 3. Oktober 2011.

schrift „manager magazin" genannt, die diesen in Kooperation mit dem Online-Netzwerk „Xing" erstellt hat[4]. Auch liegen für viele Branchen und Tätigkeiten häufig Durchschnittsgehälter vor, oftmals speziell für Absolventen, wie sie das „Handelsblatt" regelmäßig veröffentlicht.[5]

Das Besondere an unserer Untersuchung ist, dass sämtliche Teilnehmer eine interessante Gemeinsamkeit haben: Sie alle haben an der Fakultät für Wirtschaftswissenschaften (die bis Juni 2009 „Fachbereich Wirtschaftswissenschaften" und davor „Fachbereich 5" hieß) der Universität Duisburg-Essen (oder der Universität Essen – die Fusion mit der Duisburger Gerhard-Mercator-Universität wurde am 1. Januar 2003 vollzogen – bzw. der Universität Gesamthochschule Essen, wie sie bis 1998 hieß) studiert und sind Mitglied im Alumni-Netzwerk der Fakultät. Dies ermöglicht Auswertungen, die bei globalen Umfragen nicht möglich sind, und erlaubt Rückschlüsse auf die Qualität der Lehre an unserer Alma Mater. Eine vergleichbare Studie an einer anderen Fakultät in Deutschland ist den Autoren nicht bekannt.

2 Untersuchungsgegenstand: Der Alumni der Fakultät für Wirtschaftswissenschaften der Universität Duisburg-Essen e.V.

Das Netzwerk der Alumni WiWi Essen verbindet Absolventen, Studierende und Unternehmen untereinander und mit der Fakultät für Wirtschaftswissenschaften der Universität Duisburg-Essen. Im Vordergrund steht der Fördergedanke, der durch den zum Ruhrgebiet passenden Slogan „Alumni fördern" des gemeinnützigen Ehemaligenvereins zum Ausdruck gebracht wird. Denn Fördern hat in Essen Tradition. Wo früher Kohle gefördert wurde, fördern die einstigen Kommilitonen sich seit der Vereinsgründung im Jahr 1998 gegenseitig. Seit dem Wintersemester 2009/2010 unterstützen die Alumni zwei exzellente Studierende der Wirtschaftswissenschaften mit einem Stipendium. Insgesamt zählt der Verein etwa 800 Mitglieder. Eine im April 2008 durchgeführte Auswertung der Mitgliederdatenbank liefert folgende Aussagen zur Mitgliederstruktur:

- 38% der Alumni der Fakultät für Wirtschaftswissenschaften sind nach wie vor in Essen ansässig, insgesamt sogar 85% im Bundesland Nordrhein-Westfalen. Lediglich 4% haben Deutschland verlassen und leben im Ausland. Gleichwohl sind sämtliche Kontinen-

4 Vgl.http://www.manager-magazin.de/unternehmen/artikel/0,2828,744930,00.html, Abruf vom 3. Oktober 2011.

5 Vgl. z.B. Mohr (2007).

te in der Adressdatei enthalten, weswegen von einem weltweiten Ehemaligennetzwerk gesprochen werden kann.

- Die Fakultät selbst stellt für viele Absolventen zugleich den ersten Arbeitgeber nach dem Studienende dar. Mit einem Anteil von 9% ist die Universität Duisburg-Essen zugleich der häufigste Arbeitgeber unter den Mitgliedern, gefolgt von den Wirtschaftsprüfungs- und Beratungsgesellschaften KPMG (3%) und PricewaterhouseCoopers (2%) sowie dem in Essen ansässigen Energieversorgungsunternehmen RWE (knapp 2%). Die Top-10-Liste der häufigsten Arbeitgeber wird von den ebenfalls zu den so genannten Big Four zählenden Prüfungs- und Beratungsunternehmen Ernst & Young und Deloitte, den Telekommunikationsunternehmen E-Plus und der Telekom, der ThyssenKrupp AG, die ihren Stammsitz wieder nach Essen verlegt hat, sowie der internationalen Unternehmensberatung BearingPoint (jeweils etwa 1%) komplettiert.
- 75% der Mitglieder sind männlich, 25% weiblich.

3 Methodik und Begriffe

Die Erhebung und die Auswertung aller Daten waren anonym. Vor der Aufbereitung der Ergebnisse wurden vor allem Eingabefehler, wie zum Beispiel mutmaßliche Tippfehler, identifiziert und so plausibel wie möglich korrigiert, um nicht zu verzerrten Aussagen zu gelangen.

Es wurden 23 Fragen gestellt, von denen die letzten fünf von der Hauptintention der Studie abweichen und die Zufriedenheit der Absolventen mit ihrer Mitgliedschaft im Alumni-Club messen und mithin auf eine Leistungsoptimierung abzielen. Der Fragebogen wurde am 16. Oktober 2009 und zur Erinnerung ein weiteres Mal am 3. November 2009 in Form eines PDF-Dokuments per E-Mail-Newsletter an die Mitglieder des Alumni WiWi Essen e.V. versandt. Außerdem bestand für die Teilnehmer die Möglichkeit, die Fragen online zu beantworten. Hierfür wurde auf der Internetseite www.umfrageonline.com ein eigener Bereich eingerichtet. Der Link zu der Onlineumfrage wurde ebenfalls elektronisch verschickt und gleichfalls auf der Homepage des Alumni-Clubs, www.alumni-foerdern.de, wo auch der PDF-Fragebogen zum Download zur Verfügung gestellt wurde, bekannt gegeben. Die Teilnahme war zwischen dem 16. Oktober und dem 13. November 2009 möglich. Insgesamt konnten 134 Fragebögen ausgewertet werden. Dies entspricht einer Rücklaufquote von 21%. Die Auswertung der Fragebögen erfolgte für das Jahr 2009. Bei der Auswertung wurden der Mittelwert, das obere Quartil, der Median und das untere Quartil verwendet.[6] Der Mittelwert, auch Durchschnitt genannt, entspricht dem arithmetischen Mittel, das als Quotient aus der Summe aller beobachteten Werte und der Anzahl dieser Werte definiert ist. Ein Beispiel: Für die „Gehälter" liegen vier Werte vor: 100.000 €, 75.000 €, 50.000 € und 40.000 €, die Summe beträgt 265.000 €, der Mittelwert 66.250 €. Das Durchschnittsgehalt

[6] Vgl. hierzu und zum Folgenden Assenmacher (1996), S. 60 ff.

beträgt 66.250 €. Obwohl der Mittelwert meistens recht glatte Werte liefert, ist er doch für den Vergleich mit der eigenen Situation, insbesondere bei der Beurteilung der Gehaltssituation, eher ungeeignet. So bezieht keiner der befragten Absolventen ein Einkommen von 66.250 €. Zwei Absolventen erhalten ein höheres Einkommen, zwei liegen unter dem Durchschnittsgehalt. Die ausschließliche Verwendung des arithmetischen Mittels wäre irreführend und könnte dementsprechend zu falschen Rückschlüssen führen.

Für die Auswertung der Gehälter der Alumni wurden daher zusätzlich zum Mittelwert das obere und das untere Quartil (lat. Viertelwert) sowie der Median herangezogen. Diese statistischen Lagemaße werden ermittelt, indem alle Gehälter der Höhe nach sortiert werden. Das untere Quartil gibt hierbei das Gehalt an, unter das 25% aller genannten Gehälter fallen. Der Median wird auch Zentralwert genannt und entspricht dem mittleren Quartil. Unter den Median fallen 50% aller genannten Gehälter. In der Regel ist der Median nicht identisch mit dem Mittelwert. Das obere Quartil gibt den Gehaltswert an, unter dem 75% aller genannten Gehälter liegen. Ein **Beispiel:** 12 Gehälter der Höhe nach sortiert sind 30.000 €, 35.000 €, 40.000 €, 45.000 €, 50.000 €, 55.000 €, 60.000 €, 65.000 €, 70.000 €, 75.000 €, 80.000 € und 100.000 €. Das ober Quartil sind 71.250 €, der Median 57.500 €, das untere Quartil 43.750 € und der Mittelwert 58.750 €. Ein Alumnus mit einem Gehalt von 58.000 € liegt damit zwar unter dem Durchschnitt aller Absolventen, die an der Studie teilgenommen haben, aber er verdient mehr als 50% aller Teilnehmer.

Somit ist für jeden Leser eine differenzierte Einordnung seines Gehalts möglich. Die angegebenen Einkommen verstehen sich als Bruttogehälter, d.h. einschließlich aller Sonderzahlungen und ohne Arbeitgeberbeiträge für gesetzliche und sonstige Versicherungen oder Pensionskassen (so genanntes Arbeitnehmerbrutto).

4 Ergebnisse

1998 wurde der **Alumni des Fachbereichs Wirtschaftswissenschaften** der Universität Essen e.V. in das Vereinsregister der Stadt Essen eingetragen. Dieses sowie jedes Folgejahr ist als Studienabschlussjahr mindestens eines Absolventen in der Studie ebenso vertreten, wie die fünf vorherigen Jahre. 1972 wurde die Universität gegründet. Als frühestes Abschlussjahr wurde 1980 in der Studie berücksichtigt. Die meisten Studienteilnehmer sind zwischen 26 und 35 Jahre alt, wobei der Anteil der bis zu 30-Jährigen fast die Hälfte aller Teilnehmer ausmacht, was sich auch in der Verteilung nach dem Jahr des Studienabschlusses niederschlägt. Die mit Abstand meisten Teilnehmer (über 18%) haben ihr Studium 2007 abgeschlossen. Vielen Teilnehmern an der Erhebung fehlt daher die nötige Berufserfahrung, um im Unternehmen eine Top-Position zu bekleiden und Spitzengehälter zu erzielen, was bei den präsentierten Ergebnissen zu berücksichtigen ist: Die meisten Teilnehmer, nämlich 28%, arbeiten unterhalb der dritten Ebene unterhalb der Unternehmensleitung, nur 7% sind als Vorstand oder Geschäftsführer tätig (siehe **Abbildung 4.1**).

Abbildung 4.1 Verteilung der Befragten nach der Position im Unternehmen

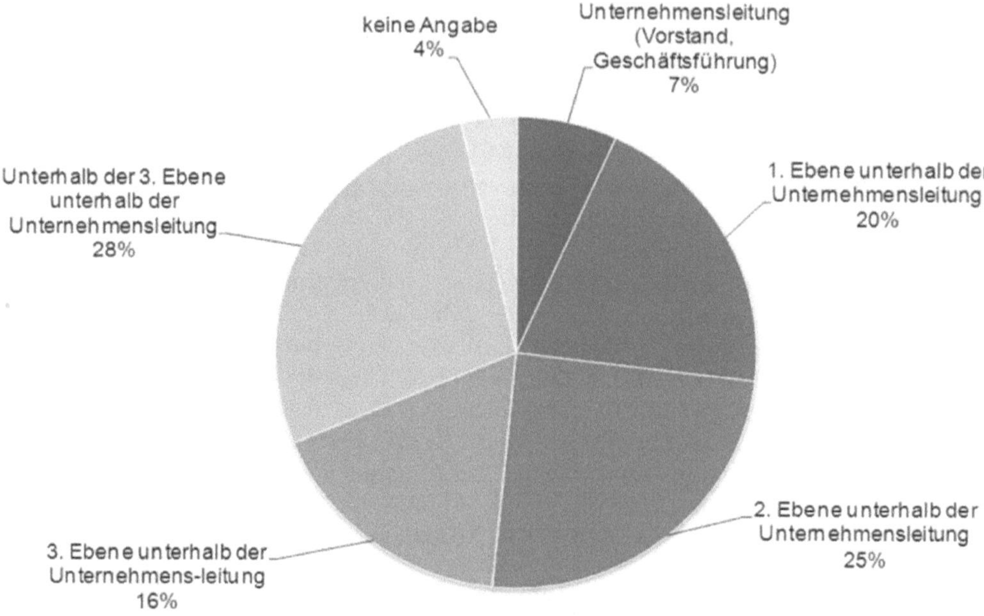

So arbeiten die meisten Studienteilnehmer in typischen **Einstiegsbranchen**. Der größte Teil der Befragten ist als Unternehmensberater tätig (13%) oder im Bereich Öffentlicher Dienst/Hochschule (ebenfalls 13%) beschäftigt, an der Universität häufig mit dem Ziel zu promovieren. An dritter Stelle folgen mit jeweils 11% die Branchen Wirtschaftsprüfung/Steuerberatung und Informationstechnologie.

Alumnae sind in der Studie unterrepräsentiert. Nur etwa ein Viertel der Studienteilnehmer ist weiblich. Diese Verteilung entspricht aber annähernd der Mitgliederstruktur des Alumni-Clubs, was als ein Indiz für die Repräsentativität der im Rahmen der Studie gewonnenen Ergebnisse anzusehen ist.

Zu den **Studiengängen**. Diplom-Kaufleute stellen mit 76% den größten Anteil aller Befragten, Diplom-Wirtschaftsinformatiker mit 13% die zweitgrößte Gruppe aller Teilnehmer. Bachelor und Master mit jeweils 3% sowie Diplom-Volkswirte (1%) sind dagegen unterrepräsentiert. 14% der Teilnehmer haben obendrein erfolgreich ein Promotionsstudium absolviert. Kein Teilnehmer ist habilitiert.

Interessant ist der Blick auf die unterschiedlichen **Studiendauern** der Absolventen. Die Regelstudienzeit der Diplom-Studiengänge beträgt neun Semester. Die meisten brauchten genau ein Semester länger, aber auch Studiendauern von 11 und mehr Semestern sind keine Seltenheit. Einigen Umfrageteilnehmern gelang es allerdings auch, in der Regelstudienzeit zu studieren oder diese zu unterbieten.

Essener WiWi-Absolventen sind bei den Arbeitgebern offensichtlich sehr begehrt. Mehr als 70% hatten einen **nahtlosen Übergang vom Hörsaal ins Büro** und mussten nicht einmal einen Monat auf den ersten Arbeitstag warten. Bei ca. 40% aller Studienteilnehmer fand der erste Arbeitstag sogar bereits vor dem eigentlichen Studienabschluss statt. Dies spricht für die Qualität der Essener WiWi-Absolventen und ist ein Indikator für das hohe Niveau der Lehre an unserer Fakultät (siehe **Abbildung 4.2**).

Abbildung 4.2 Zeit zwischen Studienende und Arbeitsanfang

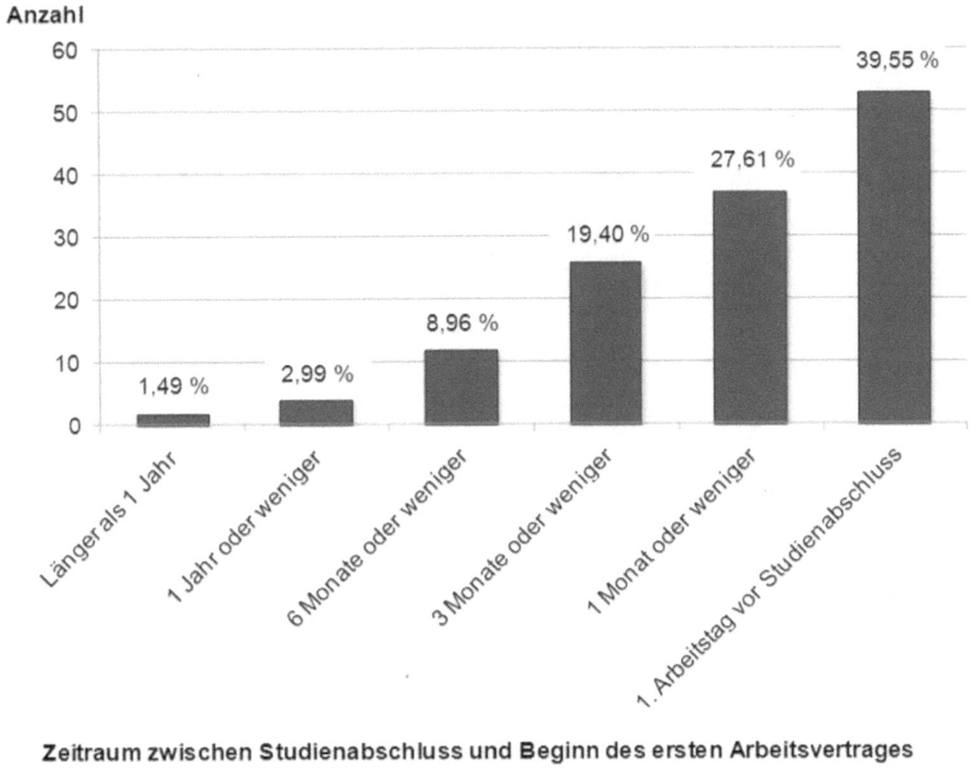

Beinahe ein Viertel aller Studienteilnehmer erhält ein **Jahresbruttogehalt** zwischen 40.001 € und 50.000 €. Das untere Gehaltsquartil liegt bei 45.000 €, das obere bei ca. 80.000 € und der Median bei 60.000 €. Das Durchschnittsgehalt aller Absolventen der Fakultät für Wirtschaftswissenschaften der Universität Duisburg-Essen beträgt 64.767 €. Beinahe jeder 10. Studienteilnehmer streicht jährlich über 100.000 € ein.

Das **Einstiegsgehalt** lag bei den Studienteilnehmern in über 42% der Fälle zwischen 30.001 € und 40.000 €. 32% der Absolventen konnten sich direkt im Anschluss an das Studium sogar über ein Gehalt zwischen 40.001 € und 50.000 € freuen. Knapp 10% mussten aber auch mit weniger als 20.000 € auskommen. Spitzenverdiener konnten bereits im ersten Berufsjahr mehr als 80.000 € einstreichen, was aber als Ausnahme anzusehen ist.

Bei den Jahresgehältern sind die **Diplom-Kaufleute** mit einem Durchschnittsgehalt von 69.809 € (Median: 60.250 €) spitze. Sie verdienen auch die höchsten Einstiegsgehälter. Bei den Diplom-Kauffrauen und Diplom-Kaufmännern zeigt sich auch eine starke Spreizung in den Gehältern. Ein Viertel von ihnen verdiente 2009 weniger als 43.625 €. 25% erhielten hingegen ein Gehalt von über 84.750 €. Deutlich niedrigere Gehälter bekommen Master-Absolventen (Median: 43.500 €) und Bachelor-Absolventen (Median: 32.800 €). Die Schaffung eines zweistufigen Studiensystems aus europaweit vergleichbaren Bachelor- und Masterabschlüssen im Rahmen des Bologna-Prozesses wurde erst 1999 beschlossen; zum Wintersemester 2005/2006 führte unsere Fakultät den Bachelor-Studiengang für BWL ein, für VWL und Wirtschaftsinformatik bereits etwas früher. Daher ist auch bei der Interpretation der zugehörigen Gehaltsbenchmarks der bereits angesprochene Effekt zu berücksichtigen, dass den Absolventen dieser sogenannten konsekutiven Studiengänge die nötige Berufserfahrung fehlt, um zu den Spitzenverdienern zu zählen (siehe **Abbildung 4.3**).

Abbildung 4.3 Jahresgehalt und Studienabschluss

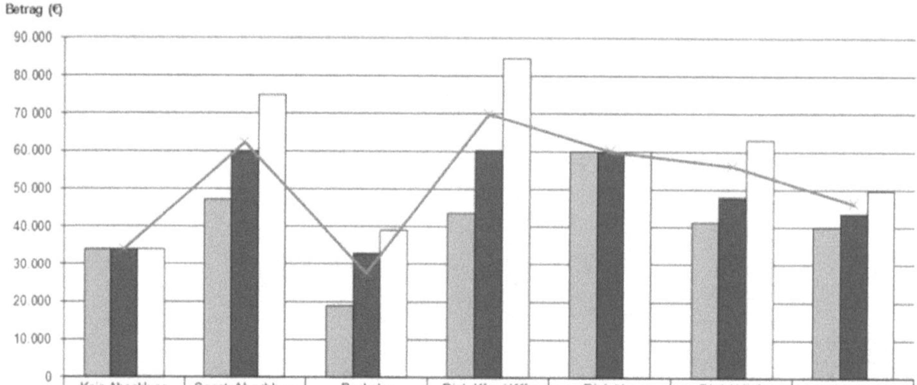

	Kein Abschluss	Sonst. Abschluss	Bachelor	Dipl.-Kfm./-Kffr.	Dipl.-Vw.	Dipl.-Wilnf.	Master
Unteres Quartil	34.000	47.250	18.900	43.625	60.000	41.300	40.000
Median	34.000	60.000	32.800	60.250	60.000	48.000	43.500
Oberes Quartil	34.000	75.000	38.900	84.750	60.000	63.000	49.750
Mittelwert	34.000	62.250	27.600	69.809	60.000	56.150	46.250

In den Jahresgehältern nach Studienabschlussjahr lässt sich dementsprechend mit **zunehmender Berufserfahrung** ein ansteigender Trend beobachten. Dies gilt insbesondere für die Abschlussjahre, deren Absolventen sich durch eine hohe Beteiligung an der Studie auszeichnen. So fallen sämtliche Gehaltskennzahlen für Teilnehmer, die ihr Studium im Jahr 2003 beendet haben, ungefähr doppelt so hoch aus wie bei den Absolventen des Abschlussjahres 2009. Mit anderen Worten: Für die Verdoppelung des Einstiegsgehalts braucht es einen Zeitraum von sechs Jahren. Um vor dem Hintergrund unterschiedlicher Arbeitszeiten eine bessere Vergleichbarkeit der Ergebnisse herzustellen, wurde das Durchschnittsgehalt pro Arbeitsstunde differenziert nach Studienabschlussjahren berechnet. Während ein Absolvent im ersten Jahr demnach in der Regel einen effektiven Stundenlohn von unter 20 € erhält, steigt der Durchschnittsstundenlohn nach acht Jahren auf über 30 € an. Ein erfreulicher Gehaltsanstieg geht also häufig auch mit einer unerfreulichen Arbeitszeiterhöhung einher.

Spitzengehälter werden insbesondere im Versicherungsbereich, in der das obere Quartil bei über 120.000 € liegt, sowie in der Consultingbranche (oberes Quartil bei 100.000 €) bezahlt. Die **niedrigsten Gehälter** werden im Rahmen des Tarifvertrages für den öffentlichen Dienst (TVöD) bezahlt. Hier bezieht nur etwa ein Viertel der Angestellten pro Jahr mehr als 50.000 €. Vergleichsweise gering fallen die Gehälter im Bereich Wirtschaftsprüfung/Steuerberatung aus, wo nur 25% der Befragten mehr als 60.000 € verdienen. In dieser bei den Alumni sehr beliebten Branche ist zu berücksichtigen, dass das Gehalt in der Regel durch die Bezuschussung von Vorbereitungskursen und Prüfungsgebühren für die Berufsexamina zum Steuerberater und/oder Wirtschaftsprüfer sowie entsprechende Freistellungen durch den Arbeitgeber ergänzt wird. Diese auf dem Gehaltszettel „unsichtbaren" Komponenten sind in die Ermittlung der Gesamtjahresbezüge allerdings nicht eingegangen. Sind die anspruchsvollen Examina aber erst einmal bestanden, kommt es in der Regel zu einem sehr deutlichen Gehaltsanstieg.

Während die Wahl des Studiengangs offenbar eine große Auswirkung auf das spätere Einkommen hat, lässt sich ein eindeutiger Zusammenhang zwischen der **Größe des Unternehmens**, in dem ein Absolvent beschäftigt ist, und dem Gesamtjahresgehalt nicht erkennen. Tendenziell zeigt sich aber, dass in kleinen und mittelgroßen Unternehmen mit bis zu 500 Beschäftigten etwas geringere Gehälter gezahlt werden als in Unternehmen mit über 500 Beschäftigten.

Die Hälfte aller Führungskräfte der **ersten Hierarchieebene** im Unternehmen verdient mehr als 100.000 € pro Jahr. Unterhalb der dritten Ebene unterhalb der Unternehmensleitung fällt der Zentralwert mit 49.000 € nur knapp halb so hoch aus (siehe **Abbildung 4.4**).

Acht Prozent der Studienteilnehmer haben sich mit einem **eigenen Unternehmen** selbständig gemacht. Zwar verdienen 25% der Selbständigen weniger als 39.167 € – bei den Angestellten liegt das untere Quartil höher, nämlich bei 45.000 € – dafür liegt das Durchschnittsgehalt der selbständigen Unternehmer mit 76.212 € jährlich über 12.000 € höher als bei den abhängig Beschäftigten. Wie sehr sich die Selbstständigkeit lohnen kann, zeigt der Blick aufs obere Quartil: Bei den Selbständigen liegt es bei 110.000 €, bei den nicht Selbständigen deutlich niedriger, nämlich bei 76.300 €.

Frauen verdienen jährlich durchschnittlich fast 3.000 € weniger als ihre männlichen Kollegen. Gleichberechtigung lässt sich nur beim Vergleich des unteren Quartils (Frauen: 44.500 €, Männer: 45.000 €) erkennen, was als Indikator dafür anzusehen ist, dass die Einstiegsgehälter für beide Geschlechter gleich sind und die Gehaltsschere erst im weiteren Karriereverlauf auseinander geht, zum Beispiel aufgrund etwaiger Ausfallzeiten im Rahmen des Mutterschutzes.

Der Doktortitel ist kurz, der Weg dahin lang. Viele Absolventen fragen sich, ob sich der Aufwand lohnt. Dass sich die **Promotion** auszahlt, belegt die Studie eindrucksvoll. Promovierte verdienen durchschnittlich über 10.000 € mehr als Nicht-Promovierte. Noch deutlicher fällt der Vergleich des Medians aus, der bei den Doktores um 17.000 € höher liegt. Rechnet man diesen Gehaltsunterschied auf 30 Berufsjahre hoch, werden die Mühen der Promotion mit mehr als einer halben Million Euro belohnt. Die Investition in Form eines völligen Gehaltsverzichts, Promotionskredits oder durch die Inkaufnahme eines niedrigen Gehalts als wissenschaftlicher Mitarbeiter (s.o.) bringt also einen ansehnlichen Return on Investment.

Abbildung 4.4 Jahresgehalt und Stellung im Unternehmen

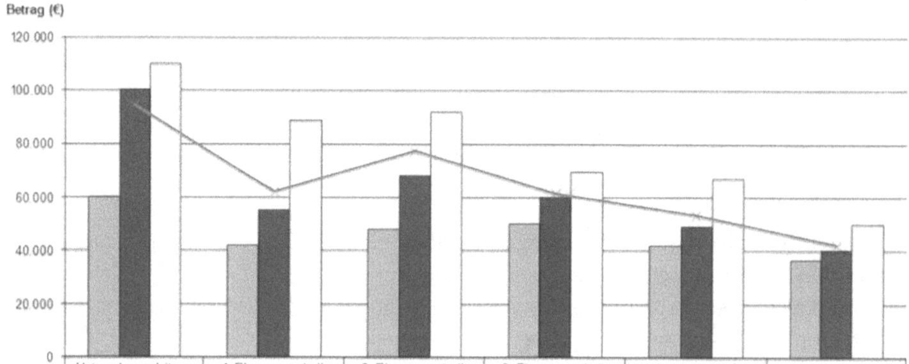

	Unternehmensleitung (Vorstand, Geschäftsführung)	1. Ebene unterhalb der Unternehmensleitung	2. Ebene unterhalb der Unternehmensleitung	3. Ebene unterhalb der Unternehmensleitung	Unterhalb der 3. Ebene unterhalb der Unternehmensleitung	keine Angabe
Unteres Quartil	60 000	42 000	48 000	50 000	42 000	36 600
Median	100 000	55 000	68 000	60 000	49 000	40 000
Oberes Quartil	110 000	88 800	92 000	69 450	67 000	50 000
Mittelwert	94 611	62 185	77 462	61 400	53 222	42 120

Infolge der **Wirtschaftskrise** wurden für 2009 niedrige Bonus- und Tantiemezahlungen erwartet. Bei den Essener Wirtschaftswissenschaftlern ergibt sich das folgende Bild. Knapp 70% der Befragten erhielten im Betrachtungsjahr eine variable Vergütung. Den meisten von ihnen, knapp 20%, wurde ein moderater Bonus zwischen 1.001 und 5.000 € zugesprochen. Bei jeweils etwa 15% der Studienteilnehmer lag die Jahressonderzahlung in der Spanne zwischen 5.001 € und 10.000 € und in der Spanne zwischen 10.001 € und 20.000 €. 25% der Absolventen wurde ein Bonus von mindestens 4.000 € ausgeschüttet.

Drei Viertel aller Absolventen steht im Rahmen ihrer Gesamtjahresbezüge kein **Dienstwagen** auch zur privaten Nutzung zur Verfügung. Je höher ein Studienteilnehmer in der Unternehmenshierarchie angesiedelt ist, desto eher wird ihm ein Wagen zur Verfügung gestellt. Während nur etwa 8% der Befragten, die unterhalb der dritten Ebene unterhalb der Unternehmensleitung tätig sind, einen Firmenwagen fahren und bloß ca. 13% derer, die in der dritten Unternehmensebene positioniert sind, so liegt der Anteil der Dienstwagenfahrer auf der ersten und zweiten Ebene unterhalb der Unternehmensleitung mit jeweils etwa 30%

deutlich höher. Für Vorstände und Geschäftsführer gehört der Dienstwagen zur Standardausstattung ihres Vertrages. In knapp 90% aller Fälle steht ihnen ein solcher Firmenwagen zur Verfügung. Interessant ist die Feststellung, dass insbesondere in solchen Branchen, in denen Mobilität als unabdingbar vorausgesetzt wird und Reisetätigkeit Standard ist, ein PKW in den meisten Fällen nicht bereitgestellt wird. So haben mehr als 50% derjenigen, die als Unternehmensberater oder als Mitarbeiter von Wirtschaftsprüfungs- und Steuerberatungsgesellschaften tätig sind, keinen Dienstwagen, sondern reisen offenbar mit anderen Verkehrsmitteln oder fahren mit dem Mietwagen oder mit dem Privat-PKW und rechnen die dienstlich veranlassten Autofahrten über Kilometerpauschalen gesondert ab.

Bei 68% der Alumni liegt eine Zusage über eine **betriebliche Altersversorgung** vor. In 28% der Fälle wird diese ausschließlich vom Arbeitgeber finanziert. 8% der Befragten finanzieren ihre betriebliche Altersvorsorge selbst und bei 32% der Studienteilnehmer ergibt sich die Betriebsrente aus einer Mischfinanzierung von Arbeitgeber und Arbeitnehmer. 31% der Mitglieder des Ehemaligenvereins werden unter Status-quo-Bedingungen später keine Betriebsrente erhalten (siehe **Abbildung 4.5**).

Abbildung 4.5 Zusage über betriebliche Altersversorgung und Stellung im Unternehmen

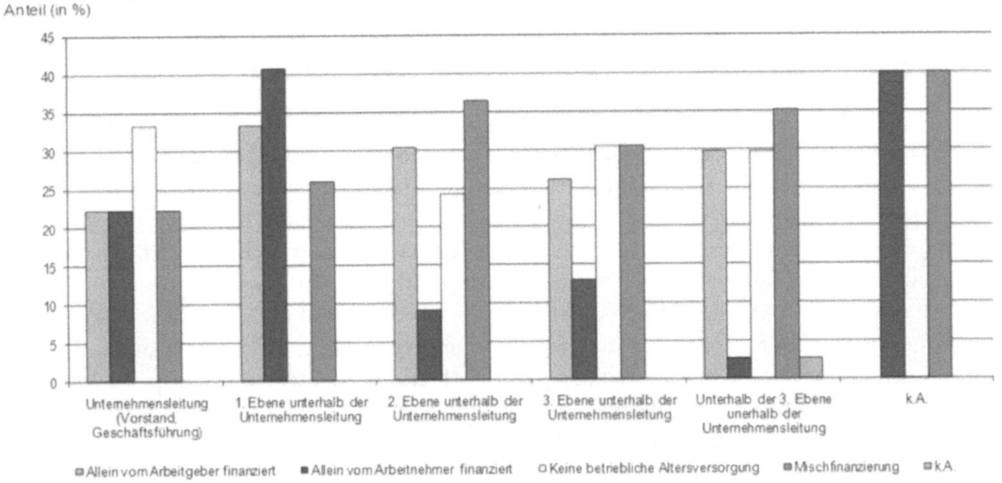

Absolventen der Essener WiWi-Fakultät arbeiten in der Regel länger als in Tarif- und Arbeitsverträgen vereinbart. Mehr als die Hälfte hat inklusive Überstunden eine tatsächliche durchschnittliche **Wochenarbeitszeit** von 41 bis 50 Stunden, mehr als 20% der Befragten bewältigen sogar ein Wochenpensum von weit mehr als 50 Arbeitsstunden. Hier wirken sich möglicherweise die wirtschaftlichen Krisenzeiten aus, wenn Kapazitäten freigesetzt oder nicht aufgestockt werden und die anfallende Arbeit von den weiterhin in einem Unternehmen beschäftigten Mitarbeitern alleine bewältigt werden muss.

Kaum eine Branche bietet insbesondere Berufseinsteigern bessere Entwicklungs- und Verdienstmöglichkeiten als die **Unternehmensberatung**. Und kaum ein Job ist härter. Montag früh auf dem Flughafen oder der Autobahn, lange Arbeitstage und Nächte im Hotel. Privatleben ist, was übrig bleibt. Durchschnittlich mehr als 50 Stunden müssen Consultants pro Woche arbeiten, ein Viertel der befragten Unternehmensberater bringt es Woche für Woche sogar auf mehr als 56 Stunden. Auch bei Bankern und im Gesundheitswesen kann von einer ausgeglichenen Work-Life-Balance kaum die Rede sein. Zwar zeigt die Auswertung dies auch für die Branche Medien, Druckerei, Verlag und die Verkehrsindustrie an, doch haben sich nur wenige Absolventen aus diesen beiden Bereichen an der Studie beteiligt, so dass die Ergebnisse nicht so ohne weiteres verallgemeinert werden können.

5 Fazit

Insgesamt zeigt die Studie, dass sich ein Abschluss an der Fakultät für Wirtschaftswissenschaften der Universität Duisburg-Essen auszahlt. Allerdings sind die Spannen bereits bei den Einstiegsgehältern groß. Faktoren wie Studiengang, Branche und mit Abstrichen auch die Unternehmensgröße wirken sich auf die Höhe des Gehalts aus. Für Alumni sollte allerdings nicht allein ein hohes (Einstiegs-)Gehalt ausschlaggebend sein. Interessante Aufgaben, eine passende Unternehmenskultur und vor allem Entwicklungsperspektiven sollten beim Berufseinstieg und bei jedem Arbeitgeberwechsel als wichtige Entscheidungskriterien ebenso herangezogen werden.

Die Fragen zur Mitgliederzufriedenheit brachten folgende Ergebnisse. Besonders der alumnus oeconomicus, das im Jahr 2009 aufgelegte Informationsjournal der Alumni WiWi, erfreut sich großer Beliebtheit und wurde von fast allen sehr positiv bewertet. Für etwa ein Viertel der Befragten wäre der alumnus oeconomicus dementsprechend auch als Werbemittel interessant. Die kostenlose Rechtsberatung und die exklusiven Sonderkonditionen im Automobilclub BAVC sind noch nicht lange Bestandteil des Leistungsportfolios unseres Clubs, weswegen der größte Teil der Studienteilnehmer diese bisher noch nicht in Anspruch genommen hat. Obwohl 31% der Alumni keine Betriebsrente erhalten, bleiben die Möglichkeiten, die die Alumni-Versicherungsleistungen von vielen Mitgliedern ungenutzt. Entsprechende Informationen liefert die Homepage www.alumni-foerdern.de.

Den höchsten Stellenwert haben die Alumni-Feste und die Alumni-Kultur-Veranstaltungen für die Mitglieder. Das letzte Alumni-Symposium fand 2005 statt. Trotzdem ist auch die Bedeutung von Symposien und Seminaren für viele einigermaßen hoch. Eine völlig untergeordnete Rolle spielt der Alumni-Sport, der von den meisten Mitgliedern abgelehnt wird.

Auf ein klassisches Mitgliederbuch legen die meisten Mitglieder unseres Netzwerks im Internetzeitalter keinen Wert. Drei Viertel können getrost auf ein schriftliches Verzeichnis verzichten. Ein solches Mitgliederbuch wäre für die meisten somit auch kein geeigneter Werbeträger, anders als der bereits angesprochene alumnus oeoconomicus und die Homepage, genannt von über 23% der Befragten. Aber auch der Alumni-Schaukasten an der Fakultät wäre für immerhin mehr als 17% der Teilnehmer ein geeigneter Ort, um dort zum Beispiel eine Stellenanzeige zu platzieren.

Literatur

Assenmacher, W. (1996): Deskriptive Statistik, Berlin u.a.

Assenmacher, W. (1996): Deskriptive Statistik, Berlin u.a.

Beise, M. (2009): Verdammnis der Anzugträger: Kritik an Bonuszahlungen, in: Süddeutsche Zeitung (27. März), abgerufen: 3. 10. 2011 unter: http://www.sueddeutsche.de/wirtschaft/kritik-an-bonuszahlungen-verdammnis-der-anzugtraeger-1.402094.

Hannemann, M. (2011): Land aus Glas, in: Brand Eins, Nr. 7, S. 78-81.

Mohr, C. (2007): Return on Investment: Statistiken über Absolventengehälter, in: Handelsblatt (14. 03.2011), abgerufen: 3. 10. 2011 unter: http://www.handelsblatt.com/karriere/mba-news/return-on-investment/2782448.html?p2782448=all.

μ, σ und die Bedeutung fundamentaler Kapitalmarktinformationen

Rainer Elschen

1 Problemstellung

Die Veranstaltungen Walter Assenmachers sind wesentlicher Bestandteil des Lehrportfolios eines finanzwirtschaftlich orientierten Studiums. Seine Lehre bewirkt beim finanzwirtschaftlichen Lehrstuhl, dass dieser die Erwartung an den Wert des mathematisch-statistischen Rüstzeugs der Studierenden erhöhen kann und dessen Streuung sich vermindert. Was liegt da näher, als an dieser Stelle einen Beitrag zur Portfoliotheorie zu liefern und an ihrem Beispiel die Anwendung mathematischer Theorien in der entscheidungsorientierten Betriebswirtschaftslehre zu untersuchen?

Am Beginn der Modernen Portfoliotheorie (MPT) steht der aus seiner Dissertation hervorgegangene Aufsatz „Portfolio Selection" von Markowitz[1]von 1952. Erst 38 Jahre später erhielt Markowitz für seine Arbeiten den Nobelpreis für Wirtschaftswissenschaften. Der Strukturkern[2] der von Markowitz entwickelten Portfolio-Theorie ließe sich sowohl für eine erklärende als auch für eine gestaltende Theorie verwenden. Damit könnte also entweder das Verhalten von Anlegern erklärt[3] oder ihre Portfoliowahl optimiert werden. Verbunden mit dieser Theorie sind Folgeentwicklungen wie das Capital Asset Pricing Model (CAPM), das mit den Namen Tobin, Sharpe, Lintner und Mossin verknüpft ist.[4]

Wie alle mathematischen Theorien ist die Theorie von Markowitz realwissenschaftlich betrachtet nur eine (besonders präzise) „Datenumformungsmaschine", die nach dem GIGO-Prinzip[5] (Garbage-in-Garbage-out) arbeitet. Bei gegebenem Modellkern beeinflusst also allein die Qualität der Dateneingaben die Qualität der Ergebnisse. Diese Theorie kann demnach reales Anlegerverhalten nicht (exakt) erklären, falls der Anleger tatsächlich von anderen als den in der Theorie angenommenen Daten ausgeht oder „ihrer Rationalität" nicht folgt. Ebenso wird ihm auf deren Basis eine suboptimale Entscheidung empfohlen, falls die Empfehlung auf anderen Daten basiert, als sie der Entscheidungsträger selbst seiner Entscheidung zugrunde legen würde.

Da heutige Entscheidungen künftige Zustände betreffen, ist der Entscheidungsträger bei den Dateninputs stets gezwungen, *Erwartungen* zu bilden. Das Markowitz-Modell verlangt als Dateninput im Wesentlichen Angaben zum Erwartungswert (μ) und zur Standardabweichung (σ) einzelner Wertpapiere. Aus den annahmegemäß normalverteilten Zufallsva-

---

1 Vgl. Markowitz, H. M. (1952), S. 77-91. Vgl. auch die Darstellung bei Spremann, K. (2008), S. 59-63 und S. 99-122, bes. aber S. 173-213; dort auch die „stolze" Abkürzung „MPT" für die Moderne Portfolio-Theorie.

2 Das dahinterstehende „strukturalistische Theorienkonzept" (auch „non statement view") wurde angeregt durch Kuhn, T. (1970). Vgl. dazu Schneider, D. (2001), S. 13-10, bes. S. 17, sowie in spezifischer Anwendung die komplexe Arbeit von Zelewski, S. (1993).

3 Hierbei handelt es sich um die „rationale Erklärung" bzw. die „Als-ob"-Erklärung, die „fiktiv" von der Rationalität des Entscheidungsträgers ausgeht. Vgl. etwa Stegmüller, W. (1983), S. 433 f.

4 Vgl. Tobin, J. (1958), S. 65-86; Sharpe, W. F. (1964), S. 425-442; Mossin, J. (1966), S. 768-783; Lintner, J. V. (1965), S. 587-615.

5 Vgl. zu den Auswirkungen dieses Prinzips auf die Qualität von Finanzanalysen etwa Everling, O. (2011), S. 18.

riablen wird dann mit gegebenen Wertpapieren und deren Daten durch logische Schritte unter Berücksichtigung der Korrelation der „Zufallswerte" (k) die (optimale) Portfolioentscheidung getroffen.

Teil 2 dieses Beitrags befasst sich mit der Frage, unter welchen Bedingungen das Modell von Markowitz aus Sicht einer entscheidungsorientierten Betriebswirtschaftslehre überhaupt als Grundlage von Portfolioentscheidungen tauglich ist. Teil 3 ergründet insbesondere die Frage, inwieweit sich Informationen des Jahresabschlusses eignen, um Erwartungswerte (μ) künftiger Aktienrenditen zu bilden, und behandelt die Problematik bei alternativer Anwendung der technischen Analyse. Teil 4 befasst sich damit, wie Streuungs- oder Risikomaße dieser Wertpapiere (σ) ermittelt werden könnten, wobei materiell der Rückgriff auf Risiko-Urteile der Rating-Agenturen nahezuliegen scheint. Teil 5 fasst das Ergebnis zusammen und wagt einen Ausblick.

2 Das Markowitz-Modell und seine Anwendungsprobleme

An den Prämissen eines Modells macht man fest, unter welchen realen Bedingungen und in welchen realen Zusammenhängen ein theoretisches Modell oder eine Theorie zur Anwendung kommen kann. Zwischen den Modellprämissen und den realen Bedingungen muss eine „Entsprechung" hergestellt werden können. Zuweilen ist dabei von „Realitätsnähe" der Prämissen die Rede. Zumindest die Bezeichnung ist dabei fragwürdig. Denn:

1. Höchste „Realitätsnähe" wäre erreicht, wären Theorie und Realität identisch. Wozu bräuchte man dann aber noch die Theorie?

2. Sollen Theorien Orientierungshilfen sein, dürfen sie die Realität gar nicht „so realitätsnah wie möglich" abbilden. Dann würde sich nämlich das Problem, sich in der Realität zurechtzufinden, genauso in der Theorie fortpflanzen.

Stattdessen *muss* jede Theorie von der Realität abstrahieren und damit zwangsläufig *Realitätsferne suchen,* sich jedoch auf ausgewählte Realitätsmerkmale beziehen, in denen sie Orientierung liefern soll. Sie muss dabei sogar den größten Teil der Realität ausblenden. Die Abstraktheit des Markowitz-Modells und die „Realitätsferne" seiner Prämissen sprechen daher *als solche* (noch) nicht gegen dessen Anwendungsfähigkeit als Orientierungshilfe in einer entscheidungsorientierten Betriebswirtschaftslehre.

Aus anwendungsorientierter Sicht gleicht eine mathematische Theorie einer Landkarte, die uns mit ihren Zeichen und Strukturen das Zurechtfinden in der Realität erleichtern soll. Gelingt das aber nicht (mehr), wird nicht die Theorie (Landkarte) widerlegt, sondern allein ihre Anwendbarkeit für diesen spezifischen Zweck. Denn: Taugt eine hundertjährige Wanderkarte auch kaum für die Orientierung im heutigen Gelände oder eine Wanderkarte kaum als geologische Karte, so können beide in anderen Verwendungen durchaus Orientierung geben. *Von einer „falschen" oder „gescheiterten" Theorie spricht man aus dieser Sicht also dann, wenn sie sich für eine geplante Anwendung nicht (mehr) eignet.*

Für die abstrakten Zeichen einer Landkarte wird der Realitätsbezug durch die Zeichenerklärung oder Legende hergestellt. Das ist die Rolle, die im Rahmen der Theorieanwendung von Definitionen der (zentralen) Begriffe ausgefüllt wird. Dabei geht es nicht darum, was ein Begriff allgemein bedeuten könnte, sondern was er spezifisch im Rahmen dieser Theorie bedeutet bzw. bedeuten kann. Danach bestimmt sich, ob jemand die Theorie für seinen Anwendungszweck freigibt oder nicht.

In der Theorie von Markowitz sind die Schlüsselbegriffe Erwartungswert (μ) und Streuung bzw. Standardabweichung (σ) als Momente angenommener Normalverteilungen der Zufallsvariablen und der Korrelationskoeffizient (k). Das designierte Anwendungsgebiet sind Wertpapierportfolien. Eine Ausweitung der Portfoliowahl auf „Kapitalanlagen" im Allgemeinen ist jedoch nicht ausgeschlossen, vor allem wenn man davon ausgeht, dass auch sonst meist nicht die Wertpapiere oder Vermögensgegenstände als solche gehandelt werden, sondern stets die Rechte an ihnen.[6]

Markowitz erkennt allerdings schon in den ersten Sätzen seines Beitrags, dass er sich allein mit dem „zweiten Schritt" der Portfoliowahl befasst und den ersten Schritt ausklammert:[7]

„THE PROCESS OF SELECTING a portfolio may be divided into two stages. The first stage starts with observation and experience and ends with beliefs about the future performances of available securities. The second stage starts with the relevant beliefs about future performances and ends with the choice of portfolio. This paper is concerned with the second stage."

Ist mit der Existenz des Modells von Markowitz der zweite Schritt getan, stellt sich für die Modellanwendung die Herausforderung, die man „Habe Lösung, suche Problem!" nennen könnte. Diese Suche nach „passenden Problemen" ist beim Markowitz-Modell aber weit schwieriger, als es durch die zahlreichen Anwendungen in Theorie und Praxis zum Ausdruck kommt. Viele, wenn nicht gar die meisten Anwendungen dieses Modells sind nämlich fehlerhaft, weil sie entscheidende Anwendungsbedingungen des Modells missachten.

Wer immer sich mit der Anwendung der Theorie von Markowitz befasst, muss nämlich stets den ersten Schritt vor dem zweiten tun. Er muss Erwartungen über künftige Entwicklungen der Wertpapiere bilden. Bei dieser „Erdung" des mathematischen Modells bewegt er sich auch auf betriebswirtschaftlichem Feld. Hier aber ist die Kritik der Modellanwendungen meist auf Einzelfakten konzentriert, typisch etwa bei Perridon/Steiner:[8]

---

6 Dies ist insbesondere der Ansatzpunkt der Theory of Property Rights (Theorie der Verfügungsrechte) angeregt insbesondere durch Demsetz, H. (1967), S. 347-359. Vgl. dazu auch Tietzel, M. (1981), S. 207-213.

7 Markowitz, H. M. (1952), S. 77 (Großschreibung im Original).

8 Vgl. Perridon, L./Steiner, M. (2004), S. 269-271 (Anmerkung zu Punkt b. vom Verfasser).

a. Die angenommene Normalverteilung entspreche nicht empirischen Beobachtungen.

b. Das Timing der Käufe und Verkäufe sei nicht modelliert, stelle aber in der Praxis ein wichtiges Problem dar. (Eine solche Kritik ist abwegig, denn Theorien müssen abstrahieren. Schließlich kann man mit einer geologischen Karte auch nicht gut wandern. Und es könnten beliebig viele Probleme genannt werden, die bei Markowitz *nicht* modelliert sind.)

c. Die Informationsanforderungen seien sehr hoch, insbesondere bei den Kovarianzen.

Der Aufmerksamkeit sämtlicher Kritiker entgeht aber die Prämisse des „Gegebenseins" von Mittelwert, Streuung und Kovarianz und deren grundlegende Bedeutung für die Theorieanwendung:

Gilt eine Größe in der Theorie als „gegeben", kann oder darf sie vom Theorieanwender nicht mehr beeinflussbar sein. Sonst wäre sie „nicht oder noch nicht gegeben". Modelltheoretisch ist das identisch damit, dass die Theorie die tatsächliche Beeinflussbarkeit dieser Größen ausklammert, und speziell beim Markowitz-Modell auch damit, dass Aktivitäten der zweiten Modellstufe die der ersten Stufe nicht (mehr) beeinflussen dürfen. Sonst gäbe es einen Rückkopplungseffekt, der auf der zweiten Stufe die Annahme verbietet, dass µ und σ „als feststehende Werte *gegeben*" sind.

Diese Überlegung eröffnet den Zugang zu einer wichtigen Erkenntnis: Je eher die bei Markowitz als „gegeben" angenommenen Größen µ und σ *keine reinen Zufalls*-Variablen und damit tatsächlich beeinflussbar sind oder beeinflusst werden, umso eher liegt es nahe, nach Lösungen außerhalb der Anwendung der Theorie von Markowitz zu suchen. Die Anwendung dieser Theorie führt dann meist sogar in die Irre. Das ist z.B. der Fall, wenn man die Diversifikation von Konzernen mit dem Markowitz-Modell zu begründen suchte,[9] obwohl dies auf den ersten Blick durchaus nahezuliegen scheint:

Geht man von einem divisional organisierten Konzern mit verschiedenen Geschäftssparten aus, ließe sich vorstellen, diesen Konzern gedanklich zu zerschlagen und aus den Sparten eigenständige Unternehmungen zu machen. Dann wirkt jede Beteiligung an einer Sparte wie ein Wertpapier. Der Unternehmensleitung würde dann die Aufgabe zufallen, das Portfolio der Sparten nach den Prinzipien des Markowitz-Modells zu gestalten. Sie müsste folglich negative Korrelationen der wirtschaftlichen Entwicklung in den Sparten nutzen und den Konzern danach diversifizieren.

Denkt man den Leitgedanken des Markowitz-Modells konsequent zu Ende, müsste es zu einer immer weitergehenden Diversifizierung des Konzerns kommen, wenngleich diese Diversifizierung immer geringere Grenzerträge böte. Nur Transaktionskosten scheinen dieser Entwicklung Einhalt zu gebieten, so dass der Grenzertrag weiterer Diversifizierung dann über deren zusätzlichen Transaktionskosten liegen müsste.

---

[9] Beim Blick auf die Struktur mancher diversifizierter Konzerne stellt sich nicht selten die Frage „ob ein gemeinsamer Nenner überhaupt noch vorhanden ist (…)". Resch, B. (2005), S. 4 f. und die dort aufgeführten Belegangaben.

Eine „Konzentration auf ein Kerngeschäft“[10] wäre dagegen abzulehnen, weil damit der Vorteil der Kombination nicht vollständig positiv korrelierter Entwicklungen der Sparten hergeschenkt würde. Diese Konzentration bedeutete dann bei gleichen durchschnittlichen Ertragserwartungen ein tendenziell höheres Risiko.

Seit längerer Zeit zeigt sich in der Praxis aber genau dieser Trend, der den Empfehlungen des Markowitz-Modells unmittelbar widerspricht: Rückzug aus der Diversifikation und „Konzentration auf *das* Kerngeschäft“.[11] Diese Entwicklung der Konzerne kann nur sinnvoll sein, wenn sich Effekte einstellen, die außerhalb des Markowitz-Modells liegen und die im Modell ermittelten Diversifizierungsgewinne übersteigen. Solche Effekte könnten Größeneffekte sein, die den Sparten vielleicht sogar eine monopolistische Marktposition einräumen oder die sich in „Economics of Scale and Scope“ bei unteilbaren Produktionsfaktoren zeigen und die ebenso wie Kompetenzvorteile mit steigender Diversifizierung verlorengehen könnten.[12]

Es wäre zudem ein Zeichen der Inkompetenz der Spartenleiter, würde die Konzernleitung deren Ergebnisse wie im Markowitz-Modell als „normalverteilte *Zufalls*variablen“ betrachten. Wären μ und σ hier wirklich „gegeben“, wären damit auch sämtliche (positive und negative) gestalterischen Einflüsse der Manager wegdefiniert und zugleich Sinn und Funktion ihrer Arbeitsplätze. Ihre Aufgabe liegt ja gerade darin, das μ ihrer Sparte zu erhöhen bzw. das σ entsprechend zu senken. Soweit die Geschäfte der Sparten also permanent beeinflusst werden können und sich dabei Vorteile aus der Konzentration ergeben, wird sich eine Diversifizierung im Sinne des Markowitz-Modells eher nicht empfehlen.

Diese Erkenntnis gilt nicht nur auf der Ebene einer Konzernleitung mit ihren Sparten, sondern z.B. auch für eine VC-Gesellschaft mit ihren Beteiligungen. Insoweit ist die Beobachtung „Für deutsche VC-Gesellschaften existieren mehrere empirische Belege, dass sie bevorzugt eine Strategie der Diversifizierung betreiben“[13], viel zu undifferenziert. Wenn nämlich deren Beteiligungen bei einer stärkeren Konzentration durch Hands-on-Führung effizienter gestaltet werden können, wird die Diversifikation zwangsläufig eingeschränkt. Das Problem bei VC-Gesellschaften liegt hier beim Know-what und Know-how, die eine Konzentration in der Branche erzwingen, und beim Fixkostencharakter vieler Kontrollvorgänge, die bei beschränktem Budget eine Tendenz zu weniger und größeren Beteiligungen bewirken, sowie bei Machtfragen in unvollkommenen Märkten.[14]

Selbst ohne aktive Eingriffe in das Management der Beteiligungen können große Wertpapier-Fonds schließlich sogar allein durch ihre preisbeeinflussenden Markthandlungen Erwartungswert und Streuung der Wertpapiere beeinflussen.

---

[10] Zur Bedeutung von Kernkompetenzen für den Unternehmenserfolg siehe Prahalad, C. K. /Hamel, G. (1990).

[11] Vgl. hierzu etwa Petzke, A. (2009), wo die Bedeutung des Kriteriums „Nähe zum Kerngeschäft“ für die Portfoliostrukturierung von Unternehmen herausgearbeitet wird.

[12] Vgl. Pindyck, R. S./Rubinfeld, D. L. (2010), S. 158 und 167, sowie Wildmann, L. (2010), S. 214 f.

[13] Reißig-Thust, S. (2003), S. 94.

[14] Vgl. zur Strategie von VC-Gesellschaften allgemein auch Schefczyk (2004).

Dies betrifft vor allem Unternehmungen mit vergleichsweise wenigen Anteilen am Markt und wenig liquide Märkte.[15]

Für eine unmittelbare Anwendung des Markowitz-Modells spricht dann fast nur noch der Fall des „klassischen" Privatanlegers, bei dem wegen der kleinen Wertpapierbeteiligungen die Marktwirkungen der eigenen Portfoliobildung und -umschichtung fehlen. Der hat nämlich weder Einfluss auf das Management noch auf die Marktpreise (Aktienkurse). Erst dann erst sind μ und σ in dem Sinne strikt „gegeben", dass sie vom Portfoliomanager nicht mehr beeinflussbar sind.

Für diesen Fall zeigt das Markowitz-Modell, dass bei Fehlen *aller anderen* Möglichkeiten zur direkten Beeinflussung von μ und σ immer noch Spielraum für eine effiziente Portfoliogestaltung bleibt: durch Risikosynergien bei nicht vollständig positiver Korrelation der Wertpapierrenditen. Das eben würde die Anwendung des Markowitz-Modells auf Portfolios mit geringen Anteilsquoten auf äußerst liquiden Märkten beschränken und selbst hier wäre etwa von Transaktionskosten oder komplexen Verteilungen der Zufallsvariablen abzusehen. Tatsächlich aber gehen die Anwendungen weit darüber hinaus und statt privater Anleger benutzen gerade die institutionellen diese Theorie.

Was auf der realen Ebene gilt, gilt auch für die Informationsebene. Markowitz (Fn. 7) selbst verweist auf eine erste Stufe der Portfolio-Selection, die er in seinem Beitrag nicht behandelt. Er betritt allein die zweite Stufe und durchtrennt die Verbindung zwischen erster und zweiter Stufe, ohne darüber zu reflektieren, ob Synergien zwischen beiden Stufen bestehen. So könnte eine Konzentration von Anteilen auf der zweiten Ebene der Portfolio-Wahl etwa die Informationskosten auf der ersten Ebene senken und die vom Modell auf der zweiten Stufe „geforderte" Diversifikation könnte sie erhöhen. Höhere Informationskosten sprechen daher für eine stärkere Konzentration und laufen damit dem Diversifikations-Ergebnis von Markowitz auf der von ihm isolierten zweiten Ebene entgegen.[16]

Diese Informationskosten sind für Markowitz Sunk-Costs auf der Stufe, auf der er seine Überlegungen erst startet. Da sind die Momente für eine Bestimmung der normalverteilten Zufallsvariablen gegeben, aus Sicht der Theorieanwendung also dem Entscheidungsträger bekannt, ohne dass weiterer Aufwand zu ihrer Bestimmung notwendig wäre. Plant ein Entscheidungsträger jedoch tatsächlich die Anlage eines Portfolios mit dem Markowitz-Modell, wird er simultan die Informationskosten der ersten Stufe betrachten müssen und damit zugleich die Diversifikation auf der zweiten Stufe einschränken.

Bei aller Kritik am Modell von Markowitz möge der Leser jedoch bemerken, dass die obige Argumentation das Modell als gedankliche Orientierungshilfe und als Benchmark benutzt.

---

15 Vgl. Rojahn, J./Elschen, R. (2009a), S. 88 f.

16 Besonders deutlich wird dies am Beispiel der privaten Kapitalanlage. Aufgrund geringer Anlagevolumina werden die Vorteile einer Diversifikationsstrategie schnell durch die damit einhergehenden Transaktions- und Informationskosten überkompensiert. Vgl. Jahrreiß, W. (1984), S. 244.

Ohne den Modellbezug würden sowohl weniger Klarheit als auch eine geringere Vollständigkeit der Argumentation erzielt.[17] Insoweit eignet sich ein solches Modell für die Strukturierung ökonomischer Überlegungen, selbst wenn die unmittelbaren Anwendungsbedingungen nicht erfüllt sind.

Doch ebenso ist festzuhalten: Das Markowitz-Modell liefert zwar eine klare Lösung, es gibt aber kaum Probleme, die wirklich zu dieser Lösung passen. Das Modell ist ein viel zu enger Schuh, um damit in der praktischen Anwendung weit gehen zu können.[18] Dennoch wird genau das mangels alternativer Ansätze versucht. Die Folge ist, dass man in der Anwendung stolpert: Anstelle einer Lösung für das Problem, das sich wirklich stellt, wird eine Lösung für ein Problem geliefert, das sich Markowitz selbst gestellt hat, weil er dafür eine vergleichsweise leichte und exakte Lösung liefern konnte. Das erinnert fatal an den Betrunkenen, der seinen Schlüssel im Licht einer Laterne sucht, obwohl er ihn an anderer Stelle verloren hat. Auch im Lichte des Markowitz-Modells suchen nämlich viel mehr Leute nach Schlüsseln für ihre Problemlösungen, als sich dort wirklich finden lassen.

Die praktische Anwendung der Theorie von Markowitz scheitert nämlich häufig bereits daran, dass die gute Daten-Inputs für μ und σ gar nicht beschafft werden können, ganz zu schweigen von der Unzahl der Korrelationskoeffizienten.

3 Die Müh' beim µ

Auf der ersten Stufe des Modells beginnt man nach Markowitz mit Beobachtung und Erfahrung („observation and experience") und endet mit der Einschätzung der künftigen Ergebnisse von verfügbaren Wertpapieren („beliefs about the future performances of available securities"). Dies ist die Stufe der Erwartungsbildung. Deren (spätere und ebenfalls nobelpreisträchtige) Modellierung durch die Theorie „rationaler Erwartungen"[19] erklärt den tatsächlichen Prozess der Erwartungsbildung aber nur unzureichend und ist durch einige (sozial-)psychologische Ansätze erweitert worden, die sämtlich die „beschränkte Rationalität" dieser Erwartungsbildung beschreiben.[20]

Von diesem Prozess der Erwartungsbildung zu trennen, aber mit ihm verbunden sind die bei der Erwartungsbildung verwendeten Instrumente, die der technischen und der fundamentalen Analyse[21] zugeordnet werden: Während bei der technischen Analyse historische

---

[17] Bernstein spricht auf S. 10 von "balance, cohesion, clarity, and consistency" als Merkmalen dieser Theorie. Vgl. Bernstein, P. L. (1995), S. 7-11.

[18] Vgl. dazu auch Gatermann (2010).

[19] Zur Theorie rationaler Erwartungen vgl. insbesondere Lucas, R. E. (1972), S. 103 f.

[20] Vgl. dazu z.B. Kascha, S. (2009), S. 55 f.

[21] Einen guten Überblick über die Fundamentalanalyse liefern Graham, B./Dodd, D. L. (2009), zur technischen Analyse siehe Murphy, J. (2011), für eine Gegenüberstellung beider Ansätze siehe Hull, J. (2011), bes. S. 94 f.

Kursverläufe die ansonsten „theorielose" Basis der Erwartungsbildung liefern – in einfachster Form z.B. als reine Trendextrapolation –, sind es bei der Fundamentalanalyse wirtschaftliche Bestimmungsfaktoren innerhalb einer Theorie der gesamtwirtschaftlichen und einzelwirtschaftlichen Entwicklung. Beide Typen von Instrumentarien werden auch kombiniert, meist so, dass man mit der Fundamentalanalyse langfristig und strategisch arbeitet und damit die „Richtung des Marktes" bestimmt, die technische Analyse dagegen beim kurzfristigen Ein- und Ausstieg aus dem Markt und beim „Timing" zum Einsatz kommt.[22]

In der Betriebswirtschaftslehre fällt bei der fundamentalen Information der Kapitalmarktteilnehmer traditionell dem Jahresabschluss die Schlüsselrolle zu.[23] Soweit Jahresabschlussinformationen nicht nur auf Rechenschaftslegung (ex post), sondern auf Entscheidungsunterstützung (ex ante) abzielen, sollen sie Informationsgrundlage für Markthandlungen am Kapitalmarkt sein. Daher haben seine Daten auch innerhalb der Fundamentalanalyse Gewicht, müssen aber theoretisch ergänzt werden durch Daten aus den übergreifenden Entwicklungen der Güter-, Leistungs- und Kapitalmärkte (insbesondere die Zinsentwicklung und -struktur) und die Einflüsse der politischen Rahmenbedingungen.

Dabei sieht sich allerdings der klassische Jahresabschluss nach den Grundsätzen ordnungsmäßiger Buchführung (GoB) dem Vorbehalt ausgesetzt, durch seine Orientierung am Gläubigerschutz verzerrte Informationen zu liefern. Wegen des Imparitäts- und Niederstbzw. Höchstwertprinzips würde das zu einer systematischen Unterschätzung der Erfolgserwartungen und damit des μ führen. Denn nur Verlust-, aber keine Gewinnerwartungen spiegelten sich darin wieder. Demgegenüber stärkten die Rechnungslegung nach US-GAAP oder IAS/IFRS die Informationsfunktion des Jahresabschlusses und erlaubten eine exaktere und verlässlichere Prognose des μ.[24] Dies wurde auf amerikanischer Seite sogar so vehement vertreten, dass diese deshalb den Zugang GoB-bilanzierender Unternehmen zu den internationalen Kapitalmärkten verwehrte.[25]

Trotz Umstellung auf die internationale Rechnungslegung und des gestiegenen Aufwands bei der Erstellung internationaler Jahresabschlüsse ist der Bedeutungsverlust der Rechnungslegung als Informations- und Entscheidungsgrundlage am Kapitalmarkt unübersehbar. Das liegt nicht allein an der steigenden Bedeutung der Marktschwankungen für Wertpapierrenditen, sondern auch an einer durch Bilanzskandale unterfütterten Vertrauenserosion bei den Marktteilnehmern.[26] Hinzu kommt die gestiegene Konkurrenz durch die technische Analyse. Dabei werden historische Kursdaten in Rahmen ökonometrischer Modelle seit etwa 1980 auch für längerfristige Prognosen verwendet; in eher kurzfristig orientierter

---

22 Vgl. zur Kombination dieser Instrumente in der Tradingpraxis Schwager, J. D. (2003), S. 14.

23 Zur historischen Entwicklung vgl. Coenenberg, A. G./Haller, A./Schultze, W. (2009), S. 9-16.

24 Kritisch dazu Schildbach (2007). Angesichts weitgehend kapitalmarktferner Finanzierung in Deutschland bezweifeln Gerum, E./Mölls, S. H./Shen, C. (2011) generell die Berechtigung einer (vornehmlich) kapitalmarktorientierten Rechnungslegung und einer „flächendeckenden Einführung der IFRS in Deutschland" (S. 566). Vgl. dort die Übersicht über die Diskussion um die „Kapitalmarktorientierung" der Rechnungslegung (S. 537-539).

25 Vgl. Coenenberg, A. G. /Haller, A./ Schultze, W. (2009), S. 15.

26 Vgl. dazu Elschen, R. (2009b): S. 553 – 580, bes. S. 566 f.

Form liegen solche Modelle heute dem automatischen (Computer-)Handel zugrunde.[27] Die dabei benutzten Algorithmen weisen mittlerweile hohe Komplexität auf.[28]

Vor allem soweit sie Trendfolgeverfahren verwenden, sind technische Verfahren eine Gefahr für die marktwirtschaftliche Allokationssteuerung, weil sie in den Markt eingespeiste Fundamentalinformationen *ohne sachlichen Grund* vervielfachen, durch erratische Reaktionen die Informationsfunktion der Preise sabotieren und Volatilitäten erhöhen.[29] Verbunden mit enormem Kapitaleinsatz werden durch herdentriebartige Aktionen einst eherne Grundannahmen für das Handeln am Kapitalmarkt in Frage gestellt und sogar die Anwendbarkeit des Markowitz-Modells selbst unterhöhlt. Denn[30]:

a. Zinsniveau und Aktienkurse entwickeln sich heute nicht mehr unbedingt gegenläufig, sondern weisen nicht selten die gleiche Entwicklungsrichtung auf.

b. Risikoreiche Wertpapiere haben nicht mehr zwingend die höhere Durchschnittsrendite, der Risikozuschlag verkehrt sich zuweilen sogar in einen Risikoabschlag.

Deshalb wäre es fast unverzichtbar, dem Handeln auf den Finanzmärkten wieder mehr Nähe zur Realwirtschaft zu geben und es stärker mit Fundamentaldaten und fundamentalen Theorien zu stützen. Der gegenwärtige Trend weist jedoch auf das Gegenteil: eine Zunahme von Markthandlungen aufgrund technischer Analyse. Je stärker aber durch Trendfolge oder „Herdenverhalten" verursachte, fundamental nicht begründete Marktschwankungen die Rendite der Wertpapiere bestimmen[31], umso *un*bedeutender wird zugleich der Einfluss von Fundamentaldaten, insbesondere beim Versuch, bei Aktienportfolios mithilfe von Jahresabschlussdaten Erwartungsbildung zu betreiben: Dies erhöht wiederum die relative Bedeutung von Kapitalmarktaktionen auf der Grundlage technischer Analysen. Sie wird zu einer Art Sucht der Marktanalysten und die dadurch ausgelösten Marktreaktionen vermindern den Einfluss fundamentaler Informationen auf die Prognose von Wertpapierrenditen immer weiter, auch und gerade den von Jahresabschlussdaten.

Hinzu kommt, dass man zur Erzielung von Überrenditen „den Markt schlagen" muss. Dies gelingt am leichtesten durch Nutzung von Insider-Informationen, bevor Jahresabschlüsse überhaupt den Markt erreichen.[32] Diese frühzeitige Nutzung von Informationen durch Insider ist aus allokationstheoretischer Sicht *auf den ersten Blick* nicht einmal zu bemängeln, weil kursrelevante Fundamentalinformationen so schneller an den Markt kommen.[33]

---

27 Vgl. Gomber et al. (2011), S. 30.
28 Vgl. Gomolka, J. (2011), S. 230.
29 Vgl. dazu Elschen, R. (2009a), S. 345 f.
30 Vgl. dazu auch Gatermann (2010).
31 Vgl. für viele Binswanger (2010), der feststellt, „dass Börsenkurse in der neuesten Geschichte (seit Beginn der 80er Jahre) von spekulativen Blasen dominiert werden und nur noch wenig mit (realwirtschaftlich bestimmten) Dividendenerwartungen zu tun haben." (Klammerzusätze –R. E.)
32 Eine in der Schweiz im Zeitraum 2005/2006 durchgeführte Studie zeigt, dass sich durch die Nutzung von Insiderinformationen signifikant abnormale Überrenditen von durchschnittlich 1,28% erzielen lassen. Siehe hierzu ausführlich die Studie von Schüssler, M. E./Nitzsch, R. (2011), S. 300 f.
33 Vgl. dazu das Ergebnis von Schörner (1991), S. 173-191, bes. S. 171 und S. 183.

In fast allen Rechtsordnungen wird die Nutzung von Insiderwissen jedoch sanktioniert, weil sich die Insider dadurch für unberechtigt gehaltene Vermögensvorteile verschaffen. Insider sind dabei sowohl mit der Informationserstellung betraute Personen und deren Komplizen sowie etwa mächtige Finanzmarktteilnehmer, die vor deren Veröffentlichung Drohpotenzial entwickeln, um in den Besitz solcher Informationen zu gelangen.[34]

Da jedoch juristisch beim Insiderhandel bislang weniger als die Spitze eines Eisbergs aufgedeckt und sanktioniert wird,[35] vermuten Marktteilnehmer und Analysten einen erheblichen Bodensatz an verdecktem Insiderhandel. Da zudem jede beobachtete Marktbewegung auf solche verborgenen Insiderkenntnisse zurückzuführen sein *kann*, fördert das zusätzlich die Anwendung von technischer Analyse und Trendfolgeverfahren und vermindert wiederum indirekt die Bedeutung des Jahresabschlusses und anderer Fundamentaldaten als Basis für Kapitalmarktentscheidungen.[36]

Die Nutzung von Insiderinformationen, die zwar nicht verteilungspolitisch, aber auf den ersten Blick immerhin allokationstheoretisch positiv gewertet werden könnte, fällt dadurch *auf den zweiten Blick* auch unter allokationstheoretischem Aspekt durch.[37] Denn durch die vermutete Nutzung von Insiderinformationen werden Trendfolgeverfahren gefördert, die keine Fundamentalinformationen in den Markt bringen, vorhandene Informationen jedoch bewusst ohne allokative Gründe vervielfachen und Volatilitäten erhöhen. Dies schadet aber der Allokationsfunktion der Finanzmärkte und diskreditiert sie zusätzlich aus verteilungspolitischer Sicht, weil hier Geld damit verdient wird, die Funktion des Kapitalmarktes bei der Allokation finanzieller Ressourcen auszuhebeln. Die absichtliche Herbeiführung von Ineffizienzen am Kapitalmarkt und gezielte Marktobstruktion werden belohnt. Während jedoch gegen Kartelle gesetzlich vorgegangen wird, bleiben derartige Marktobstruktionen ungeahndet, obwohl sie am Kapitalmarkt mittlerweile täglich zu tausenden vorkommen. –

Gleichgültig aber, welches Verfahren man bei der Bestimmung von μ verwendet, es bleibt immer nur der Versuch, den Zufall durch den Irrtum zu ersetzen. Dabei spielt der Faktor Zeit eine entscheidende Rolle.

Bei der einfachen Trendextrapolation hängt nämlich die Prognose entscheidend von der historischen Basis und ihrer zeitlichen Erstreckung ab; beim Jahresabschluss als Datenbasis

[34] Dies berücksichtigt auch die gesetzliche Regelung in § 48 b des österreichischen Börsengesetzes (BörsG) durch eine sehr weite „Insiderdefinition"; siehe auch § 13 des Wertpapierhandelsgesetzes (WpHG) oder § 161 des schweizerischen Strafgesetzbuchs.

[35] Vgl. dazu o. V. (2011d). Dort ist bei der Verfolgung des Insiderhandels vom „zahnlosen Papiertiger" und „überforderten Staatsanwälten" die Rede.

[36] Vgl. dazu auch Elschen (2009b), S. 577: „Gehört man nicht zu den Insidern ist es … wichtiger, Kurse lesen zu können als Jahresabschlüsse und auf der Grundlage der Kursverlaufsanalyse schnell zu handeln" (Hervorhebungen weggelassen).

[37] Vgl. dagegen das andere Ergebnis von Schörner (1991), S. 173-191, bes. S. 188-191.

geht es zum einen um eine fehlende zeitgerechte Verfügbarkeit der Daten[38], die täglichen Kursangaben vergleichbar wäre, zum anderen behauptet man häufig die reine „Vergangenheitsorientierung" externer Rechnungslegung.[39]

Der letzte Einwand gegen die Prognoserelevanz von Jahresabschlussdaten für Aktienkursentwicklungen ist jedoch aus zwei Gründen nicht stichhaltig: Er verkennt die „Janusköpfigkeit" der Bilanz, die sich im Bereich der Verlustantizipation durchaus zukunftsbezogen gibt. Und er übersieht, dass der Jahresabschluss im Lagebericht einen Prognosebericht enthält, in den selbst bei Bilanzierung nach GoB Ertragserwartungen eingehen.

In den gegenwärtigen Kursen stecken solche fundamental begründeten Erwartungen allerdings heute nur noch insoweit, wie diese (überhaupt noch) Entscheidungsgrundlage der Kapitalmarktteilnehmer sind. Hier ist es insbesondere die Verfälschung der Informations- und Allokationsfunktion des Kapitalmarkts durch „technisch bestimmte" Informationsgrundlagen, die heute vermehrt und verstärkt dagegensteht. Die Verwendung mathematischer Algorithmen gepaart mit hohen Kapitaleinsätzen hat dabei der Steuerung des Kapitalmarktes und einer fundamental begründeten Allokation der Ressourcen einen Bärendienst erwiesen. *In den meisten dieser Anwendungen ist die Mathematik daher eher ein Fluch als ein Segen der Kapitalmärkte.*

4 Das Stigma des 6

Das Problem, fundamental gestützte Erwartungen zum σ zu bilden, erweist sich als noch schwieriger als beim μ. Das ist das Stigma des Sigma, denn hier liefern das Rechnungswesen und der Jahresabschluss noch weit weniger verlässliche und zeitgerechte Informationen, obwohl der Lagebericht neben dem Prognosebericht (μ) seit längerem auch einen Risikobericht (σ) enthält.[40]

Ein eigenständiges, selbstbezügliches Unternehmensrating, das ebenfalls auf Fundamentalinformationen oder gar auf einer umfassenden Fundamentaltheorie fußen würde, erstellt die Unternehmung ohnehin nicht. Dafür fehlt es an Grundsätzen ordnungsmäßigen Ratings (GoR), welche die Rating-Informationen verschiedener Unternehmen vergleichbar

[38] Selbst die Ergänzung durch Zwischenberichtserstattung und Ad hoc-Mitteilungen ändert kaum etwas daran. Dasselbe gilt für die eXtensible Business Reporting Language (XBRL), mit der man den Informationsansprüchen der Kapitalmarktteilnehmer schneller gerecht werden kann. Das wesentliche Problem ist dabei die Steuerung durch die Anbieter, so dass „bedarfsgerechte" Kommunikation kaum zustande kommt. Kursinformationen stehen dagegen jederzeit zur Verfügung der Analysten. Vgl. dazu auch Elschen (2009b), S. 360.

[39] Vgl. für viele etwa Möller, H. P./Zimmermann, B./Hüfner, B. (2005), S. 16.

[40] Vgl. hierzu die diesbezüglichen Regelungen in den §§ 289 und 315 HGB. Für einen Überblick über den Umbruch in der Berichterstattung kapitalmarktorientierter Unternehmen vgl. Baetge, J./Heumann, R. (2006), S. 345-350.

machen könnten.[41] Rating ist daher zu einer externen Angelegenheit mit weitgehend verdeckten Kriterien und Gewichtungen geraten, deren wesentliche Basis freilich (unterschiedlich gewichtete) mikro- und makroökonomische Fundamentaldaten sind, allerdings ohne dass deren Gewichtung und Zusammenwirken Gegenstand einer dem Rating zugrundeliegenden Fundamentaltheorie wäre.

Die Skandale um Insiderinformationen vor der jüngsten Absenkung der Ratings für US-Staatspapiere[42] zeigen, dass über die erwarteten Erträge hinaus das Risiko oder genauer: die Risikoerwartung als wertbestimmender Faktor an Bedeutung zugenommen hat. Diesen Eindruck verstärken jüngst insbesondere die riesigen Abschreibungen, die europäische Großbanken infolge schlechteren Ratings vieler Staatspapiere ins Trudeln gebracht haben.[43] Da diese Banken in der Folge selbst ein schlechteres Rating erhielten[44], kann man hier von einer „abwärts führenden Rating-Spirale" sprechen. Daher ist es kein Wunder, dass Insiderinformationen heute auch die zweite „Zufalls-"Variable (σ) des Markowitz-Modells betreffen.

Der volle Wert solcher Insiderinformationen zeigt sich allerdings erst, wenn alle anderen Entscheidungsträger am Kapitalmarkt dem Ratingurteil nach seiner Veröffentlichung folgen und es zur Grundlage ihrer eigenen Entscheidung machen. Erst dann ist für die Rating-Insider der entscheidende „Grundsatz für die Erzielung von Übergewinnen" erfüllt: „Denke schon heute, wie die anderen erst morgen denken werden". Der Insider muss sich daher auf die Reputation der Rating-Agenturen verlassen, der ein entsprechendes Vertrauen in die Rating-Urteile auf der Seite der Entscheidungsträger entspricht. Diese Reputation aber müsste nach den Fehleinschätzungen der Rating-Agenturen in und nach der Subprime-Krise[45] eigentlich viel schlechter sein, als sie heute erscheint. Dem steht jedoch die Einschränkung der Wahlfreiheit entgegen, weil sich am Markt eine „Monopolisierung" des Ratings durch die drei großen amerikanischen Agenturen mit immerhin 40% Umsatzrendite herausgebildet hat. 2012 soll den amerikanischen Agenturen daher eine europäische Rating-Agentur entgegentreten.[46]

Ratings sind jedoch in aller Regel „Credit-Ratings", die ähnlich wie die klassischen GoB innerhalb des externen Rechnungswesens die Wahrnehmung des Betrachters verzerren, indem sie verstärkt auf die negative Seite der wirtschaftlichen Entwicklung fokussieren und damit die Volatilität in den Bereich positiver Ergebnisse vernachlässigen. Eine ausgewogene Betrachtung von Risiken und Chancen würde dagegen ein „Investor Rating" oder ein „Equity Rating" verlangen.[47] Ein solches „Equity Rating" müsste einer fundamental

---

41 Vgl. dazu auch Elschen, R./Graalmann, B. (2004).
42 Vgl. o. V. (2011a), S. 33.
43 Die Presse spricht vom drohenden Rating-Gau in der Euro-Zone, vgl. (2011b).
44 So wurde die französische Großbank BNP Paribas wegen ihres großen Besitzes italienischer Staatsanleihen herabgestuft, die zuvor ebenfalls ein niedrigeres Rating erhalten hatten, vgl. o. V. (2011c).
45 Zur Kritik am Handeln der Ratingagenturen vor, während und nach der Finanzkrise siehe z.B. Bastürk, B. (2009), bes. S. 106 f. und S. 111; Steinbach, A. (2010), S. 16.
46 Vgl. dazu Kaiser, A. (2011), hier vor allem Teil 4: „Die Monopolgewinne werden dahinschmelzen."
47 Vgl. etwa die Arbeit von Huber, A. S. (2005).

begründeten Schätzung des σ beim Aktienportfolio nach dem Markowitz-Modell zugrunde liegen. Es wird jedoch von den Rating-Agenturen faktisch nicht angeboten. Die Wertpapier-Ratings sind ohnehin durchgehend „Credit-Ratings“ und die Unternehmens-Ratings sind insolvenzfokussiert und wählen damit die Gläubigerperspektive und deren Risikoprofil.

Hinzu kommt, dass sich die von den Agenturen betrachtete Unternehmensentwicklung und die von den Aktionären beobachtete Kursentwicklung unterscheiden, vor allem weil die Kurse auch von den Kapitalmarktbedingungen beeinflusst werden.[48]

Volatilitäten (σ) zu prognostizieren, ist folglich auch mangels fundamentaler Instrumente fast vollständig eine Angelegenheit der technischen Analyse und ihrer mathematisch-statistischen Instrumente geworden. Dies gilt aber noch stärker für die hier nicht behandelten Korrelationskoeffizienten (k) zwischen den Wertpapieren.

In beiden Fällen wird allerdings faktisch kaum geeignete Fundamentalinformation angeboten und es fehlen die Modelle und Theorien, die geeignet sind, mikro- und makroökonomische Fundamentalinformationen zu Prognosen von σ oder k zu verdichten. Der Druck, Entscheidungen fällen zu müssen, zu begründen, zu rechtfertigen, und der Wunsch, sie zu verbessern und damit letztlich den „Markt zu schlagen“ stärken daher vor allem die technische Analyse, die ohne die fehlenden Fundamentalerkenntnisse auskommt.

So erweist sich am Ende der Mangel an Modellen zur ersten, von Markowitz übersprungenen Stufe als das eigentliche finanzwirtschaftliche Problem: Wenn μ, σ und k erst gegeben sind, dann jedenfalls gibt es eine Lösung: die von Markowitz. Die setzt freilich noch voraus, dass diese Angaben ausreichen, insbesondere weil die „*Zufalls*variablen“ normalverteilt sind; „*Zufalls*variablen“, die allerdings bei einer tragfähigen Fundamentalanalyse keine mehr wären, weil von „Zufall“ nicht mehr geredet werden kann, wenn ihre Entstehung fundamental erklärbar ist. Es wird daher umgekehrt nur das zum Zufall, was wir fundamental nicht erklären können.

5 Ergebnis und Ausblick

Das Markowitz-Modell wird in viel mehr praktischen und theoretischen Anwendungen benutzt, als es seine Anwendungsbedingungen zuließen. Dieses „Schicksal“ teilt es mit anderen finanzwirtschaftlichen Modellen, etwa dem Black/Scholes-Modell bei der Optionswertermittlung.[49] Ein wesentlicher Grund dafür ist der Mangel an Alternativen, die eine bessere Orientierungshilfe bieten könnten. Dies drängt die vorhandenen Modelle in An-

---

48 Vgl. auch Rojahn, J./Elschen, R. (2009b).

49 Vgl. auch Spremann (2008), S. 539f., der hinweist auf die unzulässige, aber tatsächliche Anwendung der Black/Scholes-Formel „bei amerikanischen Optionen, bei Aktien mit Dividenden, bei Währungen als Underlying, bei nicht-konstanter Volatilität (Heteroskedastizität), bei stochastischen Zinssätzen und bei Basisobjekten, deren Kursverläufe nicht dem Modell Brownscher Bewegung folgen“. Trotz dieser Vielzahl spricht er davon, dass die Fehlanwendungen nur „gelegentlich“ vorkämen.

wendungen, für die sie kaum geeignet sind, und schädigt indirekt ihren Ruf, obwohl es sich dabei nicht um ein Problem des Modells selbst, sondern seiner Anwender handelt.

Bei den „Eingabedaten" für das Markowitz-Modell wird heute kaum noch auf Fundamentaldaten oder gar fundamentale Theorien zurückgegriffen. Die technische Analyse mit ihren mathematisch-statistischen Instrumenten hat die Fundamentalanalyse weitgehend abgelöst. Dies gilt schon für die Bestimmung des Mittelwertes µ, mehr noch für die Standardabweichung 6 und erst recht für den Korrelationskoeffizienten k. Gerade auf dieser Vorstufe zum Markowitz-Modell, die Markowitz selbst ausklammert, fehlen die fundamentalen Theorien und Modelle.

Die Anwendung technischer Analyseverfahren hat sogar einen selbstverstärkenden Effekt, weil so fundierte Markthandlungen die Informations- und Allokationsfunktion der Kapitalmärkte aushebeln, umso mehr, je mehr sie mit hohen Kapitaleinsätzen einhergehen. Die dadurch ausgelöste Marktobstruktion kann für die „Täter" jedoch lohnenswert sein. Anders als Kartellbildung oder Insiderhandel wird sie bislang nicht gesetzlich sanktioniert. Die Wirkung auf den Kapitalmärkten ist allerdings unübersehbar und heikel: Sogar die Gegenläufigkeit von Zins- und Kursniveau und die Existenz von Risiko*zu*schlägen sind heute nicht mehr durchgehend zu beobachten.

Mathematik, Statistik und Ökonometrie setzen dennoch ihren Siegeszug in der Finanzwirtschaft fort. Es gibt allerdings nicht wenige, die die Anwendung mathematischer Methoden und die Annahme der Rechenbarkeit finanzwirtschaftlicher Konstrukte als Hauptursache der Subprime-Krise und der nachfolgenden Krise der Finanzmärkte betrachten.[50] Der ehemalige französische Premierminister Rocard sieht darin sogar ein "Verbrechen gegen die Menschheit".

Doch der „Betrug" liegt hier wohl eher bei denen, die sich betrügen lasen. Und es ist durchaus denkbar, dass dieselben Personen, die solche Modelle in der Finanzwirtschaft ablehnen, vergleichbaren Modellen und Modellergebnissen bei der Klimaforschung bedenkenlos folgen (wollen).

Rechenbare Unsicherheit bei Finanzprognosen vermittelt trügerische Sicherheit. Denn sie ist keine Unsicherheit mehr, weil sie eingepreist werden kann oder weil ein separat kalkulierter Versicherungsbeitrag die erwarteten Schäden exakt abdeckt. Die Unsicherheit wegdiversifizieren und wegrechnen, das geht jedoch gerade für echte Unsicherheit nicht. Hier helfen allein eingebaute Flexibilitäten, wie man sie in Realoptionen zu modellieren sucht. Diese ergeben aber einen exakten Optionspreis wiederum nur unter Bedingungen, die ihren eigentlichen Zweck in Frage stellen: Reaktionsmöglichkeiten für echte und eben nicht kalkulierbare Unsicherheit zu bieten.

Das Vertrauen in Modelle, deren Anwendungsbedingungen in einer Welt mit echter Unsicherheit gar nicht erfüllt sein können, hat jüngst auch die Modelle selbst in Verruf gebracht. Solche Modelle können und sollten jedoch weiterhin wichtige Orientierungshilfen sein,

---

50 Siehe hierzu etwa Illinger, P. (2010), o. S. Dort auch das Folgende.

wenn man ihre Stärken und Schwächen, ihre Möglichkeiten und Beschränkungen richtig einschätzt und durch flankierende organisatorische Maßnahmen und ergänzt, z.B. durch stufenweises Vorgehen und den Einbau flexibler Reaktionsmöglichkeiten.

Literatur

Baetge, J., Heumann, R. (2006): Wertorientierte Berichterstattung-Anforderungen des Kapitalmarkts und Umsetzung in der Konzernlageberichterstattung, in: Der Betrieb, Jg. 07, S. 345-350.

Bastürk, B. (2009): Rating-Agenturen, ihre Methoden und Risikobewertungen, in: Elschen, R., Lieven, T. (Hrsg.): Der Werdegang der Krise – Von der Subprime- zur Systemkrise, Wiesbaden, S. 97-113.

Bernstein, P. L. (1995): Risk as a History of Ideas, in: Financial Analyst Journal, Nr. 51.1, S. 7-11.

Binswanger, M. (2010): Börse und Realwirtschaft: Gibt es einen Zusammenhang?, in: Bilanz, Das Schweizer Wirtschaftsmagazin (21.1.2010), abgerufen: 16.10.2011 unter: http://www.mathias-binswanger.ch/example-pages/85-lboerse-und-realwirtschaft-gibt-es-einen-zusammenhangr.html.

Coenenberg, A. G., Haller, A., Schultze, W. (2009): Jahresabschluss und Jahresabschlussanalyse. Betriebswirtschaftliche, handelsrechtliche, steuerrechtliche und internationale Grundsätze-HGB, IFRS, US-GAAP, Stuttgart.

Demsetz, H. (1967): Toward a Theory of Property Rights, in: American Economic Review, Nr. 57, S. 347-359.

Elschen, R., Graalmann, B. (2004): Rating-Prozess: Pro und Contra Geheimhaltung, in: Rating Aktuell, Nr. 5, S. 32-35.

Elschen, R. (2009a): Krisen im System oder Krise des Systems, in: Elschen, R., Lieven, H. (Hrsg.): Der Werdegang der Krise-Von der Subprime – zur Systemkrise, Wiesbaden, S. 335-364.

Elschen, R. (2009b): Rechnungslegung im Spannungsfeld zwischen Internationalisierung und Vertrauen, in: Steuern und Rechnungslegung, Festschrift zum 65. Geburtstag von Prof. Dr. Jochen Sigloch, Aachen, S. 553-580.

Everling, O. (2011): Qualifiziert entscheiden, in: Die Bank, Jg. 9, S. 18-23.

Gatermann, M. (2010): Ist Markowitz' Portfoliotheorie überholt?, in: manager-magazin online (22.11.2010), abgerufen: 06.09.2010 unter http://www.manager-magazin.de/finanzen/alternativegeldanlage/0,2828,728830,00.html.

Gerum, E., Mölls, S. H., Shen, C. (2011): Kapitalmarktorientierte Rechnungslegung in Deutschland zwischen Anspruch und Realität – Theorie und Empirie, in: ZfbF 63 (2011), S. 534-577.

Gomber, P., Arndt, B., Lutat, M., Uhle, T. (2011): High-Frequency Trading, Working Paper, Frankfurt a. M.

Gomolka, J. (2011): Algorithmic Trading: Analyse von computergesteuerten Prozessen im Wertpapierhandel unter Verwendung der Multifaktorenregression, Diss. Potsdam.

Graham, B., Dodd, D. L. (2009): Security Analysis, New York et al.

Huber, A. S. (2005): Equity-Rating als Instrument für Eigenkapitalfinanzierungsvergleiche, Diss. Essen.

Hull, J. (2011): Risikomanagement, München et al.

Jahrreiß, W. (1984): Zur Theorie der Direktinvestitionen im Ausland-Versuch einer Bestandsaufnahme, Weiterführung und Integration partialanalytischer Forschungsansätze, Berlin.

Kascha, S. (2009): Verzögerungen bei der Unternehmensverkaufsentscheidung verhaltenswissenschaftliche Analyse der Ursachen und Lösungsansätze, Diss. Essen.

Illinger, P. (2010): Mathematik in der Finanzkrise. Alle Modelle sind falsch, in: Süddeutsche Zeitung online (20.10.2011), abgerufen: 21.10.2011 unter: http://www. sueddeutsche.de/wissen/mathematik-in-der-finanzkrise-alle-modelle-sind-falsch-1.1026274.

Kaiser, A. (2011): Europäische Ratingagentur. Es geht nicht um Europa gegen Amerika, in: managermagazin online (8.8.2011), abgerufen: 19.10.2011 unter: http://www.managermagazin.de/politik/artikel/0,2828,778660,00.html.

Kuhn, T. (1970): The Structure of Scientific Revolutions, Chicago.

Lintner, J. V. (1965): Security Prices, Risk and Maximal Gains from Diversification, in: Journal of Finance, Nr. 20, S. 587-615.

Lucas, R. E. (1972): Expectations and the Neutrality of Money, in: Journal of Economic Theory, Jg. 4, S. 103-124.

Markowitz, H. M. (1952): Portfolio Selection, in: Journal of Finance, Nr. 7, S. 77-91.

Möller, H. P., Zimmermann, B., Hüfner, B. (2005): Erlös- und Kostenrechnung, München.

Mossin, J. (1966): Equilibrium in a Capital Asset Market, in: Econometrica, Nr. 34, S. 768-783.

o. V. (2011a): Börsenaufsicht soll mögliche Insidergeschäfte vor dem Verlust der US-Bonitätsnote untersuchen, in: Handelsblatt vom 21.09.2011, S. 33.

o. V. (2011b): Der Euro-Zone droht der Rating-Gau, in: Handelsblatt-Online (17.10.2011), abgerufen: 19.10.2011 unter: http://www.handelsblatt.com/politik/international/der-euro-zone-droht-der-rating-gau/5116926.html.

o. V. (2011c): Ratingagentur stuft französische Großbank BNP Paribas herab, in: Zeit-Online (15.10.2011), abgerufen: 19.10.2011 unter: http://www.zeit.de/wirtschaft/2011-10/bnp-paribas-banken-eigenkapital.

o. V. (2011d): „Staatsanwälte bei Insiderhandel häufig überfordert", in: NZZonline (1.4.2011), abgerufen: 7.10.2011 unter: http://www.nzz.ch/finanzen/nachrichten/amerikanisierung_bei_der_verfolgung_von_boersendelikten_1.10104300.html.

Murphy, J. (2011): Technische Analyse der Finanzmärkte, München.

Resch, B. (2005): Portfoliomanagement im Konzern-Entwicklungs- und Konfigurationsoptionen zur Generierung von Mehrwert, Wiesbaden.

Rojahn, J. , Elschen, R. (2009a): Liquidität und Anteilsbesitzkonzentration, in: Finanzbetrieb, Jg. 02/2009, S. 88-93.

Rojahn, J. , Elschen, R. (2009b): Management des Illiquiditätsabschlags-Der Einfluss von Analystencoverage, in: Finanzbetrieb, Jg. 3, S. 137-143.

Perridon, L. , Steiner, M. (2004): Finanzwirtschaft der Unternehmung, 13. Aufl., München.

Petzke, A. (2009): Nähe zum Kerngeschäft als Kriterium für Portfolioentscheidungen, München.

Pindyck, R. S., Rubinfeld, D. L. (2010): Mikroökonomie, München.

Prahalad, C. K., Hamed, G. (1990): The Core Competence of the Corporation, in: Harvard Business Review, Jg. 3, S. 79-91.

Reißig-Thust, S. (2003): Venture-Capital-Gesellschaften und Gründungsunternehmen. Empirische Untersuchung zur erfolgreichen Gestaltung der Beziehung, Diss. Vallendar, Wiesbaden.

Schefczyk, M. (2004): Erfolgsstrategien deutscher Venture Capital-Gesellschaften, Stuttgart.

Schildbach, T. (2007): IFRS-Irre Führendes Rechnungslegungs-System, in: Zeitschrift für Internationale Rechnungslegung, S. 9-16, 91-97.

Schneider, D. (2001): Betriebswirtschaftslehre, Bd. 4: Geschichte und Methoden der Wirtschaftswissenschaft, München, Wien.

Schörner, P. (1991): Gesetzliches Insiderhandelsverbot-eine ordnungspolitische Analyse, Diss. Bochum, Wiesbaden.

Schwager, J. D. (2003): Technische Analyse, München.

Schüssler, M. E., Nitzsch, R. (2011): Der Erfolg von Insidertransaktionen in Österreich und der Schweiz, in: Corporate Finance biz, Jg. 5, S. 300-313.

Sharpe, W. F. (1964): Capital Asset Prices: A Theory of Market Equilibrium under Conditions of Risk, in: Journal of Finance, Nr. 19, S. 425-442.

Spremann, K. (2008): Portfoliomanagement, 4. Aufl., München.

Stegmüller, W. (1983): Probleme und Resultate der Wissenschaftstheorie und analytischen Philosophie, Studienausgabe Bd 1: Erklärung-Begründung-Kausalität, 2. Aufl., Berlin.

Steinbach, A. (2010): An die kurze Leine nehmen?, in: Die Bank, Jg. 11, S. 16.

Tietzel, M. (1981): Die Ökonomie der Property Rights: Ein Überblick, in: Zeitschrift für Wirtschaftspolitik, Nr. 30, S. 207-213.

Tobin, J. (1958): Liquidity Preference as a Behavior towards Risk, in: Review of Economic Studies, Jg., Nr. 25.1, S. 65-86.

Wildmann, L. (2010): Einführung in die Volkswirtschaftslehre, Mikroökonomie und Wettbwerbspolitik, 2. Aufl., München.

Zelewski, S. (1993): Strukturalistische Produktionstheorie, Wiesbaden.

Entspricht eine steuerliche Gewinnermittlung nach den Grundsätzen ordnungsmäßiger Bilanzierung dem Leistungsfähigkeitsprinzip?

Ute Schmiel

1 Einleitung

„Stellt eine Theorie, die das menschliche Verhalten zum Forschungsgegenstand hat, den Anspruch auf Realitätsnähe, so muß sie so aufgebaut sein, daß sie die Eigenschaften des menschlichen Handelns adäquat berücksichtigt: sie muß eine 'Theorie unter Einbeziehung der Unsicherheit' sein".[1] Dieses Postulat hat Walter Assenmacher 1976 formuliert, wobei er Entscheidungen unter Unsicherheit auf Entscheidungen beschränkt, die „weder 'Entscheidungen unter Wahrscheinlichkeit' noch 'Entscheidungen unter Risiko'"[2] sind. Weil in diesem Beitrag ein evolutorischer Ansatz gewählt wird, der „realistische Unsicherheit" als erfahrungswissenschaftliche Aussage zugrunde legt, habe ich die Hoffnung, dass der Beitrag trotz seiner betriebswirtschaftlichen Thematik und trotz der hier gewählten Methode bei Walter Assenmacher auf Interesse stößt.

Im Regierungsentwurf zum Bilanzrechtsmodernisierungsgesetz thematisiert der Gesetzgeber die Zukunft der steuerlichen Gewinnermittlung. Zwar heißt es dort zunächst, dass zur Maßgeblichkeit zurzeit keine Alternativen bestünden.[3] Es sei aber

„zu überprüfen, ob dieser Jahresabschluss seine bisherige Funktion, aufgrund des Maßgeblichkeitsprinzips die steuerliche Leistungsfähigkeit des bilanzierenden Kaufmanns abzubilden, weiterhin erfüllen kann. Die Informationsfunktion der Handelsbilanz tritt in den Vordergrund und das Realisationsprinzip als Gradmesser der steuerlichen Leistungsfähigkeit wird punktuell modifiziert. Daher wird zu analysieren sein, ob zur Wahrung einer nach der individuellen Leistungsfähigkeit ausgerichteten Besteuerung und auch im Hinblick auf die Bestrebungen zur Schaffung einer einheitlichen konsolidierten körperschaftsteuerlichen Bemessungsgrundlage auf EU-Ebene eine eigenständige steuerliche Gewinnermittlung notwendig ist und erforderlichenfalls wie sie zu konzipieren ist."[4]

Der Gesetzgeber wirft in diesem Zitat die Frage auf, ob eine steuerliche Gewinnermittlung nach den Grundsätzen ordnungsmäßiger Bilanzierung (GoB) dem Leistungsfähigkeitsprinzip entspricht oder ob eine Besteuerung nach dem Leistungsfähigkeitsprinzip eine eigenständige steuerliche Gewinnermittlung erfordert. Gegenstand dieses Beitrags ist die Beantwortung dieser Frage nach der Eignung handelsrechtlicher GoB für eine dem Leistungsfähigkeitsprinzip verpflichtete steuerliche Gewinnermittlung. In diesem Beitrag wird die These vertreten, dass eine steuerliche Gewinnermittlung auf der Grundlage handelsrechtlicher GoB dem Leistungsfähigkeitsprinzip der Besteuerung entspricht, sofern das Leistungsfähigkeitsprinzip evolutorisch expliziert wird. Diese These reflektiert eine Minderheitsposition: Ausgehend von einer moderat kritisch-rationalistischen Position[5] wird in Anlehnung an *Schneider*[6] realistische Unsicherheit als vorläufig bewährte erfahrungswissen-

---

1 Assenmacher (1976), S. 83.
2 Assenmacher (1976), S. 78.
3 Siehe BMJ (2008), S. 34.
4 BMJ (2008), S. 34.
5 Siehe Albert (2000), S. 7-16; Gadenne (2002).
6 Siehe Schneider (1995), S. 1-24; Schneider (1997a), S. 42-46; Schneider (2001), S. 370-378, 452-465; Schneider (2002), S. 102 f., 255-274; Schneider (2006), S. 268 f.

schaftliche Aussage zugrunde gelegt. Realistische Unsicherheit bedeutet, dass auch nicht in das Entscheidungskalkül einbezogene Zustände eintreten können. Hieraus resultiert die evolutorische Fundierung des Leistungsfähigkeitsprinzips, die im Gegensatz zu überwiegend vertretenen neoklassisch verorteten Besteuerungszielen steht. Während ein evolutorisch fundiertes Leistungsfähigkeitsprinzip als Besteuerungsziel – allerdings mit anderer Begründung und anderen Akzentuierungen – gegenwärtig auch von Schneider und wohl auch von Siegel vertreten wird, gilt dies für die These der Zieladäquanz einer GoB-basierten steuerlichen Gewinnermittlung nicht. Vielmehr treten Schneider und Siegel für eine eigenständige steuerliche Gewinnermittlung, losgelöst von den handelsrechtlichen GoB, ein.[7]

Die hier vorgelegte Analyse ist vor dem Hintergrund zu sehen, dass unter realistischer Unsicherheit formal-analytische Modelle (zurzeit) nicht existieren. Deshalb wird eine Methode verwandt, die in Anlehnung an Küpper als systematisch-analytische Herleitung unter Berücksichtigung erfahrungswissenschaftlicher Hypothesen bezeichnet werden kann.[8] Im Folgenden wird die hier vorgelegte These in Kapitel 2 im Hinblick auf das Besteuerungsziel der evolutorisch explizierten Leistungsfähigkeit und in Kapitel 3 bezogen auf die Zieladäquanz einer den GoB entsprechenden steuerlichen Gewinnermittlung begründet. In Kapitel 4 werden die Ergebnisse zusammengefasst und Konsequenzen für die Ausgestaltung der steuerlichen Gewinnermittlung aufgezeigt.

2 Besteuerung nach der Leistungsfähigkeit als Ziel steuerlicher Gewinnermittlung

Das vom Gesetzgeber als Leitlinie vorgegebene Leistungsfähigkeitsprinzip hat eine absolute und eine relative Dimension.[9] Leistungsfähigkeit in absoluter Hinsicht meint, dass der Steuerpflichtige nach seiner „wirtschaftlichen Kraft" besteuert werden soll, die sich beispielsweise in seinem Einkommen widerspiegelt.[10] In relativer Hinsicht bezieht sich Leistungsfähigkeit auf die Besteuerung im Verhältnis zu anderen Steuerpflichtigen und ist in horizontale und vertikale Leistungsfähigkeit zu unterteilen. Horizontale Leistungsfähigkeit bedeutet Gleichmäßigkeit der Besteuerung, nach der gleiche Sachverhalte gleich und un-

---

[7] Siehe zum Leistungsfähigkeitsprinzip als Grundlage steuerlicher Gewinnermittlung Schneider (2008), S. 294-298; Siegel (2008), S. 301-303; Schneider (2010), S. 707, 715-718., und allgemein Schmiel (2009), S. 1202-1205; hingegen tritt bei Schmiel (2008), S. 341-345, Gleichmäßigkeit neben andere Leitlinien der Besteuerung. Siehe zur Ablehnung sowohl des Leistungsfähigkeits- als auch des Maßgeblichkeitsprinzips beispielsweise Wagner (2002).

[8] Siehe Küpper (2007), S. 648.

[9] Siehe zu einer solchen Differenzierung auch Diller/Grottke (2010), S. 126.

[10] Siehe zur Besteuerung nach der „wirtschaftlichen Kraft" Siegel/Bareis (2004), S. 25.

gleiche Sachverhalte (relativ gleich) ungleich besteuert werden sollen.[11] Vertikale Leistungsfähigkeit impliziert hingegen das Postulat, dass die Besteuerung eine Umverteilung von reichen zu armen Steuerpflichtigen bewirken soll und ist als Zielsetzung umstritten. Weitgehend unstrittig ist jedoch, dass zunächst eine gleichmäßige Ausgangsgröße für die ertragsteuerliche Bemessungsgrundlage zu ermitteln ist, an die sich – falls gewünscht – eine Umverteilung über Freibeträge und/oder einen progressiven Tarif anschließt.[12] Für die hier zu betrachtende steuerliche Gewinnermittlung ist damit in relativer Hinsicht allein die Gleichmäßigkeit der Besteuerung relevant.

Ökonomische Analysen zur Ausgestaltung des Steuerrechts legen überwiegend die Zielsetzung Entscheidungsneutralität zugrunde, die regelmäßig auf die Zielsetzung Verringerung von Steuerwirkungen abgeschwächt wird.[13] Entscheidungsneutralität der Besteuerung meint, dass betriebswirtschaftliche Entscheidungen durch die Besteuerung nicht verzerrt werden, Verringerung von Steuerwirkungen, dass ausgewählte Verzerrungen vermindert werden.[14] Steuerwirkungen werden in diesen Untersuchungen neoklassisch expliziert, d. h. es wird vollständiges Wissen der Wirtschaftssubjekte über Entscheidungsalternativen zugrundegelegt und davon ausgegangen, dass Wirtschaftssubjekte rational, das heißt auf der Grundlage des Kapitalwertmodells – oder eines daraus abgeleiteten Modells – entscheiden. Wird der Kapitalwert – und damit das wirtschaftliche Totaleinkommen – oder werden die daraus abgeleiteten äquivalenten Periodeneinkommen[15] besteuert, wird die Rangfolge der Entscheidungen durch die Besteuerung nicht beeinflusst, andernfalls kommt es zu Steuerwirkungen.[16] Neoklassisch explizierte Entscheidungsneutralität wird von einigen Vertretern als ökonomische Interpretation der Gleichmäßigkeit der Besteuerung verstanden.[17]

---

[11] Diese nicht unbedingt quantifizierbare Gleichmäßigkeit von Sachverhalten ist nicht zu verwechseln mit nutzentheoretischen Explikationen gerechter Besteuerung, siehe Homburg (2010), S. 195-224.

[12] Siehe zur Abgrenzung von horizontaler und vertikaler Leistungsfähigkeit Schneider (2002), S. 231-239; Hundsdoerfer/Kiesewetter/Sureth (2008), S. 70 f.

[13] Siehe Wagner (1992), S. 4; Wagner (1995), S.741 f.; König (1997), S. 7 f.; Wagner (2000a), S. 188-191; zu einem Überblick Hundsdoerfer/Kiesewetter/Sureth (2008), S. 68-70, und kritisch zur Leitlinie (neoklassisch explizierter) Entscheidungsneutralität Elschen (1989), S. 305-308; Schneider (2000); Schneider (2002), S. 102 f., 255-274; Siegel (2005); Schneider (2006), S. 268 f.; Schmiel (2009), S. 1199-1201; Siegel (2009), S. 177.

[14] Siehe Hundsdoerfer/Kiesewetter/Sureth (2008), S. 68-71.

[15] Der Begriff „wirtschaftliches Einkommen" – verstanden als Zielgröße betriebswirtschaftlicher Entscheidungen – wird hier gewählt, um die Abgrenzung zum Einkommen im steuerrechtlichen Sinne – hier als steuerliches Einkommen bezeichnet – zu vereindeutigen. Bei dem steuerlichen Einkommen handelt es sich aufgrund der hier ausgeblendeten Fragen vertikaler Leistungsfähigkeit um die Summe der Einkünfte, genauer um die hier allein relevanten Einkünfte aus Gewerbebetrieb.

[16] Siehe Schneider (2002), S. 97-121; Wagner (2004), S. 239-245.

[17] Siehe Sureth (2006), S. 17; Hundsdoerfer/Kiesewetter/Sureth (2008), S. 70; differenzierter Diller/Grottke (2010), S. 125.

Begründet wird neoklassisch explizierte Entscheidungsneutralität beziehungsweise neoklassisch explizierte Gleichmäßigkeit mit der Vorteilhaftigkeit einer Laissez-Faire-Allokation.[18]

In diesem Beitrag werden ebenfalls Verringerung von Entscheidungswirkungen und Gleichmäßigkeit der Besteuerung gleichgesetzt und als Ziel für die Ausgestaltung der Besteuerung zugrunde gelegt. Im Gegensatz zu den bisherigen Untersuchungen wird aber die neoklassische Explikation von Steuerwirkungen abgelehnt, weil diese einen vollkommenen Kapitalmarkt unter Sicherheit beziehungsweise stochastischer Unsicherheit unterstellt und diese Prämisse mit dem hier zugrunde gelegten kritisch-rationalistischen Erklärungsverständnis in Konflikt gerät: Nach kritisch-rationalistischer Methodologie müssen die Antezedensbedingungen einer Erklärungsaussage empirisch wahr sein.[19] Selbst wenn man wie hier diese Anforderung darauf reduziert, dass erfahrungswissenschaftliche Hypothesen empirisch überprüft und dabei auftretende Widersprüche berücksichtigt werden sollten,[20] widerspricht die Antezedensbedingung des vollkommenen und vollständigen Kapitalmarktes unter Sicherheit oder stochastischer Unsicherheit der Realität. Darüber hinaus können in der Realität zu beobachtende Sachverhalte wie Liquiditätsprobleme bis hin zur Illiquidität nicht widerspruchsfrei abgebildet werden: Ökonomische Illiquidität setzt voraus, dass anders als im vollkommenen und vollständigen Kapitalmarkt der Unternehmenswert negativ werden kann, weil Gläubiger nicht nur den Marktwert ihrer Gläubigerposition, sondern deren Nominalwert einfordern können.[21] Ebenso wenig ist es möglich, im Rahmen der neoklassischen Theorie Innovationen endogen zu erklären.[22] Wird trotz falscher Antezedensbedingungen auf neoklassisch fundierte Steuerwirkungsaussagen rekurriert, wird implizit in Anlehnung an Friedman ein – dem kritisch-rationalistischen Erklärungsverständnis diametral entgegenstehendes – Erklärungsverständnis zugrunde gelegt, bei dem Erklärungs- und Prognoseaussagen (ausschließlich) nach der Gültigkeit der Prognose beurteilt werden.[23] Danach kommt es auf die empirische Wahrheit von Antezedensbedingungen nicht an, es reicht aus, wenn im Rahmen empirischer Untersuchungen die modelltheoretischen Zusammenhänge bestätigt werden.[24]

Aufgrund der hier eingenommenen kritisch-rationalistischen Position wird das Ziel „Verringerung von Steuerwirkungen/Gleichmäßigkeit der Besteuerung" in diesem Beitrag evolutorisch expliziert: In Anlehnung an Schneider[25] wird eine Welt mit realistischer Unsicherheit zugrunde gelegt, in der auch nicht in das Entscheidungskalkül einbezogene Zustände eintreten können. Weil die hier vorgelegte evolutorische Sicht im methodologischen

18 Siehe Wagner (1992), S. 3 f., Sureth 2006, S. 14.
19 Siehe Stegmüller (1983), S. 124-128; Küttner/Lenk (1992a, 1992b).
20 Siehe Gadenne (2002), S. 68.
21 Siehe Schmidt (1980), S. 104-109; Zisowski (2001), S. 53-59 und zu weiteren Widersprüchen Schneider (2009), S. 130-135.
22 Siehe Witt (1987), S. 9-30.
23 Siehe Friedman (1974), S. 7-9, kritisch Tietzel (1981).
24 So wohl Hundsdoerfer/Kiesewetter/Sureth (2008), S. 69; Schreiber (2008), S. 823.
25 Siehe Schneider (1995), S. 1-24; Schneider (1997a), S. 42-46; Schneider (2001), S. 370-378, 452-465; Schneider (2002), S. 102 f., 255-274; Schneider (2006), S. 268 f.

Individualismus verankert ist,[26] wird außerdem ein individualistisches Unternehmensverständnis zugrunde gelegt.[27] Hieraus folgt, dass Gleichmäßigkeit ausschließlich auf natürliche Personen bezogen wird. Die Annahme realistischer Unsicherheit hat zur unausweichlichen Konsequenz, dass die Formulierung von Hypothesen vage ist, mithin nur die folgenden erfahrungswissenschaftlichen Musterhypothesen[28] aufgestellt werden können:

- Wirtschaftssubjekte verfügen über unvollständiges Wissen und sind sich dessen bewusst. Unvollständiges Wissen besteht nicht allein aufgrund der Vielzahl möglicher Handlungsalternativen. Unvollständiges Wissen meint darüber hinaus, dass zum Entscheidungszeitpunkt die Menge möglicher Handlungsalternativen nicht feststeht. Die Erklärung wirtschaftlichen Handelns greift deshalb zu kurz, wenn sie auf die optimale Auswahl aus bestehenden Alternativen beschränkt wird.[29] Vielmehr lernen Wirtschaftssubjekte, so dass sie Handlungsmöglichkeiten nicht nur erkennen, sondern durch kreatives Handeln auch schaffen.[30]
- Auch wenn Wirtschaftssubjekte nicht unbedingt im neoklassischen Sinne optimieren, ziehen sie unter sonst gleichen Bedingungen ein höheres wirtschaftliches Einkommen einem niedrigeren wirtschaftlichen Einkommen vor.[31] Anders als unter neoklassischen Bedingungen existiert unter realistischer Unsicherheit nicht die eine wirtschaftliche Einkommensdefinition. Vielmehr sind verschiedene Zielgrößen denkbar, von denen es vernünftig sein kann, diese betriebswirtschaftlichen Entscheidungen zugrunde zu legen. Das schließt nicht aus, dass einige Wirtschaftssubjekte auch unter realistischer Unsicherheit auf der Grundlage des Kapitalwertkriteriums entscheiden.[32] Deshalb wird hier wirtschaftliches Einkommen der Totalperiode sehr allgemein – und damit auch den Kapitalwert umfassend – als die Differenz aus Vorteilen und Belastungen aus Investitionen definiert.
- Weil Steuern das wirtschaftliche Einkommen mindern, ist zu erwarten, dass sich eine ungleichmäßige Besteuerung auf das Handeln der Wirtschaftssubjekte auswirkt. Eine ungleichmäßige Besteuerung liegt vor, wenn Sachverhalte, die zu einem gleichen wirtschaftlichen Einkommen führen, ungleich oder wenn Sachverhalte, aus denen ungleiche wirtschaftliche Einkommen resultieren, gleich besteuert werden.[33] Umgekehrt ist zu

---

[26] Siehe Witt (1987), S. 14-17.
[27] Siehe Wagner (2000b), S. 112 f.; Schneider (2006), S. 264-267.
[28] Siehe zu Musterhypothesen Hayek (1972), S. 25-29.
[29] Siehe Witt (1987), S. 9-30, 104-148; Witt (2003), S. 36.
[30] Siehe Langlois (1986), 225-230; Schubert (2006), 31 f.
[31] Siehe Langlois (1986), S. 252.
[32] Daraus lässt sich nicht ableiten, dass die Antezedensbedingungen des Kapitalwertmodells erfüllt sind, sondern nur, dass Wirtschaftssubjekte insoweit Empfehlungen der Betriebswirtschaftslehre folgen.
[33] Diese Hypothese wird durch empirische Arbeiten gestützt. Zum einen durch Arbeiten, die aufzeigen, dass Wirtschaftssubjekte Steuern in ihren Entscheidungskalkülen berücksichtigen, siehe beispielsweise den Überblick bei Watrin/Benhof (2007) oder Fochmann et al. (2010). Zum anderen durch Untersuchungen, die den Steuereinfluss auf betriebswirtschaftliche Entscheidungen nachweisen, siehe hierzu exemplarisch Overesch/Voeller (2008) zum Steuereinfluss auf Finanzierungsentscheidungen.

vermuten, dass Steuerwirkungen verringert werden, wenn das steuerliche Einkommen dem wirtschaftlichen Einkommen entspricht. Nach der hier verwandten Definition des wirtschaftlichen Einkommens müsste demzufolge das steuerliche Einkommen der Totalperiode dem Nettovorteil beziehungsweise der Nettobelastung der Totalperiode entsprechen.

Ebenso wie neoklassisch explizierte Gleichmäßigkeit bedarf evolutorisch explizierte Gleichmäßigkeit einer Begründung. Bezieht man Pareto-Effizienz nicht auf gesamtwirtschaftliche Zustände, sondern auf den einzelnen Tauschakt, lässt sich evolutorisch explizierte Gleichmäßigkeit argumentativ stützen: In einer Wirtschaftsordnung, die den kommutativ gerechten Tausch ermöglicht, ist der Tausch Ausdruck dafür, dass zumindest ein Tauschpartner aus seiner Sicht eine Verbesserung seiner Lage erwartet.[34] Die Besteuerung soll diese Markteffizienz nicht verzerren, das heißt „Marktentscheidungen sollen nicht aufgrund steuerlicher Vorteile erfolgen oder durch steuerlichen Zwang ausgelöst werden“[35]. Auch Überlegungen zur allgemeinen evolutorischen Wirtschaftspolitik sprechen für evolutorisch explizierte Gleichmäßigkeit als Besteuerungsziel. So ist es nach Wegner für eine evolutorische Wirtschaftspolitik elementar, „Handlungsbeschränkungen der Marktakteure zu identifizieren, welche einen ... wünschenswerten Innovationsprozeß blockieren, verzögern oder begrenzen“[36]. Steuerwirkungen könnten eine solche Blockierung sein.[37]

Die Explikation einer gleichmäßigen Besteuerung ist abhängig davon, in welchem Umfang bestehendes Steuerrecht als Datum zugrunde gelegt wird. Aufgrund des unter realistischer Unsicherheit nur begrenzt verlässlichen theoretischen Wissens über Steuerwirkungen und über (ökonomisches) Handeln von Menschen allgemein wird die Haltung eines Popperschen „Stückwerk-Ingenieurs“ eingenommen:[38] Die Analyse, ob die GoB für eine dem Leistungsfähigkeitsprinzip verpflichtete steuerliche Gewinnermittlung geeignet sind, erfolgt vor dem Hintergrund des ansonsten geltenden Ertragsteuerrechts.[39]

---

34 Siehe Elschen (1989), S. 217-220, 238, in Anlehnung an Buchanan.

35 Elschen (1989), S. 316.

36 Wegner (2004), S. 25.

37 Das heißt nicht, dass Steuern als wirtschaftspolitisches Instrument zur Innovationsförderung eingesetzt werden sollten, weil hiermit verbunden, Wohlfahrt mit Innovation gleichgesetzt und somit übersehen würde, dass Neuerungen für einige Wirtschaftssubjekte zu neuerungsbedingten Verlusten führen, siehe Schubert (2009), S. 10-14; vorher bereits kritisch Witt (2003), S. 89-91.

38 Siehe Popper (1992), S. 188-200.

39 Siehe zu inhaltlichen Argumenten für die Besteuerung des Einkommens statt des Konsums Schneider (2002), S. 241-254; Siegel (2007), S. 629-632.

3 Besteuerung nach der Leistungsfähigkeit und Maßgeblichkeitsprinzip

3.1 Neue Argumente für das Maßgeblichkeitsprinzip

Die Maßgeblichkeit handelsrechtlicher GoB für die steuerliche Gewinnermittlung wurde ursprünglich aus Vereinfachungsgründen eingeführt. In der Folgezeit wurde das Maßgeblichkeitsprinzip vor allem mit dem gemeinsamen Zweck handels- und steuerrechtlicher Gewinnermittlung begründet.[40] Döllerer formulierte in diesem Kontext die so genannte Teilhaberthese: Es existiere keine spezifisch steuerrechtliche Leistungsfähigkeit. Der Fiskus solle deshalb einem stillen Teilhaber gleichgestellt werden und müsse demzufolge an den für die Gesellschafter relevanten Gewinnen des Unternehmens partizipieren.[41]

Nach hier vertretener Auffassung stützen diese Argumente die Maßgeblichkeit der handelsrechtlichen GoB für die steuerliche Gewinnermittlung nicht.[42] Das Maßgeblichkeitsprinzip wäre vielmehr nur dann begründet, wenn eine steuerliche Gewinnermittlung auf der Grundlage der handelsrechtlichen GoB aus evolutorischer Perspektive Steuerwirkungen verringern würde. Dies erfordert, dass aus evolutorischer Sicht das steuerliche Einkommen dem wirtschaftlichen Einkommen der Totalperiode, hier definiert als Nettovorteil beziehungsweise Nettobelastung der Totalperiode entspricht. In dem hier allein interessierenden Kontext des Maßgeblichkeitsprinzips geht es dabei nur um das wirtschaftliche Einkommen, das Steuerpflichtige aus *handelsbilanzierungspflichtigen* Unternehmen erzielen. Nach einem individualistischen Unternehmensverständnis stellt das auf der Unternehmensebene erzielte wirtschaftliche Totaleinkommen prima facie das wirtschaftliche Totaleinkommen der Eigenkapitalgeber dar und ist bei diesen zu versteuern. Dies gilt zum einen, wenn – wie im geltenden Einkommensteuerrecht bei Personenunternehmen – Gewinne ausschließlich bei den Unternehmenseignern versteuert und Verluste ausschließlich bei den Unternehmenseignern steuerlich verrechnet werden. Eine dem individualistischen Unternehmensverständnis entsprechende Besteuerung ist auch möglich, wenn – wie im geltenden Recht bei Kapitalgesellschaften – zusätzlich auf Gesellschaftsebene eine Besteuerung erfolgt. In diesem Fall ist nach individualistischem Un-

[40] Siehe zur Entstehung des Maßgeblichkeitsprinzips Schneider (2010), S. 707-713 und kritisch zu weiteren Argumenten, die für das Maßgeblichkeitsprinzip angeführt werden, beispielsweise zu dem Hinweis auf den Schutz vor dem Fiskus sowie auf die Einheit der Rechtsordnung Schneider (2008), S. 284-286; Schneider (2010), S. 713 f.

[41] Siehe Döllerer (1971), S. 1334 und dieser Auffassung folgend Moxter (2000); aktuell Wehrheim/Fross (2010), S. 88-90, Marx (2011).

[42] Siehe auch kritisch Wagner (2002), S. 1887 f., allerdings mit anderer Argumentation.

ternehmensverständnis grundsätzlich das wirtschaftliche Einkommen des Unternehmenseigners auf Gesellschaftsebene zu versteuern und die Steuer auf Gesellschaftsebene bei der Besteuerung auf Gesellschafterebene beim Gesellschafter als Vorbelastung zu berücksichtigen.[43]

Uneingeschränkt trifft die individualistische Sichtweise, nach der das wirtschaftliche Totaleinkommen des Unternehmens zugleich das wirtschaftliche Totaleinkommen der Gesellschafter darstellt, nur unter Sicherheit beziehungsweise stochastischer Unsicherheit zu: Das wirtschaftliche Totaleinkommen – im vollkommenen und vollständigen Kapitalmarkt der Kapitalwert – beträgt entweder 0 € oder ist positiv. Periodeneinzahlungs- oder Periodenauszahlungsüberschüsse des Unternehmens fließen an die Eigenkapitalgeber beziehungsweise von den Eigenkapitalgebern an die Unternehmen. Etwaige Periodenverschiebungen von Ein- und Auszahlungen an die Gesellschafter beziehungsweise von den Gesellschaftern sind bei Identität von unternehmensexterner und unternehmensinterner Verzinsung nach Steuern im Hinblick auf die Rendite ebenso wenig relevant wie unter Liquiditätsgesichtspunkten, weil diese in einem vollkommenen und vollständigen Kapitalmarkt definitionsgemäß keine Bedeutung haben. In einem vollkommenen und vollständigen Kapitalmarkt reicht es damit aus, die richtige Besteuerung des Totaleinkommens in Blick zu nehmen. Die Besteuerung des Periodeneinkommens hat den Charakter einer Abschlagszahlung auf die Steuer des Totaleinkommens. Wann diese erbracht wird, ist bei identischer unternehmensinterner und unternehmensexterner Verzinsung sowie bei definitionsgemäß ausgeschlossenen Liquiditätsproblemen irrelevant.

Unter realistischer Unsicherheit ist hingegen bei handelsbilanzierungspflichtigen Personengesellschaften und bei Kapitalgesellschaften bereits aufgrund unterschiedlicher unternehmensinterner und unternehmensexterner Verzinsung sowie aufgrund von Liquiditätsproblemen bis hin zur Illiquidität die periodische Steuerzahlung relevant, so dass der Ermittlung des für die Besteuerung „richtigen" Periodeneinkommens Bedeutung zukommt. Dies gilt umso mehr, als dass das wirtschaftliche Totaleinkommen des Unternehmens nicht unbedingt mit dem wirtschaftlichen Totaleinkommen des Gesellschafters übereinstimmt: Das wirtschaftliche Totaleinkommen des Unternehmens kann positiv sein, 0 € betragen oder negativ sein. Ein negatives wirtschaftliches Totaleinkommen des Unternehmens führt bei Haftungsbeschränkung der Gesellschafter aber nicht unbedingt zu einem (betragsgleichen) wirtschaftlichen negativen Totaleinkommen der Gesellschafter. Unter realistischer Unsicherheit setzt damit die „richtige Besteuerung" des Totaleinkommens die „richtige Besteuerung" des Periodeneinkommens voraus, d. h. das steuerliche Periodeneinkommen muss dem wirtschaftlichen Periodeneinkommen, d. h. dem Periodennettovorteil beziehungsweise der Periodennettobelastung der Gesellschafter entsprechen.

Periodennettovorteile sind bei Personen- und Kapitalgesellschaften vor allem Gewinnan-

---

[43] Das geltende Recht kennt mit dem Teileinkünfteverfahren beziehungsweise der Abgeltungsteuer nur eine pauschalierte Berücksichtigung der körperschaftsteuerlichen Vorbelastung. Dass dem Gesetzgeber auch bei Kapitalgesellschaften ein individualistisches Unternehmensverständnis nicht fremd ist, zeigt sich in der Gesetzesbegründung zur Unternehmensteuerreform, *Bundesregierung* (2007), S. 76.

teile, Periodennettobelastungen vor allem Verlustausgleichs- oder Kapitalauffüllungspflichten. Diese Gewinnanteile sowie die Verlustausgleichs- und Kapitalauffüllungspflichten bestimmen sich für die Gesellschafter von Personenhandels- und Kapitalgesellschaften nach dem gesellschaftsrechtlichen Gewinn oder Verlust der Gesellschaft, der seinerseits nach den handelsrechtlichen GoB ermittelt wird. Der handelsrechtliche Gewinn oder Verlust ist damit keinesfalls nur eine Rechenziffer. Vielmehr entstehen in Höhe dieses Gewinns oder Verlusts in Abhängigkeit von gesellschaftsrechtlichen Regelungen Ansprüche oder Verpflichtungen. Diese Ansprüche oder Verpflichtungen sind zum einen in Form von Gewinnausschüttungs- und Gewinnentnahmerechten[44] sowie in Form von Verlustausgleichs- und Nachschussverpflichtungen für das Verhältnis der Gesellschafter untereinander relevant. Bei beschränkter Haftung der Gesellschafter haben sie überdies elementare Bedeutung gegenüber den Gesellschaftsgläubigern.[45] Die handelsrechtliche Gewinnermittlung konstituiert also die Nettovorteile und Nettobelastungen und damit das wirtschaftliche Einkommen der Gesellschafter in einer Periode und demzufolge auch für die Totalperiode. Zur Verringerung von Steuerwirkungen ist deshalb für die steuerliche Gewinnermittlung grundsätzlich der handelsrechtliche Gewinn oder Verlust für die Besteuerung zugrunde zu legen.[46]

Gegen dieses Ergebnis könnte man einwenden, dass das so definierte wirtschaftliche Periodeneinkommen beim Gesellschafter nicht zahlungswirksam wird, wenn Gewinne nicht ausgeschüttet beziehungsweise entnommen werden und Verluste auf Gesellschafterebene nicht zu Auszahlungen oder verringerten Einzahlungen führen. Sofern Gesellschafter in ihrer Zielgröße auf Ein- und Auszahlungen abstellen, wären dann Steuerwirkungen aufgrund von Zinseffekten möglich. Diesem Einwand ist entgegenzuhalten, dass bei einer steuerlichen Gewinnermittlung, die an die Einzahlungsüberschüsse der *Gesellschaft* anknüpft, aufgrund der handelsrechtlichen Restriktionen Steuerwirkungen nicht nur aufgrund von Zinseffekten, sondern auch deshalb zu erwarten sind, weil die Einzahlungsüberschüsse auf *Gesellschaftsebene* der Totalperiode von den Einzahlungsüberschüssen der Totalperiode auf *Gesellschafterebene* abweichen können. Würde hingegen die steuerliche Gewinnermittlung die Einzahlungsüberschüsse auf *Gesellschafterebene* zugrunde legen, wären Steuerwirkungen in Form von Gewinnverwendungsentscheidungen zu erwarten. Zugleich wird deutlich, dass die Maßgeblichkeit handelsrechtlicher GoB für die steuerliche Gewinnermittlung nur für Personenhandels- und Kapitalgesellschaften gilt

---

44 Bei Personenhandelsgesellschaften besteht zwar anders als bei Kapitalgesellschaften kein Verbot zur Kapitalauszahlung an die Gesellschafter. Gleichwohl ist die Differenzierung zwischen Kapital und Gewinn elementar, weil bei unzulässigen Entnahmen eine Rückzahlungspflicht gegenüber der Gesellschaft besteht, siehe Hopt (2010), § 122, Rz. 3-6.

45 Eine andere, hier irrelevante, Frage ist, ob man solche gesetzlichen vermögensabhängigen Gläubigerschutzvorschriften zur Verringerung fremdfinanzierter Principal-Agent-Probleme für geeignet hält.

46 Die Hypothese, dass Steuerwirkungen zu erwarten sind, wenn das steuerliche Einkommen vom wirtschaftlichen Einkommen des Gesellschafters abweicht, wird dadurch gestützt, dass der Gesetzgeber die Einführung des § 15a EStG mit dem Entstehen entsprechender Verlustzuweisungsmodelle begründet hat, siehe Deutscher Bundestag (1980), S. 16 f. Diese nutzten gerade aus, dass Verluste steuerlich verrechnet werden konnten, die den Gesellschafter wirtschaftlich nicht belastet haben.

und nur so lange begründet ist, wie die handelsrechtlichen GoB das wirtschaftliche Periodeneinkommen der Gesellschafter konstituieren, das heißt solange die Zahlungsbemessung elementarer Zweck der handelsrechtlichen Gewinnermittlung ist.[47] Sollte der Gesetzgeber für die HGB-Bilanz die Ausschüttungsbemessungsfunktion aufgeben, gilt der hier aufgezeigte Zusammenhang zwischen handelsrechtlicher Gewinnermittlung und wirtschaftlichem Einkommen nicht mehr.

3.2 Entkräftung von Einwänden gegen das Maßgeblichkeitsprinzip

3.2.1 Einwand: Gleichmäßigkeit erfordert Aufgabe der Verlustantizipation

Konträr zu dem Ergebnis, dass das Maßgeblichkeitsprinzip der Besteuerung nach der Leistungsfähigkeit entspricht, steht die Auffassung Schneiders, der das Maßgeblichkeitsprinzip als „in die Irre führende Messung", als „Unmaß"[48] für die Gleichmäßigkeit der Besteuerung qualifiziert. Nach Schneider führt die nur bei gewerblichen Einkünften zulässige Verlustantizipation in Form von Teilwertabschreibungen zur Ungleichmäßigkeit gegenüber anderen Einkunftsarten. Deshalb sei auf die Verlustantizipation zu verzichten. Voraussetzung hierfür sei allerdings, dass einkünfteunabhängig ein sofortiger Verlustausgleich oder zumindest ein betragsmäßig unbeschränkter – zeitlich aus Verwaltungsvereinfachungsgründen auf 5 Jahre beschränkter – Verlustrücktrag und ein verzinslicher Verlustvortrag eingeführt werden. Ein sofortiger Verlustausgleich ist dadurch charakterisiert, dass eine negative steuerliche Bemessungsgrundlage unabhängig davon, ob der Steuerpflichtige über Verlustverrechnungspotential verfügt, eine Steuereinzahlung zur Folge hat. Im Gegensatz dazu sind Verlustrück- und Verlustvortrag an Verlustverrechnungspotential, das heißt an eine positive Bemessungsgrundlage in der Vorperiode oder in späteren Perioden, gebunden. Für einen vollständigen Verlustausgleich spricht nach Schneider, dass marktwirtschaftliche Entscheidungen durch die Besteuerung nicht verzerrt werden sollen und der Fiskus an Gewinnen und Verlusten gleichermaßen zu beteiligen sei.[49]

Der Argumentation von Schneider wird hier in Bezug auf den sofortigen Verlustausgleich als Voraussetzung für den Verzicht auf Verlustantizipation entgegengesetzt, dass die ent-

---

[47] Hingegen verneint Schneider (2009), 684 f., bereits heute einen Primärzweck der Zahlungsbemessung des handelsrechtlichen Gewinns. Nach Werheim/Fross (2010), S. 91, hat das HGB durch das Bilanzrechtsmodernisierungsgesetz eine Zweckverschiebung erfahren. Demgegenüber sind nach Baetge/Kirsch/Solmecke (2009), S. 1222 weiterhin Dokumentation, Rechenschaft und Kapitalerhaltung gleichgewichtet.

[48] Schneider (2010), S. 707.

[49] Siehe Schneider (1997b), S. 282-284; Schneider (2004), S. 295, 303; Schneider (2008), S. 287-298; Schneider (2010), S. 716-718, zum Postulat eines sofortigen Verlustausgleichs bereits Schneider (1970), S. 69 f.; Schneider (1988), S. 1224 f, 1227, siehe auch Siegel (2008), S. 303-308.

scheidungsneutrale Wirkung eines sofortigen Verlustausgleichs nur unter Sicherheit oder stochastischer Unsicherheit, nicht aber unter realistischer Unsicherheit gilt: In neoklassischer Perspektive ist ausgehend von der Zielsetzung Entscheidungsneutralität ein sofortiger Verlustausgleich damit begründet, dass er Rangfolgeverschiebungen von Investitionen verhindert.[50] Rangfolgeinvarianz wird in einem vollkommenen und vollständigen Kapitalmarkt alternativ zum sofortigen Verlustausgleich auch durch einen unbeschränkten Verlustrücktrag in Verbindung mit einem verzinslichen Verlustvortrag erreicht: Weil in einem vollkommenen und vollständigen Kapitalmarkt der Unternehmenswert nicht negativ werden kann, das heißt Verluste in der Totalperiode nicht möglich sind, übersteigt der sofortige Verlustausgleich, obwohl er im Gegensatz zum Verlustrücktrag und Verlustvortrag nicht an das Verlustverrechnungspotential gebunden ist, das Verlustverrechnungspotential nicht.

Unter realistischer Unsicherheit sind hingegen durch einen sofortigen Verlustausgleich Steuerwirkungen möglich, weil wie bereits beschrieben das wirtschaftliche Totaleinkommen des Unternehmens von dem wirtschaftlichen Totaleinkommen der Gesellschafter abweichen kann: Anders als im vollkommenen und vollständigen Kapitalmarkt können unter realistischer Unsicherheit wirtschaftliche Verluste der Totalperiode entstehen, weil Unternehmenswerte negativ werden können.[51] Demzufolge führen ein sofortiger Verlustausgleich und ein Verlustrücktrag in Verbindung mit einem verzinslichen Verlustvortrag unter realistischer Unsicherheit zu unterschiedlichen Bemessungsgrundlagen der Totalperiode, wenn in der Totalperiode ein Verlust erzielt wird: Während beim sofortigen Verlustausgleich bezogen auf die Totalperiode eine Steuereinzahlung des Fiskus erfolgt, beträgt die Steuerzahlung beim Verlustrücktrag in Verbindung mit einem sofortigen Verlustvortrag 0 €. Steuerwirkungen sind unter realistischer Unsicherheit bei einem sofortigen Verlustausgleich möglich, wenn sich der Fiskus an Verlusten beteiligt, die für den Gesellschafter keine Nettobelastung darstellen. Diese Steuerwirkungen sind im geltenden Körperschaftsteuersystem auch bei einem Verlustrücktrag denkbar, allerdings aufgrund des skizzierten Unterschieds zwischen sofortigem Verlustausgleich und Verlustrücktrag in abgeschwächter Form. Das folgende Beispiel 1 verdeutlicht, dass diese Steuerwirkungen entstehen, wenn

- der handelsrechtliche Verlust die Verlustausgleichspflicht oder den Kapitalverlust des beschränkt haftenden Gesellschafters übersteigt, so dass sich der auf Gesellschaftsebene entstandene Verlust beim Gesellschafter nicht (sofort) auswirkt,
- Gesellschaften – wie im geltenden Recht bei Kapitalgesellschaften – auf Gesellschafts- und Gesellschafterebene besteuert werden und
- aufgrund der Rechtsform und/oder der Größe der Gesellschaft steuerrelevante Daten der Gesellschafter auf Gesellschaftsebene nicht berücksichtigt werden können.

[50] Siehe König/Wosnitza (2004), S. 156-160, 172.
[51] Siehe noch einmal Schmidt (1980), S. 104-109; Zisowski (2001), S. 53-59.

Beispiel 1: A und B haben am 1.1. der Periode 1 eine GmbH gegründet. Das Stammkapital in Höhe von 25.000 € wird von A und B gemäß ihrer Beteiligungsquote in Höhe von je 50 % aufgebracht. Der einzige Geschäftsvorfall der GmbH besteht darin, (nicht aktivierungsfähige) Werbeaufwendungen in Höhe von 60.000 € zu tätigen, aus denen sich die Gesellschafter (berechtigt) zukünftiges Einnahmenpotential erhoffen. Für diese Werbeaufwendungen besteht ein Zahlungsziel bis zum Ende der Periode 2. Von der Gewerbesteuer sei abstrahiert. Bei einem sofortigen Verlustausgleich würde die GmbH eine Körperschaftsteuereinzahlung bezogen auf einen Verlust in Höhe von 60.000 € erhalten, obwohl A und B in der Periode 1 von dem Unternehmensverlust nur jeweils in Höhe des Verlustes ihrer Einlage betroffen sind, also nur in Höhe von jeweils 12.500 € ein negatives wirtschaftliches Einkommen erzielen. Der darüber hinausgehende Verlust in Höhe von jeweils 17.500 € führt bei A und B erst zu einem negativen wirtschaftlichen Einkommen, wenn die GmbH in späteren Perioden Gewinne erzielt. Wird die GmbH hingegen in späteren Perioden (unter Umständen im Anschluss an ein Insolvenzverfahren) aufgelöst, ohne zuvor laufende Gewinne oder einen Auflösungsgewinn erzielt zu haben, sind grundsätzlich weder A noch B von dem Verlust betroffen. Vielmehr geht dieser zu Lasten der Gläubiger und müsste dann bei diesen steuerliche Berücksichtigung finden.[52]

Das Beispiel 1 veranschaulicht, dass ein sofortiger Verlustausgleich mit einer gleichmäßigen Besteuerung nur vereinbar wäre, wenn der sofortige Verlustausgleich bei der Körperschaftsteuer auf die Verlustausgleichspflicht oder den Kapitalverlust, mithin das negative wirtschaftliche Einkommen der Gesellschafter beschränkt würde. Für die Körperschaftsteuer müsste somit eine dem § 15a EStG entsprechende Regelung eingeführt werden.[53] Allerdings ist eine solche Verlustverrechnungsbeschränkung bei Publikumskapitalgesellschaften nicht umsetzbar. Denn die Verlustverrechnung müsste nach einem individualistischen Unternehmensverständnis in Höhe der individuellen Anschaffungskosten der Beteiligung möglich sein. Im Erwerberfall sind diese auf Gesellschaftsebene aber nicht bekannt und auch nicht ermittelbar.

Schneider schlägt alternativ zum sofortigen Verlustausgleich einen auf 5 Jahre beschränkten Verlustrücktrag in Verbindung mit einem verzinslichen Verlustvortrag vor. Auch bei dieser Form der Verlustverrechnung sei von einer Verlustantizipation abzusehen. Diesem Vorschlag ist entgegenzusetzen, dass bei Kapitalgesellschaften – anders als bei Personenunternehmen im Rahmen der Einkommensteuer – aufgrund der fehlenden Verlustantizipation und aufgrund des auf 5 Jahre begrenzten Verlustrücktrags Verluste, die beim Gesellschafter negatives wirtschaftliches Einkommen darstellen, bei einer Auflösung

---

52 Bei einem sofortigen Verlustausgleich wäre nicht gewährleistet, dass die Körperschaftsteuereinzahlung den (später betroffenen) Gläubigern zu Gute käme, weil A und B die Steuereinzahlung für riskante Investitionen nutzen könnten. Anreize hierzu bestehen aufgrund der asymmetrischen Erfolgsbeteiligung: A und B wären aufgrund der verlorenen Einlage von einem weiteren Verlust wirtschaftlich nicht, die Gläubiger hingegen voll betroffen, ein Gewinn könnte hingegen dazu beitragen, eine Insolvenz abzuwenden oder zumindest hinauszuzögern. Möglich wären riskante Investitionen, solange noch keine Zahlungsverpflichtung besteht und keine insolvenzrechtliche Überschuldung vorliegt.

53 Siehe zustimmend zu § 15a EStG bereits Siegel (1982), S. 220; kritisch Schneider (1988), S. 1228.

der Kapitalgesellschaft für die Besteuerung endgültig untergehen können.[54] Gegen eine (weitere) Ausdehnung des Verlustrücktragszeitraums spricht jedoch, dass im geltenden Körperschaftsteuersystem ebenso wie beim sofortigen Verlustausgleich unter Umständen auch beim Verlustrücktrag Verluste verrechnet werden, die der Gesellschafter selbst nicht trägt. Im Vergleich zum sofortigen Verlustausgleich treten solche Verlustverrechnungen aufgrund der Bindung an Verlustverrechnungspotential in geringerem Umfang auf, sie kämen aber durch eine Ausdehnung des Verlustrücktragszeitraums häufiger zum Tragen.[55]

Ferner kann eine fehlende Verlustantizipation Liquiditätsprobleme verursachen, denen Schneider im Rahmen eines unvollkommenen Marktes zu Recht besondere Bedeutung gibt: Aufgrund der Abweichung von steuerlicher und handelsrechtlicher Gewinnermittlung kann ein handelsrechtlicher Verlust mit einem steuerlichen Gewinn und einer daraus resultierenden Steuerzahlung einhergehen. Der fehlende handelsrechtliche Gewinn beschränkt gesellschaftsrechtlich bei Personengesellschaften die Entnahme beziehungsweise bei Kommanditisten die Gewinnauszahlung. Es wäre nicht gewährleistet, dass der Gesellschafter über genügend Liquidität zur Einkommensteuerzahlung verfügt.[56]

Lehnt man aufgrund dieser Argumentation einen sofortigen Verlustausgleich oder einen auf 5 Jahre begrenzten Verlustrücktrag in Verbindung mit einem verzinslichen Verlustvortrag ab, besteht ein Nebeneinander von Verlustantizipation im Rahmen der Steuerbilanz und fehlender Verlustantizipation insbesondere im Rahmen der Überschusseinkünfte.[57] Diese auf Steuerbilanzierungspflichtige beschränkte Verlustantizipation führt nach Schneider zur Ungleichmäßigkeit. Nach hier vertretener Auffassung ist hingegen eine solche Ungleichmäßigkeit keineswegs eindeutig, wenn sich die unterschiedliche steuerliche Verlustberücksichtigung auf unterschiedliche wirtschaftliche Einkommen der Periode bezieht. Unterschiedliche wirtschaftliche Einkommen resultieren aus dem einkommenskonstituierenden Charakter der GoB für Personenhandels- und Kapitalgesellschaften. Dies soll durch das folgende Beispiel 2 veranschaulicht werden:

Beispiel 2: A verfügt über Aktien an der B-AG, die er im Privatvermögen hält. In der Periode 1 ist aufgrund von Kursverlusten (und keiner absehbaren Kurserholung) bei den Aktien der B-AG eine dauernde Wertminderung in Höhe von 20.000 € zu konstatieren, ferner erzielt A Dividenden in Höhe von 20.000 €. A hat in der Periode 1 einen Liquiditäts-

---

[54] Siehe hierzu Spengel (2004), S. 137; Spengel (2009), S. 107.

[55] Um ein Auseinanderfallen zwischen dem negativen wirtschaftlichen Einkommen des Gesellschafters und dem steuerrechtlich zulässigen Verlustrücktrag zu vermeiden, wäre ein Körperschaftsteueranrechnungssystem erforderlich. Im deutschen Vollanrechnungssystem führte ein Verlustrücktrag nicht zur Körperschaftsteuerentlastung, wenn die Gewinne des Abzugsjahres ausgeschüttet worden waren und das verwendbare Eigenkapital 45 oder 40 nicht ausreichte, siehe Kießling/Pelikan/Jäger (2000), S. 638-640. Im geltenden Körperschaftsteuersystem kann die zeitliche Verlustrücktragsbeschränkung auf ein Jahr als Kompromiss gedeutet werden, der dem Problem, aufgrund einer Liquidation nicht mehr auszugleichender Verluste einerseits und der Verrechnung von Verlusten, die den Gesellschafter nicht belasten, andererseits, Rechnung tragen soll.

[56] So wird ein gesetzliches Steuerentnahmerecht verneint, siehe Hopt (2010), § 122, Rz. 17.

[57] Steuerpflichtige mit anderen Gewinneinkünften können durch freiwillige Buchführung zur Bilanzierungspflicht nach § 4 Abs. 1 EStG (und damit zur Verlustantizipation) optieren.

zufluss aus den Dividenden in Höhe von 20.000 €, über den er uneingeschränkt verfügen kann. Diesem wirtschaftlichen Periodeneinkommen in Höhe von 20.000 € entsprechen die Einnahmen nach § 20 EStG in Höhe von 20.000 €. Hält A hingegen die Beteiligung an der B-AG in der gewerblichen A-GmbH & Co. KG, beträgt sein wirtschaftliches Einkommen 0 €, weil aufgrund der dauernden Wertminderung eine Abschreibung auf den niedrigeren beizulegenden Wert den handelsrechtlichen Gewinn der GmbH & Co. KG verringert, so dass A ein Gewinn in Höhe von 0 € auf seinem Kapitalkonto gutgeschrieben wird. Bei einer steuerlichen Gewinnermittlung auf der Grundlage der GoB würden aufgrund des Niederstwertprinzips und der damit einhergehenden Teilwertabschreibung auch die steuerlichen Betriebseinnahmen nach § 15 EStG 0 € betragen. In beiden Fällen entspräche das steuerliche dem wirtschaftlichen Einkommen.[58]

3.2.2 Einwand: Gleichmäßigkeit erfordert Einführung einer Barrealisation

Neben dem Verzicht auf Verlustantizipation ist nach Schneider das Realisationsprinzip als der zweite wesentliche Bestandteil einer gleichmäßigen steuerlichen Gewinnermittlung als Barrealisationsprinzip zu definieren, weil nur so in einem unvollkommenen Markt gesichert sei, dass ausreichend Liquidität für die Steuerzahlung zur Verfügung steht.[59] Schneider ist zuzustimmen, dass die Relevanz von Liquiditätsproblemen für eine liquiditätsnahe steuerliche Gewinnermittlung spricht. Allerdings ist fraglich, ob hieraus zwingend das Barrealisationsprinzip resultiert oder ob eine umsatzbasierte Realisation, so wie sie in der steuerlichen Gewinnkonzeption des geltenden Rechts verankert ist, ausreicht.[60] Für Letzeres spricht, dass bei Verlustantizipation nur bei einer umsatzbasierten Realisation zukünftige Einzahlungen und zukünftige Auszahlungen gleichmäßig gewinnwirksam berücksichtigt werden. Außerdem korrespondiert auch bei Einführung eines Barrealisationsprinzips die Steuerzahlung zeitlich nicht mit der Gewinnentstehung, weil Steuerpflichtige grundsätzlich zu Steuervorauszahlungen verpflichtet sind. Abstrahiert man von Steuervorauszahlungen ist zusätzlich zu beachten, dass die Steuererklärungsfrist (und davon abhängig die Steuerzahlungsfrist) grundsätzlich unproblematisch um (mindestens) ein Kalenderjahr nach Entstehung der Steuerschuld verlängert werden kann[61] und gemäß § 233a AO bis zu 15 Monaten nach Entstehung der Steuerschuld keine Steuerzinsen erhoben werden. In diesem Zeitraum sind vermutlich zahlreiche Forderungen bereits liquidiert.

---

[58] Hier wird die Problematik der Steuerbilanzierungspflicht des Einzelunternehmers deutlich. Zwar hätte auch dieser nur einen Gewinn in Höhe von 0 €, anders als bei Personen- und Kapitalgesellschaftern resultieren hieraus keine Konsequenzen gegenüber Mitgesellschaftern oder Gläubigern.

[59] Siehe Schneider (1997b), S. 280 f.; Schneider (2004), S. 303; Schneider (2008), S. 294-297; Schneider (2010), S. 716-718, siehe auch Siegel (2008), S. 303 f.

[60] Siehe hierzu Weber-Grellet (2009), § 5, Rz. 79.

[61] Siehe BMF (2011).

4 Ergebnis und Konsequenzen für die steuerrechtliche Ausgestaltung

Ausgehend von der Gesetzesbegründung zum Bilanzrechtsmodernisierungsgesetz lautet die Forschungsfrage dieses Beitrags, ob eine steuerliche Gewinnermittlung auf der Grundlage handelsrechtlicher GoB mit dem Leistungsfähigkeitsprinzip vereinbar ist. Aus der hier vorgelegten Analyse resultiert, dass eine steuerliche Gewinnermittlung auf der Grundlage handelsrechtlicher GoB *evolutorisch explizierter Leistungsfähigkeit* entspricht: Die handelsrechtliche Gewinnermittlung konstituiert das wirtschaftliche Einkommen der Gesellschafter von Personenhandels- und Kapitalgesellschaften, indem sie Ansprüche und Verpflichtungen der Höhe nach definiert, die für das Verhältnis der Gesellschafter untereinander und bei beschränkter Haftung im Verhältnis zu den Gesellschaftsgläubigern relevant sind. Soll – um Steuerwirkungen zu verringern – das wirtschaftliche Einkommen besteuert werden, resultiert hieraus die Maßgeblichkeit handelsrechtlicher GoB für Personenhandels- und Kapitalgesellschaften. Im Gegensatz dazu sind bei einem Verzicht auf Verlustantizipation in Verbindung mit einem sofortigen Verlustausgleich Steuerwirkungen zu erwarten. Dieses Ergebnis ist an die Zielsetzung evolutorisch explizierter Leistungsfähigkeit gebunden. Die hier eingenommene moderat kritisch-rationalistische Position lässt nach hier vertretener Auffassung nur eine solche evolutorische Explikation der Leistungsfähigkeit zu. Anders als neoklassische Leistungsfähigkeit berücksichtigt evolutorische Leistungsfähigkeit realistische Unsicherheit.

Aus den hier vorgelegten Ergebnissen resultieren umfassende Änderungen für die steuerliche Gewinnermittlung des geltenden Rechts. Notwendige Änderungen beziehen sich zum einen auf den Kreis der Steuerbilanzierungspflichtigen. Die Maßgeblichkeit handelsrechtlicher GoB für die steuerliche Gewinnermittlung ist nur für Personenhandels- und Kapitalgesellschaften begründet. Demzufolge sollte die Steuerbilanzierungspflicht bei Einzelunternehmern kritisch überprüft werden. Da Personenhandelsgesellschaften immer handelsbilanzierungspflichtig sind, müssten diese immer zugleich der Steuerbilanzierungspflicht unterliegen: Im geltenden Recht besteht eine Steuerbilanzierungspflicht hingegen nur für gewerbliche Personenhandelsgesellschaften. Personenhandelsgesellschaften, die Einkünfte nach § 13 EStG erzielen, sind unter bestimmten Voraussetzungen verpflichtet, Personenhandelsgesellschaften mit Einkünften im Sinne des § 18 EStG berechtigt, einen Betriebsvermögensvergleich nach § 4 Abs. 1 EStG zu erstellen, wobei für diesen zumindest nach dem Gesetzeswortlaut die handelsrechtlichen GoB nicht maßgeblich sind. Bei Überschusspersonenhandelsgesellschaften wird für die Gesellschafter der Überschuss der Einnahmen über die Werbungskosten ermittelt. Andere Personengesellschaften (beispielsweise die GbR) sind nicht handelsbilanzierungspflichtig, so dass eine Steuerbilanzierungspflicht nur begründet wäre, sofern diese sich gesellschaftsvertraglich zur Aufstellung einer Handelsbilanz verpflichtet haben.

Notwendige Änderungen beziehen sich zum anderen auf die Bilanzierungs- und Bewertungsvorschriften selbst. Nach dem Maßgeblichkeitsprinzip muss der Steuerbilanzgewinn einem Ausschüttungsbemessungs-GoB-konformen Handelsbilanzgewinn entsprechen. Das Maßgeblichkeitsprinzip erfordert demzufolge keine Einheitsbilanz.[62] Abweichungen der Steuerbilanz von der konkreten Handelsbilanz sind mit dem Maßgeblichkeitsprinzip vereinbar, sofern die Steuerbilanz mit den GoB vereinbar ist. Beispielsweise sind die steuerbilanzielle Aktivierungspflicht für ein Disagio sowie die steuerbilanziell nur eingeschränkt zulässigen Vereinfachungs- und Typisierungswahlrechte im Hinblick auf Abschreibungen und Bewertungsvereinfachungsverfahren mit dem Maßgeblichkeitsprinzip vereinbar. Es existieren aber etliche Steuerrechtsnormen, für die Verstöße gegen das Realisationsprinzip[63] oder das Imparitätsprinzip[64] zu diskutieren sind. Dass es sich hierbei um zahlreiche Vorschriften handelt, ist kein Argument gegen das Maßgeblichkeitsprinzip. Diese Abweichungen sind durch Fehlinterpretationen der GoB oder fiskalisch motiviert. Sie müssten demzufolge auch im Rahmen einer eigenständigen steuerlichen Gewinnermittlung korrigiert werden.

Literatur

Albert, H. (2000): Kritischer Rationalismus, Tübingen.

Assenmacher, W. (1976): Die Theorie der Kapitalkosten und Investition für Aktiengesellschaften unter Unsicherheit, Meisenheim am Glan.

Baetge, J., Kirsch, H.-J., Solmecke, H. (2009): Auswirkungen des BilMoG auf die Zwecke des handelsrechtlichen Jahresabschlusses, in: Die Wirtschaftsprüfung 2009 (62. Jg.), S. 1211-1222.

BMF (2011): http://www.bundesfinanzministerium.de/nn_95934/DE/BMF__Startseite/Aktuelles/BMF__Schreiben/Veroeffentlichungen__zu__Steuerarten/abgabenordnung/004__a,templateId=raw, property=publicationFile.pdf (Abruf 12.9.2011).

BMJ (2008): Bundestags-Drucksache 16/10067 vom 30.07.2008, http://www.bmj.bund.de/files/-/3152/RegE_bilmog.pdf (Abruf 7.4.2010).

Bundesregierung (2007): Bundestags-Drucksache 16/4841 vom 26.03.2007, http://dip21.bundestag.de/dip21/btd/16/048/1604841.pdf (Abruf 18.4.2010).

Deutscher Bundestag (1980): Entwurf eines Gesetzes zur Änderung des Einkommensteuergesetzes, des Körperschaftsteuergesetzes und anderer Gesetze, Bundestags-Drucksache 8/3648.

Diller, M., Grottke, M. (2010): Grenzen und Erweiterungsmöglichkeiten der investitionsneutralen Besteuerung nach dem ökonomischen Gewinn, in: Zeitschrift für Betriebswirtschaft (80. Jg.), S. 123-146.

Döllerer, G. (1971): Maßgeblichkeit der Handelsbilanz in Gefahr, in: Der Betriebs-Berater (26. Jg.), S. 1333-1335.

---

62 So wohl auch Scheffler (2009), S. 837.

63 Z. B. § 5 Abs. 3, 4, 4b, § 6 Abs. 1 Nr. 3, Nr. 3a e), f), § 6a EStG.

64 Z. B. § 5 Abs. 4a, § 6 Abs. 1 Nr. 1 S. 2, Nr. 2 S. 2 EStG.

Elschen, R. (1989): Institutionale oder personale Besteuerung von Unternehmensgewinnen?, Hamburg.

Fochmann, M., Kiesewetter, D., Blaufus, K., Hundsdoerfer, J., Weimann, J. (2010): Tax Perception – an empirical survey, arqus Diskussionsbeitrag Nr. 99.

Friedman, M. (1974): The Methodology of Positive Economics, in: Friedman, M. (Hrsg.): Essays in Positive Economics, 8. Aufl., Chicago, S. 3-43.

Gadenne, V. (2002): Hat der kritische Rationalismus noch etwas zu lehren?, in: Böhm, J. M., Holweg, H., Hoock, C. (Hrsg.): Karl Poppers kritischer Rationalismus heute, Tübingen, S. 58-78.

Hayek, F. A. (1972): Die Theorie komplexer Phänomene, Tübingen.

Homburg, S. (2010): Allgemeine Steuerlehre, 6. Aufl., München.

Hopt, K. J. (2010): § 122 HGB, in: Hopt, Klaus J./Merkt, Hanno (Hrsg.), Handelsgesetzbuch, 34. Aufl., München.

Hundsdoerfer, J., Kiesewetter, D., Sureth, C. (2008): Forschungsergebnisse in der Betriebswirtschaftlichen Steuerlehre – eine Bestandsaufnahme, in: Zeitschrift für Betriebswirtschaft (79. Jg.), S. 61-138.

Kießling, H., Pelikan, H., Jäger, B. et al. (2000): Körperschaftsteuer, 15. Aufl., Achim.

König, R. (1997): Wirtschaftliche Effizienz und Steuerreformen, Heidelberg.

König, R., Wosnitza, M. (2004): Betriebswirtschaftliche Steuerplanungs- und Steuerwirkungslehre, Heidelberg.

Küpper, U. (2007): Kommentar zum Beitrag von Theodor Siegel: Steuern, Ethik und Ökonomie, in: Betriebswirtschaftliche Forschung und Praxis, Jg. 59, S. 647-649.

Küttner, M., Lenk, H. (1992a): Erklärung, in: Seiffert, H., Radnitzky, G. (Hrsg.): Handlexikon zur Wissenschaftstheorie, München, S. 68-73.

Küttner, M., Lenk, H. (1992a): Prognose, Voraussage, in: Seiffert, H., Radnitzky, G. (Hrsg.): Handlexikon zur Wissenschaftstheorie, München, S. 275-280.

Langlois, R. N. (1986): Rationality, institutions, and explanation, in: Langlois, R. N. (Hrsg.): Economics as a process, Cambridge, S. 225-255.

Marx, F. J. (2011): Teilhaberthese als Leitbild zur Neukonzeption der steuerrechtlichen Gewinnermittlung nach Inkrafttreten des BilMoG, in: Betriebs-Berater 2011, S. 1003-1006.

Moxter, A. (2000): Missverständnisse um das Maßgeblichkeitsprinzip, in: Deutsche Steuerzeitung (86. Jg.), S. 157-161.

Overesch, M., Voeller, D. (2008): The Impact of Personal and Corporate Taxation on Capital Structure Choice, ZWE Discussion Paper 08-020.

Popper, K. R. (1992): Die offene Gesellschaft und ihre Feinde I, 7. Aufl., Tübingen.

Scheffler, W. (2009): Maßgeblichkeit der Handelsbilanz für die Steuerbilanz, in: Steuer- und Bilanzpraxis, S. 836-845.

Schmidt, R. H. (1980): Ökonomische Analyse des Insolvenzrechts, Wiesbaden.

Schmiel, U. (2008): Lässt sich die Aufrechterhaltung des Maßgeblichkeitsprinzips durch das BilMoG ökonomisch begründen?, in: Schmiel, U.,Breithecker, V. (Hrsg.): Steuerliche Gewinnermittlung nach dem Bilanzrechtsmodernisierungsgesetz, Berlin, S. 333-358.

Schmiel, U. (2009): Forschungsziele der Betriebswirtschaftlichen Steuerlehre in der Kritik, in: Zeitschrift für Betriebswirtschaft (79. Jg.), S. 1193-1214.

Schneider, D. (1970): Sofortiger Verlustausgleich statt Teilwertabschreibung – ein Problem der Steuerreform –, in: Die Wirtschaftsprüfung (23. Jg.), S. 68-72.

Schneider, D. (1988): Was verlangt eine marktwirtschaftliche Steuerreform: Einschränkung des Verlust-Mantelkaufs oder Ausweitung des Verlustausgleichs durch handelbare Verlustverrechnungsgutscheine?, in: Betriebs-Berater (43. Jg.), S. 1222-1229.

Schneider, D. (1995): Betriebswirtschaftslehre Band 1, Grundlagen, 2. Aufl., München.

Schneider, D. (1997a): Betriebswirtschaftslehre Band 3, Theorie der Unternehmung, München.

Schneider, D. (1997b): Betriebswirtschaftslehre Band 2, Rechnungswesen, 2. Aufl., München.

Schneider, D. (2000): Mängel in der ökonomischen Begründung einer Steuerfreiheit für Kapitaleinkünfte, in: Steuer und Wirtschaft (77. Jg.), S. 421-430.

Schneider, D. (2001): Betriebswirtschaftslehre Band 4, Geschichte und Methoden der Wirtschaftswissenschaft, München.

Schneider, D. (2002): Steuerlast und Steuerwirkung, München.

Schneider, D. (2004): Folgt die Tugend gewinnsteuerlicher Bemessungsgrundlagen den Zahlungsströmen, in: Steuer und Wirtschaft (81. Jg.), S. 293-304.

Schneider, D. (2006): Reform der Unternehmensbesteuerung: Niedrigere Steuersätze für zurückbehaltene Gewinne oder höhere Finanzierung aus Abschreibungen?, in: Betriebswirtschaftliche Forschung und Praxis (58. Jg.), S. 262-274.

Schneider, D. (2008): Steuerbetriebswirtschaftliche Gewinnermittlung statt des Entwurfs einer BilMoG-elpackung, in: Schmiel, U., Breithecker, V.(Hrsg.): Steuerliche Gewinnermittlung nach dem Bilanzrechtsmodernisierungsgesetz, Berlin, S. 283-300.

Schneider, D. (2009): „Finanzierungsneutralität der Besteuerung" als politischer Wunsch und als Widersprüchlichkeit in der erklärenden Theorie, oder: Quo vadis, Arqus?, in: zfbf (61. Jg.), S. 126-137.

Schneider, D. (2010): Ein Jahrhundert Unmaßgeblichkeit des Maßgeblichkeitsgrundsatzes, in: Baumhoff, H., Dücker, R., Köhler, S. (Hrsg.): Besteuerung, Rechnungslegung und Prüfung der Unternehmen, Festschrift für Krawitz, Wiesbaden, S. 707-721.

Schreiber, U. (2006): Die rechtliche Steuerung urbanen Wandels, Tübingen.

Schreiber, U. (2008): Besteuerung der Unternehmen, 2. Aufl., Berlin.

Schreiber, U. (2009): Is Novelty always a good thing?, in: Max Planck Institute of Economics, Evolutionary Economic Group, Papers on Economics and Evolution 0903.

Siegel, T. (1982): Steuerwirkungen und Steuerpolitik in der Unternehmung, Würzburg.

Siegel, T. (2005): Nutzensteigerung als Argument für die Konsumbesteuerung?, in: Siegel, T., Kirchhof, P., Schneeloch, D., Schramm, U. (Hrsg.): Steuertheorie, Steuerpolitik und Steuerpraxis, Festschrift für Peter Bareis, Stuttgart, S. 359-377.

Siegel, T. (2007): Steuern, Ethik und Ökonomie, in: Betriebswirtschaftliche Forschung und Praxis (59. Jg.), S. 625-646.

Siegel, T. (2008): Leistungsfähigkeitsprinzip und steuerliche Gewinnermittlung, in: Schmiel, U., Breithecker, V. (Hrsg.): Steuerliche Gewinnermittlung nach dem Bilanzrechtsmodernisierungsgesetz, Berlin, S. 301-331.

Siegel, T. (2009): Grundfragen und Relevanz betriebswirtschaftlicher Steuerforschung, in: Zeitschrift für Steuern und Recht (6. Jg.), S. 175-182.

Siegel, T., Bareis, P. (2004): Strukturen der Besteuerung, 4. Aufl., München.

Spengel, C. (2004): Rechnungslegung nach IFRS – Konsequenzen für die Besteuerung, in: Zeitschrift für Controlling und Management, Sonderheft 2, S. 130-140.

Spengel, C. (2009): Bilanzrechtsmodernisierung – Zukunft der Steuerbilanz, in: Finanz-Rundschau (91. Jg.), S. 101-113.

Stegmüller, W. (1983): Probleme und Resultate der Wissenschaftstheorie und Analytischen Philosophie, Bd. 1, Erklärung – Begründung – Kausalität (Studienausgabe, Teil A), 2. Aufl., Heidelberg.

Sureth, C. (2006): Steuerreformen und Übergangsprobleme bei Beteiligungsinvestitionen, Wiesbaden.

Tietzel, M. (1981): „Annahmen" in der Wirtschaftstheorie, in: Zeitschrift für Wirtschafts- und Sozialwissenschaften (1981), S. 237-265.

Wagner, Franz W. (1992): Neutralität und Gleichmäßigkeit als ökonomische und rechtliche Kriterien steuerlicher Normkritik, in: Steuer und Wirtschaft (69. Jg.), S. 2-13.

Wagner, Franz W. (1995): Leitlinien steuerlicher Rechtskritik als Spiegel betriebswirtschaftlicher Theoriegeschichte, in: Elschen, R., Siegel, T., Wagner, Franz W. (Hrsg.): Unternehmenstheorie und Besteuerung, Festschrift für Dieter Schneider, Wiesbaden, S. 724-746.

Wagner, Franz W. (2000a): Welche Kriterien bestimmen die internationale Wettbewerbsfähigkeit der Methoden steuerlicher Gewinnermittlung?, in: Betriebswirtschaftliche Forschung und Praxis (52. Jg.), S. 183-203.

Wagner, Franz W. (2000b): Unternehmenssteuerreform und Corporate Governance, in: Steuer und Wirtschaft (77. Jg.), S. 109-120.

Wagner, Franz W. (2002): Welche Kriterien sollten die Neuordnung der steuerlichen Gewinnermittlung bestimmen?, in: Betriebs-Berater (57. Jg.), S. 1885-1892.

Wagner, Franz W. (2004): Gegenstand und Methoden betriebswirtschaftlicher Steuerforschung, in: Steuer und Wirtschaft (81. Jg.), S. 237-250.

Watrin, C., Benhof, H. (2007): Besteuerung langfristiger privater Veräußerungsgewinne: Rechtliche Bedenken und Folgen für den Kapitalmarkt, in: Der Betrieb (60. Jg.), S. 233-238.

Weber-Grellet, H. (2009): § 5 EStG, in: Schmidt, L. (Hrsg.), Einkommensteuergesetz, 28. Aufl., München.

Wegner, G. (2004): Akkomodierende Wirtschaftspolitik und evolutorische Ökonomik, in: Dopfer, K. (Hrsg.), Schriften zur Evolutorischen Ökonomik VIII, Berlin, S. 17-40.

Wehrheim, M., Fross, I. (2010): Erosion handelsrechtlicher GoB durch das Bilanzrechtsmodernisierungsgesetz, in: Zeitschrift für Betriebswirtschaft (80. Jg.), S. 71-109.

Witt, U. (1987): Individualistische Grundlagen der evolutorischen Ökonomik, Tübingen.

Witt, U. (2003): Economic policy making in evolutionary perspective, in: Journal of Evolutionary Economics (13. Jg.), S. 77-94.

Zisowski, Ute (2001), Grundsätze ordnungsgemäßer Überschuldungsrechnung, Bielefeld.

Kointegration von Energiepreis-Zeitreihen: Ist „Sein oder Nicht-Sein“ die richtige Frage?

Andreas Fritz und Christoph Weber

1 Einleitung

In den letzten Jahren hat es turbulente Entwicklungen bei den Energiepreisen gegeben. Den dramatischen Preisanstiegen im Jahre 2008 bei den börsengehandelten Energieträgern Strom, Rohöl, Steinkohle und Erdgas folgte ein ebenso starker Preisverfall. Die jüngere Vergangenheit war wieder von ansteigenden Preisen gekennzeichnet. So verteuerte sich beispielsweise Rohöl der Sorte Brent im Sommer 2008 zunächst auf knapp 150 US-Dollar pro Barrel, um im Zuge der weltweiten Wirtschaftskrise ein Preisniveau von ca. 30 US-Dollar zu erreichen. Seit 2009 gab es einen steten Preisanstieg auf derzeit über 100 US-Dollar pro Barrel.

Neben der Ölpreisentwicklung war die Erdgaspreisentwicklung von besonderem öffentlichem Interesse. Die Lage auf dem weltweiten Erdgasmarkt hat sich durch die vermehrte Produktion von US-amerikanischem Schiefergas deutlich verändert. In Verbindung mit der während der weltweiten Wirtschaftskrise gesunkenen Nachfrage sind auch die Erdgaspreise zunächst unter Druck geraten. Darüber hinaus war wegen des erhöhten Angebots auf europäischen Spotmärkten für Erdgas eine Entkopplung der Spotpreise von den Preisen aus ölindizierten Lieferverträgen zu beobachten.

Nicht minder wechselhaft war die Strompreisentwicklung der letzten Jahre. Nach den Höchstständen in 2008 war in den letzten beiden Jahren ein jeweils geringerer durchschnittlicher Jahresstrompreis an der Börse zu beobachten. Dies kann zum einen auf einen Nachfragerückgang, insbesondere in 2009, und zum anderen auf die vermehrte Einspeisung von Strom aus erneuerbaren Energien wie Wind und Photovoltaik zurückgeführt werden.

Darüber hinaus erfahren erneuerbare Energieträger, wie z. B. Holz, aufgrund einer gestiegenen Nachfrage und bestehender Nutzungskonkurrenzen mit anderen Branchen ebenfalls Preissteigerungen. Diese Preisentwicklungen auf den globalen Großhandelsmärkten schlagen sich letztendlich auf die Energie-Endverbraucherpreise nieder, allerdings teilweise mit zeitlicher Verzögerung und teilweise überlagert durch andere Effekte (Veränderungen bei Steuern und Umlagen, Preispolitik der Anbieter).

Trotz dieser teilweise turbulenten Entwicklungen – oder gerade deswegen – stehen bei Energieunternehmen und anderen Akteuren im Energiesektor derzeit umfangreiche Investitionen an. Dabei sind für die Profitabilität der anstehenden Investitionen nicht nur die zukünftigen erwarteten Energiepreisniveaus entscheidend. Vielmehr sind für Kraftwerke und andere Energieumwandlungsanlagen die Preisabstände zwischen Input- und Output-Energie – die sogenannten Spreads – entscheidend. Aber auch im Fall von Substitutionsmöglichkeiten zwischen Inputenergieträgern, wie etwa der Verwendung von Heizöl oder Erdgas für die Heizung, stellt sich die Frage nach der zukünftigen Entwicklung der Preisspreads. Wesentlich für einen Investor ist dabei insbesondere, ob sich die Preisabstände unbeschränkt öffnen können oder ob aller Wahrscheinlichkeit nach der Preisabstand trotz Schwankungen voraussichtlich früher oder später zu einem mittleren Wert zurückkehren wird. Ökonometrisch ist dies die Frage nach der Stationarität der Zeitreihe der

Preisdifferenzen oder anders gefragt nach der Kointegration zwischen den ursprünglichen Preiszeitreihen. Diese Frage soll im Zentrum dieses Beitrags stehen. Dabei sollen im Sinne einer theoriegeleiteten empirischen Analyse zunächst gängige Theorien zur Energiepreisbildung hinsichtlich ihrer Implikationen für die Kointegration von Energiepreiszeitreihen beleuchtet werden. Auch die empirische Evidenz soll beleuchtet werden.

2 Theoretische Argumente für stationäre Energiepreisgleichgewichte

Energieträger wie Erdöl, Erdgas sowie Braun- und Steinkohle sind natürliche Ressourcen, die exploriert, gefördert, transportiert und möglicherweise veredelt werden. Die wegweisende Arbeit von Hotelling hat jedoch bereits 1931 verdeutlicht, dass die Preise dieser Energieträger nicht nur durch die Bereitstellungskosten bestimmt werden, sondern dass die Endlichkeit der Ressourcen zu Opportunitätskosten führt, die auch bei funktionierendem Wettbewerb die Preise der Ressourcen über die marginalen Kosten der Bereitstellung hinaus erhöhen. Gibt es keinen (nach menschlichen Maßstäben) erschöpfbaren Vorrat, wie bei Solarenergie, Wind- oder Wasserkraft, so sollten im Wettbewerbsmarkt die Preise durch die Grenzkosten der Bereitstellung bestimmt werden. Ähnliches gilt für Sekundärenergieträger wie Elektrizität, die mit Hilfe von replizierbaren Anlagen aus den vorgenannten Primärenergieträgern bereitgestellt werden können. In wettbewerblichen Energiemärkten werden sich die Gleichgewichtspreise für Elektrizität an den langfristigen Grenzkosten der Erzeugung orientieren. Da die Anlagenkosten vergleichsweise stabil sind, ist daher zu erwarten, dass die Gleichgewichtspreise für Strom maßgeblich von den Primärenergieträgerpreisen bestimmt werden.[1] In Deutschland ist dies in den häufigsten Fällen ein Kraftwerk auf Steinkohle- oder Erdgasbasis.[2] Da bei der Verbrennung dieser Brennstoffe CO_2 emittiert wird, müssen Kraftwerksbetreiber in Höhe der Emissionen verbriefte Rechte, sogenannte Emissionszertifikate, erwerben. Die Kosten für die Zertifikate gehen ebenfalls in die Strompreisbildung ein. Damit ergibt sich eine natürliche Abhängigkeit zwischen dem Preis der elektrischen Energie und den Kosten der zu ihrer Erzeugung eingesetzten fossilen Brennstoffe inklusive der Emissionszertifikate.

Neben dieser skizzierten Abhängigkeit des Strompreises von den Brennstoffpreisen existiert eine wichtige Beziehung zwischen Kohle-, Gas- und CO_2-Preisen. In der Regel ist die

---

1 Die Nicht-Speicherbarkeit von Strom und die Vielfalt der Erzeugungstechnologien auf Basis unterschiedlicher Primärenergieträger führen zu einem differenzierten Satz von nachfragedeterminierten Momentanpreisen. Dies wird durch das auf Boiteux (1960) zurückgehende Peak-Load-Pricing Konzept theoretisch elegant beschrieben. Damit lässt sich auch zeigen, dass im Gleichgewicht der jahresmittlere sogenannte Base-Preis den langfristigen Grenzkosten der Grundlast-Technologie entspricht.

2 Im Jahr 2010 und auch in den Jahren davor kamen nachwievor über 50% des erzeugten Stroms aus Kohle und Erdgas.

Stromerzeugung auf der Basis von Steinkohle kostengünstiger als durch den Einsatz von Gas. Allerdings wird bei der Kohleverstromung deutlich mehr CO_2 freigesetzt. Da die Kosten für das CO_2 zu den Brennstoffkosten hinzu kommen, besteht bei Kraftwerksbetreibern ein Anreiz zur Erdgasverstromung. Der theoretische Marktpreis für CO_2 bildet sich kurzfristig also im Wettbewerb zwischen den beiden fossilen Kraftwerkstechnologien oder anders ausgedrückt, Kraftwerke auf Erdgasbasis verdrängen im Wettbewerb Kohlekraftwerke. Dieses sogenannte „fuel-switch"-Gleichgewicht entspricht dem fundamentalen CO_2-Preis.

Der Primärenergieträger Erdöl dient als Grundlage zur Produktion der Destillate wie leichtes und schweres Heizöl, Otto- und Dieselkraftstoff oder Flugturbinenkraftstoff. Da Erdöl in diesem Fall ein direkter Inputfaktor für den Produktionsprozess ist, kann ein – zumindest theoretisch - gleichgerichtetes Preisverhalten bei diesen Gütern erwartet werden. Eine ähnliche Überlegung gilt für die Preisbewegungen von Erdgas und Erdöl. Diese beiden Energieträger stehen im Wärmemarkt, weniger im Strommarkt, in direkter Konkurrenz zueinander, weshalb Preisbewegungen des einen Markts sich auf den anderen Markt übertragen sollten.

Die zuvor angesprochenen Abhängigkeiten müssen kurzfristig nicht gelten, wie die jüngsten Entwicklungen bei den Erdgas- und Erdölpreisen oder die Änderungen des „Spreads" zwischen Rohöl- und Benzinpreisen zeigen. Langfristig ist jedoch die Ausbildung einer gleichgewichtigen Preisrelation zwischen den verschiedenen Energieträgern zu erwarten. Dies gilt auch dann, wenn sich endliche, aber substituierbare Ressourcen momentan nicht im unmittelbaren Wettbewerb zueinander befinden. Denn die unterschiedliche Knappheit (z. B. bei Steinkohle und Erdöl) beider Ressourcen verursacht ein zukünftiges Auftreten im selben Markt. Damit sind allerdings auch die zuvor erwähnten, aktuellen Opportunitätskosten miteinander verknüpft. (Vgl. Kolstad (1994)) So ist z. B. vorstellbar, dass bei hohen Ölpreisen Kohle verflüssigt wird und damit Kraftstoffe gewonnen werden[3].

Bei der Betrachtung der Abhängigkeiten zwischen Energiepreisen muss jedoch auch die Möglichkeit in Betracht gezogen werden, dass nicht sämtliche Preisbewegungen fundamental oder inhaltlich erklärbar sind. Obwohl es kaum Kraftwerke gibt, die Strom auf der Grundlage von Erdöl erzeugen und daher auf den ersten Blick kein Zusammenhang zu erwarten wäre, ist gelegentlich zu beobachten, dass der Strompreis – eher aus psychologischen oder gefühlsmäßigen Erwägungen – auf Ölpreisänderungen reagiert. Erschwerend kommt hinzu, dass die Preisreaktionen nicht symmetrisch ablaufen müssen, d. h. Preissteigerungen stärker ausfallen können als ein Sinken des Preises - induziert durch Ölpreisänderungen.

---

[3] Diese Technologie wurde sowohl während der Naziherrschaft in Deutschland als auch unter dem Apartheidregime in Südafrika eingesetzt. In beiden Fällen war die außenpolitische Isolation ein wesentlicher Treiber für den Rückgriff auf die Kohleverflüssigung. Da die Kohlevorräte jedoch viel größer sind als die verfügbaren Erdölressourcen, ist eine zukünftige Nutzung dieser Technologie in anderem Kontext durchaus vorstellbar. Dies gilt allerdings nur wenn Klimaschutz global keinen hohen Stellenwert hat, da die mit der Kohleverflüssigung verbundenen CO2-Emissionen weit höher sind als bei Verwendung konventionellen Erdöls.

In diesem Kontext erscheint es von besonderem Interesse, inwiefern empirisch bei den drei wesentlichen fossilen Energieträgern Öl, Gas und Kohle gemeinsame Preisbewegungen zu beobachten sind. Sowohl die Substitutionsmöglichkeiten im Wärmemarkt als auch die traditionelle Ölpreisbindung bei Gasverträgen lassen für Erdgas und Erdöl einen engen Zusammenhang vermuten. Hingegen sind bei Kohle und Öl die aufgeführten Substitutionsmöglichkeiten eher akademischer Natur und daher erscheint eine Kopplung der Preise nicht so naheliegend. Somit stellt sich die empirische Frage nach der Existenz von einer oder zwei Gleichgewichtsbeziehungen bei diesen drei Preiszeitreihen.

3 Empirische Evidenz

3.1 Historische Entwicklung

Die **Abbildung 3.1** zeigt die historische Entwicklung der nominalen Importpreise für Steinkohle, Erdgas und Erdöl im Zeitraum 1957 bis 2010 nach Deutschland. Allen Energieträgern gemein ist ein steigender Trend im Zeitverlauf, der bei Steinkohle jedoch deutlich gemäßigter ausfällt als bei Erdöl und Erdgas. Die drei Preiszeitreihen zeigen ähnliche Auf- und Abbewegungen. So sind insbesondere die infolge der ersten und zweiten Ölkrise 1973 und 1979/80 folgenden Preissteigerungen gut ersichtlich. Weiterhin ist die im Jahr 2008 zu beobachtende Preisspitze bei Erdöl und ihre Auswirkungen auf die anderen Energieträger zu erkennen. Insgesamt lässt sich daher festhalten, dass die im vorigen Kapitel vermuteten (theoretischen) Abhängigkeiten zwischen Energiepreiszeitreihen nach dem ersten grafischen Eindruck auch empirisch beobachtbar sind.

Allerdings stellt sich die Frage, ob die beobachtbaren parallelen Preisentwicklungen nicht auch auf einen gemeinsamen Faktor zurückzuführen sind, der nicht unmittelbar mit der Knappheit von Energie zu tun hat, nämlich dem Wechselkurs des US-Dollars. Hinzu kommt, dass in Deutschland zumindest bis vor wenigen Jahren die Preisbildung für Erdgas sich nicht in einem eigenständigen Markt vollzog, sondern vielmehr der Preis für Erdgas über die bereits erwähnte Ölpreisbindung an den Heizöl- bzw. Rohölpreis angekoppelt war. Insofern ist vorstellbar, dass die beobachtbare Parallelität der Preise nicht das Ergebnis eines unverfälschten Marktes darstellt.

Abbildung 3.1 Entwicklung der Importpreise für Erdöl, Erdgas und Steinkohle nach Deutschland

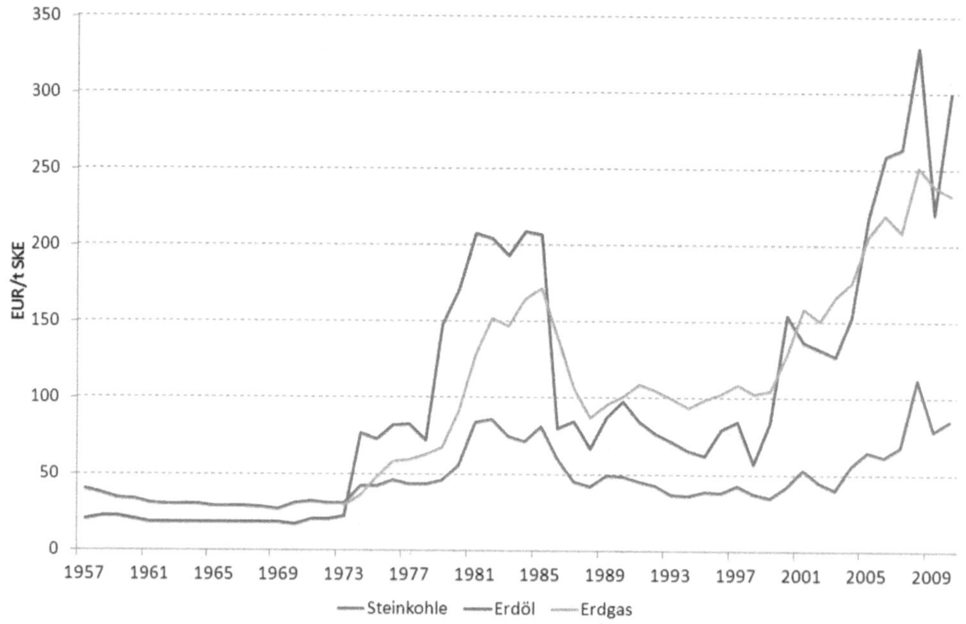

Quelle: Eigene Darstellung unter Verwendung der Daten aus BAFA, 2011, Statistik der Kohlenwirtschaft, 2011, und VDKI, 2008, Preise wurden zur besseren Vergleichbarkeit in EUR / t SKE umgerechnet.

Daher erscheint es von Interesse, neben den deutschen Importpreisen auch US-amerikanische Preise zu betrachten. Diese sind in **Abbildung 3.2** grafisch dargestellt. Ein Vorteil der Betrachtung der US-amerikanischen Preise ist, dass es, anders als in Deutschland, keine preisliche Bindung des Erdgases an Erdöl gibt. Außerdem besteht kaum die Gefahr, dass die Entwicklung des Wechselkurses zwischen US-Dollar und Euro zu unerwünschten Scheinkorrelationen führt. Im Vergleich mit den deutschen Daten ist auch bei den US-Daten zu erkennen, dass ebenfalls bei den beiden Ölkrisen ein Preisanstieg bei allen drei Energieträgern auftritt. Gleichermaßen ist der Preiseinbruch im Jahr 2009 aufgrund der weltweiten Wirtschafts- und Finanzkrise zu erkennen. Im Unterschied zu den deutschen, ölpreisgebundenen Erdgaspreisen zeigt sich bis 2008 ein weniger starker Anstieg bei den US-Erdgaspreisen und ein deutlich schärferer Preisverfall. Eine wesentliche Ursache hierfür ist in der zunehmenden Förderung und Nutzung von Schiefergas in den USA zu sehen, die zu einer erheblichen Angebotsausweitung geführt hat.

Abbildung 3.2 Entwicklung der Brennstoffpreise für Erdöl, Erdgas und Kohle (US-Preise)

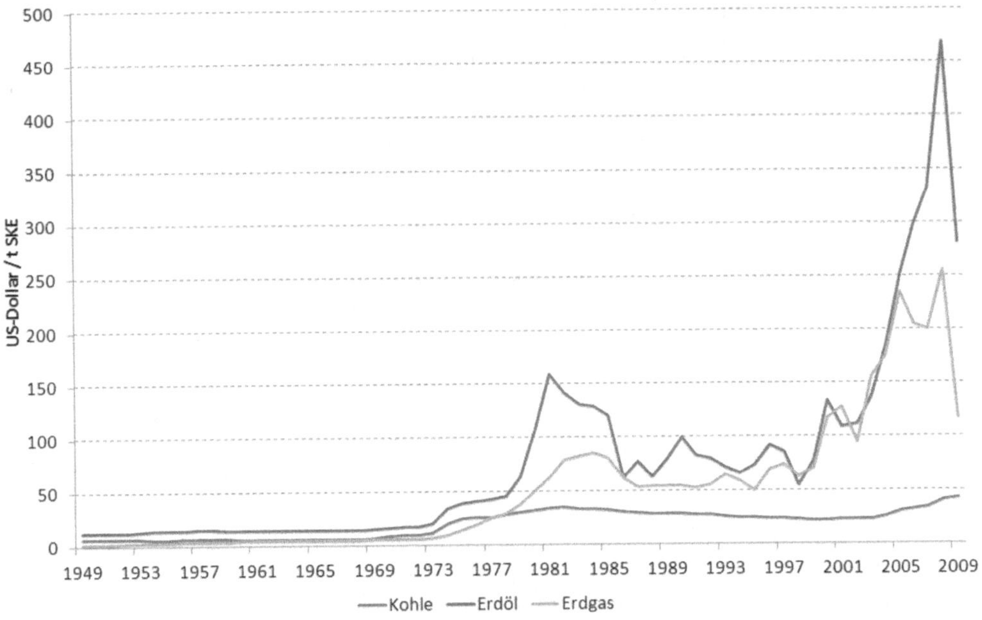

Quelle: Eigene Darstellung unter Verwendung der Daten aus EIA, 2011.
Preise wurden zur besseren Vergleichbarkeit in t SKE umgerechnet.
Für Kohle wurde dabei ein Heizwert von 6000 kcal/t angesetzt.

Bei der Analyse der Beziehungen zwischen verschiedenen Energieträgern sollte man sich jedoch nicht allein auf den grafischen Eindruck oder auf in der Theorie sinnvolle Zusammenhänge verlassen. Vielmehr ist eine stringente statistische Analyse erforderlich, um die möglichen Gleichgewichtsbeziehungen zwischen den Energieträgern zu identifizieren. Diese erfolgt nun in den folgenden Abschnitten unter Verwendung einiger der gebräuchlichsten Verfahren.

3.2 Kointegration in ökonomischen Zeitreihen

Eine natürliche Wahl, um die Abhängigkeit zwischen Zeitreihen zu quantifizieren, ist zunächst, die Korrelationskoeffizienten zu berechnen. **Tabelle 3.1** und **Tabelle 3.2** zeigen die Korrelationen der ausgewählten Brennstoffe für die deutschen und die US-Daten.

Tabelle 3.1 Korrelationen der Preise und der relativen Preisänderungen der Brennstoffe Steinkohle, Erdöl, Erdgas

Korrelationen der Preise			
	Steinkohle	Erdöl	Erdgas
Steinkohle	1	0,917	0,746
Erdöl	0,917	1	0,857
Erdgas	0,746	0,857	1
Korrelationen der relativen Preisänderungen			
	Steinkohle	Erdöl	Erdgas
Steinkohle	1	0,473	0,69
Erdöl	0,473	1	0,377
Erdgas	0,69	0,377	1

Quelle: Eigene Berechnung unter Verwendung der Daten aus BAFA, 2011, Statistik der Kohlenwirtschaft, 2011, und VDKI, 2008, Zeitraum: Steinkohle und Erdöl 1957-2010, Erdgas 1973-2010.

Die ermittelten Korrelationskoeffizienten sind in Preisniveaus vergleichsweise hoch und weisen auf einen starken Zusammenhang hin.[4] Insbesondere bei der Korrelation Erdöl-Erdgas ist ein Koeffizient von über 0,9 zu beobachten. Inwiefern dies jedoch auf der deutsche Ölpreisbindung zurückzuführen ist oder auf die preisdisziplinierende Wirkung von Substitutionsmöglichkeiten, lässt sich nicht ohne weiteres ermitteln.

Ein Blick auf die Korrelationen in den Preisänderungen verdeutlicht, dass hier der unmittelbare Zusammenhang zwischen den Energieträgern deutlich schwächer ist. Dementsprechend erscheinen Modellansätze a priori plausibel, die auf eine längerfristige Gleichgewichtsbeziehung mit temporären Ungleichgewichten abheben.

Vergleicht man die Korrelationskoeffizienten für die USA mit denen für Deutschland, so wird deutlich, dass die Wechselwirkungen bei den amerikanischen Preisen tendenziell weniger stark sind. Insbesondere die Kreuzkorrelation zwischen Gas und Öl liegt hier mit 0,74 deutlich niedriger.

4 Außerdem kann ein Korrelationskoeffizient keine Aussage über kausale Beziehungen treffen.

Tabelle 3.2 Korrelationen der Preise und der relativen Preisänderungen der Brennstoffe Steinkohle, Erdöl, Erdgas (US-Preise)

Korrelationen der Preise			
	Steinkohle	Erdöl	Erdgas
Steinkohle	1	0,744	0,71
Erdöl	0,744	1	0,931
Erdgas	0,71	0,931	1
Korrelationen der relativen Preisänderungen			
	Steinkohle	Erdöl	Erdgas
Steinkohle	1	0,473	0,267
Erdöl	0,473	1	0,627
Erdgas	0,267	0,627	1

Quelle: Eigene Berechnung unter Verwendung der Daten aus EIA, 2011,, Zeitraum 1949-2009.

Jedoch ist zu beachten, dass die Koeffizienten lediglich die Stärke des Zusammenhangs zwischen Preisniveaus, z. B. bei Steinkohle und Erdöl, anzeigen. Anders ausgedrückt, wenn Steinkohle und Erdöl stark miteinander korreliert sind, so ist es wahrscheinlich, dass ein hoher Preis von Erdöl zeitgleich mit einem hohen Preis bei Steinkohle zusammentrifft und umgekehrt. Dies könnte jedoch auch darauf zurückzuführen sein, dass infolge der allgemeinen Inflation beide Preise im Zeitverlauf ansteigen. Um herauszufinden, ob diesen gemeinsamen Preisbewegungen auch stabile Gleichgewichtsbeziehungen zugrunde liegen, muss das Kointegrationsverhalten der Preiszeitreihen untersucht werden, d. h. gleichzeitige Bewegungen von Preisniveaus werden analysiert.

Seit dem grundlegenden Aufsatz von Engle und Granger (1987) haben Kointegrationsanalysen bei der Untersuchung von Zeitreihen mit stochastischen Trends besondere Popularität erlangt, sowohl in der akademischen als auch in der praktischen Welt. Denn einfache Regressionsanalysen führen zu falschen Ergebnissen, sofern die betrachteten Zeitreihen nicht stationär sind. Bis zum Erscheinen des Aufsatzes von Engle und Granger wurde dieses sogenannte „spurious regression“ Problem üblicherweise durch einfache Differenzenbildung der Zeitreihen behoben, womit allerdings die in den Daten steckenden langfristigen Informationen weitgehend verloren gehen. Wie Engle und Granger gezeigt haben, kann das „spurious regression“ Problem durch die Identifikation stationärer Linearkombinationen zweier oder mehrerer nicht-stationärer Zeitreihen ebenfalls behoben werden.

Wenn es gelingt gemeinsame stochastische Trends zwischen den zu untersuchenden nicht-stationären Variablen zu identifizieren, so gelten die Variablen als kointegriert.[5] Im vorliegenden Kontext ist von besonderem Interesse, dass die Kointegrationsbeziehungen zwischen Variablen im ökonomischen Sinne als langfristige Gleichgewicht interpretiert werden können.

Der soeben geschilderte Sachverhalt lässt sich anhand der Formel

$$y_t = \beta x_t + \epsilon_t$$

verdeutlichen. Die Variablen y_t und x_t, beispielsweise Steinkohle- und Erdölpreise, gelten als kointegriert, wenn die Linearkombination $y_t - \beta x_t$ stationär ist. Dies impliziert, dass die Störvariable ϵ_t ebenfalls stationär sein muss. Die von Engle und Granger (1987) vorgeschlagene Vorgehensweise zur Überprüfung auf das Vorliegen von Kointegration ist ein zweistufiger Prozess, der erstens die Schätzung der obigen Gleichung vornimmt und zweitens einen Einheitswurzeltest auf die aus der Schätzung ermittelten Residuen ϵ_t anwendet. Besitzen diese keine Einheitswurzel, sind also stationär, können $y_t$und x_t als kointegriert angesehen werden.

Problematisch am Ansatz von Engle/Granger ist, dass er keine Möglichkeit bietet, mehr als eine gleichgewichtige Beziehung zu identifizieren. Daher hat das von Johansen vorgeschlagene vektorautoregressive Modell und das zugehörige Maximum-Likelihood-Schätz- und Testverfahren in der Vergangenheit große Beachtung erlangt (Vgl. Johansen (1988), Johansen (1991), Johansen (1995)). Das Verfahren besitzt a priori keine Restriktionen hinsichtlich der Anzahl der Kointegrationsbeziehungen r und ermittelt sowohl die kurzfristige Preisdynamik der Variablen wie auch die langfristige gleichgewichtige Beziehung zwischen den Variablen. In aller Kürze kann Johansens Idee in einer Gleichung in Fehlerkorrekturform ausgedrückt werden

$$\Delta Y_t = C + \Pi Y_{t-1} + \sum_{j=1}^{p-1} \Gamma_j \Delta Y_{t-j} + \delta D_t + \epsilon_t$$

wobei Y_t ein Vektor modellendogener Variablen (z. B. Steinkohle-, Erdöl- und Erdgaspreise) ist. Sofern die in Y_t enthaltenen Variablen tatsächlich kointegriert sind, besitzt die $k \times k$-Matrix Π keinen vollen Rang und die Matrix kann in $\Pi = \alpha\beta'$ zerlegt werden. Die Matrix α enthält hierbei die Anpassungsgeschwindigkeiten der endogenen Variablen an Abweichungen vom langfristigen Gleichgewicht. Die Matrix β' hingegen, enthält die Koeffizienten des Gleichgewichts selbst und gibt auch die Zahl der Kointegrationsbeziehungen an. Demzufolge können bis zu $(k-1)$ gleichgewichtige Beziehungen durch $\beta' Y_{t-1}$ ausgedrückt werden. Der Vektor δ enthält die Koeffizienten für mögliche spezifizierter Dummy-Variablen D_t.

[5] Ein weiterer wichtiger Beitrag von Engle und Granger war die Erkenntnis, dass kointegrierte Variablen – entsprechend dem „Granger representation theorem" – eine Fehlerkorrekturform besitzen.

Für die ganz wesentliche Bestimmung des Grades der Integration wurde eine Vielzahl an Tests entwickelt. Nachfolgend wird neben dem traditionellen Augmented-Dickey-Fuller Test (ADF-Test) zusätzlich der effizientere Dickey-Fuller-Generalized-Least-Squares Test (DF-GLS) von Elliot et al. (1996) berechnet. Da die Ergebnisse der herkömmlichen Einheitswurzeltests durch unberücksichtigte Strukturbrüche beeinflusst werden, werden zudem die Ergebnisse eines Einheitswurzeltest mit Strukturbrüchen (LLS-Test) nach Lanne et al. (2003) ausgegeben. Allen Verfahren ist gemein, dass sie unter der Nullhypothese auf eine Einheitswurzel testen.

Aus **Tabelle 3.3** und **Tabelle 3.4** ist ersichtlich, dass die Nullhypothese einer Einheitswurzel bei allen Energiepreisen nicht abgelehnt werden kann. Die Zeitreihen sind integriert vom Grade I(1).

Tabelle 3.3 Einheitswurzeltest

	ADF-Test		DF-GLS-Test		LLS-Test	
Variable	Konstante	Konstante & Trend	Konstante	Konstante & Trend	Konstante	Bruchzeitpunkt
Steinkohle	-1,626	-2,389	-1,624*	-2,417	-0,986	1981
Erdöl	-0,739	-1,906	-0,424	-2,03	-0,162	1986
Erdgas	-0,74	-1,335	0,153	-1,376	-0,963	1987

Anmerkungen: Werte der t-Statistik. ***/**/* bedeutet signifikant auf dem 1%/5%/10%-Niveau. Kritische Werte für LLS-Test aus Lanne et al. (2002), für den DF-GLS-Test aus Elliott et al. (1996) und für den ADF-Test aus MacKinnon (1996).

Tabelle 3.4 Einheitswurzeltest für US-Preise

	ADF-Test		DF-GLS-Test		LLS-Test	
Variable	Konstante	Konstante & Trend	Konstante	Konstante & Trend	Konstante	Bruchzeitpunkt
Steinkohle	-0,959	-1,845	-0,441	-1,856	-1,044	1974
Erdöl	2,249	-0,692	2,435**	-1,452	2,204	1986
Erdgas	1,766	0,053	1,279	-1,118	0,548	2003

Anmerkungen: Werte der t-Statistik. ***/**/* bedeutet signifikant auf dem 1%/5%/10%-Niveau. Kritische Werte für LLS-Test aus Lanne et al. (2002), für den DF-GLS-Test aus Elliott et al. (1996) und für den ADF-Test aus MacKinnon (1996) 0.

Wie aus der **Tabelle 3.5** ersichtlich ist, existiert für die deutschen Preise eine stabile Gleichgewichtsbeziehung zwischen den Energieträgern Erdöl, Erdgas und Steinkohle. Das gefundene Kointegrationsverhalten bei den drei Energieträgern bedeutet demnach, dass die Preise der Energieträger kurzfristig in verschiedene Richtungen laufen können, allerdings nicht, ohne nach einiger Zeit wieder auf die mittleren (gleichgewichtigen) Preisniveaus zurück zu kommen: $p_t^{Öl} = -81{,}53 + 0{,}465 p_t^{Gas} + 2{,}822 p_t^{SK}$. Die Preisentwicklungen der Energieträger stehen in einer kausalen Beziehung zueinander, allerdings unterliegen sie nur *einem* gemeinsamen Trend.

Tabelle 3.5 VECM-Modell Steinkohle (SK), Erdgas und Erdöl

Langfristiges Gleichgewicht			
C	$p_t^{Öl}$	p_t^{Gas}	p_t^{SK}
81,53***	1	-0,465***	-2,822***
Kurzfristige Dynamik			
	$\Delta p_t^{Öl}$	Δp_t^{Gas}	Δp_t^{SK}
α	0,841**	0,462***	0,51***
$\Delta p_{t-1}^{Öl}$	-0,471*	-0,092	0,232***
Δp_{t-1}^{Gas}	0,0262	0,047	-0,121
Δp_{t-1}^{SK}	-0,825	0,309	0,26

Anmerkungen: ***/**/* - signifikant auf dem 1%/5%/10%-Niveau

Die in der kointegrierenden Beziehung geschätzten Vorzeichen sind ökonomisch gut nachvollziehbar, da Preiserhöhungen bei Öl mit Preiserhöhungen bei den übrigen beiden Energieträgern einhergehen. Allerdings ist in Anbetracht nur einer Kointegrationsbeziehung auch vorstellbar, dass bei konstantem Ölpreis die Gaspreise steigen und gleichzeitig die Kohlepreise sinken. Das erscheint wie oben ausgeführt aus ökonomischen Gründen indes kaum plausibel. Eine zweite Gleichgewichtsbeziehung kann jedoch in den Daten kaum identifiziert werden[6].

Ein Blick auf die Anpassungsgeschwindigkeiten α zeigt, dass diese statistisch hochsignifi-

[6] Die Untersuchungen wurden hier bis einschließlich einer Lag-Anzahl von fünf, entsprechend 5 Jahren, durchgeführt. Dann ergibt sich die gezeigte Gleichgewichtsbeziehung mit optimaler Lag-Anzahl eins. Dehnt man die Anzahl der möglichen Lags weiter aus (bis 10), so ergibt sich bei Verwendung des Hannan-Quinn und des Schwartz-Informations-Kriteriums eine optimale Lag-Anzahl von sieben, beim Akaike-Kriterium hingegen eine optimale Lag-Anzahl von vier. Bei sieben Lags lassen sich dann zwei Gleichgewichtsbeziehungen identifizieren, zugleich reduziert sich sich allerdings auch die Anzahl der Freiheitsgrade in der Schätzung erheblich. Zudem sind die resultierenden Gleichungen ebenfalls nur begrenzt interpretierbar. Daher werden hier nur die Ergebnisse mit Lag-Anzahl eins dargestellt.

kant sind. Allerdings bedeutet das positive Vorzeichen bei der kurzfristigen Ölpreisgleichung, dass die Ölpreise durch Abweichungen vom Gleichgewicht noch weiter aufgeschaukelt werden und nur über den Kanal steigender Kohlepreise (und in geringem Maß auch steigender Gaspreise) das Ungleichgewicht abgebaut wird.[7] Bezüglich der kurzfristigen Preisdynamik ist überraschend, dass Erdgaspreisänderungen, obwohl faktisch eine Preisbindung existiert, nicht von Ölpreisänderungen hervorgerufen werden. Dies kann allenfalls dadurch erklärt werden, dass Erdgaspreisänderungen eher durch entsprechende Änderungen in den Gleichgewichtspreisrelationen induziert werden. Interessanterweise üben allerdings die Ölpreisänderungen des Vorjahres einen signifikanten Einfluss auf Steinkohlepreisänderungen aus.

Die Untersuchung der US-Daten führt zu ähnlichen Ergebnissen, dargestellt in **Tabelle 3.6.** Auch hier teilen die Energieträger einen gemeinsamen Trend, so dass eine Gleichgewichtsbeziehung identifiziert werden kann: $p_t^{Öl} = 1{,}1p_t^{Gas} + 1{,}025p_t^{SK}$. In diesem Fall wirken die Anpassungsmechanismen beim Erdöl in die richtige Richtung, beim Erdgas tritt jedoch ein destabilisierender, wenn auch weniger starker Effekt auf. Der nicht signifikante Koeffizient bei Kohle ist plausibel, da der Kohlepreis auf dem Weltmarkt bestimmt wird und außer über die langfristige Gleichgewichtsbeziehung keine Interdependenz mit den übrigen Energieträgern aufweist. Offenbar sind die Wirkungszusammenhänge bei den deutschen Preisen anders, was sich auch beim signifikanten Einfluss der Ölpreise auf den Kohlepreis gezeigt hat. Hingegen ist auf dem US-Markt vor allem eine starke Verknüpfung der Öl- und Gaspreise zu beobachten (auch kurzfristig), trotz der eigenständigen Preisbildung für Erdgas.

Tabelle 3.6 VECM-Modell Steinkohle (SK), Erdgas und Erdöl (US-Preise)

Langfristiges Gleichgewicht			
	$p_t^{Öl}$	p_t^{Gas}	p_t^{SK}
	1	-1,1***	-1,025***
Kurzfristige Dynamik			
	$\Delta p_t^{Öl}$	Δp_t^{Gas}	Δp_t^{SK}
α	-0,663**	-0,276**	-0,014
$\Delta p_{t-1}^{Öl}$	0,621***	0,485***	0,019
Δp_{t-1}^{Gas}	-0,508**	-0,489***	0,001
Δp_{t-1}^{SK}	1,544	-0,571	0,479***

Anmerkungen: ***/**/* - signifikant auf dem 1%/5%/10%-Niveau

[7] Dieses Ergebnis kann auch in einer Impulse-Response Analyse bestätigt werden. Preisschocks wirken zwar dauerhaft, ihr Einfluss flacht im Zeitverlauf allerdings wieder ab.

Insgesamt bleibt festzuhalten, dass das zum Identifizieren von Kointegration verfügbare statistische Instrumentarium die Ermittlung von gleichgewichtigen Beziehungen zwischen Energiepreiszeitreihen erlaubt. In den Ergebnissen lässt sich auch sowohl bei deutschen als auch bei amerikanischen Daten jeweils eine Gleichgewichtsbeziehung nachweisen. Die aus Gründen des allgemeinen Gleichgewichts und der gemeinsamen Knappheit von Ressourcen erwarteten zwei Gleichgewichtsbeziehungen sind jedoch nicht mit statistischen Mitteln auffindbar. Allerdings kann, obwohl aus ökonometrischer Perspektive die Identifikation möglich und vor einem ökonomischen Hintergrund sinnvoll ist, nie eine zufriedenstellende Gewissheit über das Vorliegen von Kointegration erlangt werden, wie auch das folgende Zitat von Paul Samuelson andeutet: *„Still, even if we can't measure something econometrically, we may still have strong grounds for believing in it - which is fortunate, since there is so little that can as yet be given decisive econometric testing"* (Samuelson (1976), S. 123).

Neben der Begrenztheit ökonometrischer Testverfahren mag die aufscheinende Kluft zwischen Theorie und Empirie jedoch auch auf Unzulänglichkeiten der Theorie zurückzuführen sein. Dies soll im nächsten Abschnitt diskutiert werden.

4 Über einfache Gleichgewichtsbetrachtungen hinaus

Wenn die favorisierte Theorie empirisch nicht belegt werden kann, so ist zu überlegen, ob alternative theoretische Formulierungen vielleicht eine bessere Erklärungskraft aufweisen. Zum einen ist hierbei an moderne Konzepte der Finanzmathematik zu denken, die zur Analyse kurzfristiger Preisdynamiken an den Energiemärkten häufig eingesetzt werden. Zum anderen können aber auch Überlegungen zur Dynamik wirtschaftlicher Gleichgewichte unter Berücksichtigung technischer Innovationen relevant sein.

Dabei sollen die nachfolgenden Überlegungen jedoch auf die theoretische Betrachtung beschränkt bleiben, die empirische Überprüfung muss anderen Arbeiten vorbehalten bleiben – wenn sie überhaupt möglich ist.

4.1 Multifaktorielle Modelle der Finanzmathematik

Obwohl finanzmathematische Ansätze viele Gemeinsamkeiten mit ökonometrischen Modellen aufweisen, gibt es auch einige charakteristische Unterschiede. Ein Unterschied ist sicherlich, dass exogene Einflüsse auf die Preise eher am Rande analysiert werden und die Preisbildung eher als Ergebnis stochastischer Informationsprozesse modelliert wird. Damit einher geht, dass die Preise häufig mit Hilfe zeitstetiger stochastischer Prozesse beschrieben werden. Wichtiger ist im vorliegenden Kontext, dass bei Rohstoffen wie Erdöl und Erdgas in der Finanzmathematik zumeist nicht nur der Preis am Spotmarkt modelliert wird, d. h.

für Rohstoffe zur sofortigen Lieferung. Vielmehr wird häufig die gesamte Terminstrukturkurve herangezogen, d. h. die an den Terminmärkten ermittelten Preise für Lieferungen mehrere Monate oder gar Jahre in der Zukunft. Hier haben sich zwei prinzipielle Literaturstränge entwickelt.[8] Im ersten Literaturstrang, im Wesentlichen vorangetrieben durch Gibson und Schwartz (1990) sowie Schwartz (1997), wird bei der Schätzung des Modells explizit ein nicht-beobachtbarer sogenannter (stochastischer) „convenience yield" eines Vermögenswertes unterstellt. Dieser wird als der Wert der physischen Verfügbarkeit des Rohstoffs interpretiert. Die Modelle des zweiten Literaturstrangs, stellen den Preis des Rohstoffs als Funktion allgemeiner nicht-beobachtbarer Zustandsvariablen dar. Maßgeblich zur Fundierung dieser Literatur beigetragen haben die Modelle von Schwartz und Smith (2000) und ihrer Nachfolger. Insbesondere der Ansatz von Schwartz und Smith bietet gewisse Vorzüge, da er einige bei Preisen von Rohstoffen, wie die zuvor betrachteten Energieträger Erdgas, Erdöl und Kohle, beobachtbare Eigenschaften abbilden kann. Einerseits ist das ein Mean-Reversion-Verhalten in den Preisen. Andererseits ist das die Unsicherheit über den Gleichgewichtspreis, zu dem die Preise zurückkehren.

Diese Verknüpfung unterschiedlicher Eigenschaften wird erreicht durch Kombination mehrerer stochastischer Prozesse. Damit ist eine Preiszeitreihe nicht mehr entweder stationär oder nicht-stationär, sondern sie kann sich durch Überlagerung von stationären und instationären Komponenten ergeben.

Für die instationäre Komponente wird häufig eine (geometrische) Brownsche Bewegung mit Drift verwendet. Diese entspricht einer Zeitreihe mit Integrationsgrad I(1) und ggf. deterministischem Trend. Dieser Preisprozess bildet die langfristige Unsicherheit bzgl. des Gleichgewichtspreises ab, die z. B. aus der unsicheren Erwartung über die Erschöpfbarkeit aktueller Reserven, den technischen Fortschritt hinsichtlich Förderung und Exploration, Inflation sowie politische und regulatorische Maßnahmen resultiert. Kurzfristige Abweichungen vom Gleichgewichtspreis, die einem stationären I(0)-Prozess entsprechen, werden durch einen sogenannten Ornstein-Uhlenbeck-Prozess modelliert. Diese Abweichungen können z. B. kurzfristige Änderungen im Verhältnis von Angebot und Nachfrage, induziert durch u. a. Wetteränderungen, Lieferausfälle, Vorratshaltung, abbilden.

Insgesamt ergibt sich damit ein Multi-Faktor-Modell, das in der Lage ist, zukünftige Preisentwicklungen als eine Überlagerung von instationären und stationären Komponenten zu beschreiben. Dieser Ansatz wird ganz allgemein durch die Modellspezifikation von Cortazar und Naranjo (2006) beschrieben. Im Multi-Faktor-Modell von Cortazar und Naranjo wird der Logarithmus des Ölpreises S_t als Summe von nicht-beobachtbaren (latenten) Faktoren x_t und einer Driftrate μ beschrieben.

$$\log S_t = 1'x_t + \mu t$$

[8] In Märkten mit speicherbaren Gütern, wie z. B: Erdöl, haben sich neben den Spotmärkten auch Terminmärkte entwickelt. Das Gut kann dort auf Termin gekauft und verkauft werden, die Erfüllung erfolgt physisch oder finanziell.

Diese Spezifikation verallgemeinert die vorangegangenen Ansätze mit Zwei- und Drei-Faktor-Modellen (inklusive dem Modell von Schwartz und Smith (2000)) auf eine beliebige Anzahl an Faktoren. Die Dynamik der Zustandsvariablen wird hierbei beschrieben durch:

$$dx_t = -\mathrm{K}x_t dt + \Sigma dw_t$$

wobei die Diagonale der Matrix K Mean-Reversion Parameter κ_i enthalten und die Diagonalelemente der Matrix Σ Diffusionsparameter σ_i sind. Die Inkremente der Brownschen Bewegung ω_i sind korreliert und haben Korrelationskoeffizienten ρ_{ij}. Wenn der Parameter κ_1 des ersten Faktors null gesetzt wird, führt dies zu einer Einheitswurzel (Random-Walk-Verhalten) im Preisprozess. Die weiteren Faktoren des Modells sind Mean-Reverting-Faktoren mit unterschiedlichen Anpassungsgeschwindigkeiten $\kappa_2 \dots \kappa_n$.

Wenn schon die Preisentwicklung von einem Energieträger durch mehrere stochastische Prozesse getrieben wird, dann lässt sich auch für die Kombination verschiedener Energieträger mehr als die Alternative: kointegriert oder nicht kointegriert vorstellen. Dies kann eine Erklärung sein, warum in den betrachteten empirischen Zeitreihen Kointegration nur teilweise nachweisbar ist. Zwar gibt es sicherlich Tendenzen zur Rückkehr zu einer Gleichgewichtspreisrelation, gleichzeitig kann sich diese Gleichgewichtspreisrelation im Zeitverlauf selbst verschieben. Eine empirische Trennung zwischen diesen beiden Effekten erscheint vor allem dann erfolgversprechend, wenn nicht nur die Spotmarktpreise beobachtbar sind, sondern auch weitere Variablen, aus denen möglichst die Gleichgewichtspreise rekonstruierbar sind.

4.2 Innovation und Verschiebung von Gleichgewichten

Ein wesentlicher Grund für die Verschiebung von Gleichgewichten ist der technische Fortschritt. Er verändert die verfügbare Wissensbasis und damit ökonomische Gleichgewichte. Zugleich ist der technische Fortschritt selbst kaum antizipierbar. Daher erscheint es plausibel, diesen als stochastischen Prozess zu modellieren. Damit werden sich langfristig verschiebende Gleichgewichte naheliegend. Kurzfristig ist es demnach recht unwahrscheinlich, dass Gas sich in der Bepreisung allzuweit vom Ölpreisniveau entfernt. Längerfristig, z. B. durch die Entdeckung und Nutzung von Schiefergas, können sich die Knappheitsrelationen erheblich verschieben. Dann verschieben sich aber auch Gleichgewichtspreise und es ergibt sich eine Überlagerung von instationärer Langfristdynamik und Mean-reversion in der kurzen Zeit.

Die Begründung für ein solches theoretisches Modell ist eine deutlich andere als im vorangegangenen Abschnitt. Dennoch ist gerade im Hinblick auf die Herausforderungen für die Umgestaltung der Energieversorgung der Blick auf anstehende und denkbare Innovationen von großer Bedeutung. Eine umfassende empirische Überprüfung eines solchen Ansatzes ist kaum möglich, dennoch kann diese Überlegung hilfreich sein, um auch Muster in historischen Zeitreihen besser zu interpretieren.

5 Fazit

Die theoretischen und empirischen Analysen haben verdeutlicht, dass die empirische Bestimmung von theoretisch fundierten Kointegrationsbeziehungen zwischen verschiedenen Energiepreiszeitreihen nicht ohne weiteres möglich ist. Sicherlich kann auf Seiten der empirischen Analysen angeführt werden, dass in dem betrachteten Zeitraum vielfältige Strukturbrüche auftraten, die die Identifikation von Gleichgewichtsbeziehungen erschweren. Dem kann jedoch entgegen gehalten werden, dass gerade diese Strukturbrüche auch ein Zeichen dafür sind, dass die langfristigen Gleichgewichte selbst im Zeitverlauf nicht unveränderlich sind.

Für die anwendungsorientierte Forschung heißt dies, dass sicherlich die Identifikation von Mustern in historischen Zeitreihen mit Hilfe von ökonometrischen Modellen unverändert eine große Bedeutung hat. Komplementär hierzu ist jedoch auch die theoretisch-fundamentale Reflektion über die Lage und die Verschiebung von Gleichgewichten bedeutsam. Die beiden Erkenntnisstränge sind dabei nicht vollständig kongruent und es wird immer Teilbereiche der theoretischen Modellierung geben, die sich einer empirischen Überprüfung entziehen. Und umgekehrt wird die empirische Analyse von Energiepreisen Erkenntnisse zu Tage fördern, die über die reine Theorie hinausweisen und dieser auch als Inspirationsquelle dienen können.

Für die Praxis folgt daraus, dass die Frage nach möglichen neuen zukünftigen Gleichgewichten in den Energiemärkten nicht ausschließlich durch den Blick in den Rückspiegel vergangener Preiszeitreihen beantwortet werden kann. Die zielgerichtete Zukunftsanalyse wird daher für die Entscheidungsfindung eine bedeutsame Rolle spielen, dennoch kann eine Betrachtung und Analyse der vergangenen Preisgleichgewichte und -ungleichgewichte wichtige Hinweise auf die Profitabilität und vor allem die möglichen Risiken von Energieinvestitionen in Kraftwerke oder Raffinerien liefern.

Literatur

BAFA (Bundesamt für Wirtschaft und Ausfuhrkontrolle) (2011): Historische Preise von 1980 bis heute, http://www.bafa.de/bafa/de/energie/steinkohle/statistiken/preise.xls, (September 2011).

Boiteux, M. (1960): Peak-Load Pricing, in: The Journal of Business, Jg. 33, Nr. 2, S. 157-159.

Cortazar, G., Naranjo, L. F. (2006): An N-Factor Gaussian Model of Oil Futures Prices, in: The Journal of Futures Markets, Jg. 26, Nr. 3, S. 243- 268.

Elliott, G., Rothenberg, T. J., Stock, J. H. (1996): Efficient Tests for an Autoregressive Unit Root, in: Econometrica, Jg. 64, Nr. 4, S. 813-836.

EIA (U.S. Energy Information Administration) (2011): Entwicklung ausgewählter Energiepreise von 1949-2009, www.eia.gov, (Oktober 2011).

Engle, R., Granger, C. W. (1987): Co-Integration and Error Correction: Representation, Estimation and Testing, in: Econometrica, Jg. 55, Nr. 2, S. 251-276.

Gibson, R., Schwartz, E. S. (1990): Stochastic Convenience Yield and the Pricing of Oil Contingent Claims, in: The Journal of Finance, Jg. 45, Nr. 3, S. 959-976.

Hotelling, H. (1931): The Economics of Exhaustible Resources, in: The Journal of Political Economy, Jg. 39 Nr. 2, S. 137-175.

Johansen, S. (1988): Statistical Analysis of Cointegration Vectors, in: Journal of Economic Dynamics and Control, Jg. 12, Nr. 2-3, S. 231-254.

Johansen, S. (1991): Estimation and Hypothesis Testing of Cointegration Vectors in Gaussian Vector Autoregressive Models, in: Econometrica, Jg. 59, 6, S. 1551-1580.

Johansen, S. (1995): Likelihood-based Inference in Cointegrated Vector Autoregressive Models, Oxford.

Kolstad, C. D. (1994): Hotelling Rents in Hotelling Space: Product Differentiation in Exhaustible Resource Markets, in: Journal of Environmental Economics and Management, Jg. 26, Nr. 2, S. 163-180.

Lanne, M., Lütkepohl, H., Saikkonen, P. (2002): Comparison of Unit Root Tests for Time Series with Level Shifts, in: Journal of Time Series Analysis, Jg. 23, Nr. 6, S. 667-685.

Lanne, M., Lütkepohl, H., Saikkonen, P. (2003): Test Procedures for Unit Roots in Time Series with Level Shifts at Unknown Time, in: Oxford Bulletin of Economics and Statistics, Jg. 65, Nr. 1, S. 91-115.

MacKinnon, J. G. (1996): Numerical Distribution Functions for Unit Root and Cointegration Tests, in: Journal of Applied Econometrics, Jg. 11, Nr. 6, S. 601-618.

Samuelson, P. A. (1976): Is Real-World Price a Tale Told by the Idiot of Chance?, in: The Review of Economics and Statistics, Jg. 58, Nr. 1, S. 120-123.

Schwartz, E. S. (1997): The Stochastic Behavior of Commodity Prices: Implications for Valuation and Hedging, in: The Journal of Finance, Jg. 52, Nr. 3, S. 923-973.

Schwartz, E. S., Smith, J. E. (2000): Short-Term Variations and Long-Term Dynamics in Commodity Prices, in: Management Science, Jg. 46, Nr. 7, S. 893-911.

Statistik der Kohlenwirtschaft e. V. (2011): Entwicklung ausgewählter Energiepreise, http://www.kohlenstatistik.de, (September 2011).

VDKI (Verein der Kohlenimporteure) (2008): Jahresbericht 2008 – Fakten und Trends 2007/2008, http://www.kohlenimporteure.de/wDeutsch/download/VDKI-Geschaeftsbericht-2008.pdf, (September 2011).

Zustandsraummodell für kurzfristige Elektrizitätslastprognosen

Eva Plinta

1 Einleitung

Durch die Liberalisierung des Elektrizitätsmarktes hat sich der Stellenwert von Stromverbrauchprognosen[1] für alle Marktteilnehmer verändert. Sowohl bei der Planung der Strombeschaffung, des Kraftwerkeinsatzes sowie der Stromnetzauslastung sind die finanziellen Folgen von Prognosefehlern sehr gestiegen, so dass sich Stromprognosen zu einer zentralen Aufgabe entwickelt haben. Insbesondere die kurzfristig zu erzeugenden, zu beschaffenden oder bei der Netzauslastung einzuplanenden Elektrizitätsmengen führen zu hohen Kosten. Deshalb kommt den kurzfristigen Prognosen eine besondere Bedeutung zu. Unter kurzfristig wird eine Prognose für den nächsten Tag beziehungsweise aufgrund von bestimmten Wochen- und Feiertagskonstellationen die Vorhersage des Elektrizitätsverbrauchs für die nächsten maximal fünf Tage verstanden. Der Elektrizitätsverbrauch, den es vorherzusagen gilt, wird als die in einem bestimmten Zeitintervall beanspruchte Leistung definiert und in Kilowatt (kW)[2] gemessen. Erfasst man jeweils den mittleren Leistungswert einer jeden Viertelstunde[3] und ordnet diese Leistungsmittelwerte[4] allen 96 Viertelstunden eines Tages zu, ergibt sich die über einen bestimmten Zeitraum entnommene Leistung und wird als *Lastgang* bezeichnet.[5]

Die Leistungsmessung ist allerdings nur bei Kunden mit einem Jahresverbrauch von mehr als 100.000 kWh[6] ökonomisch rentabel. Dazu zählen vor allem Großindustriebetriebe, deren Leistungsabnahme von den Produktionszeiten abhängig ist. Für Kunden mit einem kleineren Verbrauch, wie die Gruppe Gewerbe, Handel und Dienstleistungen[7] sowie private Haushalte ist eine solche Messung, die bei jedem Kunden mit einer Ausstattung mit einem Zähler und der Datenübertragung verbunden ist, aufgrund des damit verbundenen Aufwands und der damit entstehenden Kosten nicht möglich. Deshalb ist es notwendig für diese Kundengruppen Einflussparameter auf den Stromverbrauch zu identifizieren und diese dann in Variablen zu überführen um mit Hilfe von ökonometrischen Modellen die Leistungsentnahme nicht leistungsgemessener Kunden nachzubilden.[8]

In diesem Beitrag soll die Eignung von Zustandsraummodellen für die kurzfristige Stromprognose anhand einer ausgewählten viertelstündlichen Lastzeitreihe untersucht werden. Dazu werden für jede Viertelstunde des Tages separate Gleichungen aufgestellt. Die Betrachtung einzelner Zeitreihen statt einer Gesamtreihe hat den Vorteil, dass auf diese Weise die Eigenschaften einzelner Stunden bzw. Viertelstunden besser abgebildet werden kön-

---

1 Die Begriffe „ Strom" und „ Elektrizität" werden nachfolgend synonym verwendet.
2 Nächstgrößere Einheiten heißen Megawatt (1 MW=1000 kW), Gigawatt (1 GW=1000 MW) und Terrawatt (1 TW=1000 GW).
3 Die Leistungsmessung der Elektrizität erfolgt definitionsgemäß immer viertelstündlich.
4 Im Folgenden auch mit „Lastwert" bezeichnet.
5 Vgl. Erdmann, Zweifel (2008), S. 292-293 und Laumanns (2005), S.50.
6 In Kilowattstunden (kWh) wird Arbeit gemessen und gibt die in einem Zeitraum insgesamt verbrauchte Strommenge an.
7 Auch als Kleinverbraucher bezeichnet.
8 Vgl. Hellwig (2003): S. 1+6.

nen. Der Gang der Untersuchung ist wie folgt: Zunächst wird ein allgemeines Zustandraummodell definiert und formal dargestellt. Anschließend werden die Einflussfaktoren auf den Elektrizitätsverbrauch identifiziert und in geeignete ökonometrische Variablen überführt. Daran schließt sich die Modellspezifikation für den Fall der kurzfristigen Stromprognosen an. Abschließend erfolgt die Evaluation der Prognosegüte, um die Eignung des Modells für Stromprognosen zu beurteilen.

2 Zustandsraummodelle

2.1 Definition

Zustandsraummodelle[9] werden zur Behandlung von *strukturellen Zeitreihenmodellen* herangezogen. Strukturelle Zeitreihenmodelle gehen vor allem auf Harvey (1989) zurück und zeichnen sich dadurch aus, dass die Zeitreihenkomponenten Trend, Zyklus und Saison stochastisch modelliert werden können, indem für diese verschiedene voneinander unabhängige Noise-Terme angenommen werden. Bei Aufnahme von exogenen Regressoren in das Modell können zudem die Koeffizienten der Regressoren zeitvariabel konstruiert werden, indem sie beispielsweise einem Random Walk folgen.[10] Damit wird der sich permanent ändernden Struktur der Zeitreihe Rechnung getragen und führt zu größerer Flexibilität.[11] Die Überführung eines strukturellen Zeitreihenmodells in die reduzierte Form führt zu einem ARIMA-Modell. Deshalb spricht man in diesem Zusammenhang auch von den so genannten *Unobserved Components ARIMA-Modellen* (UC-ARIMA). Jedoch weist das strukturelle Zeitreihenmodell einige Vorteile gegenüber der „ursprünglichen" von Box-Jenkins eingeführten ARIMA-Modellierung auf. Dazu gehört unter anderem die Fähigkeit des Modells mit nicht stationären Reihen umzugehen und die Möglichkeit die Komponenten des strukturellen Zeitreihenmodells direkt zu interpretieren.[12] Darüber hinaus ist es unproblematisch mit fehlenden Beobachtungen, Ausreißern und Datenaktualisierungen umzugehen. Dies ist insofern in diesem Zusammenhang wichtig, da bei der Stromlast nicht immer alle Werte vorliegen oder noch im Nachhinein aktualisiert werden müssen. Auch unterschiedliche Datenfrequenzen und Aggregate können durch die Aufnahme spezieller Variablen in den Zustandsvektor in einem solchen Modell behandelt werden.[13]

Um ein strukturelles Modell zu schätzen und es für Prognosen zu nutzen, muss es in die *Zustandsraumform* überführt werden. Dabei repräsentiert der Zustand die nichtbeobachtbaren Komponenten und die zeitvariablen Koeffizienten. Die Beobachtung selbst ist dann

9 Zustandsraummodelle sind auch als *state space models* bekannt.
10 Vgl. Harvey (1989): S. 365.
11 Vgl. Deistler et al. (1988): S. 390.
12 Vgl. Harvey (1989): S. 74, Stier (2001): S. 165, Harvey (1997): S. 192ff.
13 Vgl. Harvey (1995): S. 116, Harvey (1989): S: 326ff, Durbin, Koopman (2001): S. 92-93.

eine vom Zufallseinfluss überlagerte Version des Zustands. Dabei ist es unerheblich, wie es zu diesem in der Gegenwart vorliegenden Zustand kam. In der Gegenwart sind bereits alle für die Zukunft relevanten Informationen enthalten.[14]

2.2 Formale Darstellung eines Zustandsraummodells

Ein Zustandsraummodell besteht jeweils aus einer *Beobachtungsgleichung*[15] und einer *Zustandsgleichung*[16]. Somit ergeben sich für die Last jeder Viertelstunde $v = 1,\dots,96 = V$ folgende univariate Gleichungssysteme:

Beobachtungsgleichung: $Last_{t,v} = z'_{t,v}\alpha_{t,v} + u_{t,v} \qquad u_{t,v} \sim N(0,\sigma_u^2)$

Zustandsgleichung: $\alpha_{t,v} = T_{t,v}\alpha_{t-1,v} + R_{t,v}\eta_{t,v} \qquad \eta_{t,v} \sim N(0,Q_{t,v})$

Mit $\alpha_{t,v}$ wird der $(m \times 1)$ - *Zustandsvektor*[17] bezeichnet, wobei m die Anzahl der Elemente in dem Vektor angibt. Der Zustandsvektor ist zwar nicht beobachtbar, es wird aber angenommen, dass er durch einen Markov Prozess erster Ordnung generiert wird, was in der Zustandsgleichung formuliert wird.[18] Diese Gleichung beschreibt somit die Dynamik des Systems. Die Beobachtungsgleichung ist notwendig, um den Zustand aus der Systemgleichung in Beziehung zu den Beobachtungen zu setzen und ihn somit indirekt über diese zu bestimmen. Ziel ist es somit Rückschlüsse über die Zustände $\alpha_{t,v}$ zu gewinnen.[19] Der $(m \times 1)$ -*Design*-Vektor $z_{t,v}$, die $(m \times m)$ -Übergangsmatrix[20] $T_{t,v}$ und die zu einem gewissen Ausmaß willkürliche $(m \times g)$ - Matrix $R_{t,v}$, die aber auch eine Einheitsmatrix der Ordnung $(m \times m)$ sein kann[21], werden als *Systemmatritzen* bezeichnet.[22] Die Störvariablen der Beobachtungsgleichung werden mit $u_{t,v}$ beschrieben. Der $(g \times 1)$ -Vektor $\eta_{t,v}$ enthält die g Zustandstörvariablen mit einem Erwartungswert von Null und den unbekannten Varianzen in der $(g \times g)$ -Diagonalmatrix $Q_{t,v}$. Für eine vollständige Spezifikation des Zustandraummodells sind zwei weitere Annahmen notwendig:

---

[14] Vgl. Harvey (1997): S. 192ff, Harvey (1995): S. 147ff, Stier (2001): S. 161ff , Schlittgen, Streitberg (2001): S. 144.

[15] Auch als *signal/measurement equation* bezeichnet.

[16] Auch als *state/transition equation* bezeichnet.

[17] Auch als *state* bezeichnet.

[18] Vgl. Commandeur, Koopman (2007): S. 73-74, Durbin, Koopman (2001): S. 38 und Harvey (1989): S. 100ff.

[19] Vgl. Schlittgen, Streitberg (2001): S. 144-145

[20] Auch als *transition matrix* bezeichnet.

[21] Hat die Matrix $R_{t,v}$ die Ordnung $(m \times g)$ wird sie als Auswahlmatrix bezeichnet, da sie die Zeilen der Zustandsgleichung auswählt, die Störvariablen ungleich Null haben. Dabei gilt $g < m$. Vgl. Commandeur, Koopman (2007): S. 74.

[22] Vgl. Durbin, Koopman (2001): S. 38, Harvey (1989): S. 100ff, Harvey (1995): S. 102 und Commandeur, Koopman (2007): S. 74.

a. Für den Anfangszustandvektor $\alpha_{0,v}$ gilt:

   $E(\alpha_{0,v}) = a_{0,v}$ und $var(\alpha_{0,v}) = P_{0,v}$.

b. Die Störgrößen $u_{t,v}$ und $\eta_{t,v}$ korrelieren weder miteinander in allen Zeitperioden noch mit dem Anfangszustand: $E(u_{t,v}\eta'_{s,v}) = 0$ für alle $s,t = 1,\dots,T$ und $E(u_{t,v}\alpha'_{0,v}) = 0$ sowie $E(\eta_{t,v}\alpha'_{0,v}) = 0$ für $t = 1,\dots,T$.

Eine Erweiterung des Ansatzes besteht darin, die Last der 96 Viertelstunden nicht getrennt, sondern gemeinsam zu betrachten. Dabei wird unterstellt, dass die Reihen nicht kausal in irgendeiner Weise verbunden sind, aber derselben Umwelt unterworfen, sind.[23] Dies ist in diesem Zusammenhang auch sinnvoll, da die alle Viertelstunden eines Tages demselben Einfluss der Tagestyps und der durchschnittlichen Temperatur unterliegen.[24] Somit wird das folgende multivariate Gleichungssystem betrachtet und kompakt in Matrixschreibweise formuliert als:

Beobachtungsgleichung: $Last_t = Z_t\alpha_t + u_t \qquad u_t \sim N(0,H_t)$

Zustandsgleichung: $\alpha_t = T_t\alpha_{t-1} + R_t\eta_t \qquad \eta_t \sim N(0,Q_t)$

Hier ist $Last_t$ der $(V \times 1)$-Vektor der $V = 96$ beobachteten Lastreihen und u_t der $(V \times 1)$-Vektor der dazugehörigen Störeinflüsse, deren Varianz-Matrix H_t die Ordnung $(V \times V)$ hat. Die $(V \times m)$-Design-Matrix Z_t verknüpft den Zustandsvektor α_t der Ordnung m mit den Beobachtungen. Die Zustandsgleichung enthält die $(m \times m)$-Übergangsmatrix T_t und den $(g \times 1)$-Vektor α_t der Störeinflüsse, deren Varianzen und Kovarianzen in der Varianz-Matrix Q_t der Ordnung $(g \times g)$ enthalten sind. Üblicherweise ist R_t eine $(m \times m)$- Einheitsmatrix, kann aber auch die Ordnung $(m \times g)$ für $g < m$ haben.[25]

Wird die Zeitreihe nicht nur in die unbeobachtbaren Komponenten zerlegt, sondern auch auf exogene Variablen regressiert, so ändert sich die Beobachtungsgleichung:

Beobachtungsgleichung: $Last_t = Z_t\alpha_t + X_t\beta + u_t \qquad u_t \sim N(0,H_t)$

wobei $X_t = (x_{1t},\dots,x_{Kt})$ eine $(V = 96 \times K)$- Matrix der erklärenden Variablen und β der dazugehörige $(K \times 1)$- Koeffizientenvektor ist. $k = 1,\dots,K$ gibt die Anzahl der exogenen Variablen an.[26] Es ist möglich β in den Zustand zu integrieren, so dass sich ein erweiterter Zustandsvektor $\alpha_t^* = [\alpha_t, \beta_t]'$ und somit das folgende Zustandsmodell ergibt:

$$Last_t = [Z_t \quad X_t]\alpha_t^* + u_t$$

$$\alpha_t^* = \begin{bmatrix}\alpha_t \\ \beta_t\end{bmatrix} = \begin{bmatrix}T & 0 \\ 0 & I\end{bmatrix}\begin{bmatrix}\alpha_{t-1} \\ \beta_{t-1}\end{bmatrix} + \begin{bmatrix}\eta_t \\ 0\end{bmatrix}.$$

---

23 Vgl. Harvey (1989): S. 429, Harvey (1995): S. 306.
24 Vgl. Dordonnat et al. (2008): S. 573.
25 Vgl. Commandeur, Koopman (2007): S. 107-108.
26 Vgl. Durbin, Koopman (2001): S. 121, Harvey (1989): S. 366f + S.435.

Die Aufnahme der Koeffizienten der exogenen Variablen in den Zustandsvektor ermöglicht es, dass diese simultan mit den nicht beobachtbaren Komponenten geschätzt werden. Außerdem ist eine Verallgemeinerung möglich, indem zugelassen wird, dass die Koeffizienten zeitvariabel sind. Das heißt, die Koeffizienten können sich im Zeitablauf wie beispielsweise ein Random-Walk entwickeln:[27]

$$\beta_{k,t} = \beta_{k,t-1} + \chi_{k,t}, \quad \chi_{k,t} \approx N(0,\sigma_\chi^2), k = 1,\ldots,K$$

Liegt nun ein Zustandsraummodell vor, können die Zeitreihen mit Hilfe des *Kalman-Filters* prognostiziert werden. Es ist ein Algorithmus, der durch die Fehler-Zerlegung die Maximum-Likelihood Schätzung der unbekannten Parameter erlaubt.

2.3 Kalman Filter

Zentrales Element des von Kalman (1960) entwickelten Filters ist die rekursive Bestimmung des optimalen Schätzers[28] a_t für den Zustandsvektor α_t, der auf allen bis einschließlich zum Zeitpunkt t liegenden Informationen beruht. Mit P_t wird die $m \times m$ Kovarianzmatrix[29] des damit verbundenen Schätzfehlers bezeichnet:

$$P_t = E[(\alpha_t - a_t)(\alpha_t - a_t)'].$$

Der Schätzer a_t ergibt sich aus der Zustandsgleichung gemäß der rekursiven Beziehung

$$a_{t|t-1} = T_t a_{t-1}$$

und der Kovarianzmatrix

$$P_{t|t-1} = T_t P_{t-1} T_t' + R_t Q_t R_t'$$

mit $a_{0|0} = a_0$ und $P_{0|0} = P_0$ als Anfangsbedingungen. Diese beiden Gleichungen werden als *Prognose-* bzw. *Prädiktionsgleichungen* bezeichnet. Mit diesen kann die Prognose für die endogene Variable berechnet werden:

$$\overline{Last}_{t|t-1} = Z_t a_{t|t-1}$$

Kommt nun die Beobachtung $Last_t$ hinzu kann der *Prognosefehler* bestimmt werden. Die Elemente des Prognosefehlervektors werden als *Innovationen* bezeichnet.

$$\hat{v}_t = Last_t - \overline{Last}_{t|t-1} = Z_t \alpha_t + u_t - Z_t a_{t|t-1} = Z_t(\alpha_t - a_{t|t-1}) + u_t.$$

---

27 Vgl. Harvey (1995): S. 188-189, S. 123, Harvey (1989): S. 367, Durbin, Koopman (2001): S. 44. Möglich ist aber auch eine andere Entwicklung der Koeffizienten.

28 Optimal im Sinne einer Minimierung des mittleren quadratischen Fehlers.

29 Auch als Matrix der mittleren quadratischen Fehler (MSE=mean squared errors) bezeichnet.

Die dazugehörige Kovarianzmatrix F_t der Prognosefehler[30] ist dann gleich:

$$
\begin{aligned}
F_t = var(\hat{v}_t) &= var[Z_t(\alpha_t - \alpha_{t|t-1})] + var[u_t] \\
&= E\left[\left(Z_t(\alpha_t - \alpha_{t|t-1})\right)\left(Z_t(\alpha_t - \alpha_{t|t-1})\right)'\right] + H_t \\
&= Z_t var[\alpha_t - \alpha_{t|t-1}]Z_t' + H_t \\
&= Z_t P_{t|t-1} Z_t' + H_t.
\end{aligned}
$$

Für den nun durchzuführenden Korrekturschritt muss die *Kalman-Gain-Matrix*[31] berechnet werden:

$$K_t = P_{t|t-1}Z_t'F_t^{-1} = P_{t|t-1}Z_t'[Z_tP_{t|t-1}Z_t' + H_t]^{-1}.$$

Wird eine neue Beobachtung verfügbar, kann der Schätzwert für den Zustand mit Hilfe des Kalman-Gain aktualisiert werden. Die sogenannten *Updating* bzw. *Korrektur-Gleichungen* lauten dann:

$$a_t = a_t a_{t|t-1} + K_t v_t$$

und

$$P_t = P_{t|t-1} - K_t Z_t P_{t|t-1} = P_{t|t-1} - K_t F_t K_t'.$$

Bei diesen Korrekturschritten hat der Prognosefehler v_t eine sehr große Bedeutung. Je größer dieser ist, desto stärker ist die Änderung für den Schätzwert des Zustandvektors.

An dieser Stelle ist der erste Iterationsschritt des Kalman-Filters abgeschlossen. Bei gegebenen Startbedingungen a_0 und P_0 liefert der Algorithmus optimale Schätzwerte für den Zustand, sobald jeweils eine neue Beobachtung verfügbar wird.[32] In der Praxis entsteht aber das Problem, dass die Startwerte unbekannt sind. Das Problem wird im Rahmen der *Initialisierung* gelöst.

Bei dem Kalman-Filter wird die Annahme der approximativen Normalverteilung für den Anfangszustand $\alpha_0 \sim N(a_0, P_0)$ mit bekannten a_0 und P_0 unterstellt. In den meisten Fällen sind aber die Anfangsmomente nicht bekannt und müssen folglich im Rahmen der *Initialisierung* festgelegt werden.[33] Wenn keinerlei Informationen über die Anfangsbedingungen vorliegen, dass werden *diffuse* Anfangsmomente gewählt:

$$a_0 = 0 \text{ und } P_0 = \kappa I,$$

wobei I eine $(m \times m)$-Einheitsmatrix und κ sehr groß $(\kappa \to \infty)$ ist.[34] Der Wert ist umso

30 Es ist die Matrix der mittleren quadratischen Fehler (MSE) der Prognosefehler.

31 Kalman'sche Verstärkung.

32 Vgl. Harvey (1989): S. 104-106, Harvey (1995): S: 104-105 und Stier (2001): S. 169-170.

33 Vgl. Durbin, Koopman (2001): S. 99.

34 Vgl. Koopman et al. (1999): S. 111.

größer, je genauer die Vorinformationen sind. Auf diese Weise bekommen die letzten Beobachtungen ein größeres Gewicht, bis der Filter gegebenenfalls eingeschwungen ist.[35]

In einem Zustandsraummodell sind nicht nur die Zustände unbeobachtbar, sondern auch die Parameter der Systemmatritzen Z_t, H_t, T_t, R_t und Q_t unbekannt. Diese werden in einem Vektor ψ zusammengefasst und als *Hyperparameter* bezeichnet. Für ihre Schätzung kann die Maximum-Likelihood-Methode verwendet werden, da für die Störterme der Beobachtungs- und Zustandsgleichung eine Normalverteilung unterstellt wird.[36]

2.4 Prognosen

Das Zustandsraummodell wird in dem hier vorliegenden Fall erstellt, um h-Schritt[37] Prognosen zu erstellen und zwar für $t > T$, also Zeitpunkte, die über den Zeitpunkt der letzten verfügbaren Beobachtung hinausgehen. Diese ergeben sich, indem die Ein-Schritt-Prognosen, die aus dem Kalman Algorithmus bekannt sind, wiederholt angewendet werden. Bei diesen Prognosen entfallen natürlich die Korrekturschritte. Dementsprechend ergibt sich aus den beiden Prädiktionsgleichungen

$$a_{T+h|T} = T_{T+h} a_{T+h-1} \quad \text{mit} \quad a_{T|T} = a_T$$
$$P_{T+h|T} = T_{T+h} P_{T+h-1|T} T'_{T+h} + R_{T+h} Q_{T+h} R'_{T+h} \qquad \text{mit} \quad P_{T|T} = P_T$$

über Rekursion ohne Updating-Gleichungen die Prognose für $Last_{T+h}$ als

$$\overline{Last}_{T+h|T} = Z_{T+h} \alpha_{T+h|T} .$$

Die Kovarianzmatrix der Prognosefehler ergibt sich als:

$$F_{T+h|T} = Z_{T+h} P_{T+h|T} Z'_{T+h} + H_{T+h} .$$

Die vorhergehenden Gleichungen beruhen alle auf den zum Zeitpunkt T gegebenen Informationen.[38] Allerdings können die h-Schritt Prognosen durch eine etwas modifizierte Version des Kalman Algorithmus erzeugt werden. Für eine Prognose zum Zeitpunkt $t = T + h$ werden mit dem geschätzten Zustand und deren zugehörigen Kovarianzmatrix zum Zeitpunkt $T+1$, unter Ausnutzung der Informationen zum Zeitpunkt T die Anfangsbedingungen für den Kalman Filter festgelegt. Der Kalman Filter wird dann für die $h-1$ restlichen Perioden fortgeführt. Diese Vorgehensweise wird für jede Beobachtung im Prognosezeitraum wiederholt.[39]

---

[35] Vgl. Schlittgen, Streitberg (2001): S. 224, Koopman et al. (1999): S. 111.
[36] Vgl. Harvey (1989): S. 125-126, Harvey (1995): S. 111-112, Stier (2001): S. 171-172.
[37] $h = 1,...,5$: Prognosehorizont.
[38] Vgl. Harvey (1989): S. 147f, Harvey (1995): S. 106, Stier (2001): S. 170f, Schlittgen, Streitberg (2001): S. 224f.
[39] Vgl. Harvey (1989): S. 147.

3 Modellspezifikation im Fall kurzfristiger Stromprognosen

3.1 Identifizierung kurzfristiger Einflussfaktoren auf den Elektrizitätsverbrauch

Bevor ein Zustandsraummodell für die kurzfristige Elektrizitätsprognose formuliert werden kann, müssen die Komponenten der Zeitreihe Last sowie die Einflussparameter identifiziert werden. Grundsätzlich ist der Elektrizitätsverbrauch von zeitlichen und externen Faktoren abhängig, die in den beiden nachfolgenden Abschnitten erläutert werden.[40]

3.1.1.1 Deterministische Regressoren

Zu den zeitlichen Einflussfaktoren gehören der Wochentagtyp (Werktag, Wochenende, Feiertag, Brückentag) sowie die Jahreszeit. Diese Saisonalitäten und Zyklen können sowohl mit Hilfe von Dummy-Variablen[41] als auch trigonometrischen Funktionen modelliert werden. Die Kalendereffekte, wie die Wochentage werden mit Hilfe von Dummy-Variablen erfasst, die mit $D_t^d, d = 1,...,D$ bezeichnet werden, wobei d der Unterscheidung der Regressoren dient: $D_t^1 = DUM\_MO, D_t^2 = DUM\_DI, D_t^3 = DUM\_DO, D_t^4 = DUM\_FR, D_t^5 = DUM\_SA$ und $D_t^6 = DUM\_SO$. Der Mittwoch wird als Referenztag definiert, so dass kein entsprechender Dummy eingeführt wird. Des Weiteren werden zwei Dummys eingeführt, um den Einfluss von Feiertagen und Fenstertagen[42] im Modell zu identifizieren: $D_t^7 = DUM\_FEIER$, wenn Feiertag und kein Sonntag und $D_t^8 = DUM\_FENSTER$, wenn Fenstertag und kein Sonntag.

Unberücksichtigt bleiben bisher noch der Heilig Abend und Silvester. Diese werden durch eine gesonderte Dummy-Variable $D_t^9 = DUM\_WS$ erfasst, da es sich um keine offiziellen Feiertage handelt.[43]

Die jahreszeitlich bedingten Zyklen im Stromlastgang können mit Hilfe von trigonometrischen Funktionen behandelt werden.[44] Dabei stellt sich die Verknüpfung der Sinus- und Cosinusfunktion als besonders geeignet heraus:

---

40 Vgl. Weron (2006): S.69-75.

41 Es sind Regressoren, die die den Wert Eins annehmen, wenn der betreffende Tag vorliegt und sonst den Wert Null haben. Dummy-Variablen werden auch als qualitative Regressoren oder (0,1)-Regressoren bezeichnet. Vgl. Assenmacher (2002): S. 301.

42 Als Fenstertag wird ein Arbeitstag definiert, der zwischen einem Feiertag und einem Wochenendtag liegt. Oftmals wird auch die Bezeichnung Brückentag verwendet.

43 Vgl. Steinberger (2004): S.9, Ramanathan et al. (1997): S. 163, Pardo et al. (2002): S. 61, Dordonnat et al. (2008): S. 572.

44 Vgl. Hamilton (1994): S. 707ff.

$$D_t^{10} = cos(t * \frac{2\pi}{365,25}) + sin(t * \frac{2\pi}{365,25})$$

wobei λ der Frequenz entspricht, die berechnet wird als 1/Periodenlänge,[45] im vorliegenden Fall also 1/365,25.[46] Trigonometrische Funktionen sind besonders geeignet für die Analyse zyklischer Schwankungen in Zeitreihen, weil sie durch Berücksichtigung verschiedener Frequenzen und Überlagerung auch komplizierte periodische Schwankungen darstellen können.[47]

Die definierten, deterministischen Variablen werden im Vektor $D_t = (D_t^1, D_t^2, ..., D_t^{22})$ zusammengefasst.[48]

3.1.1.2 Wetterregressoren

Der Einfluss der externen Faktoren auf den Stromverbrauch wird im Wesentlichen durch das Wetter beschrieben. Schon in den 1930er Jahren wurde das Wetter als ein wesentlicher Einflussfaktor auf die Last identifiziert.[49]Als Wetterregressoren werden anderen Studien folgend die Temperatur, Globalstrahlung und Luftfeuchtigkeit definiert, wobei die Temperatur den größten Einfluss ausübt.[50] Die Wettervariablen werden mit $W_{t,v}^w, w = 1, ..., W$ bezeichnet, wobei W der Unterscheidung der Regressoren dient.

Die Stärke und Art der Abhängigkeit zwischen Last und Temperatur ist von den jeweiligen geographischen und damit klimatischen Bedingungen im Versorgungsgebiet abhängig.[51] In deutschen Versorgungsgebieten werden die kälteren Perioden einen sehr starken Einfluss auf den Stromverbrauch haben, während die durch Nutzung von Klimaanlagen bedingte Stromnachfrage vergleichbar klein sein wird. Es wird allgemein eine nicht-lineare Beziehung zwischen der Last und der Temperatur unterstellt. Eine häufig verwendete Methode die Nicht-Linearität aufzufangen, besteht in der Konstruktion von temperaturabhängigen Hilfsvariablen. Diese Variablen ermöglichen eine Trennung zwischen den Winter- und Sommerdaten und verbessern die Ergebnisse in einer linearen Regression, indem die Temperatureffekte besser erfasst werden.[52] Nachfolgend sind zwei dieser Hilfsvariablen dargestellt:

$$W_{t,v}^1 = HGT1_{t,v} = max(0{,}15 - TEMP_{t,v})$$
$$W_{t,v}^2 = HGT2_{t,v} = max(0{,}15 - TEMP_{t,v}^g)$$

---

45 Vgl. Schlittgen, Streitberg (2001): S. 51, 481.

46 Ein Jahr hat 365 Tage, in einem Schaltjahr 366 Tage. Kommen nun in einer Datenreihe beide Jahrestypen vor, so kann einheitlich der Wert von 365.25 angesetzt werden. Vgl. Dordonnat et al. (2008): S. 572.

47 Vgl. Schlittgen, Streitberg (2001): S. 51, 481. In diesem Zusammenhang wird häufig der Begriff der *Fourierpolynome* oder *Fourierreihen* verwendet. Vgl. dazu Schlittgen, Streitberg (2001): S. 62,83.

48 Da die Variablen nur vom Tag und nicht von der Stunde abhängig sind, kann auf die Indexbezeichnung v verzichtet werden.

49 Vgl. Baker (1985): S. 59.

50 Vgl. Pardo et al. (2002): S. 57, Steinberger (2004): S. 7.

51 Vgl. Moral-Carcedo, Vicéns-Otero (2005): S. 478.

52 Vgl. Pardo et al. (2002): S. 57.

Diese Variablen werden als *Heizgradtage (HGT)* bezeichnet und in Grad Celsius gemessen. Nach der VDI-Richtlinie 3807[53] liegt ein Heiztag vor, wenn die Außentemperatur die in der Richtlinie festgelegte *Heizgrenze* von 15°C unterschreitet. Der Wert der Variablen ergibt sich dann somit aus der Differenz zwischen der Heizgrenze und der Außentemperatur $TEMP_{t,v}$, wobei an Tagen mit einer Temperatur von über 15°C der Wert von Null zugewiesen wird. Bei der Variablen $HGT2_{t,v}$ wird die geglättete Außentemparatur $TEMP^g_{t,v}$ verwendet, um der Tatsache Rechnung zu tragen, dass der Wärmebedarf in Gebäuden mit einer gewissen Verzögerung eintritt. Die geglättete Temperatur $TEMP^g_{t,v}$ ergibt sich aus dem gleitenden Durchschnitt der vergangenen Werte:

$$TEMP^g_{t,v+1} = \kappa TEMP^g_{t,v} + (1-\kappa)TEMP_{t,v+1}, v = 1,...,V-1$$
$$TEMP^g_{t+1,1} = \kappa TEMP^g_{t,V-1} + (1-\kappa)TEMP_{t+1,1}, v = 1,...,V-1,$$

wobei κ nahe Eins, beispielsweise bei 0,98 liegt.[54]

Neben dem Heizbedarf ist es auch möglich den Kühlbedarf über die sogenannten *Kühlgradtage (KGT)* zu ermitteln. Ein Kühlgradtag - gemessen in Grad Celsius - liegt vor, wenn ein Außentemperatur von üblicherweise 18°C[55] überschritten wird. Die Grenztemperatur kann für die HGT und KGT jeweils verschieden sein, da auf diese Weise ein Intervall charakterisiert wird, in dem in der Regel weder geheizt noch gekühlt werden muss. Dieses Intervall wird auch als Komfortzone bezeichnet.[56]

$$W^3_{t,v} = KGT_{t,v} = max(0, TEMP^g_{t,v} - 18)$$

Da der Kühlbedarf in Gebäuden mit einer Verzögerung eintritt, wird auch hier die geglättete Temperatur $TEMP^g_{t,v}$ verwendet.[57]

Als weitere Wetterregressoren werden die Luftfeuchtigkeit (%) $W^4_{t,v} = LUFTF_{t,v}$ und die Globalstrahlung (W/m^2) $W^5_{t,v} = GLOBS_{t,v}$ berücksichtigt. Insbesondere wirkt sich die Globalstrahlung, definiert als die Summe der in einer bestimmten Zeitperiode (hier Viertelstunde) an einem Ort eintreffenden Sonneneinstrahlung, auf die Stromnachfrage aus. Denn mit dem Bedeckungsgrad des Himmels sinkt die Sonneneinstrahlung und der Beleuchtungsbedarf und somit der Stromverbrauch steigen.

Alle Wettervariablen werden im Vektor $W_{t,v} = (W^1_t, W^2_t, ..., W^5_t)$ zusammengefasst.

53 VDI=Verband Deutscher Industrie. Auch in Verbindung mit der VDI-Richtlinie 2067/DIN 4108 T6.
54 Vgl. Dordonnat et al. (2008): S. 571.
55 Die Grenze kann auch alternativ bei 20°C oder 22°C liegen.
56 Vgl. Moral-Carcedo, Vicéns-Otero (2005): S. 478.
57 Vgl. Dordonnat et al. (2008): S. 571.

3.2 Zustandsraummodell für kurzfristige Stromprognose

Sind die Einflussparameter als Variablen definiert, kann das Zustandsraummodell formuliert werden. Die Entwicklung des Modells erfolgt in Anlehnung an das von Dordonnat et al. (2008) auf Basis stündlicher Lastwerte für Frankreich identifizierten Modells. Zur Verfügung stehen im vorliegenden Fall die viertelstündlichen Lastdaten eines deutschen Elektrizitätsversorgungsunternehmens für den Zeitraum 01.01.2006 bis 31.12.2009. Dabei wird der Zeitraum 01.01.2006 bis 30.06.2009 als Stützzeitraum und die Monate vom 01.07.2009 bis 31.12.2009 als Validierungszeitraum verwendet. Um den Rahmen dieses Beitrags nicht zu sprengen, wird hier die Spezifikation für nur eine einzige Viertelstunde dargestellt. Ausgewählt wird die Last der Viertelstunde 52, also der Stromverbrauch um 13.00 Uhr. Der Elektrizitätsverbrauch ist zu dieser Zeit starken Zufallseinflüssen ausgesetzt.

Der Identifikation der deterministischen Variablen und Wetterregressoren folgend, kann das Zustandsraummodell formuliert werden als:

$$Last_{t,v} = TR_{t,v} + W_{t,v}^{'}\beta_{t,v} + D_t^{'}\gamma_{t,v} + u_{t,v}$$

In $\beta_{t,v}$ bzw. $\gamma_{t,v}$ sind die Koeffizienten der Wetterregressoren $W_{t,v}$ bzw. der deterministischen Regressoren $D_{t,v}$ enthalten. Da durch diese Variablen sowohl die Saison als auch der Zyklus definiert sind, verbleibt nur noch die Komponente Trend $TR_{t,v}$ die in das Modell aufzunehmen ist.

Nun sind der Trend sowie die in $\beta_{t,v}$ und $\gamma_{t,v}$ enthaltenen Koeffizienten der exogenen Regressoren zu modellieren. Diese Spezifikation ist eine der wichtigsten, gleichzeitig aber auch schwierigsten Aufgaben bei der Aufstellung des Zustandraummodells.[58]

Die Trendkomponente kann sich aus einer Niveau- und einer Steigungskomponente zusammensetzen und durch ein sogenanntes *local linear trend model* formuliert werden:

$$TR_{t,v} = TR_{t-1,v} + \delta_{t-1,v} + \eta_{t,v}, \eta_{t,v} \sim N(0,\sigma_\eta^2)$$
$$\delta_{t,v} = \delta_{t-1,v} + \zeta_{t,v}, \zeta_{t,v} \sim N(0,\sigma_\zeta^2)$$

mit $E(\eta_t \xi_{t-1}) = 0$. Für die Störterme sind allerdings jeweils Korrelationen zwischen verschiedenen Stunden desselben Tages zugelassen. In diesem Fall können sowohl die Niveau- als auch die Steigungskomponente über die Zeit variieren.[59] Denkbar ist aber auch die Konstanz von Niveau und/oder Steigung.[60]

58 Vgl. Kyriakides, Polycarpou (2007): S. 402.
59 Vgl. Harvey (1989): S. 37, Dordonnat et al. (2008): S. 569-571.
60 Vgl. Harvey, Koopman (1993): S. 1232.

Die Koeffizienten der Dummy-Variablen werden bis auf die Dummy-Variable $D_t^9 = DUM\_WS$ für Heilig Abend und Silvester als Random Walk definiert:

$$\gamma_{t,v}^d = \gamma_{t-1,v}^d + e_{t,v}^d, d = 1,\ldots,8,10$$
$$\gamma_{t,v}^9 = \gamma_v^9,$$

wobei die Störvariablen, die einer Normalverteilung mit Erwartungswert Null folgen, keiner Autokorrelation unterliegen und nur kontemporäre Kovarianzen zugelassen sind. Da sowohl Heilig Abend als auch Silvester keine Feiertage sind und im vorliegenden Datensatz nur wenige Male vorkommen (jeweils ein Mal pro Jahr), geht man von einer Konstanz der Koeffizienten über die Zeit aus.[61]

Die Koeffizienten der Heizgradtage werden wie nachfolgend dargestellt, zeitvariabel modelliert:[62]

$$\beta_{t,v}^w = \beta_{t,v}^{*w} + \lambda_v^j W_{t-1,v}^w, w = 1,2$$

$$\text{mit } \beta_{t,v}^{*w} = \beta_{t-1,v}^{*w} + u_{t,v}^w, w = 1,2$$

$$\text{und } \lambda_v^w : \text{ konstant über } t,$$

wobei die Störvariablen, die einer Normalverteilung mit Erwartungswert Null folgen, keiner Autokorrelation unterliegen und nur kontemporäre Kovarianzen zugelassen sind. Durch die für die beiden Heizgradtagkoeffizienten aufgestellte Spezifikation, wird die nicht-lineare Beziehung zwischen Temperatur und Stromverbrauch berücksichtigt. Dies sei für die beiden Heizgradtagvariablen $W_{t,v}^1 = HGT1_{t,v}$ und $W_{t,v}^2 = HGT2_{t,v}$ verdeutlicht:

$$W_{t,v}^w \beta_{t-1,v}^w = W_{t,v}^w(\beta_{t-1,v}^{*w} + \lambda_v^w W_{t-1,v}^w)$$
$$= W_{t,v}^w \beta_{t-1,v}^{*w} + \lambda_v^w W_{t,v}^w W_{t-1,v}^w, w = 1,2.$$

Wenn nun keine große Temperaturänderung an zwei aufeinander folgenden Tagen auftritt, dann gilt: $W_{t,v}^w W_{t-1,v}^w \approx (W_{t,v}^w)^2$, so dass

$$W_{t,v}^w \beta_{t-1,v}^w = W_{t,v}^w \beta_{t-1,v}^{*w} + \lambda_v^w (W_{t,v}^w)^2 .$$

Die Koeffizienten der Kühlgradtage und Luftfeuchtigkeit werden jeweils als Random Walk spezifiziert:

$$\beta_{t,v}^3 = \beta_{t-1,v}^3 + u_{t,v}^3,$$
$$\beta_{t,v}^4 = \beta_{t-1,v}^4 + u_{t,v}^4.$$

Bei der Globalstrahlung geht man hingegen von zeitkonstanten Koeffizienten aus, da es

61 Vgl. Dordonnat et al. (2008): S. 572-573.
62 Vgl. Dordonnat et al. (2008): S. 571-572.

keinen Grund für die Veränderung über die Zeit gibt.[63]

$$\beta^5_{t,v} = \beta^5_v \,.$$

Im Zustandraummodell

$$Last_t = Z_t\alpha_t + u_t \qquad u_t \sim N(0,H_t)$$

$$\alpha_t = T_t\alpha_{t-1} + R_t\eta_t \qquad \eta_t \sim N(0,Q_t)$$

enthält nun der Zustandsvektor $\alpha_{t,v}$ die Trendkomponente und die zeitvariablen sowie Zeitkonstanten Koeffizienten:[64]

$$\alpha_{t,v} = (TR_{t,v} \quad \delta_{t,v} \quad \beta_{t,v} \quad \gamma_{t,v} \quad \lambda)'$$

Somit ist das Modell vollständig spezifiziert und kann mit Hilfe des Kalman Filters und der Maximum Likelihood Methode, wie oben beschrieben geschätzt, und anschließend für die Prognosen verwendet werden.

4 Prognoseevaluation

Um beurteilen zu können in wie weit sich das spezifizierte Prognosemodell für Prognosen eignet, muss die Prognosegüte beurteilt werden. Die **Abbildung 4.1** zeigt den tatsächlichen und prognostizierten sowie die sich daraus ergebenden Prognosefehler für den Validierungszeitraum, für alle $f = 1,\ldots,F$ über T hinausgehenden Zeitpunkte:

[63] Vgl. Dordonnat et al. (2008): S. 571-572.
[64] Vgl. Dordonnat et al. (2008): S. 573-574.

Abbildung 4.1 Prognose 13.00 Uhr

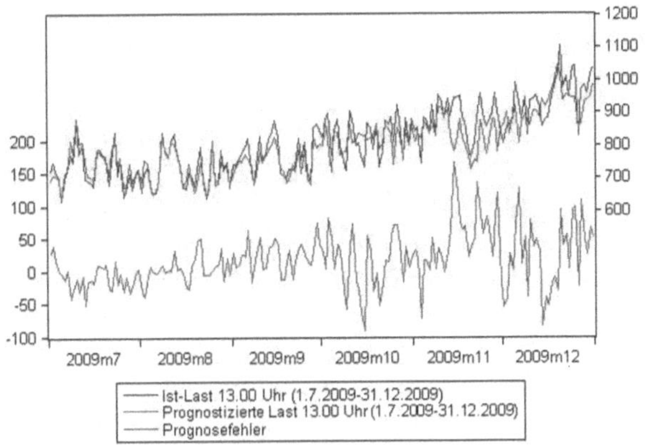

Der Prognosefehler ist der Ausgangspunkt für die Beurteilung der Prognosegüte. Zur Prognoseevaluation werden üblicherweise der „mittlere absolute prozentuale Prognosefehler" (MAPE[65])

$$MAPE = 100 * \frac{1}{F} \sum_{f=1}^{F} \frac{| Last_{T+f} - \overline{Last}_{T+f} |}{Last_{T+f}}$$

sowie der „mittlere quadratische prozentuale Prognosefehler" (RMSPE[66])

$$RMSPE = 100 * \sqrt{\frac{1}{F} \sum_{f=1}^{F} \left(\frac{Last_{T+f} - \overline{Last}_{T+f}}{Last_{T+f}} \right)^2}$$

herangezogen. Beide Gütemaße geben die durchschnittliche Abweichung der prognostizierten von den realisierten Werten an. Der Hauptunterschied zwischen beiden Beurteilungskriterien besteht darin, dass beim mittleren absoluten Fehler alle Abweichungen gleich und im zweiten Fall größere Fehler überproportional gewichtet werden. Ob es sinnvoll ist einige Fehler stärker hervorzuheben, ist vom konkreten Prognoseziel abhängig.[67] Diese Evaluationsmaßzahlen haben allerdings den Nachteil, dass sie allein keine Auskunft darüber geben, ob eine Prognose gut oder schlecht ist. Es ist offensichtlich, dass die Prog-

65 Mean Absolute Percentage Error: MAPE.
66 Root Mean Square Percentage Error: RMSPE.
67 Vgl. Theil (1971): S. 124.

nose um so exakter ist, je kleiner diese Maßzahlen sind. Aber erst der Vergleich der Gütemaße mehrerer Prognosemodelle erlaubt eine Einstufung der Treffgenauigkeit. Deshalb wird noch zusätzlich die Gleichung der Viertelstunde (13.00 Uhr) mit einem ARMA-Modell geschätzt. Mit Hilfe des Theilschen Ungleichheitskoeffizienten (Theil's U) ist es möglich direkt zu beurteilen, welches Prognosemodell besser ist.

$$U = \frac{\sqrt{\frac{1}{F} F \sum_{f=1}^{F} (Last_{T+f} - \overline{Last}_{T+f,A})^2}}{\sqrt{\frac{1}{F} F \sum_{f=1}^{F} (Last_{T+f} - \overline{Last}_{T+f,B})^2}} = \frac{RMSE_A}{RMSE_B}.$$

Dieser Ungleichheitskoeffizient nimmt Werte des Intervalls $0 \leq U < \infty$ an. Die Null tritt bei einer perfekten Prognose ein. Ist der Koeffizient kleiner als Eins, ist das zu testende Prognoseverfahren, hier somit das Zustandsraummodell, welches in der Formel mit A bezeichnet wird, besser als das zu vergleichende Modell, hier das mit B bezeichnete ARMA-Modell. Die Verwendung der Benchmark von Eins erlaubt somit eine einfache Ergebnisinterpretation und damit eine Aussage bezüglich der Tauglichkeit der Prognose. **Tabelle 4.1** zeigt die Gütemaße, die sich für die beiden betrachteten Modelle ergeben.

Tabelle 4.1 Gütemaße

	MAPE	RMSPE	Theil's U
Zustandsraummodell	3,9450	5,1371	0,6745
ARMA-Modell	6,8762	8,3086	

Sowohl der MAPE als auch RMSPE sind beim Zustandsraummodell kleiner als beim ARMA-Modell. Auch der Theilsche Ungleichheitskoeffizient, der kleiner als Eins ist, zeigt, dass das Zustandsraummodell dem Vergleichsmodell überlegen ist.

5 Fazit

Zustandsraummodelle zeichnen sich durch ihre Fähigkeit aus, stochastische Einflüsse zu erfassen und somit die Dynamiken einer Zeitreihe im Modell aufzunehmen. Auf diese Weise wird eine sehr hohe Modellvielfalt und Flexibilität erreicht. Gleichzeitig stellt dies aber die größte Herausforderung für den Prognoseersteller dar. Die für betrachtete Zeitreihen geeignete Spezifikation der Zeitreihenkomponenten sowie Koeffizienten ist nicht immer offensichtlich und eindeutig zu finden. Bei der hier ausgewählten Lastzeitreihe ist das

Zustandsraummodell dem ARMA-Modell überlegen. Allerdings wird diese Modellspezifikation möglicherweise nicht für alle Viertelstundenzeitreihen zutreffend sein. Darüber hinaus ist in **Abbildung 4.1** Prognose erkennbar, dass das Zustandraummodell am aktuellen Rand sehr gute Ergebnisse liefert. Je weiter man sich allerdings von diesem aktuellen Rand entfernt, desto mehr weichen die beobachtete und die prognostizierte Last voneinander ab. Der Stützzeitraum müsste demzufolge immer weiter nach vorne verschoben werden, um gleich bleibende Prognosegüte zu gewährleisten.

Literatur

Assenmacher, W. (2002): Einführung in die Ökonometrie, Oldenbourg, München.

Baker, A. (1985): "Load Forecasting for Scheduling Generation on a Large Interconnected System", in: Comparative Models for Electrical Load Forecasting, ed. by D. Bunn, Farmer, E., Kap. 5, S. 57-68.

Commandeur, J. J., Koopman, S. J. (2007): An Introduction to State Space Time Series Analysis, Practical Econometrics, Oxford University Press, New York.

Deistler, M., Fraîler, W., Petritsch, G., Scherrer, W. (1988): "Ein Vergleich von Methoden zur Kurzfristprognose elektrischer Last", in: Archiv für Elektrotechnik, Nr. 71, S. 389-397.

Dordonnat, V., Koopman, S., Ooms, M., Dessertaine, A., Collet, J. (2008): An Hourly Periodic State Space Model for Modelling French National Electricity Load, in: International Journal of Forecasting, Nr. 24, S. 566-587.

Durbin, J., Koopman, S. (2001): Time Series Analysis by State Space Methods, Nr. 24, in: Oxford Statistical Science Series, Oxford University Press, New York.

Erdmann, G., Zweifel, P. (2008): Energieökonomik, Berlin, Heidelberg.

Hamilton, J. D. (1994): Time Series Analysis, Princeton University Press, New Jersey.

Harvey, A. (1997): Trends, Cycles and Autoregressions, in: The economic Journal, Nr. 107, S. 192-201.

Harvey, A., Koopman, S. J. (1993): Forecasting Hourly Electricity Demand Using Time-Varying Splines", in: Journal of the American Statistical Association, Jg. 88, Nr. 424, S. 1228-1236.

Harvey, A. C. (1989): Forecasting, Structural Time Series Models and the Kalman Filter, Cambridge University Press.

Harvey, A. C. (1995): Zeitreihenmodelle, Oldenbourg, München, 2 edn.

Hellwig, M. (2003): Entwicklung und Anwendung parametrisierter Standard-Lastprofile, Ph.D. thesis, TU München.

Kalman, R. E. (1960): A New Approach to Linear Filtering and Prediction Problems, in: Transactions of the ASME - Journal of Basic Engineering, Nr. 82 (Series D), S. 35- 45.

Koopman, S. J., Shepard, N., Doornik, J. A. (1999): Statistical algorithms for models in state space using SsfPack 2.2, in: Econometrics Journal, Nr. 2, S. 107-160.

Kyriakides, E., Polycarpou, M. (2007): Short Term Electric Load Forecasting: A Tutorial, in: Trend in Neural Computation, ed. by Chen, K., Wang, L., Berlin, Heidelberg, Kap. 16, S. 391- 418.

Laumanns, U. (2005): Technische Grundlagen der Energiepolitik, Grundlagen der Energiepolitik, ed. by D. Reiche, S. 47- 56, Frankfurt/Main.

Moral-Carcedo, J., Vicens-Otero, J. (2005): Modelling the nonlinear response of Spanish electricity demand to temperature variations, Energy Economics, Nr. 27, S. 477- 494.

Pardo, A., Meneu, V., Valor, E. (2002): Temperature and seasonality influences on Spanish electricity load, Energy Economics, Nr. 24, S. 55-70.

Ramanathan, R., Engle, R., Granger, C. W., Vahid-Araghi, F., Brace, C. (1997): Short-run forecasts of electricity loads and peaks, in: International Journal of Forecasting, Nr. 13, S. 161-174.

Schlittgen, R., Streitberg, B. H. J. (2001): Zeitreihenanalyse, Oldenbourg, München, Wien, 9, edn. 2.

Steinberger, T. (2004): Kurzfristige Prognose des Stromverbrauchs in Vorarlberg auf Stunden- und Viertelstundenbasis, Arbeitsbericht: Prozess- und Produkt-Engineering: Anwendungen. Fachhochschule Vorarlberg, Forschungszentrum Prozess- und Produkt-Engineering.

Stier, W. (2001): Methoden der Zeitreihenanalyse, Springer, Berlin, Heidelberg, New York.

Theil, H. (1966): Applied Economic Forecasting, Nr. 4 of Studies in Mathematical and Managerial Economics, Amsterdam, Chicago.

Theil, H., Boot, J. C., Kloek, T. (1971): Prognosen und Entscheidungen, Opladen.

Weron, R. (2006): Modelling and Forecasting Electricity Loads and Prices, Chichester

Was sind Kunden den Einzelhändlern in der Lebensmittelbranche wert? Antworten aus den Daten eines Haushaltspanels

Hendrik Schröder und Andreas Rödl

1 Wie lassen sich Kunden bewerten?

„Nach Gelde drängt, am Gelde hängt doch alles. Ach wir Armen!" Zwar spricht Gretchen in Goethes Faust nicht vom Gelde, sondern vom Golde, doch der Sinn ist derselbe. Die Menschen geben sich Maßstäbe, um ihr Denken und Handeln daran auszurichten. Welchen Wert hat eine Sache, welchen Wert hat ein Mensch, welchen Wert hat ein Kunde? Womit wir beim Thema sind. Seit rund 20 Jahren befassen sich wissenschaftliche Beiträge mit der Bewertung von Kunden. Der Kaufmann sollte dies schon immer getan haben, wollte er seine Geschäfte erfolgreich führen.

Kundenbewertung als Forschungsfeld wendet sich den Fragen zu, mit welchen Maßgrößen der Wert zu bestimmen ist, welche Faktoren den Kundenwert beeinflussen und welche Verfahren sich anbieten und eignen, um den Kundenwert zu messen. Diese Sichtweise ist die Sichtweise der Unternehmung. Der Begriff Kundenwert lässt sich auch aus der Sicht der Kunden betrachten: Welchen Wert oder Nutzen bietet die Unternehmung dem Kunden? Diese Perspektive verfolgen wir nicht weiter. Uns geht es um den Wert der Kunden für die Unternehmung.

In der Vergangenheit sind mehrfach Angaben veröffentlicht worden, wie viel Geld Kunden in einer Branche oder bei einem Händler während ihres Lebens ausgeben. So findet sich für den Lebensmittelbereich, dass der Betreiber eines Supermarktes 23.000 DM erhält, alle Händler dieses Betriebstyps zwischen 250.000 DM und 350.000 DM. Analog finden sich Werte für den Händler eines SB-Warenhauses mit 63.000 DM und für alle Händler dieses Betriebstyps mit 290.000 DM bzw. 150.000 Euro.[1] Bei keiner dieser Angaben kann man nachvollziehen, welche Datenbasis zugrundliegt und wie die Werte ermittelt worden sind. Offenbar basiert keine der Zahlen auf Transaktionen der Händler mit ihren Kunden. Ebenso gibt es keine Aussagen über das Ausgabenpotenzial von Kunden oder Kundengruppen über die gesamte Dauer der Geschäftsbeziehung.

Gehen wir davon aus, dass der Wert eines Kunden aus den Überschüssen von Einzahlungen und Auszahlungen ermittelt wird, Einzahlungen, die eine Unternehmung von ihm durch Käufe erhält, und Auszahlungen, die sie für ihn tätigt, um ihn als Kunden zu gewinnen und zu halten. Dann stellt sich die Frage nach der Herkunft der Daten. In manchen Branchen liegen – bedingt durch die Art der Geschäftsbeziehung – personalisierte Daten vor. Die Unternehmung weiß, welcher Kunde ihr welche Einzahlungen bringt und für welche Kunden sie welche Auszahlungen tätigt. Dies gilt z.B. für die Versicherungsbranche, die Bankenbranche, die Automobilbranche und die Telekommunikationsbranche, dies gilt ebenfalls für den Distanzhandel und für Kunden, die für ihre Einkäufe eine Kundenkarte einsetzen. Aus diesen Geschäftsbeziehungen weiß die Unternehmung, welche Einzahlungen sie mit welchem Kunden erzielt und welche Auszahlungen entstehen, soweit sie personalisierte Markbearbeitungsmaßnahmen und keine massenmedialen einsetzt.

---

[1] Vgl. Peters (1987), S. 98; Mihr (2002), S. 11.

Anders sehen die Geschäftsbeziehungen im Lebensmitteleinzelhandel aus. Im Vergleich zu den oben genannten Branchen sind die Abstände zwischen zwei Käufen sehr kurz, entsprechend viele Kaufakte fallen in einem Jahr an. Aus den Verkäufen liegen dem Händler nur dann **personalisierte Transaktionsdaten** vor, wenn die Kunden eine Kundenkarte verwenden. Den Tante-Emma-Fall, dass der Händler „auch so weiß", was seine Kunden bei ihm einkaufen, sollten wir hier ausschließen. Selbst bei großer Anstrengung dürften bei vielen Kunden und vielen Einkäufen etliche Messfehler auftreten. Ohne Kundenkarte weiß der Händler also nicht, wer bei ihm einkauft. Er kann allenfalls die Zusammensetzung von Warenkörben analysieren, Längsschnittanalysen über das Einkaufsverhalten seiner Kunden sind nicht möglich. **Anonyme Transaktionsdaten** erlauben eben „nur" die Analyse von Käufen, aber nicht von Käufern.

Die Lücke zwischen personalisierten und anonymen Daten können die Daten aus Verbraucherpanels zumindest teilweise schließen. Ein Verbraucherpanel ist eine im Zeitablauf gleichbleibende Menge an Haushalten oder Individuen, die über ihre Einkäufe berichten. So scannen die Panelteilnehmer der GfK – derzeit 30.000 Haushalte in Deutschland – nach jedem Einkauf zu Hause die gekauften Artikel und übermitteln die Daten an die GfK. Für die Analyse des Kaufverhaltens können nun wie bei den personalisierten Daten Längsschnittanalysen der Haushalte durchgeführt werden. Da den Abnehmern der Paneldaten, in der Regel sind das Unternehmungen aus der Industrie, nicht die persönlichen Daten der Haushalte, sondern allenfalls Haushaltsnummern mitgeteilt werden, aus denen sich die Panelteilnehmer nicht identifizieren lassen, kann man von **pseudonymisierten Transaktionsdaten** sprechen. Diese Daten werden üblicherweise nach einzelnen Warengruppen ausgewertet und nicht nach Haushalten.[2]

Nur Daten aus einer Stichprobe, keine einzige Einkaufsstätte wird nur annähernd vollständig abgebildet, keine warengruppenübergreifenden Auswertungen, kaum Analysen, die über mehrere Jahre reichen. Können diese Daten überhaupt einen Beitrag leisten, um den Wert von Kunden zu ermitteln? Erhalten Edeka, Rewe, Aldi, Tengelmann und all die anderen Lebensmitteleinzelhändler aussagekräftige Informationen darüber, aus welchen Quellen, von welchen Kunden ihre Einzahlungen stammen? Mit diesen Fragen befasst sich der vorliegende Beitrag.

2 Vgl. hierzu die Auswertungen von Schröder/Rödl (2006).

2 Das Konzept des Customer Lifetime Value

2.1 Die Modellierung des Kundenwertes

Das Konzept des Customer Lifetime Value (CLV) rechnet einzelnen Kunden oder Kundengruppen – so weit möglich – Einzahlungen und Auszahlungen während der Dauer ihrer Kundschaft zu.[3] Andere Begriffe hierfür sind z.B. die Kundenlebenszyklusrechnung[4] und der Kundenkapitalwert.[5]

Zur Berechnung des CLV dient die Kapitalwertmethode, die künftige Ein- und Auszahlungen auf den Bezugszeitpunkt abzinst und addiert. Vorschläge in der Literatur gehen über die direkt zurechenbaren Überschüsse hinaus, also das, was ein Kunde unmittelbar an Einzahlungen und Auszahlungen verursacht, und empfehlen, auch diejenigen monetären Wirkungen zu erfassen, die dadurch entstehen, dass er neue Kunden wirbt oder bisherige Kunden von der Abwanderung abhält.[6] Auf die Betrachtung solcher indirekten Zahlungseffekte verzichten wir im Folgenden. Sie mögen sicherlich modellierbar und in manchen Branchen praktisch anwendbar sein, den Einzelhandel mit Lebensmitteln dürften sie in der Praxis vor kaum lösbare Quantifizierungsprobleme stellen.[7]

Ausgangspunkt für die Erfassung des Kundenwertes im Lebensmittel-Einzelhandel kann folgende Basisfunktion sein:

$$CLV_{a0} = -A_{a0} + \sum_{t=0}^{T} \frac{\sum_{s=1}^{S}(E_{ast} - A_{ast}) - A_{at}}{(1+i)^t}$$

mit:

CLV_{a0}	Customer Lifetime Value des Kunden a zum Zeitpunkt 0
a	zu bewertender Kunde a
A_{a0}	Auszahlungen der Unternehmung zur Akquisition des Kunden a zum Zeitpunkt 0

[3] Vgl. Andon/Baxter/Bradley (2001), S. 261; Dwyer (1989), S. 9; Hansotia/Wang (1997), S. 8 ff.; Homburg/Daum (1997a), S. 97; Homburg/Daum (1997b), S. 400; Link/Hildebrand (1997), S. 164; Reinartz/Kumar (2000), S. 18; Weiber/Weber (2000), S. 485.

[4] Vgl. Cornelsen (1996), S. 13.

[5] Vgl. Stahl/Hinterhuber/von den Eichen/Matzler (2002), S. 204.

[6] Vgl. z.B. Cornelsen (2000), S. 170 f.

[7] Zu den Möglichkeiten, indirekte Zahlungseffekte im Lebensmitteleinzelhandel zu modellieren, siehe Rödl (2003), S. 203 f., und Rödl (2010), S. 44 ff.

$t \in (0,\dots,T)$	Periode
T	Anzahl der Perioden der Kundenbeziehung (Kundenbindung)
$s \in (1,\dots,S)$	Einkaufstag
S	letzter Einkaufstag der betrachteten Periode
E_{ast}	Einzahlungen durch den Kunden a am Einkaufstag s der Periode t
A_{ast}	Auszahlungen der Unternehmung für den Kunden a, verursacht durch dessen Einkauf an Tag s der Periode t
A_{at}	Auszahlungen der Unternehmung für den Kunden a in Periode t
i	Kalkulationszinsfuß bezogen auf die Dauer einer Periode t

Die **Einzahlungen** ergeben sich aus der Multiplikation des Verkaufspreises des Produktes j [p_{asjt}] mit der gekauften Menge [x_{asjt}]. Da es im Einzelhandel mit Lebensmitteln zahlreiche Möglichkeiten von Preisnachlässen gibt, sind solche Rabatte entsprechend zu modellieren, wie z.B. prozentuale Preisnachlässe [cp_{asjt}], absolute Preisnachlässe [ca_{asjt}] und Naturalrabatte [cb_{asjt}]. Naturalrabatte werden beim Verkauf von Produktbündeln gewährt, wie z.B. eine kostenlose Tube Senf zu einem Glas mit Würstchen oder „drei kaufen, zwei bezahlen". Neben produktbezogenen Rabatten können warenkorbbezogene Rabatte [cw_{ast}] gewährt werden, die den gesamten Einkaufsbetrag um einen prozentualen Abschlag verringern. Die Einzahlungen lassen sich für diese Fälle so abbilden:

$$E_{ast} = \sum_{j=1}^{J} (p_{asjt} \bullet (1 - cp_{asjt} - \frac{ca_{asjt}}{p_{asjt}} - cb_{asjt}) \bullet x_{asjt}) \bullet (1 - cw_{ast})$$

Da im weiteren Verlauf die Daten aus einem Haushaltspanel verwendet werden und firmenbezogene Daten über das Ausgabeverhalten der Einzelhandelsunternehmungen nicht vorliegen, beschränken sich die Betrachtungen auf die Einzahlungen, die durch die Ausgaben der Haushalte entstehen. Des Weiteren verzichten wir darauf, mit einem Kalkulationszinsfuß zu arbeiten. Auch dies ist dem Umstand geschuldet, dass die Höhe des Kalkulationsfußes sich aus den individuellen Bedingungen des Händlers ergeben. Somit gehen wir nicht von dem diskontierten Lebenszeitwert, sondern von dem einfachen Lebenszeitwert aus.[8]

2.2 Pseudonymisierte Transaktionsdaten als Einzahlungen

Die Daten eines Haushaltspanels werden über das Scanning im Einzelhandel oder durch Inhome-Scanning der Panelteilnehmer erhoben. Jeder aufgezeichnete Einkauf lässt sich

8 Vgl. Link/Hildebrand (1993), S. 55.

über das Pseudonym jedem Haushalt exakt zuordnen. Wie bei der Gewinnung anonymer Daten kann es auch hier zu Fehlern bei der Erhebung und Speicherung von Daten kommen. Wenn die Artikel nicht im Zuge des POS-Scannings (mit Identifikationskarte des Haushaltes), sondern durch Inhome-Scanning erhoben werden, besteht die Gefahr, dass bestimmte Artikel nicht gescannt werden und möglicherweise sogar komplette Einkäufe und damit Bons unberücksichtigt bleiben. Die Fallzahl von Haushaltspanels (GfK: 30.000 Haushalte, aufgestockt 2010, Nielsen: 20.000 Haushalte, aufgestockt 2011) kann sich negativ auf die Aussagekraft auswirken, sobald detailliertere Analysen (Drill-down) gewünscht sind, z.B. Käufe in bestimmten Geschäften. Weitere Probleme, wie z.B. Paneleffekte und Panelsterblichkeit, lassen sich in einschlägigen Quellen nachlesen.[9]

Die Transaktionsdaten enthalten im Normalfall nicht alle zugrunde liegenden Stammdaten (der Artikel und der Kunden); dann ist immer ein Schlüssel notwendig, der die Verbindung zu Stammdaten anderer Quellen herstellt. Vor diesem Hintergrund ist auf folgendes Problem hinzuweisen: Bei fehlenden Zuordnungsmechanismen misslingt die Integration der Paneldaten in ein Data Warehouse. Dies ist z.B. dann der Fall, wenn das Marktforschungsinstitut alle Produkte mit einem eigenen Schlüssel versieht und sie ihren Kunden so zur Verfügung stellt, anstatt die GTIN (vormals EAN) als Schlüssel zu verwenden. Das so genannte Matching mit unternehmungsinternen Daten oder Daten anderer Anbieter ist dann nur nach einem erheblichen Datenbereinigungsaufwand möglich. **Abbildung 2.1** verdeutlicht das Prinzip der Zuordnung verschiedener Datenquellen unter Einbeziehung von Daten aus einem Haushaltspanel.

Abbildung 2.1 Datenmodell von Transaktionsdaten in einem Haushaltspanel

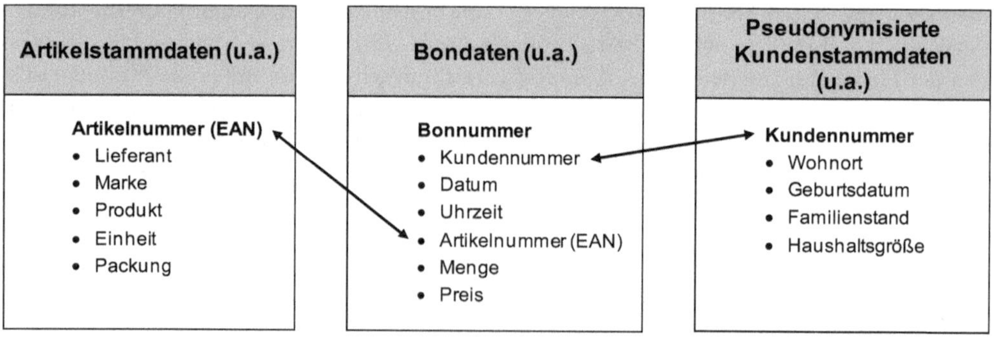

Quelle: Rödl 2010, S. 96

[9] Vgl. dazu Maurer (1993), S. 244 ff.; Meffert (1992), S. 215 f.

3 Die empirische Basis der Kundenbewertung

3.1 Die Ausgangsdaten

Die GfK hat uns Haushaltspanel-Daten der Jahre 2003 und 2004 zur Verfügung gestellt. Die **Struktur der Panelhaushalte** entspricht – gemessen an soziodemographischen Eigenschaften, wie z.B. Personenanzahl je Haushalt, Alter, Einkommen und Bildungsstand des Hauptverdieners – nicht der Zusammensetzung der Haushalte im gesamten Bundesgebiet. Bestimmte Haushaltstypen tauchen als Panelteilnehmer mehr oder weniger häufig auf als im Bundesdurchschnitt. Unterrepräsentiert sind z.B. Haushalte mit sehr hohem Haushaltseinkommen. Daher haben die Abverkaufsdaten dieser Haushalte verhältnismäßig wenig Gewicht, was bei Analysen aus Sicht von Händlern oder Herstellern zu Verzerrungen und Fehleinschätzungen führen kann. Bei der Betrachtung einzelner Haushaltstypen und deren Kaufverhalten wirkt sich dieser Effekt hingegen nicht aus.

Um die Häufigkeitsverteilung der teilnehmenden Haushalte an die tatsächliche Verteilung in der Bundesrepublik Deutschland anzupassen, lassen sich die Warenmengen und Ausgaben je Haushalt mit einem Faktor gewichten.[10] Dieser **Continuous Mass Weight** (CMW) genannte Faktor ist bei den Haushalten Null, die nicht Teil der durchlaufenden Masse sind. Liegt das CMW über 1, so haben nicht genügend Haushalte mit vergleichbaren soziodemografischen Merkmalen berichtet und die Ausgaben des Haushaltes werden höher gewichtet. Liegt das CMW unter 1, so berichten zu viele vergleichbare Haushalte im Panel.

Das CMW korrigiert **Panelschiefen** und stellt die gewünschte Repräsentativität dadurch her, dass die Summe aller Haushalte im analysierten Zeitraum immer dem angegebenen Panelumfang, in unserem Fall 17.000 Haushalte, entspricht und die Verteilung der Haushaltstypen repräsentativ ist. Dabei wird nicht direkt die Anzahl der Haushalte modifiziert, sondern die Ausgaben der Haushalte werden mit dem CMW multipliziert und damit hoch- oder heruntergewichtet. Als Resultat entsprechen die **Gesamtausgaben im Panel** einer repräsentativen Stichprobe von 17.000 deutschen Haushalten. Auf dieser Grundlage liegen für den Betrachtungszeitraum die in **Tabelle 3.1** aufgeführten Daten vor.

Die 12 Geschäftstypen gliedern sich in Discounter, Supermärkte, Verbrauchermärkte, SB-Warenhäuser, Drogeriemärkte, Getränkeabholmärkte, Heimdienste, Versandhandel, Internet, Kauf- und Warenhäuser, restliche Fachgeschäfte sowie Cash & Carry. Unter Vertriebslinien sind die Händlermarken (Storebrands, Retailbrands) zu verstehen, mit denen die Firmen am Markt auftreten, wie z.B. *Edeka E-Center, real, Rossmann* und *dm*.

---

[10] Vgl. Günther/Vossebein/Wildner (1998), S. 50.

Tabelle 3.1 Die Datenbasis des Haushaltspanels der GfK für die Jahre 2003 und 2004

Kenngröße	Anzahl
Haushalte (HH)	17.000
Positionen auf den Bons	46.294.021
Bons	7.440.631
Produkte	199.986
Subwarengruppen	257
Warengruppen	48
Oberwarengruppen	20
Vertriebslinien	50
Geschäftstypen	12
Ø Bonsumme in Euro	11,94
Ø Positionsanzahl je Bon	6
Ø Anzahl Vertriebslinien je Haushalt und Jahr	ca. 13
Gesamtumsatz in Euro	88.837.760

Quelle: Rödl 2010, S. 132

Es gibt bei den Marktforschungsinstituten **keine Datenbank mit allen Käufen der Haushalte**. Der Grund ist, dass die Kunden der Marktforschungsinstitute, das sind in der Regel die Hersteller, ausschließlich an der Warengruppe interessiert sind, zu der ihre Produkte gehören. Entsprechend speichern die Marktforschungsinstitute die Daten warengruppenweise in separaten Datenbanken. Diese Struktur ist historisch gewachsen und für die Betreuung der Marktsegmente praktikabel, weil Produkte und Warengruppen mehr im Mittelpunkt des Interesses standen als die Haushalte mit ihrem gesamten Kaufverhalten. Einen Blick auf den Kauf aller Warengruppen aus der Perspektive der Haushalte hat es bislang nicht gegeben. Um die Daten für unsere Zwecke analysieren zu können, mussten die Daten aus mehreren Datenbanken zusammengeführt werden und zwar in der Weise, dass sie den Haushalten eineindeutig zugeordnet werden können. Das Datenmodell setzt sich aus Stammdaten der Artikel, Einkaufsstätten und Kunden (soziodemographische und psychographische Daten) sowie Transaktionsdaten (Bons und Positionen) zusammen (**Abbildung 3.1**).

Abbildung 3.1 Das konzeptuelle Schema für die Daten des Haushaltspanels

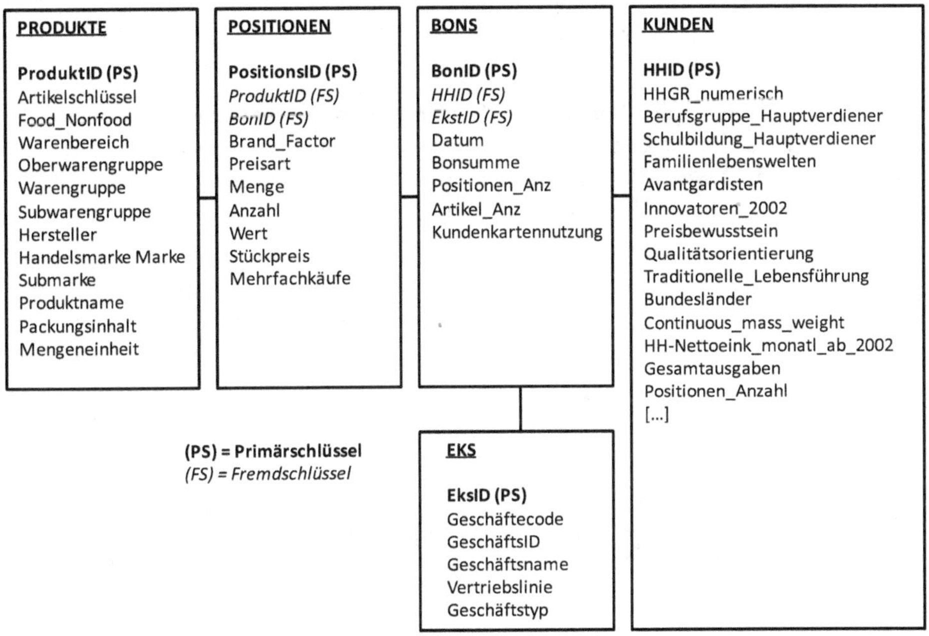

Quelle: Rödl 2010, S. 130

3.2 Die Herleitung von Zahlungsreihen

Wie kann man von Daten über zwei Jahre zu Zahlungsreihen für Jahrzehnte gelangen? Da solche Messreihen bei der GfK nicht vorliegen, haben wir die vorliegenden Daten aus den Jahren 2003 und 2004 fortgeschrieben. Wir unterstellen, wohlwissend um sämtliche Probleme, die damit verbunden sind, dass sich heutiges Verhalten in die Zukunft fortschreiben lässt. Danach mögen sich die zum Erhebungszeitpunkt 30-Jährigen in 20 Jahren so verhalten wie die Personen, die zum Erhebungszeitpunkt 50 Jahre alt sind.

Da die GfK Altersklassen für Fünf-Jahres-Intervalle bildet, haben wir zunächst die Ausgaben eines Haushaltes für zwei Jahre (2003 und 2004) auf den Zeitraum von fünf Jahren fortgeschrieben, indem wir sie mit 2,5 multipliziert haben. Ein fiktives Beispiel: Ein Haushalt, dessen Haushaltsvorstand zum Erhebungszeitpunkt zwischen 20 und 24 Jahre alt ist und in den beiden Erhebungsjahren insgesamt 2.000 Euro für Lebensmittel ausgegeben hat, gibt in fünf Jahren Zugehörigkeit zu dieser Altersklasse 5.000 Euro aus. Auf diese Art und Weise erhält man Ausgabenwerte für jede Altersklasse. Für jeden Haushalt einer Altersklasse erhält man nun eine Zahlungsreihe bis zum Ende der Zeit, in der dieser Haushalt einkauft, in dem man die Ausgaben der Folgeintervalle summiert. Für den Haushalt des Intervalls 20 bis 24 Jahre schließen sich die Ausgaben der Haushalte an, die 25 bis 29, 30 bis 34, 35 bis 39 Jahre alt sind, bis zum letzten Intervall, das 70 Jahre und älter umfasst. Auf diese Weise lässt sich für jede zum Erhebungszeitpunkt betrachtete Altersgruppe die Zahlungsreihe herleiten.

Da neben den Angaben zum Alter auch zahlreiche weitere Angaben zur Soziodemographie der Haushalte vorliegen, lassen sich Lebensphasen und soziale Schichten unterscheiden. Aufbauend auf dem Modell der Familienlebenswelten von *Kleining* und *Prester* (1999) haben wir sieben Lebenswege entwickelt (**Abbildung 3.2**).

Abbildung 3.2 Lebenswege auf der Basis der Familien-Lebenswelten

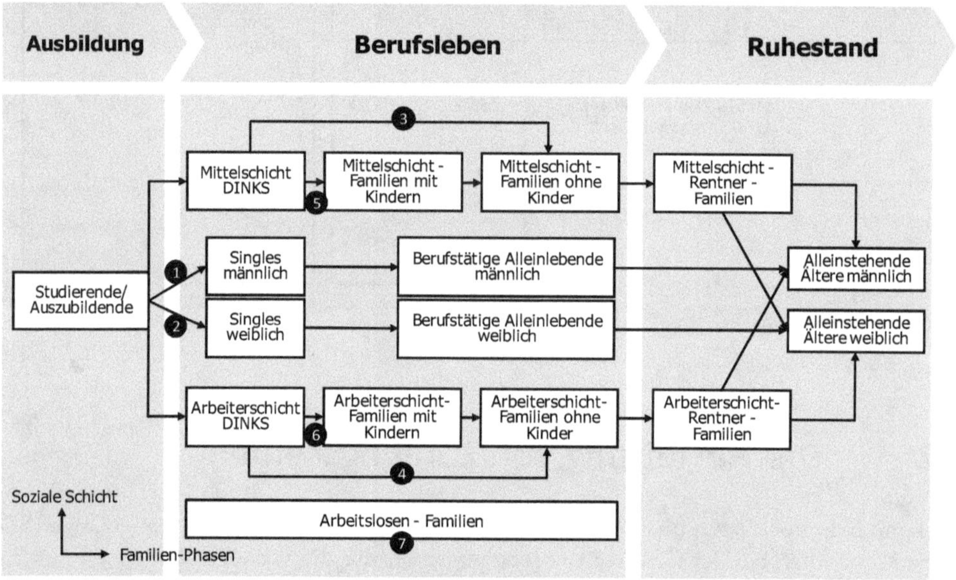

Quelle: Rödl 2010, S. 154

So setzt sich z.B. der Lebensweg fünf, wir nennen ihn im Folgenden **„Mittelschicht mit Kindern"** aus den Phasen „Ausbildung", „Mittelschicht DINKS", „Mittelschicht-Familien mit Kindern", „Mittelschicht-Familien ohne Kinder" „Mittelschicht-Rentner-Familien" und alleinstehende Ältere (m oder w) zusammen. In Verbindung mit der zuvor beschriebenen Herleitung der Zahlungsreihe, erhält man für diesen Lebensweg die in **Tabelle 3.2** aufgeführten Ausgaben der Haushalte vom Typ Lebensweg fünf. Danach gibt der Haushalt in der Zeit, in der der Haushaltsvorstand zwischen 45 und 49 Jahre alt ist, insgesamt 18.346 Euro aus, über die gesamte Lebensdauer sind es 155.692 Euro. Diese Beträge sind die Kundenwerte für den gesamten Einzelhandel mit Lebensmitteln, unterteilt nach Lebensphasen in 5-Jahres-Abschnitten sowie über alle Lebensphasen summiert.

Tabelle 3.2 Ausgaben eines Haushalts des Lebenspfades „Mittelschicht mit Kindern" für Lebensmittel über die maximale Lebensdauer

Alter	20-24	25-29	30-34	35-39	40-44	45-49	50-54	55-59	60-64	65-69	70-74
Ausgaben in €	5.444	9.820	14.284	15.414	17.005	18.346	13.967	14.818	15.309	16.219	15.066

Auf dieser Datengrundlage lassen sich nun für alle **Lebenspfade** die Gesamtausgaben für Lebensmittel darstellen: **Abbildung 3.3** zeigt für jede Altersklasse und für jeden Lebenspfad, wie hoch die Ausgaben der Haushalte in den kommenden Jahren sein werden.

Abbildung 3.3 CLV der Haushalte verschiedener Lebenspfade für Lebensmittel

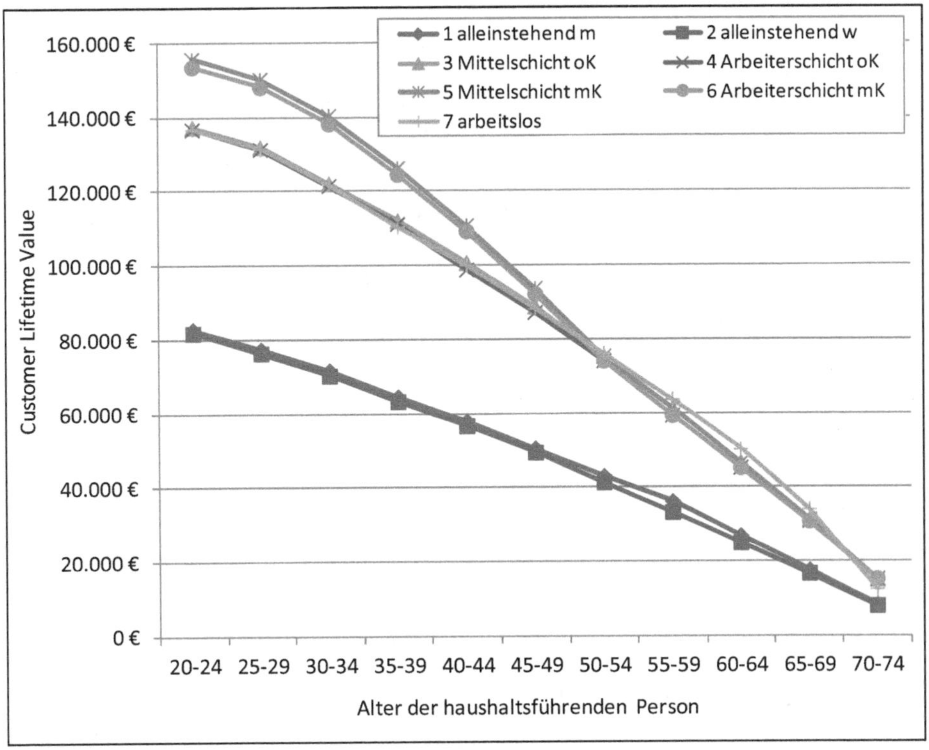

Quelle: Rödl 2010, S. 163

Die Pfade „männliche Alleinlebende" und „weibliche Alleinlebende" liegen über den gesamten Lebenszyklus ungefähr auf einer Höhe, ebenso die Pfade „Mittelschicht ohne Kinder" und „Arbeiterschicht ohne Kinder" sowie „Mittelschicht mit Kindern" und „Arbeiterschicht mit Kindern", deren Ausgabenhöhe zunächst höher ist als in allen anderen Lebenspfaden, sich dann aber ab dem 50. Lebensjahr der haushaltsführenden Person den Pfaden „Mittelschicht ohne Kinder" und „Arbeiterschicht ohne Kinder" angleichen.

Der Lebenspfad „Arbeitslose", dessen Ausgabenhöhe ungefähr deckungsgleich mit den Pfaden „Mittelschicht ohne Kinder" und „Arbeiterschicht ohne Kinder" ist, würde Haushalte repräsentieren, die Zeit ihres Lebens arbeitslos wären. Er dient dazu, dass Abschnitte aus ihm in andere Pfade eingebaut werden, um temporäre Arbeitslosigkeit abzubilden. Was die Datengrundlage dieses Pfades angeht, ist ohnehin davon auszugehen, dass er sich aus Daten temporärer Arbeitslosigkeit zusammensetzt. Dies dürfte auch erklären, warum die Höhe der Ausgaben nicht weit entfernt ist von den übrigen Nicht-Single-Haushalten, deren Haushaltsvorstand berufstätig ist.

4 Die Ermittlung von Kundenwerten

Das Datenmodell erlaubt es, die Ausgaben der Haushalte auf verschiedenen Aggregationsebenen zu analysieren, sei es auf der Produkt- oder Warengruppenebene, sei es für bestimmte Betriebstypen oder Vertriebslinien, sei es aus einer Kombination von Waren- und Institutionenebene. Zudem lassen sich die Ausgaben nach verschiedenen Haushaltstypen, in unserer Betrachtung sind es Lebenspfade, untersuchen. So können z.B. folgende Fragen beantwortet werden:

- Wie viel Geld geben Haushalte des Lebenspfades „Arbeiterschicht ohne Kinder" ihrer Kundschaft für die Warengruppe „Konserven" bei „Discountern" aus?
- Wie unterscheiden sich die Einzahlungen verschiedener Betriebstypen im Hinblick auf die Ausgaben verschiedener Haushalte, differenziert nach Lebenspfaden?
- Wie schneiden Vertriebslinien untereinander im Hinblick auf die Ausschöpfung der Ausgabenpotenziale der Haushalte ab?

Wir wählen darüber hinaus eine weitere Perspektive und stellen die Kundenwerte, wie sie sich aus den für zwei Jahre erhobenen Transaktionsdaten ergeben, den hochgerechneten Daten gegenüber. Dies hat zum Ziel, die kurzfristige Perspektive um eine langfristige zu ergänzen. Die kurzfristige Perspektive, in der Regel ein Jahr, weil darüber hinaus keine Daten zur Verfügung stehen oder nicht nachgefragt werden, betrachtet den Wert von Kunden über die Bedarfsdeckungsquote, die längerfristige über den einfachen (weil nicht diskontierten) Customer Lifetime Value. Die Bedarfsdeckungsquote (auch: Loyalität) gibt an, wie viel Prozent seines Budgets ein Haushalt für einen bestimmten Verwendungszweck ausgibt. Wenn die Bedarfsdeckungsquote eines Haushaltes für die Schokoladenmarke „Milka" 25 Prozent beträgt, dann tätigt er 25 Prozent aller Ausgaben für Schokolade für die

Marke „Milka". Wenn die Bedarfsdeckungsquote eines Haushaltes für den Betriebstyp „Discounter" 35 Prozent beträgt, dann tätigt dieser Haushalt 35 Prozent aller Ausgaben für Lebensmittel bei „Discountern". Wenn die Bedarfsdeckungsquote eines Haushaltes für die „Molkereiprodukte" bei der Vertriebslinie „Edeka E-Center" 28 Prozent beträgt, dann tätigt dieser Haushalt 28 Prozent aller Ausgaben für „Molkereiprodukte" bei diesem Händler. Grundsätzlich lassen sich beliebige weitere Größen ermitteln. Am Ende ist allerdings zu betrachten, wie groß die Fallzahl ist, die als Basis dient. Je mehr Merkmale kombiniert werden, desto geringer ist in der Regel die Fallzahl und damit die Aussagekraft.

4.1 Der Customer Lifetime Value der Vertriebslinien

Betrachten wir zunächst das Einkaufsverhalten der Haushalte gegenüber den verschiedenen Vertriebslinien. Gereiht sind die Vertriebslinien in **Tabelle 4.1** nach der Bedarfsdeckungsquote.

Tabelle 4.1 Käuferreichweiten, Bedarfsdeckungsquoten und CLV je Vertriebslinie

Vertriebslinie	KRW in %	Ø BDQ in %	Ø 2-Jahres-Kundenwert in €	Ø 2-Jahres-Kundenwert • Ø BDQ in €	Ø CLV in €	Ø CLV • Ø BDQ in €
Aldi	93,5	16,2	5.260	852	84.504	13.690
Kaufland	51,2	14,0	5.216	731	85.579	11.990
Globus St. Wendel	11,5	11,6	5.575	648	92.668	10.768
real	58,7	10,6	5.408	574	86.040	9.137
Lidl	83,2	9,8	5.285	520	85.950	8.449
Netto	31,2	9,5	5.204	493	87.251	8.271
Hit	9,2	8,8	5.322	469	87.804	7.744
Penny	52,0	8,2	5.260	433	87.136	7.171
Marktkauf	26,0	7,9	5.297	420	85.897	6.803
Toom	14,4	7,2	5.507	399	85.489	6.189
Wal-Mart	21,8	6,8	5.368	364	89.495	6.068
Edeka Aktiv	58,1	6,7	5.405	362	85.352	5.719
Famila	12,0	6,5	5.658	369	87.239	5.688
Plus	59,4	6,5	5.197	337	85.083	5.513
Rewe restl. LEH	48,2	6,4	5.361	343	84.118	5.375
Durchschnitt	•	**9,1**	**5.355**	**488**	**86.640**	**7.905**

Quelle: Rödl 2010, S. 226

Neben den Bedarfsdeckungsquoten und den CLV weisen wir auch die Käuferreichweiten aus. Die Käuferreichweite gibt in diesem Fall an, wie viel Prozent aller Haushalte der Stichprobe mindestens einmal bei einem der Händler Geld für Lebensmittel ausgegeben haben. *Aldi* hat mit 93,5% die höchste Käuferreichweite, *Hit* mit 9,2% die niedrigste. Allerdings spielen regionale Schwerpunkte der Händler eine Rolle bei der deutschlandweiten Käuferreichweite.

Die Wertangaben in **Tabelle 4.1** sind immer die Durchschnittswerte eines Haushaltes. So kaufen bei *Globus* Haushalte ein, deren CLV im Durchschnitt 92.668 Euro beträgt. Diesen Betrag gibt ein solcher Haushalt künftig für Lebensmittel aus. Deckt er auch künftig den Bedarf zu 11,6 % bei *Globus*, so entfallen auf *Globus* 10.768 Euro. Für *Famila* dagegen, die bei der Bedarfsdeckungsquote im 2-Jahreszeitraum an der Spitze liegen, beträgt der durchschnittliche CLV lediglich 87.239 Euro. Die Erklärung hierfür liegt in der Altersstruktur der Kunden und den damit verbleibenden restlichen Ausgaben.

Aldi hat zwar die höchste Käuferreichweite, aber weder in der 2-Jahreswertung noch in der Langfristbetrachtung die Kunden mit den höchsten Ausgaben für Lebensmittel. Aufgrund der höchsten Bedarfsdeckungsquote seiner Kunden schöpft *Aldi* sowohl kurz- als auch langfristig das Potenzial am stärksten aus. Für die Händler sollten diese Zahlen der Anlass sein, sich intensiv mit der Altersstruktur ihrer Haushalte zu befassen sowie mit den Lebenspfaden, auf denen sich ihre Kunden bewegen.

4.2 Der Customer Lifetime Value der Vertriebslinien in der Warengruppe Molkereiprodukte

Geht man nun von der Gesamtsicht aller Warengruppen exemplarisch in die Analyse der Warengruppe Molkereiprodukte, so zeigen sich die in **Tabelle 4.2** aufgeführten Werte. Auch hier sind die Vertriebslinien nach der Bedarfsdeckungsquote gereiht, dieses Mal für die Warengruppe Molkereiprodukte.

Globus hat in dieser Warengruppe die Kunden mit den höchsten Gesamtausgaben, sowohl kurz- als auch langfristig, liegt aber aufgrund der niedrigeren Bedarfsdeckungsquote in der Kurzfrist- wie in der Langfristbetrachtung nur auf Platz 3, was die Ausschöpfung des Kundenpotenzials in dieser Warengruppe betrifft.

Sobald man von der Ebene des Gesamtsortiments auf die Ebene von Warengruppen geht, bieten sich Vergleiche zwischen Warengruppen und zwischen einer Warengruppe und dem Gesamtsortiment an. So ist der CLV der *real*-Kunden in der Warengruppe Molkereiprodukte deutlich stärker als auf der Ebene des Gesamtsortiments. Während die *Netto*-Kunden dagegen mit ihrem CLV für das Gesamtsortiment über dem Durchschnitt liegen und zur Spitzengruppe gehören, liegen sie in der Warengruppe Molkereiprodukte unterhalb des Durchschnitts.

Tabelle 4.2 Käuferreichweiten, Bedarfsdeckungsquoten und CLV je Vertriebslinie für die Warengruppe Molkereiprodukte

Vertriebslinie	KRW in %	Ø BDQ in %	Ø 2-Jahres-Kundenwert in €	Ø 2-Jahres-Kundenwert • Ø BDQ in €	Ø CLV in €	Ø CLV • Ø BDQ in €
Aldi	88,3	23,8	584	139	9.924	2.360
Kaufland	42,7	18,4	575	105	10.124	1.859
Globus St. Wendel	8,8	15,9	623	99	10.815	1.717
Netto	25,6	15,1	561	85	10.187	1.535
real	44,7	14,6	611	89	10.395	1.517
Lidl	73,5	13,5	590	80	10.235	1.386
Penny	42,7	13,5	582	79	10.341	1.395
Hit	7,1	13,0	610	79	10.674	1.388
Toom	8,7	12,7	623	79	10.267	1.307
Rewe restl. LEH	30,9	12,6	596	75	9.881	1.242
Marktkauf	18,2	12,3	610	75	10.509	1.288
Edeka Aktiv	42,4	11,1	604	67	10.013	1.110
Plus	48,5	10,9	578	63	10.040	1.089
Markant restl. LEH	19,4	10,8	615	66	9.754	1.050
Edeka Neukauf	19,2	10,2	606	62	9.967	1.021
Durchschnitt	•	**13,9**	**598**	**83**	**10.208**	**1.418**

Quelle: Rödl 2010, S. 231

Die Gründe für geringe Werte des CLV bestimmter Händler können anhand der Treiber des CLV analysiert werden. Als wichtigste Einflussfaktoren des Kundenwertes haben sich in dieser Untersuchung neben den Familien-Lebenswelten das Alter, die Haushaltsgröße, die Familienstruktur und die soziale Stellung gezeigt.[11] So ist es möglich, dass die *Netto*-Kunden etwas älter sind als der Durchschnitt oder die Haushalte weniger Mitglieder haben. Demgegenüber ist zu beachten, dass die durchschnittliche Bedarfsdeckungsquote in der Warengruppe Molkereiprodukte mit 15,1% höher ist als für das Gesamtsortiment mit 9,5%.

Mit *Penny* gehört neben *Aldi, Netto* und *Lidl* ein vierter Discounter zur Spitzengruppe. Kunden von Discountern geben für Molkereiprodukte somit mehr aus als Kunden anderer Geschäftstypen. Um diese Kunden näher zu untersuchen, kombinieren wir eine Warengruppe (Molkereiprodukte) mit einem Betriebstyp (Discounter) und sehen uns die verschiedenen Vertriebslinien an.

[11] Vgl. Rödl (2010), S. 142 ff.

4.3 Der Customer Lifetime Value der Discounter in der Warengruppe Molkereiprodukte

Zu den im Haushaltspanel erfassten Discountern, bei denen die Haushalte Molkereiprodukte kaufen, zählen *Aldi, Lidl, Plus, Penny, Netto, Norma* und *Edeka Discount*. Die Kunden von *Netto* und *Penny* haben in der Warengruppe Molkereiprodukte den höchsten durchschnittlichen CLV unter den Discountern (**Abbildung 4.1**). Verglichen mit den Kunden anderer Discounter haben die Kunden von *Aldi* mit 4.352,19 Euro einen geringen CLV.

Abbildung 4.1 Durchschnittliche Bedarfsdeckungsquoten und CLV für die Warengruppe Molkereiprodukte bei Discountern

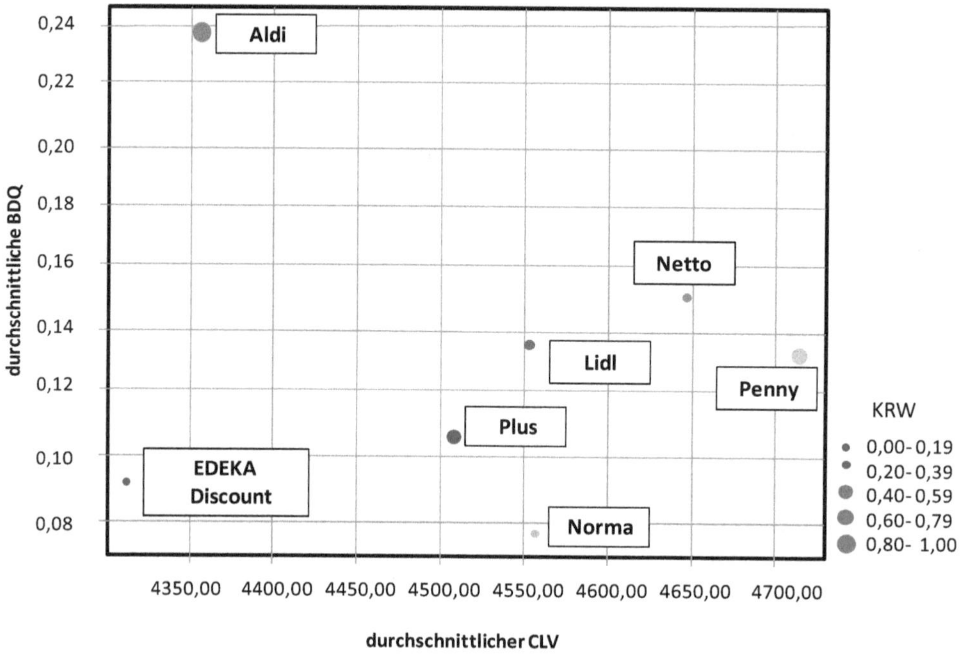

Quelle: Rödl 2010, S. 235

Betrachtet man die Überschneidungen der Käuferreichweite zwischen den Discountern in der Warengruppe Molkereiprodukte, so zeigt sich, dass viele *Aldi*-Kunden auch bei anderen Discountern kaufen (**Tabelle 4.3**).

Tabelle 4.3 CLV der Aldi-Kunden bei anderen Discountern in der Warengruppe Molkereiprodukte

Vertriebslinie	gemeinsame KRW in %	CLV: Aldi-Kunden in €	CLV: alle Kunden in €	Differenz in €
Aldi	100,0	4.352	4.352	0
Lidl	77,6	4.638	4.553	85
Plus	49,5	4.593	4.506	87
Penny	43,8	4.833	4.718	115
Netto	29,3	4.762	4.646	116
Norma	25,4	4.650	4.555	95
Edeka Discounter	10,1	4.398	4.314	84

Quelle: Rödl 2010, S. 237

Vor diesem Hintergrund kann man sich die CLV derjenigen Haushalte ansehen, die sowohl bei *Aldi* als auch bei anderen Discountern in der Warengruppe Molkereiprodukte kaufen. 77,62% der *Aldi*-Kunden, die auch bei *Lidl* kaufen, haben einen durchschnittlichen CLV von rund 4.639 Euro, während alle *Lidl*-Kunden inklusive der Kunden, die nicht bei *Aldi* kaufen, nur einen CLV von rund 4.554 Euro haben. Der CLV ist also um rund 85 Euro höher, wenn Haushalte Kunden in der Warengruppe Molkereiprodukte bei beiden Discountern sind.

Sieht man sich die Differenzen für alle Discounter an, so liegen die CLV der *Aldi*-Kunden, die auch bei den anderen Discountern kaufen, immer höher als der CLV aller Kunden des jeweiligen Discounters. Zudem sind diese Werte auch höher als der CLV aller *Aldi*-Kunden mit 4.352Euro.

5 Erkenntnisgewinn?

Wenn ein Einzelhändler weiß, über welches Einzahlungspotenzial er in der Zukunft verfügt, dann kann er seine Entscheidungen über die Strategien und den Mitteleinsatz daran ausrichten. Dreh- und Angelpunkt sind die Daten aus den künftigen Transaktionen. Je weiter solche Daten in die Zukunft reichen, je umfangreicher sie ausfallen (gemeint sind damit die Fallzahlen) und je detaillierter sie sich nach den relevanten Einflussgrößen analysieren lassen, desto besser ist die Entscheidungsqualität.

Gemessen an diesem Anspruchsniveau weist unsere Untersuchung einige Macken und Mängel auf. Der erste Mangel ist, dass die **Daten aus Haushaltspanels** bereits bei einer Betrachtung über ein Jahr schnell an Grenzen stoßen. Eine Stichprobe von 30.000 Haushalten kann nun einmal schlecht rund 39 Mio. Haushalte abbilden. Das zeigen fehlende Typen von Haushalten (solche mit höherem Einkommen) sowie die Unter- oder Überrepräsentanz bestimmter Haushaltstypen, die mit dem Continuous Mass Weight korrigiert werden müssen. Auch müssen etliche Einkaufsstätten unerfasst bleiben oder sind nur mit wenigen Haushalten vertreten. Aussagen über einzelne Einkaufsstätten sind daher ebenso problematisch wie über Vertriebslinien, wenn sie sich aus einer Vielzahl heterogener Märkte zusammensetzen. Wir brauchen hier nicht weiter auf die Schwächen eines Haushaltspanels einzugehen. Sie sind bekannt. Wie aber soll man mit diesem Mangel umgehen, wenn man weiß, dass es keine andere Datenquelle gibt, aus der das Kaufverhalten der Haushalte gespeist werden kann? Keine andere Quelle bietet Daten darüber, in welchen Einkaufsstätten die Haushalte welche Produkte wie häufig zu welchen Preisen in welchen Mengen kaufen.

Kommen wir zu dem zweiten Mangel, der **Modellierung des Customer Lifetime Value**. Wir benötigen hierzu Daten über die Einzahlungen und Auszahlungen der Händler sowie über einen Kalkulationsfuß, wenn der diskontierte Customer Lifetime Value berechnet werden soll. Die Grundidee ist, der Kundenbeziehung zu einem Haushalt über die gesamte Laufzeit einen Wert zuzurechnen und zwar vom Betrachtungszeitpunkt bis zum voraussichtlichen Ende dieser Kundenbeziehung. Je länger diese Beziehung dauern wird, je „jünger" also die Haushalte sind, desto höher dürfte der Barwert in der Regel ausfallen. Da die Auszahlungen und der Kalkulationsfuß unternehmensindividuelle Größen sind, die von der Marktbearbeitungsstrategie und den individuellen Gegebenheiten eines Marktes oder einer Vertriebslinie abhängen, haben wir darauf verzichtet, diese Größe zu berücksichtigen, und uns auf einen Customer Lifetime Value beschränkt, der über die Einzahlungen ermittelt wird, d.h. über die Ausgaben der Haushalte für Lebensmittel.

Will man nun für die gesamte Dauer einer Kundenbeziehung diese Einzahlungen berücksichtigen, so bedarf es entsprechender **Prognosedaten**. Solche Daten lagen bislang nicht vor. Die bekannten Haushaltspanels sind auf sehr kurzfristige, rückwärtsgerichtete Analysen ausgerichtet. Hier haben wir nun zu dem Trick gegriffen, historische Daten aus zwei Jahren fortzuschreiben, bis maximal über einen Zeitraum von 55 Jahren. Dies ist die dritte Macke unserer Untersuchung. Wir unterstellen, dass keinerlei Veränderungen in den Strukturen und Verhaltensweisen der Marktteilnehmer auftreten, die das Einkaufsverhalten verändern. Die Alternative ist, für alle in Frage kommenden Parameter Simulationsrechnungen durchzuführen. Wir haben darauf verzichtet, weil es an dem, was wir zeigen wollten, nichts geändert hätte. Uns ist es darum gegangen, die Entwicklung künftiger Einzahlungen mit den Lebenspfaden von Haushalten zu verbinden.

Und hier kommen wir zu dem ersten Vorteil unserer Untersuchung. Da das Haushaltspanel nicht nur Auskunft über die Transaktionsdaten, sondern auch über die Lebensverhältnisse der Haushalte gibt, lassen sich Unterschiede im Ausgabeverhalten verschiedener sozialer Schichten (statische Betrachtung) und verschiedener Lebenspfade (dynamische Betrachtung) erkennen. Für die Händler bedeutet dies, dass sie nicht nur Querschnitt-, sondern vor allem **Längsschnittanalysen** anstellen können. Sie können erkennen, wie sich ihre Einzahlungen verändern, wenn sich die Struktur ihre Kunden in bestimmte Richtungen bewegt, z.B. Überalterung oder Abnahme der Haushaltsgröße. Ein weiteres Plus unserer Untersuchung ist, dass sich die Analysen nicht auf einzelne Warengruppen beschränken, sondern die gesamten Ausgaben der Haushalte für Lebensmittel erfassen, also die

Ausgaben für alle Warengruppen. Die Voraussetzung hierfür ist gewesen, die Daten einzelner Warengruppen miteinander zu verknüpfen und den Haushalten zuzuordnen. Eine solche Datenbank hat es bislang nicht gegeben.

So erhält man erstmals Daten über die **Einzahlungspotenziale von Lebenspfaden**. Geht man zu Beginn von 20-jährigen Haushaltsvorständen aus, so sind dies bis zum 75. Lebensjahr für „männliche Alleinlebende" rund 82.800 Euro, für „weibliche Alleinlebende" rund 81.800 Euro, für den Pfad „Mittelschicht ohne Kinder" rund 137.300 Euro, für den Pfad „Arbeiterschicht ohne Kinder" rund 136.800 Euro sowie für die Pfade „Mittelschicht mit Kindern" rund 155.700 Euro und „Arbeiterschicht mit Kindern" rund 153.500 Euro. Die Pfade lassen sich bei Bedarf verändern, einzelne Abschnitte neu kombinieren und mit den Ausgaben der Haushalte hinterlegen.

Diese Pfade lassen sich dann aus der Perspektive von Betriebstypen, Vertriebslinien, Regionen und Warengruppen betrachten. Händler können erkennen, wie sich ihre künftigen Einzahlungen entwickeln, in welchen Warengruppen sie stark sind, in welchen schwach, welche Kundengruppe ihnen künftig höhere, welche niedrigere Einzahlungen bringt. Da das Haushaltspanel als Datenquelle alle Einkäufe aller Haushalte bei allen Händlern erfasst (erfassen soll), bietet sich auch die Möglichkeit zu Konkurrenzvergleichen und zur **Identifikation von Benchmarks**. Damit ergeben sich Ansatzpunkte für die Gestaltung von Marktbearbeitungsmaßnahmen, nicht nur kurzfristiger, sondern eben auch langfristiger Natur. Welche Kundengruppen sollen wie entwickelt werden, welche Sortimentsbereiche sollen ausgebaut, welche eingeschränkt werden? In dem Bestreben, diese Fragen zu beantworten, könnte die nächste Schwäche gesehen werden. Denn mit jeder Veränderung von Strukturen und Verhaltensweisen der Marktteilnehmer verlieren die Prognosedaten an Aussagekraft. Tatsächlich ist darin aber die Aufforderung zu sehen, die Prognosedaten von Zeit zu Zeit zu aktualisieren.

Literatur

Andon, P., Baxter, J., Bradley, G. (2001): Calculating Customer Lifetime Value (CLV): Theory and Practice, in: Günter, B., Helm, S. (Hrsg.): Kundenwert – Grundlagen – Innovative Konzepte – Praktische Umsetzungen, Wiesbaden, S. 259-274.

Cornelsen, J. (1996): Kundenwert – Begriff und Bestimmungsfaktoren, Arbeitspapier Nr. 43, Lehrstuhl für Marketing, Universität Erlangen-Nürnberg.

Cornelsen, J. (2000): Kundenwertanalysen im Beziehungsmarketing – Theoretische Grundlegung und Ergebnisse einer empirischen Studie im Automobilbereich, Nürnberg.

Dwyer, F. R. (1989): Customer Lifetime Valuation to Support Marketing Decision Making, in: Journal of Direct Marketing, Nr. 4, S. 8-15.

Günther, M., Vossebein, U., Wildner, R. (1998): Marktforschung mit Panels, Wiesbaden.

Hansotia, B. J., Wang, P. (1997): Analytical Challenges in Customer Acquisition, in: Journal of Direct Marketing, Nr. 2, S. 7-19.

Homburg, C., Daum, D. (1997a): Marktorientiertes Kostenmanagement – Kosteneffizienz und Kundennähe verbinden, Frankfurt am Main.

Homburg, C., Daum, D. (1997b): Die Kundenstruktur als Controlling-Herausforderung, in: Controlling, Nr. 6, S. 394- 405.

Kleining, G., Prester, H.-G. (1999): Familien-Lebenswelten. Eine neue Marktsegmentation von Haushalten, in: Jahrbuch für Absatz und Verbrauchsforschung, Nr. 45, S. 4-25.

Link, J., Hildebrand, V. G. (1993): Database Marketing und Computer Aided Selling, München.

Link, J., Hildebrand, V. G. (1997): Ausgewählte Konzepte der Kundenbewertung im Rahmen des Database Marketing, in: Link, J., Brändli, D., Schleuning, C., Hehl, R. E. (Hrsg.): Handbuch Database Marketing, 2. Aufl., Ettlingen, S. 159-173.

Maurer, R. (1993): Marketingforschung im Handel: Aufgaben und Instrumente; Managementinformationssystem; strategische und technologische Trends, Wien.

Meffert, H. (1992): Marketingforschung und Käuferverhalten, 2. Aufl., Wiesbaden.

Mihr, R. (2002): Was Verbraucher wirklich wollen, in: Lebensmittel Praxis, Nr. 9, S. 10-14.

Peters, T.J. (1987): Thriving on Chaos: Handbook for a Management Revolution, New York.

Reinartz, W. J., Kumar, V. (2000): On the Profitability of Long-Life Customers in a Noncontractual Setting: An Empirical Investigation and Implications for Marketing, in: Journal of Marketing, Nr. 4, S. 17-35.

Rödl, A. (2003): Der Customer Lifetime Value von Kunden des Lebensmittel-Einzelhandels als Steuerungsgröße im Category Management, in: Schröder, H. (Hrsg.): Category Management: Aus der Praxis für die Praxis – Konzepte – Kooperationen – Erfahrungen, Frankfurt am Main, S. 197-217.

Rödl, A. (2010): Kundenbewertung im Lebensmitteleinzelhandel – Die Analyse von Kundenpotenzialen mit Haushaltspaneldaten, Lohmar.

Schröder, H., Rödl, A. (2006): Wenn die Datenmine zur Goldgrube wird – Was uns Kundendaten über das Kaufverhalten verraten, in: Essener Unikate, Heft 29, S. 54-67.

Stahl, H. K., Hinterhuber, H. H., von den Eichen, S. A. F., Matzler, K. (2002): Kundenzufriedenheit und Kundenwert, in: Hinterhuber, H. H., Matzler, K. (Hrsg.): Kundenorientierte Unternehmensführung: Kundenorientierung – Kundenzufriedenheit – Kundenbindung, 3. Aufl., Wiesbaden, S. 193-211.

Weiber, R., Weber, M. R. (2000): Customer Lifetime Value als Entscheidungsgröße im Customer Relationship Management, in: Weiber, R. (Hrsg.): Handbuch Electronic Business – Informationstechnologien – Electronic Commerce – Geschäftsprozesse, S. 473-504.

Modellierung und Messung des Return on Investments von Marketing-Maßnahmen

Klaus L. Wübbenhorst und Volker Bosch

1 Einführung

Die Anforderungen an die Marktforschungsbranche sind stark gestiegen. Bis noch vor wenigen Jahren bestanden typische Studien aus relativ einfachen Befragungen, typische Ergebnisse aus einfachen Mittelwerten. Aussagen der Form „x% der deutschen Haushalte sind online" und „y% der Firmen sehen optimistisch in die Zukunft" stehen exemplarisch dafür.

Heute spielen Befragungen dieser Art immer noch eine Rolle, aber mit deutlich abnehmender Tendenz. Denn zunehmend werden mit modernen Befragungstechniken im Verbund mit State-of-the-Art statistischen Methoden komplexe Modelle für die Beschreibung und Vorhersage von Marktentwicklungen standardmäßig erstellt. Ermöglicht hat diese Entwicklung der stetige Fortschritt, den die statistischen Methoden in den vergangenen Jahren genommen haben. Und somit lassen sich leichter Informationen gewinnen, die unmittelbar handlungsrelevant sind.

Handlungsrelevante Informationen aus der Marktforschung sind direkt, also ohne Interpretationsaufwand, in eine Steigerung des Unternehmenserfolgs übersetzbar. Z.B. ist die Aussage „Die Werbekampagne erhöhte die Awareness für die Marke um 5%" mit deutlich größeren Unsicherheiten in zukünftige Budgetallokationen umzusetzen als die Aussage „Die Werbekampagne erhöhte den Marktanteil der Marke kurzfristig um einen Prozentpunkt". Letztere Aussage ist zwar deutlich schwerer valide zu messen, wie der Abschnitt „Kausalität und Experiment" zeigen wird, jedoch ist der Wert der Investition viel einfacher abzuschätzen.

Somit haben handlungsrelevante Informationen den mit Abstand höchsten Wert sowohl für das Unternehmen als Empfänger der Information als auch für die Marktforschung als Erzeuger. Insbesondere Modelle, die mit den abhängigen Variablen „Return on Investment" (ROI) oder geeigneten Proxys wie Marktanteil oder Verkaufsmenge operieren, sind unmittelbar handlungsrelevant.

Im Folgenden wird beschrieben, wie der ROI in der Marktforschung definiert wird und wie er gemessen und vorhergesagt werden kann. Zwei Thesen sind dabei von zentraler Bedeutung:

1. Der ROI kann nur mit experimentellen bzw. quasi-experimentellen Methoden valide abgeschätzt werden.
2. Die valide Messung und Vorhersage des ROI benötigt hochentwickelte statistische Modelle, die nur von Spezialisten beherrscht werden können.

2 Return on Investment und die Planung von Marketingmaßnahmen

Für den ROI existieren Definitionen, die je nach Anwendungsfeld variieren. In der Marktforschung wird in der Regel die gängigste Definition verwendet:

$$\text{ROI} = \frac{\text{Gewinn}}{\text{Investitionskosten}}$$

Im Allgemeinen sind dem Marktforschungsinstitut Investitions- bzw. Produktionskosten aus Geheimhaltungsgründen nicht bekannt, dem Kunden jedoch fällt es in aller Regel leicht, zumindest eine hinreichend genaue Kostenschätzung zu erstellen. Das Problem der ROI-Messung vereinfacht sich dann zu einer Messung des Umsatzes. Marktanteil (bei bekannter Marktgröße) und Verkaufsmenge sind in Verbindung mit dem Preis äquivalente Größen.

Somit besteht die Anforderung an die Marktforschung in der möglichst präzisen Messung von Verkaufsmenge oder Marktanteil als Funktion einer Marketingmaßnahme. Klassischerweise stehen dabei meist die vier Ps (Price, Product, Promotion, Place) im Vordergrund.

2.1 Kausalität und Experiment

Es mag zunächst trivial erscheinen, aus aktuellen Marktdaten den Erfolg von Marketingmaßnahmen abzuleiten. Die Betrachtung einer Zeitreihe mit zusätzlicher Information über den Verlauf der Maßnahmen sollte genügen. Das ist jedoch ein Trugschluss. Eine Zeitreihe aus einem europäischen Haushaltspanel der GfK verdeutlicht das.

In **Abbildung 2.1** sind in indexierter Form die Ausgaben pro Haushalt und Quartal für schnelldrehende Verbrauchsgüter (Fast Moving Consumer Goods, FMCG) in einer Einkaufsstätte dargestellt. Deutlich erkennbar sind die Ausgabenspitzen im Weihnachtsquartal. Im ersten Quartal des Jahres 2002 haben die dargestellten 478 Haushalte eine Kundenkarte erworben.

Die drängendsten Fragen der Marketingabteilung der Einkaufstätte betreffen nun den Erfolg der Kundenkarte. Um wie viele Indexpunkte steigt der Umsatz pro teilnehmendem Haushalt nach dem Erwerb der Kundenkarte? Ist die Umsatzsteigerung nachhaltig?

Das Beispiel verdeutlicht die Schwierigkeiten, die mit einer einfachen Betrachtung der Zeitreihe verbunden sind: Veränderungen treten offensichtlich nicht nur aufgrund der Marketingmaßnahme auf, sondern es gibt eine Unmenge von weiteren möglichen, jedoch nicht bekannten oder nicht quantifizierbaren Störgrößen: z.B. Werbedruck im Wettbewerbsfeld, Konsumklima, Trends, Saison, Wetter, Lieferschwierigkeiten, Qualitätsprobleme, Gerüchte, Lage am Arbeitsmarkt usw.. Diese Störgrößen resultieren in einem schwer greifbaren statistischen Fehler.

Abbildung 2.1 Mittlere Ausgaben in einer Einkaufsstätte pro Quartal von Haushalten, die im ersten Quartal 2002 eine Kundenkarte erworben haben.

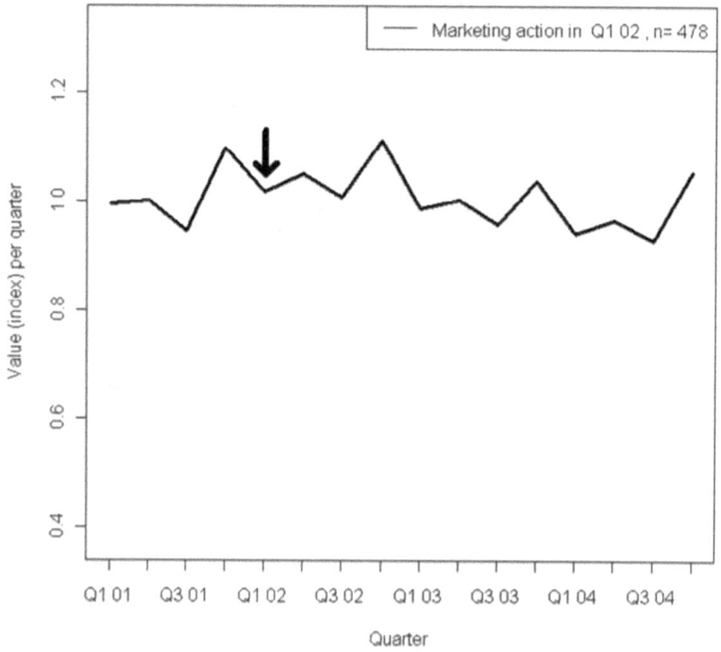

Quelle: GfK

Die Crux von Marktdaten ist, dass sie nicht aus einer kontrollierten, experimentellen Umgebung stammen. Somit lassen sich die Einflüsse einzelner Faktoren nicht eindeutig identifizieren. Komplexere statistische Modelle helfen hier nur begrenzt, da mit der Anzahl der zu schätzenden Parameter und mit der damit einhergehenden zunehmenden Freiheit in der Spezifikation des Modells sehr schnell sehr beliebige Ergebnisse erzeugen lassen. Das heißt, selbst unter Verwendung identischer Daten sind Modelle, die eine These bestätigen, unter Umständen genauso leicht herzustellen wie Modelle, die dieselbe These widerlegen. Das ist ein erkenntnistheoretisches Dilemma.

Lösen lässt sich dieses Dilemma streng genommen nur in einem Experiment. Nur mit einem Experiment lässt sich kausaler Zusammenhang eindeutig bestimmen. Ein Experiment zeichnet sich im einfachsten Fall dadurch aus, dass es mindestens zwei Gruppen mit zufälliger Zuordnung gibt, genannt Experimental- und Kontrollgruppe, und die Experimentalgruppe mit einer Maßnahme belegt wird, während die Kontrollgruppe ohne Maßnahme bleibt oder ein Placebo im weitesten Sinne verabreicht bekommt (**Abbildung 2.2**). Zudem sind eine Vorher- und eine Nachher-Messung nötig, um unspezifische Effekte über die Zeit wie Saison und einmalige Einflüsse zu kontrollieren. Kontrolle bedeutet in diesem Zusammenhang, dass alle Einflüsse, die im vorliegenden Zusammenhang nicht relevant sind, für beide Gruppen weitestgehend identisch und somit unwirksam sind.

Abbildung 2.2 Schema eines einfachen Experiments

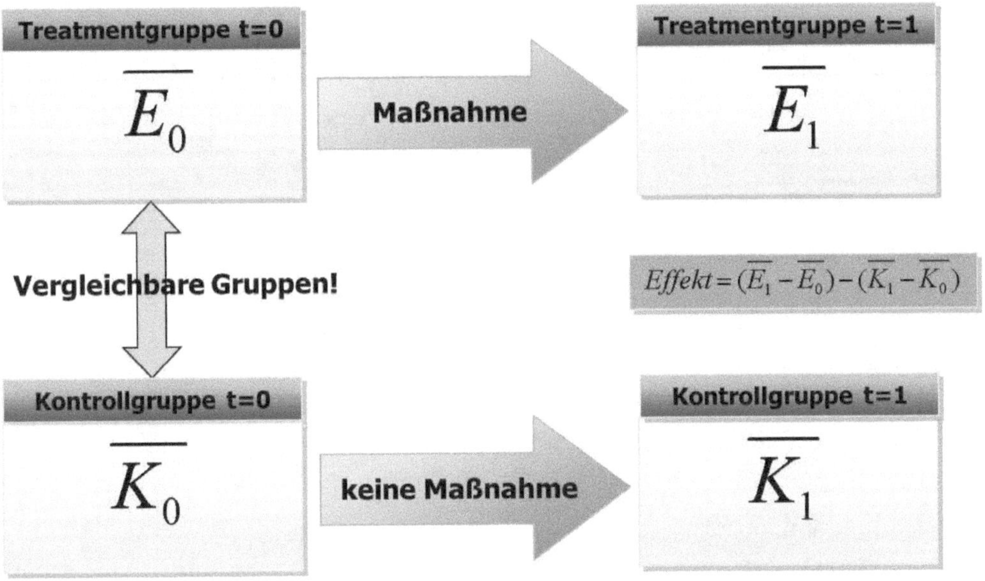

Im Prinzip sind Experimental- und Kontrollgruppe der Versuch, zwei Paralleluniversen zu erzeugen, in denen alles bis auf die Maßnahme identisch ist. Nur dann lässt sich ein gemessener Unterschied eindeutig auf die Maßnahme zurückführen. Und da Kausalität untrennbar mit dem Fluss der Zeit verknüpft ist, sind Messungen zu verschiedenen Zeitpunkten unbedingt erforderlich.

2.2 Messung von ROI aus Vergangenheitsdaten

Ein großes Problem ökonometrischer Daten besteht darin, dass sie aus einem nicht-experimentellen Umfeld der Vergangenheit stammen. Somit ist es streng genommen nicht mehr möglich, kausale Effekte eindeutig zu identifizieren. Dennoch kann bei der Analyse von Vergangenheitsdaten der experimentelle Ansatz hilfreich sein. Gelingt es, die vorliegenden Daten post hoc quasi-experimentellen Bedingungen zuzuweisen, lässt sich mit gewissen Einschränkungen ein kausaler Schluss ziehen.

Im obigen Kundenkarten-Beispiel kann eine Kontrollgruppe aus denjenigen Haushalten des Panels gebildet werden, die keine Kundenkarte erworben haben. Der Terminus „quasi-experimentell" verweist dabei auf die Tatsache, dass die Zuweisung auf die Gruppen nicht zufällig erfolgt ist. Somit ist eine rein kausale Interpretation nicht mehr möglich, da sogenannte Selbstselektionseffekte nicht ganz auszuschließen sind. **Abbildung 2.3** zeigt den Verlauf der vierteljährlichen Haushaltsausgaben für die Quasi-Experimental- und Quasi-Kontrollgruppe.

Abbildung 2.3 Mittlere Ausgaben in einer Einkaufsstätte pro Quartal von Haushalten, die im ersten Quartal 2002 eine Kundenkarte erworben bzw. nicht erworben haben.

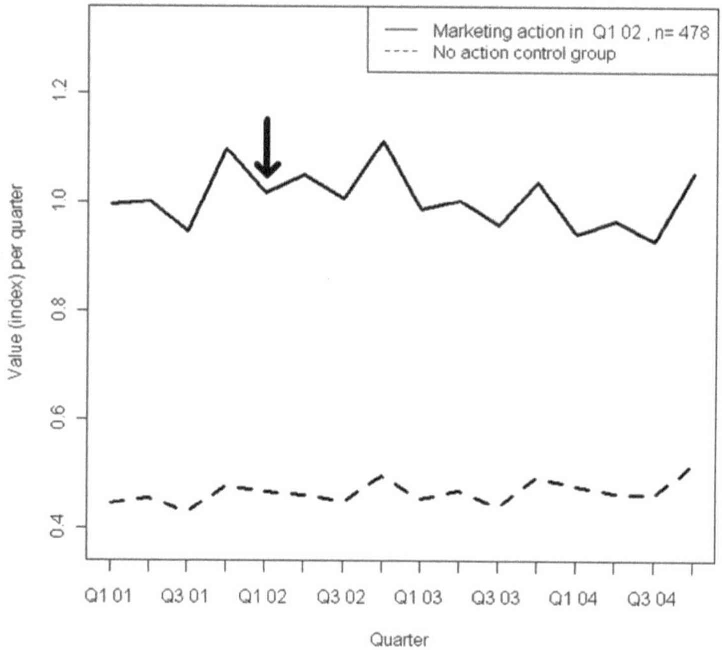

Quelle: GfK

Noch immer lassen sich keine klaren Schlüsse ziehen. Der Grund liegt in der offensichtlichen Unterschiedlichkeit von Experimental- und Kontrollgruppe. Das Ausgabenniveau der Kontrollgruppe ist deutlich niedriger und auch in anderen soziodemographischen Variablen zeigen sich erhebliche Unterschiede. Gewissermaßen vergleicht man hier Äpfel mit Birnen. Mittlerweile gibt es jedoch sehr leistungsfähige statistische Verfahren, mit denen die Strukturen der Stichproben angeglichen werden können. Das heißt, beide Gruppen haben nach einer Gewichtung ähnliche oder sogar identische Verteilungsmomente in definierten Strukturvariablen. Man nennt diese Form der Gewichtung „Matching".

Interessanterweise wird durch ein gutes Matching auch der Einfluss von Selbstselektionseffekten deutlich geringer, sofern die Match-Variablen mit der unbeobachteten Tendenz zur Selbstselektion korrelieren.

Das prominenteste Matching-Verfahren ist das „Propensity Score Matching" nach *Rubin* (2006). Für die Anwendung in der Marktforschung sind andere Verfahren jedoch unter Umständen effizienter. In der GfK wird das proprietäre „Linear Matching" verwendet (Bosch 2011), weil es im Gegensatz zum Propensity Score Matching zu einer exakten Übereinstimmung der Momente führt und auch sehr große Datensätze (n > 1 Mio.) verarbeitet werden können. **Abbildung 2.4** zeigt den Verlauf der vierteljährlichen Haushaltsausgaben für die Quasi-Experimental- und die mit Linear Matching angeglichene Quasi-Kontrollgruppe.

Abbildung 2.4 Mittlere Ausgaben in einer Einkaufsstätte pro Quartal von Haushalten, welche im ersten Quartal 2002 eine Kundenkarte erworben bzw. nicht erworben haben. Die Nicht-Erwerber sind sowohl gewichtet als auch ungewichtet dargestellt.

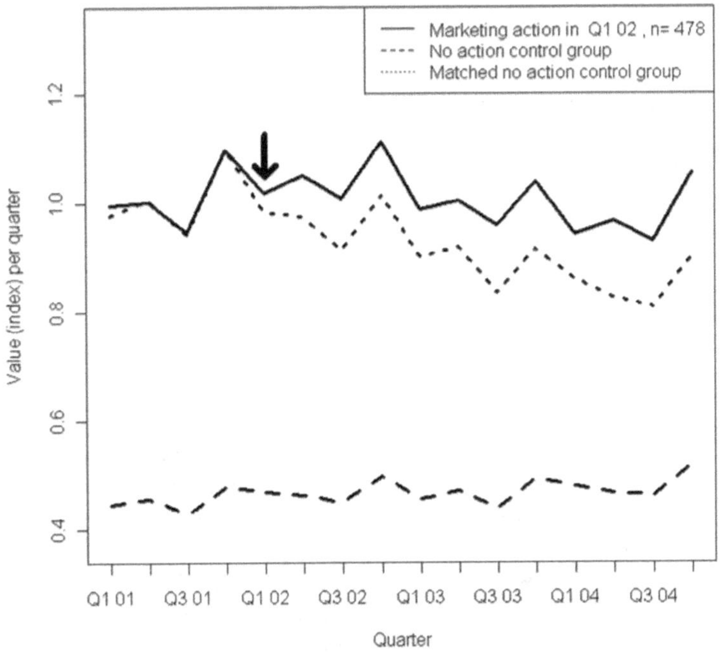

Quelle: GfK

Insgesamt wurden mehr als 40 soziodemographische, psychografische und ausgabenbezogene Variablen gematcht. Unter anderem wurden die Ausgaben in der Einkaufsstätte in den drei Quartalen vor der Maßnahme angeglichen, so dass ohne weitere Statistik der Effekt des Erwerbs der Kundenkarte bestimmt werden kann: Haushalte liegen nach dem Erwerb einer Kundenkarte ca. 0,1 Indexpunkte über vergleichbaren Haushalten ohne Kundenkarte. Dieser Effekt ist nachhaltig. Das ist eine extrem wertvolle Information für die Marketingabteilung der Einkaufsstätte, da nun der ROI der Marketingmaßnahme leicht bestimmt werden kann.

2.3 Vorhersage des ROI mit Laborexperimenten: Conjoint-Verfahren

Zumindest theoretisch fällt die Vorhersage des Effekts einer Marketingmaßnahme mit einem geeigneten Experiment leichter als mit einer Analyse von Vergangenheitsdaten. Auf den ersten Blick erscheint solch ein Experiment jedoch sehr aufwändig oder gar undurchführbar zu sein, vor allem wenn Feldexperimente notwendig sind. Mit der Entwicklung statistischer Wahlmodelle sind marketing-relevante Experimente jedoch mittlerweile mit vergleichsweise geringem Aufwand unter Laborbedingungen durchführbar. Die Zukunft der Märkte hängt in erster Linie von den Entscheidungen der Marktteilnehmer ab. Dabei spielen die Konsumenten eine tragende Rolle. Die Beschreibung von Wahlverhalten ist somit für die Marktforschung zentral.

Das wichtigste Axiom der Wahlmodellierung besteht in einer einfachen Annahme: Es wird stets die Alternative mit dem höchsten Nutzen gewählt. Hinzu kommen noch Annahmen über den statistischen Fehler und die Additivität von Teilnutzenwerten. Daraus lassen sich dann elegante mathematisch-statistische Modelle erstellen. In der akademischen Forschung sind solche Modelle als „Discrete Choice Models" (DCM) gängig. *Daniel McFadden* bekam für seine wegweisenden Arbeiten dazu im Jahr 2000 den Nobelpreis für Ökonomie verliehen.

Ein Conjoint-Verfahren ist ein Laborexperiment, in dem Befragte ihre Präferenz für Wahl-Alternativen durch Wahl oder durch den Vergleich von Alternativen offenbaren. Ihren Ursprung findet die Grundidee der Conjoint-Analyse bereits im Jahr 1964 in der mathematischen Psychologie bei *Luce* und *Tukey* (1964), wo der in der Marktforschung gebräuchliche Begriff „Conjoint" geprägt wurde. Das Konzept wurde kontinuierlich sowohl in der akademischen Welt als auch in der Marktforschungspraxis weiterentwickelt. Unterschiedliche Anforderungen an das Erhebungsdesign (z.B. die Analyse komplexer Produkte, die durch viele Merkmale beschrieben werden müssen) zogen die Entwicklung spezialisierter Conjoint-Verfahren nach sich, wie beispielsweise Adaptive Conjoint Analyse (ACA, Johnson 1987), GfK Price Challenger (GPC, Wildner 1998) oder Hierarchische Individualisierte Limit Conjoint (HILCA, Voeth 2000). Insbesondere wahlbasierte Conjoint-Verfahren wie Choice Based Conjoint (CBC, Louviere und Woodworth 1983) oder Adaptive Choice Based Conjoint (ACBC, Johnson und Orme 2007) haben eine weite Verbreitung in der Marktforschungspraxis gefunden. **Abbildung 2.5** stellt eine typische Auswahlsituation in einem Choice Based Conjoint dar, der am weitesten verbreiteten Form des Conjoint.

Aus diesen Daten können dann individuelle Nutzenwerte geschätzt werden. Ein Nutzenwert ist ein Parameter, der in arbiträrer Skala den individuellen Wert einer Alternative oder einer Eigenschaft einer Alternative (z.B. Preis oder Marke eines Produkts) angibt. Aus Nutzenwerten wiederum lassen sich bei gegebener Auswahlsituation Wahlwahrscheinlichkeiten für die einzelnen Alternativen vorhersagen.

Für die Vorhersage zukünftiger Marktsituationen werden dann Simulationen gefahren. Eine Simulation besteht aus einem Szenario, in dem zukünftige Alternativen eines Marktes dargestellt werden. In dem Laptop-Beispiel werden verschiedene Modelle durch die Eigenschaften Marke, Prozessor, Preis etc. definiert und die Wahlwahrscheinlichkeiten der einzelnen Befragten berechnet. Unter der Voraussetzung der Repräsentativität der befragten Stichprobe lassen sich Wahlanteile für einzelne Modelle als Funktion des Angebots, Wichtigkeiten einzelner Produkteigenschaften und Preiselastizitäten schätzen. Sogar die Einführung neuer Produkte lässt sich unter bestimmten Bedingungen simulieren.

Abbildung 2.5 Auswahlsimulation in einem Choice Based Conjoint

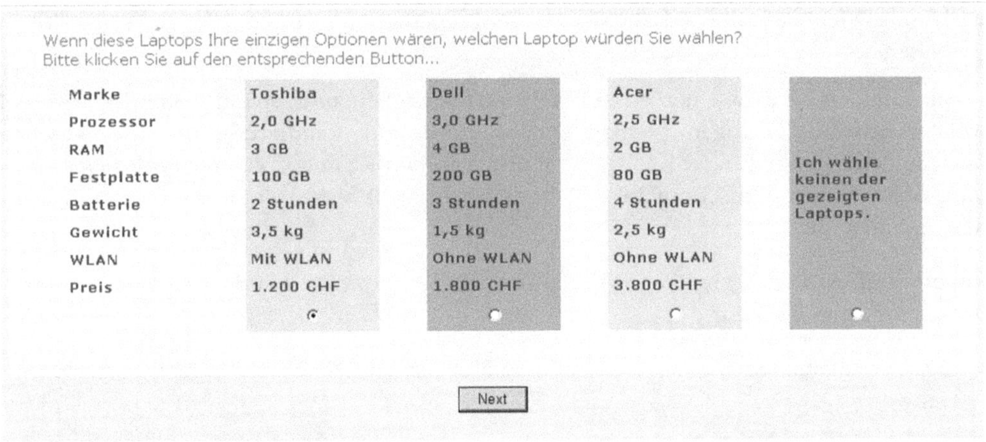

Quelle: Sawtooth Software, Inc.

Damit wird deutlich, warum Conjoint in den letzten zehn Jahren das wichtigste Instrument der Marketing Sciences geworden ist. Der Einfluss von Preis und Produkteigenschaften auf Wahlanteile kann mit einer Conjoint-Studie direkt geschätzt werden. Störende Einflüsse sind in der Laborsituation vollständig kontrollierbar. Das Risiko einer Fehlentscheidung im Marketing wird deutlich reduziert.

Dennoch gerät auch ein klassisches Conjoint schnell an Grenzen, wenn reale Märkte vorhergesagt werden müssen. Denn Wahlanteile sind im Allgemeinen nicht mit Marktanteilen identisch. Und somit kann die Validität der Modelle infrage gestellt werden.

2.4 Conjoint 2.0: Kalibrierung und Validierung

Im klassischen Conjoint wie im oben skizzierten Choice Based Conjoint muss man immer wieder feststellen, dass die Modelle mit der Wirklichkeit nicht in ausreichendem Maß übereinstimmen. Offensichtlich wird das in der Diskrepanz zwischen Wahl- und Marktanteilen. Diese Unterschiede haben unter anderem die folgenden Ursachen:

- In der Laborsituation können Nutzenwerte verzerrt werden (z.B. im Automobilbereich).
- Der Bedarf wird nicht korrekt berücksichtigt (z.B. bei Fast Moving Consumer Goods, FMCG).
- Packungsgröße, Distribution, und Mehrfachwahlen bedingen, dass die Menge pro Alternative variiert (bei FMCG).
- Einflüsse der Marken-Awareness werden nicht berücksichtigt.
- Wechselhemmnisse (z.B. beim Wechsel des Stromanbieters oder der Bank) sind außerhalb des Modells.
- Übungseffekte durch wiederholte Entscheidungen in der Befragung verzerren das Verhalten.

Damit Conjoint-Modelle einen echten Mehrwert darstellen, müssen daher mindestens zwei weitere Schritte vollzogen werden: Kalibrierung und Validierung. In der aktuellen Marktforschungspraxis sind Kalibrierung und Validierung von Conjoints noch nicht allgemein üblich. Doch wird „Conjoint 2.0" in der nicht allzu fernen Zukunft sicher zum Standard gehören müssen.

Kalibrierung ist kein einheitliches Verfahren, sondern umfasst mindestens vier voneinander unabhängige Ebenen:

1. Ein Verhaltensmodell zur Transformation von Labornutzenwerten in realistische Nutzenwerte
2. Nutzenwertunabhängige Modelle zur Anpassung an reale Gegebenheiten (Schwellenmodelle, Awarenessmodelle, Distributionsmodelle, Elastizitätskorrektur etc.)
3. Modelle zur Transformation von Wahlwahrscheinlichkeit in Menge
4. Modelle zur Anpassung der simulierten Marktanteile an reale Marktanteile

Mittlerweile wird Kalibrierung in der Marktforschung als ein ernstzunehmendes und eigenständiges Feld der Statistik betrachtet. In den Instituten sind zu diesem Thema in den letzten Jahren große Fortschritte gemacht worden. In der akademischen Forschung scheint Kalibrierung jedoch bis heute keine große Rolle zu spielen.

Mit einem kalibrierten Conjoint lassen sich nun reale Märkte in der notwendigen Komplexität abbilden. Damit fügt die Kalibrierung dem Modell einen entscheidenden Mehrwert hinzu. Denn nun verhält sich die Simulation weitestgehend so, wie es reale Märkte tun.

Trotzdem steckt noch ein erhebliches Risiko in solchen Modellen, solange sie nicht validiert sind. Nur eine Validierung gibt dem Anwender die notwendige Gewissheit, dass das Modell korrekt spezifiziert und das Risiko einer Fehlentscheidung dementsprechend gering ist.

Am Beispiel des „GfK Price Challenger" (GPC) kann gezeigt werden, dass Conjoint-Modelle kalibriert und validiert werden können. Der GPC zeichnet sich dadurch aus, dass die Auswahlentscheidung realitätsnah wie an einem Regal oder mit einem Katalog durchgeführt wird. Modelliert wird lediglich der Produktnutzen in monetärer Skala, was zu einem sehr schlanken, stabilen Modell führt. In **Abbildung 2.6** ist exemplarisch eine Auswahlentscheidung zwischen verschiedenen Shampoos am Verkaufsregal dargestellt.

Abbildung 2.6 Auswahlsimulation in einem GfK Price Challenger

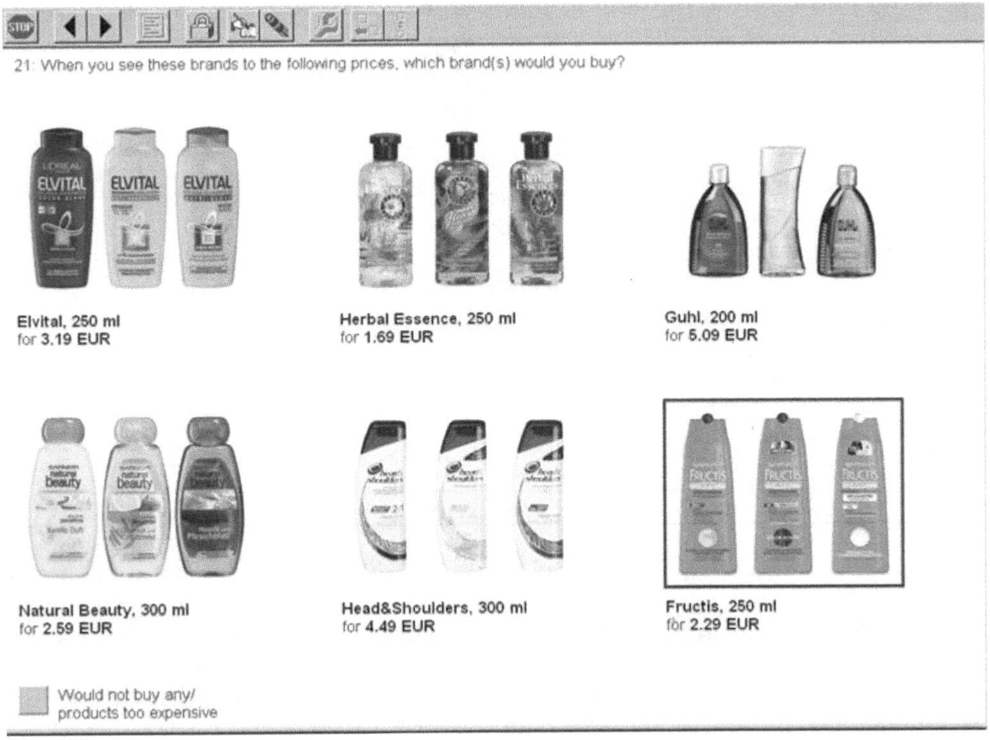

Quelle: GfK

Innerhalb des GPC werden drei der oben genannten vier Kalibrierungsebenen verwendet. Lediglich eine Nutzenwerttransformation findet nicht statt, da die Befragungssituation ökologisch sehr valide ist.

In einem Vergleich von vorhergesagten und tatsächlichen Mengenänderungen aufgrund realer Preisänderungen zwischen 2003 und 2004 für den Shampoo-Markt ergab sich das in **Abbildung 2.7** dargestellte Ergebnis. Auf der X-Achse sind vorhergesagte Marktanteilsänderungen abgetragen, auf der Y-Achse die tatsächlich beobachteten. Jeder Punkt steht dabei für ein Produkt. Produkte, die auf der eingezeichneten Linie liegen, wurden perfekt vorhergesagt. Aus zwei Gründen ist bemerkenswert, wie akkurat die Vorhersage ist.

Abbildung 2.7 Vergleich einer GPC-Vorhersage mit beobachteten Marktanteilsänderungen

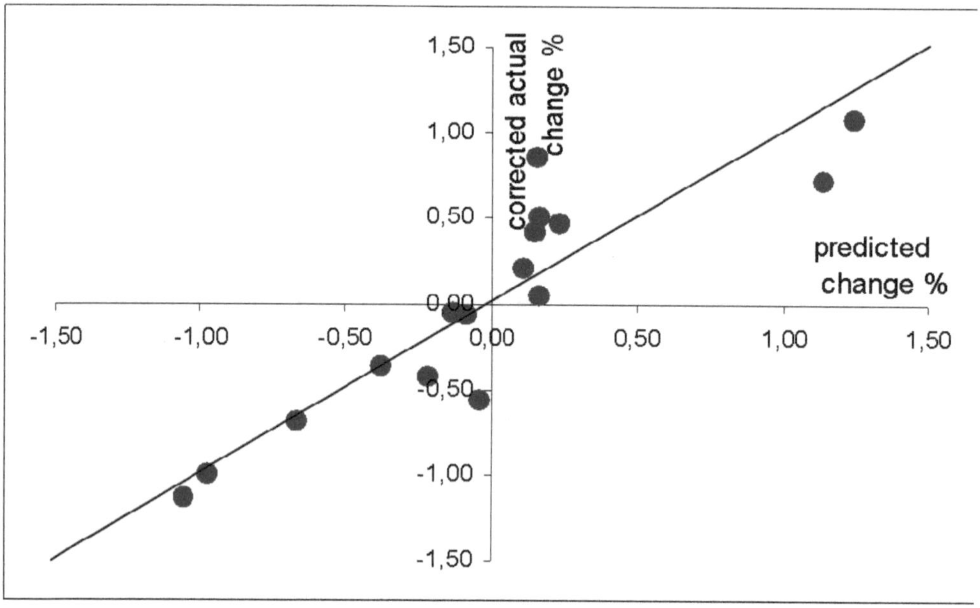

Quelle: GfK

Erstens werden Märkte im Allgemeinen nicht ausschließlich durch den Preis getrieben. In der Tat lassen sich die größten Abweichungen zwischen Vorhersage und Realität durch gutes bzw. schlechtes Produktmanagement erklären. Beispielsweise zeichnete sich das Produkt mit dem unerwartet hohen Gewinn von 0,8 Prozentpunkten durch eine erfolgreiche TV-Werbekampagne aus. Die Tatsache, dass der Preis tatsächlich der Haupttreiber dieses Marktes zu sein scheint, spricht für die Stabilität in diesem Segment. In anderen Warengruppen lässt sich der Einfluss des Preises nicht so deutlich beobachten, da er von anderen Einflüssen (z.B. Produktneueinführungen, Promotions, Werbung, Skandale etc.) zum Teil verdeckt wird.

Zweitens entsprechen die modellierten Preiselastizitäten sehr gut den realen Preiselastizitäten. Ein Produktmanager, der auf Basis der GPC-Simulation die Entscheidung einer Preisänderung trifft, kann somit sehr zuversichtlich sein, dass der erwartete Effekt auf Umsatz und Absatz auch eintritt. Das Risiko einer Fehlentscheidung ist vernachlässigbar gering. Und damit ist der Wert der GPC-Simulation für den Produktmanager sehr hoch.

3 Schlussfolgerungen

Die valide Messung und Vorhersage des ROI für Marketingmaßnahmen ist unverzichtbar, wenn das Risiko einer Fehlentscheidung im Marketing auf ein Minimum reduziert werden soll. Das ist fast immer der Fall. Dafür müssen kausale Effekte isoliert werden, was nur mit experimenteller oder quasi-experimenteller Methodik möglich ist. Auf andere Art und Weise lassen sich solche Erkenntnisse nicht gewinnen. Der vorliegende Artikel liefert einige Beispiele, wie die Effekte von Marketingmaßnahmen effektiv und effizient gemessen bzw. vorhergesagt werden können. Auch ohne eine ausführliche Beschreibung der zugrunde liegenden statistischen Theorien wurde deutlich, wie komplex die entsprechenden statistischen Verfahren sind, die hier zur Anwendung kommen müssen. Einige der wichtigsten Verfahren des Matching und des Conjoint hatten ihren großen Durchbruch erst in jüngster Zeit. Noch vor zehn Jahren wären die hier beschriebenen Analysen so nicht möglich gewesen. Diese Analysen erfordern somit ein großes Maß an Wissen und Erfahrung. Das bedeutet, dass solche Studien nur von Universitäten oder größeren Marktforschungsinstituten sinnvoll durchgeführt werden können, sofern sie ein entsprechendes Team von Spezialisten besitzen.

Interessanterweise ist die Erkenntnis der Unverzichtbarkeit des Experiments für die valide Abschätzung des ROI bisher noch nicht sehr tief in die Marketingwelt eingedrungen. Vielleicht lässt sich diese Tatsache dadurch erklären, dass die menschliche Alltagsweisheit dieser Erkenntnis vehement widerspricht. Denn nahezu alles Alltagswissen stammt aus unsystematischer, nicht-experimenteller Beobachtung. Selbst innerhalb der Disziplin der akademischen Marketing Sciences gibt es noch eine starke Fraktion, die sich auf Storytelling konzentriert. In erster Linie bedeutet Storytelling eine Orientierung an Erfolgsgeschichten und dem Versuch, daraus universelle Regeln für Marketing und Management abzuleiten. Marken wie *Apple*, *Google* oder *RedBull* und Anekdoten wie „United breaks guitars" (ca. 1,7 Mio. Treffer bei Google im Oktober 2011) liefern dafür den entsprechenden Input.

Die Autoren dieses Artikels stehen einer solchen Herangehensweise äußerst kritisch gegenüber. Denn bei einem anekdotischen Ansatz wird die Rolle des Zufalls stark unterschätzt. Zudem erzeugt der Fokus auf die Gewinner einen „Survivorship Bias", der gescheiterte Konzepte vollständig ignoriert. Man betrachte nur die Legende, zufolge der Delfine versuchen, Schiffbrüchige in Richtung des rettenden Landes zu schubsen. Wer hat je die Unglücklichen interviewen können, die in eine andere Richtung bugsiert wurden?

Literatur

Bosch, V. (2011): Causal Inferences with Linear Matching, Joint Statistical Meetings Conference, Miami Beach, Florida.

Johnson, R. M. (1987): Adaptive Conjoint Analysis, in: Sawtooth Software Inc. (ed.): 1987 Sawtooth Software Conference Proceedings, S. 253-265.

Johnson, R. M., Orme, B. K. (2007): A New Approach to Adaptive CBC, Sequim (WA), Sawtooth Software Technical Paper Series.

Louviere, J. J., Woodworth, G. G. (1983): Design and Analysis of Simulated Consumer Choice or Allocation Experiments, in: Journal of Marketing Research, Jg. 20, Nr.4, S. 350-367.

Luce, R. D., Tukey, J. W. (1964): Simultaneous Conjoint Measurement: A New Type of Fundamental Measurement, in: Journal of Mathematical Psychology, Nr. 1, S. 1-27.

Rubin, D. B. (2006): Matched Sampling for Causal Effects, New York.

Voeth, Markus (2000): Nutzenmessung in der Kaufverhaltensforschung. Die Hierarchische Individualisierte Limit Conjoint-Analyse (HILCA), Wiesbaden.

Wildner, R. (1998): The Introduction of the Euro – the Importance of Understanding Consumer Reactions, in: marketing and research today, 11/1998, S. 141-147.

„Iudex non calculat“ - Recht und Statistik

Wolfgang Hamann

1 „Iudex non calculat" - Recht und Statistik

Unter Juristen gilt als geflügeltes Wort, dass man mit Zahlen eher „auf Kriegsfuß" steht. Zahlen und Statistiken seien für das Recht und die Rechtsfindung von untergeordneter Bedeutung, Fehler damit entschuldbar. Seinen historischen Ursprung hat dieser Satz in den römischen Digesten, den Vorläufern moderner Gesetze. Ein Urteil, das unter einem offensichtlichen Rechenfehler litt, war nicht falsch. Es musste also nicht im Rechtsmittelverfahren abgeändert werden. Vielmehr durften Rechenfehler ohne Weiteres durch das Gericht, das das Urteil gefällt hatte, berichtigt werden. Das gilt übrigens noch heute. In § 319 der Zivilprozessordnung heißt es: „Schreibfehler und Rechenfehler und ähnliche offenbare Unrichtigkeiten, die in dem Urteil vorkommen, sind jederzeit von dem Gericht von Amts wegen zu berichtigen." Von diesem durchaus berechtigten historischen Anliegen hat der Ausspruch „iudex non calculat" eine eher bedenkliche Entwicklung genommen. Mit der Verharmlosung sollen nicht selten Defizite überdeckt oder gar Fehler „entschuldigt" werden. Das ist unangebracht. Dass juristische und mathematische Begabungen gerade nicht „auf Kriegsfuß" stehen, ließe sich mittels einer Statistik, die den Zusammenhang von Abiturnoten in Mathematik und den Ergebnissen der Ersten Juristischen Staatsprüfung aufzeigt, belegen. Hier wie dort wird die Fähigkeit zu analytischem Denken und logischer Schlussfolgerung in besonderer Weise vorausgesetzt.

Rechtstatsächlich hatten Zahlen und Statistiken für das Recht seit jeher Bedeutung, und die neuere Entwicklung lässt eher eine zunehmende Tendenz erkennen. „Zahlen lügen nicht", sagt man. Zahlen genießen den Anschein der Objektivität und damit der Wahrheit. Damit besteht Zielkonformität. Denn das Recht strebt zur Herstellung materieller Gerechtigkeit nach Wahrheit. Was könnte da nützlicher sein, als unumstößliches Zahlenmaterial? Aber gerade deshalb geht von Zahlen auch eine gewisse Gefahr für die Rechtsfindung aus. Zahlen eignen sich in besonderer Weise für Manipulationen. Unter Skeptikern gilt der Spruch: „Traue keiner Statistik, die du nicht selbst gefälscht hast." Im Folgenden soll der Zusammenhang von Zahlen und Recht in den verschiedensten Rechtsgebieten anhand ausgewählter Beispiele beleuchtet werden.

2 Statistische Aussagen über den Prozessausgang

Steht eine gerichtliche Auseinandersetzung an, birgt das in aller Regel erhebliche wirtschaftliche Risiken. Daher ist die Vorhersage des Prozessausgangs eminent wichtig. Gehe ich das Risiko ein, meinen Anspruch gerichtlich nicht durchsetzen zu können, dazu noch die Prozesskosten und die eigenen sowie die gegnerischen Anwaltskosten tragen zu müssen? Je nach Streitwert kommen da schnell hohe Verfahrenskosten zusammen. Im Fall des Unterliegens stellt sich die Frage, ob man gegen das Urteil Rechtsmittel einlegen und damit ein weiteres finanzielles Risiko eingehen soll. Aber auch für den Staat können statistische Aussagen über einen Prozesserfolg interessant sein. Ergibt sich z. B., dass Urteile in Rechtsmittelverfahren selten abgeändert werden, könnte man den Zugang zu Rechtsmitteln erschweren, so den Justizapparat verschlanken und Kosten einsparen.

Wissenschaftler der Universität Paderborn haben jüngst versucht zu berechnen, wie hoch die Wahrscheinlichkeit in Deutschland ist, Recht zu bekommen.[1] Bezogen auf das Zivilrecht sind sie zu folgenden Ergebnissen gekommen. Zunächst einmal divergiert die Gewinnwahrscheinlichkeit je nach Eingangsinstanz. Bis zur Höhe eines Streitwertes von 5.000 Euro sind die Amtsgerichte Eingangsinstanz. Hier beträgt die Wahrscheinlichkeit des Obsiegens, wenn der Prozess über zwei mögliche Instanzen geht (Berufung vor dem Landgericht), 0,84. Beginnt der Prozess wegen eines höheren Streitwertes beim Landgericht sind drei Instanzen möglich: Berufung vor das Oberlandesgericht, Revision an den Bundesgerichtshof. Die Gewinnwahrscheinlichkeit sinkt auf 0,78. Die Wissenschaftler aus Paderborn haben folgende Formel entwickelt:

$$1 - (1-p1)\,(1-p2)\,(1-p3)$$

Gewinnt man in allen Instanzen, ist die Gewinnwahrscheinlichkeit 1. Da man aber nicht immer in allen Instanzen gewinnt, muss man davon die Gegenwahrscheinlichkeiten subtrahieren, also 1-p1 für die erste, 1-p2 für die zweite und 1-p3 für die dritte Instanz. P1, p2 u. p3 stellen Werte dar, die man anhand von Gerichtsstatistiken ermittelt hat. Das hat zu folgenden Ergebnissen geführt:

Gibt es nur zwei Instanzen, beträgt die Gegenwahrscheinlichkeit in der ersten Instanz, also vor dem Amtsgericht 1 – 0,74, in der Berufungsinstanz vor dem Landgericht 1 – 0,24. Beim dreizügigen Instanzenweg beträgt die Gegenwahrscheinlichkeit in der Eingangsinstanz Landgericht 1 – 0,64, in der Berufungsinstanz vor dem Oberlandesgericht 1 – 0,25 und im Fall der Revision vor dem Bundesgerichtshof 1 – 0,17. Hieraus lassen sich folgende Erkenntnisse ableiten:

---

[1] Brandes/Weise, NJW 2010, Seite 11f.

1. Die Gegenwahrscheinlichkeiten, also das Risiko zu unterliegen, unterscheiden sich danach, ob für den Prozess zwei oder drei Instanzen eröffnet sind. Das Risiko zu unterliegen ist beim dreizügigen Instanzenzug mit der Eingangsinstanz Landgericht höher, als wenn der Prozess beim Amtsgericht beginnt. – Gibt es dafür eine Erklärung? Sind die Amtsgerichte etwa „klägerfreundlicher"? Oder: Wird nicht so genau hingeschaut?

   Da alle Richter über die gleiche Ausbildung verfügen, lässt sich nicht argumentieren, die Richter an den Landgerichten seien qualifizierter. Allerdings gilt beim Landgericht das Kammerprinzip. Über den Fall entscheidet die Kammer, die aus drei Berufsrichtern besteht, und „sechs Augen sehen mehr als zwei". Diese Erklärung relativiert sich, weil das Kammerprinzip nur noch pro forma existiert. Denn auch beim Landgericht werden die Prozesse im Regelfall auf den Einzelrichter delegiert, der, obwohl Mitglied einer Kammer, den Prozess allein leitet und entscheidet.

2. Eine weitere Erklärungsmöglichkeit ist, dass ab dem Landgericht Anwaltszwang herrscht. Jede Prozesspartei benötigt also einen Experten, einen Rechtsanwalt. Es findet folglich schon im Vorfeld eines Prozesses eine fachkundige Rechtsberatung statt. Rechtsanwälte sehen natürlich auch die wirtschaftlichen Potenziale, die ein Gerichtsprozess, womöglich über mehrere Instanzen, hat. Sie begreifen sich ihrer Berufsordnung zufolge aber auch als „unabhängige Organe der Rechtspflege". Aussichtslose Klagen lassen sich so vermeiden. Auf der anderen Seite ist die Gegenwehr der beklagten Partei heftiger. Erkennt ihr Rechtsanwalt die Berechtigung der Klage, wird er seiner Partei von einem langwierigen und aussichtslosen Prozess abraten und stattdessen versuchen, außergerichtlich eine Einigung mit der Gegenpartei zu erzielen. Diesen obligatorischen Filter einer qualifizierten Rechtsberatung gibt es bei Verfahren mit der Eingangsinstanz Amtsgericht nicht. Fehlende Zahlungsbereitschaft mangels Einsicht oder Zahlungsfähigkeit führen dazu, dass berechtigte Forderungen klageweise durchgesetzt werden müssen. Interessant wäre in diesem Zusammenhang ein Vergleich der Quoten von Versäumnisurteilen vor Amts- und Landgerichten. Diese werden vom Gericht erlassen, wenn eine Prozesspartei, meist ist es die beklagte Partei, trotz Ladung nicht zum Termin erscheint und deshalb wegen Säumnis verurteilt wird.

3. Mit jeder höheren Instanz nimmt die Gegenwahrscheinlichkeit ab. Urteile der Vorinstanz werden also häufiger bestätigt. Das ist ein Beleg für die Qualität der Rechtsprechung. Als unterlegene Prozesspartei sollte man sich also gut überlegen, ob man ein Rechtsmittel einlegt.

3 Statistik und materielle Rechtslage

Ökonometrie kann für die Sachentscheidung selbst Bedeutung haben. Nicht selten müssen Gerichte auf den verschiedensten Rechtsgebieten Prognoseentscheidungen treffen. Hier kann die Statistik hilfreich sein. Aber man darf Zahlen nicht undifferenziert übernehmen, wie folgende Beispiele verdeutlichen sollen.

3.1 „Beißstatistik[2]"

Nach der hessischen Hundeverordnung sind Hunderassen nach Gefährlichkeit zu klassifizieren. Es handelt sich um eine Maßnahme der Gefahrenabwehr zum Schutz der Bürger vor Beißattacken durch auffällige Hunde. Hierzu stützt sich die zuständige Behörde auf die Auswertung von Statistiken (sog. Beißstatistik). Die Haltung von Hunderassen, die danach als gefährlich gelten, unterliegt besonderen Restriktionen (z. B. Maulkorbzwang). Die Behörde hatte Rottweiler in die Kategorie „gefährliche Hunde" aufgenommen. Hiergegen wandte sich der Allgemeine Deutsche Rottweilerklub (ADRK). Bei der Auswertung des statistischen Materials habe es gravierende Fehler gegeben. Die Behörde hätte die Welpenzahl nach den Angaben des Verbandes für Deutsches Hundewesen zugrunde gelegt. Dort sei aber nur ein Teil der Rottweilerwelpen erfasst, aber nahezu alle Deutschen Schäferhunde. Das nicht vergleichbare Zahlenmaterial führe zu einer Verzerrung der Beißstatistik zu Lasten der Rottweiler. Abgesehen von diesem Mangel wurden die Verhältnisse der Hundehalter nicht berücksichtigt. Es dürfte aber als gesichert gelten, dass das soziale Umfeld der Hundehalter Einfluss auf die Gefährlichkeit von Hunden für die Mitmenschen hat.

3.2 Strafrechtlicher Schuldbeweis

In vielen Fällen ist eine Sachentscheidung durch Gerichte erst nach einer Beweisaufnahme möglich. Das Beweisrecht ist kein aleatorisches Verfahren, und auch eine Entscheidung „aus dem Bauch heraus" widerspräche rechtsstaatlichen Anforderungen. Allerdings fällt es den Richtern zuweilen nicht leicht, zu einer vernünftige Zweifel ausschließenden Überzeugung von der Wahrheit einer Tatsache zu gelangen. Richter sind es gewohnt, von Zeugen belogen zu werden. Obwohl man Zeugen gegenüber nicht voreingenommen sein darf, insbesondere jedem Zeugen zunächst einmal zugute zu halten ist, dass er die Wahrheit sagt, gilt die Zeugenaussage als das unsicherste Beweismittel. Niemand kann die Gedanken eines Menschen lesen. Das menschliche Gedächtnis unterliegt bekanntlich schon nach kurzer Zeit einem deutlichen Erinnerungsverlust, jedenfalls wenn es um Details geht, die oft prozessentscheidend sind. Daher ist die Versuchung groß, sich auf Statistiken zu berufen.

---

2 Gießener Anzeiger v. 9.7.2008.

Denn „Zahlen lügen nicht".

Dazu ein etwas skurriles Beispiel aus England[3]: Ein Ehepaar hatte innerhalb eines Jahres zwei Kinder verloren. Beide waren im Alter von nur wenigen Wochen gestorben. Ursprünglich wurde als Todesursache jeweils „Kindstod" diagnostiziert. Doch dann die plötzliche Wende: Die Mutter wurde verhaftet und wegen Mordes an ihren beiden Kindern angeklagt. Das unerwartete Urteil: Die Mutter wurde zu einer lebenslangen Freiheitsstrafe verurteilt.

Wie konnte es dazu kommen? Die Staatsanwaltschaft hatte zunächst behauptet, die Kinder seien an einem „Schütteltrauma" verstorben. Das ließ sich aber nicht nachweisen. Daher bemühte man die Statistik. Ein scheinbar starkes Indiz lieferte ein medizinisches Gutachten. Der Gutachter behauptete, die Wahrscheinlichkeit dafür, dass zwei Kinder derselben Familie mit vergleichbaren Charakteristiken am plötzlichen Kindstod versterben, liege bei 1 : 73.000.000. – Das überzeugte das Gericht von der Schuld der Mutter! Wie im vorangegangen Beispiel wird die statistische Aussage, die zudem von einem Mediziner stammte, unbesehen übernommen. Wichtige Komponenten, wie z. B. eine genetische Veranlagung, häusliches Umfeld, Ernährung usw., blieben unberücksichtigt. Dies ist umso tragischer, als hier über die Freiheit eines Menschen geurteilt wurde.

3.3 Nachweis von Diskriminierungen

Seit geraumer Zeit erhält die Statistik zunehmend Bedeutung in Fällen, in denen es um Diskriminierungen geht. Betroffen sind Träger bestimmter Merkmale. Solche Merkmale sind im europäischen wie nationalen Zivilrecht: Rasse, ethnische Herkunft, Geschlecht, Religion, Weltanschauung, Behinderung, Alter und sexuelle Identität. Ungleichbehandlungen, die mit diesen Kriterien motiviert sind, sind rechtlich unzulässig - jedenfalls im Grundsatz.

Man unterscheidet die unmittelbare und die mittelbare Diskriminierung. Bei der unmittelbaren Diskriminierung knüpft die unterschiedliche Behandlung direkt an ein verpöntes Merkmal an.

Beispiele: Eine Bewerberin, ein Behinderter oder ein Ausländer werden nicht eingestellt, weil die genannten Eigenschaften für das Unternehmen „k.o.-Kriterien" sind.

Auch ist versucht worden, mithilfe einer Statistik Kündigungen als altersdiskriminierend darzustellen. Ein Unternehmen entlässt 10% seiner Belegschaft. Ein 52-jähriger gekündigter Arbeitnehmer legt eine Statistik vor, wonach alle von der Entlassungswelle betroffenen Arbeitnehmer älter als 50 Jahre alt sind. Ist die Kündigung damit altersdiskriminierend und mithin unwirksam? Dafür könnte auch sprechen, dass das deutsche Kündigungsschutzgesetz ältere Arbeitnehmer vor einem Verlust des Arbeitsplatzes in besonderer Weise schützt.

---

[3] Stochastik, Cornelsen Verlag, Berlin 2004.

Das (höhere) Alter ist bei der Auswahl der zu kündigenden Arbeitnehmer besonders zu gewichten. Gleichwohl lässt sich so nicht die Unwirksamkeit der Kündigung begründen. Das Zahlenmaterial kann nur erstes widerlegbares Indiz sein. So ist durch das Kündigungsschutzgesetz auf der anderen Seite das Interesse der Unternehmen an der Weiterbeschäftigung qualifizierter und damit auch jüngerer Fachkräfte geschützt. Des Weiteren darf das Unternehmen zur Sicherung einer ausgewogenen Altersstruktur (Stichwort: „Schutz vor Vergreisung") in gewissem Umfang ältere Arbeitnehmer vor jüngeren auf die Kündigungsliste setzen. Auch dieses Beispiel zeigt, dass Zahlenmaterial nicht verabsolutiert werden darf.

Subtiler erfolgt und daher schwieriger zu erkennen ist die mittelbare Diskriminierung. Sie selektiert nach „neutralen" Kriterien, führt aber dazu, dass im Ergebnis Merkmalsträger benachteiligt werden. Weil die verschiedenartige Behandlung hier auf den ersten Blick unverfänglich ist, kann die diskriminierende Wirkung der Maßnahme praktisch nur mithilfe von Statistiken aufgedeckt werden.

Beispiel: Wer Teilzeitbeschäftigte von einer betrieblichen Altersversorgung ausschließt, knüpft an das Merkmal „Arbeitszeitumfang" an. Das ist für sich gesehen keine Diskriminierung. Stellt sich aber heraus, dass in dem Unternehmen die Gruppe der Teilzeitbeschäftigten ausschließlich oder ganz überwiegend aus Frauen besteht, werden letztlich Frauen von der betrieblichen Altersversorgung ausgeschlossen und wegen ihres weiblichen Geschlechts diskriminiert.

Das Gesetz trägt der typischerweise auftretenden Beweisnot mittelbar Diskriminierter Rechnung, indem es in § 22 des Allgemeinen Gleichbehandlungsgesetzes (AGG) eine Beweisregel aufstellt: Weist der potenziell Diskriminierte Indizien nach, die eine Benachteiligung wegen eines verpönten Merkmals vermuten lassen, muss der Arbeitgeber beweisen, dass keine Diskriminierung vorliegt.

Grundlegend mit dem Beweiswert von Statistiken in diesem Zusammenhang befasst hat sich das Bundesarbeitsgericht in einem Urteil vom 22.7.2010[4]. Es ging um eine Betriebswirtin, die seit 1993 bei einer Verwertungsgesellschaft urheberrechtlicher Nutzungsrechte an Musikwerken in der Personalverwaltung beschäftigt war. Sie hatte die Stufe einer Abteilungsleiterin erreicht. Im Dezember 2006 musste die Stelle eines Abteilungsdirektors/einer Abteilungsdirektorin Personal besetzt werden. Die Personalstruktur bei der Arbeitgeberin gestaltete sich zum damaligen Zeitpunkt wie folgt:

[4] Az. 8 AZR 1012/08.

Tabelle 3.1 Personalstruktur

	Männer	Frauen	gesamt
Vorstand	3	0	3
Direktoren	15	0	15
Bezirksdirektoren	9	0	9
Abteilungsdirektoren	8	4	12
Stellv. Bezirksdirektoren	3	1	4
Abteilungsleiter	12	19	31
Fachreferenten	2	3	5
Fachjuristen	6	1	7
Sonst. AT-Mitarbeiter	34	24	58
Gesamter AT-Bereich	92	52	144
Gesamtbelegschaft	348	780	1128
Gesamtbelegschaft in %	31%	69%	100%

In den höchsten zwei Gehaltsstufen waren 2/3 aller Männer eingruppiert, 95% der Teilzeitkräfte waren Frauen, und der Aufsichtsrat bestand aus 19 Männern und zwei Frauen. In den letzten 30 Jahren hatte keine Frau die Position einer Direktorin.

Die Stelle des Abteilungsdirektors/der Abteilungsdirektorin wurde mit einem Mann besetzt. Die Abteilungsleiterin war der Auffassung, sie sei wegen ihres Geschlechts bei der Beförderungsentscheidung diskriminiert worden. Bei der Arbeitgeberin gebe es unterhalb der drei obersten Führungsebenen eine „gläserne Decke“, durch die sie als Frau zwar hindurch sehen, nicht aber hindurch gelangen könne. Im Mai 2007 reichte die Abteilungsleiterin eine Klage vor dem Arbeitsgericht ein. Sie verlangte Schadensersatz in Höhe der monatlichen Gehaltsdifferenz zwischen ihrer jetzigen Vergütung als Abteilungsleiterin und der Vergütung eines Abteilungsdirektors/einer Abteilungsdirektorin rückwirkend ab Dezember 2006 und für die weitere Zukunft sowie wegen der Geschlechtsdiskriminierung zusätzlich eine Entschädigung in Höhe von 60.000 Euro. Die Abteilungsleiterin legte zur Begründung ihrer Klage u. a. ein Privatgutachten eines Diplom-Mathematikers vor. Dieses kam zu dem Ergebnis, dass ausgehend von den konkreten Beschäftigungszahlen und unter Berücksichtigung allgemein wissenschaftlicher Grundsätze der Wahrscheinlichkeitsrechnungen die Wahrscheinlichkeit der Geschlechtsdiskriminierung einer Frau bei der Beförderung auf eine Direktorenstelle zwischen 98,7% und 100% liege. - Das Arbeitsgericht ließ sich dadurch nicht beeindrucken und wies die Klage in erster Instanz ab. Das Landesarbeitsgericht als Berufungsinstanz sah das anders und verurteilte die Arbeitgeberin zur Zahlung rückständiger Gehaltsdifferenzen in Höhe von 28.214,66 Euro sowie zukünftiger Gehaltsdifferenzen und sprach der Abteilungsleiterin außerdem eine Entschädigung wegen Geschlechtsdiskriminierung im Umfang von 20.000 Euro zu. Das Landesarbeitsgericht stützte sich in seinem Urteil ausschließlich auf die von der Abteilungsleiterin vorgelegte Statistik. Das reiche aus, um eine Diskriminierung wegen des Geschlechts zu indizieren. Da die Arbeitgeberin keine plausible Erklärung dafür habe geben können, dass die Personalstruktur auf andere, nicht geschlechtsbezogene Umstände zurückzuführen sei, seien die geltend gemachten Ansprüche - mit Ausnahme der Höhe des verlangten Entschädigung - begründet.

Das Bundesarbeitsgericht als Revisionsinstanz erkannte an, dass der Indizienbeweis nach § 22 AGG auch anhand von Statistiken geführt werden kann. Darin liegt die Bedeutung dieser Grundsatzentscheidung. Zugleich zeigt das Gericht aber auch die Grenzen dieses Beweismittels auf. Um zu einem aussagekräftigen Ergebnis zu gelangen, müsse man die Beschäftigungspolitik der Arbeitgeberin insgesamt analysieren.

1. Allein das Verhältnis zwischen dem Frauenanteil der Gesamtbelegschaft und dem in oberen Führungspositionen lasse noch keinen Rückschluss auf eine Benachteiligung von Frauen beim beruflichen Aufstieg in bestimmte Hierarchieebenen zu. Um beurteilen zu können, ob signifikant weniger Frauen als Männer die Hierarchiestufe oberhalb der angenommenen „gläsernen Decke" erreichen, bedürfe es der Feststellung, wie viele Frauen überhaupt unterhalb dieser Ebene angekommen sind. Darüber gebe der Anteil der Frauen an der Gesamtbelegschaft keinen Aufschluss.

2. Es sei auch nicht frei von Denkfehlern, wenn das Landesarbeitsgericht ergänzend darauf abgestellt habe, dass bei der Arbeitgeberin mit 44% Frauenanteil unterhalb der Beförderungsposition ein genügend großes Reservoir für die Beförderung von Frauen zur Verfügung gestanden hätte. Hierzu müsste nämlich festgestellt werden, wie viele für eine Beförderungsstelle fachlich qualifizierte Frauen in diesem Reservoir vorhanden waren.

3. Das Landesarbeitsgericht hatte es als zusätzliches Indiz für eine Geschlechtsdiskriminierung angesehen, dass in den vergangenen 30 Jahren keine Frau auf den obersten drei Hierarchieebenen vertreten war. Das könne kein Zufall sein. Die Tatsache, dass zahlreiche Direktoren eine Betriebszugehörigkeit von mehr als 30 Jahren hätten, weise auf eine diskriminierende Beförderungspolitik hin. Auch das ließ das Bundesarbeitsgericht nicht gelten. Die Dauer der Betriebszugehörigkeit von Führungskräften sei allein nicht aussagekräftig für eine bestimmte Besetzungspolitik in der Vergangenheit.

4. Schließlich hatte das Landesarbeitsgericht mit der Beschäftigungssituation von Frauen in der Gesellschaft argumentiert. Die schlechte Vereinbarkeit von Familie und Beruf könne sich nicht auf den Frauenanteil in Führungsebenen auswirken, sondern nur darauf, dass Frauen überhaupt weniger berufstätig seien als Männer. Dem hielt das Bundesarbeitsgericht entgegen, dass es sehr wohl spezifische Anforderungen an Führungstätigkeiten gebe, mit denen die aktuell noch vorherrschende gesellschaftliche Stellung von Frauen nicht vereinbar sei. So werde von Führungskräften mehr Flexibilität verlangt, z. B. hinsichtlich des Wechsels des Arbeitsortes, Dienstreisen, Teilnahme an Fortbildungsmaßnahmen und Tagungen. Auch wirkten sich Unterbrechungen der Erwerbstätigkeit infolge Schwangerschaften und Erziehungszeiten karriereschädlich aus.

5. Letztlich sei es auch nicht zulässig, von einem hohen Frauenanteil in Führungspositionen anderer Branchen auf eine Diskriminierung von Frauen bei Verwertungsgesellschaften urheberrechtlicher Nutzungsrechte zurückzuschließen. Die Branchen seien nicht vergleichbar. So gebe es im Gesundheitswesen traditionell einen höheren Frauenanteil, was sich auch in den Führungspositionen niederschlage.

Die ausführliche Urteilsbegründung zeigt vor allem eines: Von dem Grundsatz, der Indizienbeweis nach § 22 AGG für eine Diskriminierung wegen des Geschlechts bei Beförderungsentscheidungen könne anhand von Statistiken geführt werden, bleibt nicht viel übrig. Die Anforderungen, die das Bundesarbeitsgericht an die Aufbereitung des statistischen Materials stellt, sind derart hoch, dass sich damit der Beweis nur in wenigen Ausnahmefällen wird führen lassen. Im konkreten Fall wurde das Urteil des Landesarbeitsgerichts aufgehoben. Da das Bundesarbeitsgericht als Revisionsinstanz keine neuen Tatsachen feststellen und Beweise erheben darf, muss das Landesarbeitsgericht den Fall unter Berücksichtigung der Vorgaben des Bundesarbeitsgerichts noch einmal verhandeln und entscheiden. Über den Ausgang dieses zweiten Verfahrens ist (noch) nichts bekannt.

4 Resümee

Es lässt sich nach alledem resümieren: „Iudex calculat, aber mit Sachverstand". Da Kenntnisse der Statistik bei Gerichten und Behörden in aller Regel nicht besonders gut ausgeprägt sein dürften, müssen sie sich den fehlenden eigenen Sachverstand über geeignete Experten verschaffen. Sollte die Honorität noch ein Betätigungsfeld für die Zeit nach der aktiven Hochschullehrerlaufbahn suchen, vielleicht hat sie dieser Beitrag inspirieren können. - In diesem Sinne: Ad multos annos, sehr verehrter Herr Kollege Assenmacher!

Ausgewählte Schriften

Professor Dr. Walter Assenmacher

Monographien und Lehrbücher
Assenmacher, W. (1976): Die Theorie der Kapitalkosten und Investition für Aktiengesellschaften unter Unsicherheit, Meisenheim am Glan: Hain (Dissertation).

Assenmacher, W. (1998): Konjunkturtheorie, 8. vollst. überarb. Aufl., München u.a.: Oldenbourg.

Assenmacher, W. (2002): Einführung in die Ökonometrie, 6. vollst. überarb. und erw. Aufl., München u.a.: Oldenbourg.

Assenmacher, W. (2009): Induktive Statistik, 2. überarb. Aufl., Berlin.

Assenmacher, W. (2010): Deskriptive Statistik, 4. Aufl., Berlin.

Zeitschriften- und Buchbeiträge
Assenmacher, W. (1981): Tarifpolitik, Kapitalstock und konjunkturelle Entwicklung: ein Jahrgangsmodell, in: Jahrbücher für Nationalökonomie und Statistik, Bd. 196, Nr. 2, S. 119-136.

Assenmacher, W. (1985): Eine wissenschaftstheoretische Begründung der Linearhypothese in angewandten ökonometrischen Modellen, in: Jahrbücher für Nationalökonomie und Statistik, Bd. 200, Nr. 1, S. 56-70.

Assenmacher, W. (1986): Die Dynamik der Inflations- und Beschäftigungsentwicklung. Eine theoretische und ökonometrische Analyse, in: Kredit und Kapital, Bd. 19, Nr. 4, S. 540-568.

Assenmacher, W. (1986): Zum Verhältnis zwischen Wirtschaftstheorie und Ökonometrie, in: Allgemeines Statistisches Archiv, Bd. 70, Heft 4, S. 327-343.

Assenmacher, W. (1986): Entwicklungen in der Konjunkturtheorie, in: RWI-Mitteilungen Zeitschrift für Wirtschaftsforschung, Bd. 37, Nr. 2, S. 195-216.

Assenmacher, W. (1988): Stochastische oder nicht stochastische Ökonometrie?, in: Allgemeines Statistisches Archiv, Bd. 72, Heft 3, S. 288-292.

Assenmacher, W. (1990): Die Zeitallokation des Haushalts, in: WISU – Das Wirtschaftsstudium, 19. Jg., Nr. 11, S. 619-622.

Assenmacher, W. (1991): Die Zeitstruktur des monetaristischen Konjunkturmodells von Laidler: Kritik und Modifikation, in: Zeitschrift für Wirtschafts- und Sozialwissenschaften, Bd. 111, Nr. 1, S. 91-96.

Assenmacher, W. (1991): Neokeynesianische Konjunkturtheorie; WISU - Das Wirtschaftsstudium, Jg. 20, Nr. 4, S. 254-261.

Assenmacher, W. , Wenke, M. (1993): Haushaltsproduktion, Frauenerwerbstätigkeit und Dienstleistungsnachfrage privater Haushalte in der Bundesrepublik Deutschland, in: Jahrbücher für Nationalökonomie und Statistik, Bd. 211, Nr. 1 u. 2, S. 22-41.

Assenmacher, W. (1996): Konjunktur und Wachstum als ökonomische Phänomene, in: WISU – Das Wirtschaftsstudium, Jg. 25, Nr. 1, S. 73-79.

Assenmacher, W. , Wenke, M. (1996): Konsumstruktur und Auslagerung von Haushaltsproduktion in ausgewählten Ländern der OECD, in: Jahrbücher für Nationalökonomie und Statistik, Bd. 215, Nr. 2, S. 157-170.

Assenmacher, W. (1997): Statistische Adäquation, Trendelimination und empirischer Gehalt; in: von der Lippe et al. (Hrsg.): Wirtschafts- und Sozialstatistik heute. Theorie und Praxis, Sternenfels, Berlin, S. 15-30.

Assenmacher, W. (1998): Trend und Zyklus im Bruttoinlandsprodukt der Bundesrepublik Deutschland, in: Jahrbücher für Nationalökonomie und Statistik, Bd. 217, Nr. 5, S. 628-649.

Assenmacher, W. (1999): Auf dem Weg zum Eurokonsumenten? in: Essener Unikate, Nr. 12, S. 78-83.

Assenmacher, W. (2000): Konjunkturtheorie; in: Woll, A. (Hrsg.): Wirtschaftslexikon, 9. Aufl., München, Wien, S. 427-430.

Assenmacher, W. (2001): Auslagerung von Haushaltsproduktion. Neuere Ergebnisse für ausgewählte Länder der OECD, in: Statistisches Bundesamt (Hrsg.): Familien und Haushalte in Deutschland. Statistische Grundlagen, Wissenschaftliche Erkenntnisse, Stuttgart, S. 47-58.

Assenmacher, W., Kunert, A. und Popp, S. (2001): Chi-Quadrat Anpassungstest, in: WISU – Das Wirtschaftstudium, Jg. 30, Nr. 10, S. 1396-1408.

Assenmacher, W., Kunert, A. und Popp, S. (2001): Der Kolmogoroff-Smirnoff-Anpassungstest, in: WISU – Das Wirtschaftstudium, Jg.30, Nr. 12, S. 1682-1688.

Assenmacher, W. (2001): Das klassische lineare Einzelgleichungsregressionsmodell, in: Gaab, W., Heilemann, U. und Wolters, J. (Hrsg.): Arbeiten mit ökonometrischen Modellen, Heidelberg, Physica, S. 47-84.

Assenmacher, W. (Hrsg.) (2007): Empirische Wirtschaftsforschung; Essener Unikate, Nr. 29.

Assenmacher, W., Popp, S. (2007): Europäische Einkommensentwicklung – Einkommenskonvergenzen zwischen ausgewählten Ländern der Europäischen Union, in: Essener Unikate Nr. 29, Empirische Wirtschaftsforschung, S. 102-111.

Kolibri 360 GmbH
Ferdinand-Jühlke-Straße 7
99095 Erfurt, Deutschland
produktsicherheit@kolibri360.de